Münsterische Beiträge zur Rechts- und Staatswissenschaft

Herausgegeben

von der Rechts- und Staatswissenschaftlichen Fakultät in Münster

Heft 1

WURZEL, WANDEL UND WERT DER STRAFRECHTLICHEN LEGALORDNUNG

Von

DR. DIETRICH OEHLER

Privatdozent

1950

WALTER DE GRUYTER & CO.

VORM. G. J. GÖSCHEN'SCHE VERLAGSHANDLUNG / J. GUTTENTAG, VERLAGSBUCHHANDLUNG / GEORG REIMER / KARL J. TRÜBNER VEIT & COMP.

Archiv-Nr.: 270050

Satz: Walter de Gruyter & Co., Berlin W 35. Druck: „Buchkunst“, Berlin W 35

Meiner lieben Mutter

Vorrede

Die Schrift soll eine gewisse Lücke ausfüllen, die dadurch entstanden ist, daß sich die Wissenschaft in den letzten achtzig Jahren mehr den allgemeinen Lehren als dem besonderen Teil des Strafgesetzbuches zuwandte. Wenn man an dem Problem auch nicht vorbeigegangen ist, so will ich im besonderen zu zeigen versuchen, wie der Gedanke einer sinnvollen Legalordnung erst um die Wende des Mittelalters zur Neuzeit aufkam, wie das Naturrecht die moderne Methode der Stoffanordnung, die Aufklärung eine neue Wertsystematik brachte. Vor allem wird sich die Legalordnung unseres StGB nicht als sinnlos — wie man oft behauptet hat — erweisen. Vielmehr liegt ihr Wert gerade darin, daß sie rechtspolitisch verpflichtend die Güter des Staates und des einzelnen sehr vorsichtig gegeneinander abgewogen hat, ohne den modernen Übertreibungen des Individualismus, der Staatsanbetung oder der gemeinschaftsauflösenden Gesellschaftsverherrlichung nachgegeben zu haben.

Die Anregung zu der Behandlung dieses Themas im Jahre 1946 verdanke ich meinem hochverehrten Lehrer, Herrn Professor Dr. Arthur Wegner, dessen Hörer ich schon vor etwa 15 Jahren in Halle/Saale sein durfte. Über das schwere Unrecht hinweg, das ihm die damalige Zeit angetan hatte, behielt er auch in der Ferne seine Schüler treu in Erinnerung. Und so half er mir überall bereitwillig und aufopfernd, als ich unter den schweren Nachkriegsverhältnissen hierher nach Münster kam. Bei der Arbeit stand er mir mit Rat und Tat jederzeit zur Seite. Ihm gilt mein besonderer Dank, nicht nur für die wissenschaftliche Förderung der Arbeit, sondern auch ganz besonders für die menschliche Hilfe, die er mir hat angedeihen lassen.

Zudem danke ich aber auch den anderen Herrn der Fakultät in Münster/Westf., die mir aus ihren Fachgebieten Ratschläge und zahlreiche Anregungen bei der Anfertigung der Arbeit haben zukommen lassen.

Im ganzen fühle ich mich der Rechts- und Staatswissenschaftlichen Fakultät in Münster unter ihrem jetzigen Dekan Herrn Prof. Dr. Seraphim zu tiefstem Danke verpflichtet, daß sie mich für würdig befand, mich am 19. Januar 1949 unter dem damaligen Dekan Herrn Prof. Dr. Schumann in ihre Reihen aufzunehmen und durch einen großzügigen Zuschuß den Druck in der von ihr herausgegebenen Abhandlungsreihe so bald ermöglichte.

Die Schrift war Ende 1948 im wesentlichen abgeschlossen.

Münster, Westf., den 9. April 1950.

Inhaltsübersicht

Verzeichnis der benutzten Quellen und Literatur

Es sind hier nur diejenigen Quellen und Schriften aufgeführt, die mehrmals zitiert sind. Die übrigen finden sich mit voller Angabe im Text.

Abegg, J. F. H., Versuch einer Geschichte der Strafgesetzgebung und des Strafrechts der Brandenburg-Preußischen Lande, Berlin, 1835.

Lehr buch der Strafrechtswissenschaft, Neustadt a. d. Orla, 1836.

Der Entwurf des StGB. für die Preußischen Staaten v. 10. Dez. 1850. Kritisch betrachtet, Halle, 1851.

Bemerkungen über den Entwurf des StGB. für die Preußischen Staaten vom Jahre 1847, Halle a. d. Saale, 1848.

Beiträge zur Lehre von der systematischen Anordnung des besonderen Teils des deutschen Strafrechts im Verhältnis zu den Quellen des positiven Rechts. Archiv des Kriminalrechts, Neue Folge, 1835, S. 367ff.

Über das religiöse Element in der Peinlichen Gerichtsordnung im Archiv des Criminalrechts, Neue Folge, 1852, Beilageheft.

Kritische Betrachtungen über die Entw. d. StGB. f. d. Preuß. Staaten vom Jahre 1843, Neustadt/Orla 1844.

Anmerkungen zum StGB. für das Königreich Baiern nach den Protokollen des geheimen Rats, 3 Bde., München 1813.

Albericus de Rosciate, Codex, Venetiis, 1585.

Lexicon sive dictionarium (ohne Ort u. Jahresangabe).

Allgemeine Juristische Monatsschrift f. d. Preuß. Staaten, herausgegeben v. Matthis, 11. Bd., 3. Heft, Sep. 1811.

Aretinus Angelus de Gambilionibus, Tractatus de Maleficiis, Lugduni, 1551 Daran anschließend Gandinus, Bonifatius de Vitalinis de Mantua, Guido de Suzaria.

Aschrott-Kohlrausch, Reform des Strafrechts, Kritische Besprechungen des Allgemeinen Deutschen Strafgesetzbuchs, Berlin und Leipzig, 1926.

Azo, Summa Aurea, Lugduni, 1557.

Baldus de Ubaldis, Codex, Venetiis, 1615.

Banke, W., Der erste Entwurf des deutschen Einheitsstrafrechts, Berlin 1915. Erstes Heft: Die Verfasser des Entwurfs 1849; 2. Heft: Der Vorentwurf zum ersten deutschen Einheitsstrafrecht in Abhandlungen des kriminalistischen Seminars an der Universität Berlin, Neue Folge, 7. Bd.

v. Bar, L., Geschichte des deutschen Strafrechts und der Strafrechtstheorien, Berlin, 1882.

Bartholomeus di Saliceto, Super 7.—9. libro codicis, Venetiis, 1586.

Bartolus de Saxoferrato, Codex, Lugduni, 1546.

Bauer, Anton, Entwurf des StGB. für das Königreich Hannover mit Anmerkungen. Lehrbuch des Strafrechts, Göttingen, 1833.

Beccaria, C., Dei delliti e delle pene in Bibliotheca Romanica, Nr. 128, 9 Straßburgo, ohne Jahreszahl.

Beck, Alex, Römisches Recht bei Tertullian und Cyprian, Halle/Sa., 1930.
Below v., G., Der deutsche Staat des Mittelalters, 1. Bd., Leipzig, 1914.
Berlich, Math., Conclusionum Practicabilium (4. pars) secundum ordinem Constitutionum Divi Augusti, Lipsiae, 1628.
Berner, A. F., Die Strafgesetzgebung in Deutschland v. Jahre 1751 bis zur Gegenwart, 1867, Berlin. Zit. Berner.
Lehrbuch des deutschen Strafrechts, 18. Auflage, Leipzig, 1893.
Beseler, Georg, Kommentar über die Strafgesetzgebung für die Preuß. Staaten, Leipzig, 1851.
Beyerle, Franz, Die Gesetze der Langobarden, Weimar, 1947. Zit. Fr. Byeerle. Der andere Zugang zum Naturrecht in Deutsche Rechtswissenschaft, 4. Bd., 1939.
Beyerle, K., Lex Bajuvaiorum, München, 1926.
Binding, C., Der Entwurf eines Strafgesetzbuchs f. d. Nordd. Bund in seinen Grundsätzen beurteilt, Leipzig, 1869.
Lehrbuch d. Gemeinen Deutschen Strafrechts. Besonderer Teil, 1. Bd., 2. Bd., 1. Abtlg.; 2. Bd., 2. Abtlg.; Leipzig, 1902/04.
Bocer, Disputationum de universo . . ., Tubingae, 1612.
Boehm, Ernst, Der Schöppenstuhl zu Leipzig und der sächsische Inquisitionsprozeß im Barockzeitalter in Z. f. d. Ges. Strafrechtswissenschaft, Bd. 59—61; 1940—1942.
Boehmer, Jo. Samuel, Friedr., Elementa jurisprudentiae criminalis in usum auditorii, Halae, Magdeburgicae, 1732.
Meditationes in Constitutionem Criminalem Carolinam, Halae, Magdeburg, 1770.
Bohatec, Josef, Calvin und das Recht, Feudingen in Westfalen, 1934.
Boldt, Gottfr., Johann Samuel Friedrich v. Boehmer und die gemeinrechtliche Strafrechtswissenschaft, Berlin, Leipzig, 1936.
Bonifacius de Vitalinis de Mantua, Tractatus de malificiis, siehe Aretinus.
Bossius, Patritius, Mediol. Jureconsulti clarissimi, Tractatus varii, Venetiis, 1888.
Brecht, Christoph, H., Perduellio, Eine Studie zu ihrer begrifflichen Abgrenzung im römischen Strafrecht bis zum Ausgg. d. Republik, München, 1938.
Brunnenmeister, Die Quellen der Bambergensis, Leipzig, 1879.
Brunner, Heinrich, Deutsche Rechtsgeschichte im Systematischen Handbuch der deutschen Rechtswissenschaft, herausgegeben von Binding, 1. Bd., Leipzig, 1906.
Deutsche Rechtsgeschichte, 2. Bd., 2. Aufl., neubearbeitet von Claudius Freih. v. Schwerin, München, Leipzig, 1928.
Bruns-Gradenwitz, Fontes juris romani antiqui, 7. Aufl., Tubingae, 1909.
Bruns-Lenel, Geschichte und Quellen des römischen Rechts in Enzyklopädie der Rechtswissenschaft, 1. Bd., Leipzig und Berlin, 1929, S. 75ff.
Burckhardt, Walter, Methode und System des Rechts, Zürich, 1936.

Carpzov, Bened., Practica Nova Imperialis saxonica Rerum criminalium, Francof. et Wittenbergae, 1652.

Chauveau-Hélie-Nypels, Théorie du code pénal, ed. par Nypels, Bruxelles, T. 1, 1845.

Churfürstlich Brandenburg. revidiertes Landrecht des Herzogthums Preußen, Königsberg, 1685.

Clarus, Julius, Opera omnia, Francof. ad Moenum, 1577.

Claussen, Hans Kurt, Freisinger Rechtsbuch, Germanenrechte, Neue Folge, Weimar, 1941.

Dahm, Georg, Das Strafrecht Italiens im ausgehenden Mittelalter, Untersuchungen über die Beziehung zwischen Theorie und Praxis im Strafrecht des Spätmittelalters, namentlich im 14. Jahrh. in Beiträgen zur Geschichte der deutschen Strafrechtspflege, Heft 3, das Strafrecht im ausgehenden Mittelalter.

Decian, Tractatus criminalis, 1591.

Decretales Gregorii, IX. Pontificis, Lugduni, 1553.

Doerr, Friedr., Die Systematik des besonderen Teils des Strafrechts in Goltdammers Arch. f. Strafr. und Strafprozeß, 64. Bd., Berlin.

Drost, Heinrich, Das Ermessen des Strafrichters, Berlin, 1930.

Eckhardt, K. Aug., Sachsenspiegel, Land-Lehnrecht in Monumenta Germaniae Historica, Fontes juris Germanici antiqui, Nova series T. 1, Hannover 1933.

Engau, Joh. Rud., Elementa juris criminalis, 6. Ausg., Jenae, 1767.

Engelhard, Regner, Versuch eines allgemeinen peinlichen Rechtes aus den Grundsätzen der Weltweisheit und besonders des Rechtes der Natur, Frankfurt und Leipzig, 1756.

Entwurf eines allgemeinen Gesetzbuchs für die Preußischen Staaten, 1. Teil, 3. Abtlg., Berlin, Leipzig, 1786.

Entwurf des StGB. für die Preußischen Staaten, 1. Teil, Criminal-Strafgesetze, Berlin 1828 (invier Abschn. bis 1830 herausgekommen).

Dazu Motive zu dem, von dem Revisor vorgelegten, Ersten Entwurf des Criminalgesetzbuches für die Preußischen Staaten, Berlin, I. Bd., 1827; II. Bd., 1828, III. Bd., I. Abtlg., 1830; III. Bd., 2. Abtlg., 1829, IV Bd., 1828.

Entwurf des StGB. für die Preußischen Staaten, 1. Teil, Criminalstrafgesetze, Berlin, 1830.

Revidierter Entwurf d. StGB. für die Königlich Preußischen Staaten, 1. Teil, Cri.Str.Gesetze, Berlin, 1833; im Anhang: Motive zum revidierten Entwurf des StGB. f. d. Preuß. Staaten, 1833 u. materielle Abweichungen des revidierten Entwurf d. Criminal-StGB. v. ALR. und den übrigen gegenwärtigen Kriminalstrafgesetzen.

Revidierter Entwurf d. StGB. für die Königl. Preuß. Staaten, Berlin, 1836.

Entwurf d. StGB. für die Preuß. Staaten nach den Beschlüssen d. Königl. Staatsrats, Berlin, 1843.

Revidierter Entwurf d. StGB. für die preuß. Staaten. Vorgelegt von dem Ministerium der Gesetzrevision, Berlin, 1845.

Revision d. Entw. des StGB. v. 1843, 2 Bände, Berlin 1845.
Entwurf d. StGB. für die preuß. Staaten nebst dem Entwurf des Gesetzes über die Einführung des StGB., Berlin, 1847.
Motive zum Entwurf des StGB. für die preuß. Staaten und den damit verbundenen Gesetzen vom Jahre 1847, Berlin, 1847.
Entwurf d. StGB. f. die preuß. Staaten 1848, abgedruckt in Banke, 2. Heft, S. 40ff.
Entwurf eines Allgemeinen deutschen StGB., Berlin, 1849, abgedruckt in Banke, 1. Heft S. 37ff.
Entwurf des StGB. f. d. preuß. Staaten, Berlin, 1851.
Motive z. Entwurf des StGB. f. d. preuß. Staaten, Berlin, 1851.
Entwurf eines StGB. für den Norddeutschen Bund, Berlin, im Juli 1869 mit Motiven zu dem Entwurfe eines StGB. f. den Nordd. Bund, Berlin im Juli 1868.
Entwurf eines StGB. für den Nordd. Bund nebst Motiven und Anlagen. Seperatabdruck aus den amtlichen Aktenstücken des Reichstages, Berlin, 1870.
Farinacius, Pr., Juris consulti Romani: Praxis et Theoricae usw., Francforto, 1610.
Feuerbach, P. J. A., Revision der Grundsätze und Grundbegriffe des positiven peinlichen Rechts, Erfurt, 1799.
Lehrbuch des gemeinen in Deutschland gültigen Peinlichen Rechts mit Anmerkungen, herausgegeben von Mittermaier, 14. Ausgabe, Gießen, 1847.
Kritik des Kleinschrodschen Entwurfs zu einem Peinlichen Gesetzbuch, 3 Teile, Gießen, 1804.
Fischl, Otto, Der Einfluß der Aufklärungsphilosophie, Breslau, 1913, Diss. München.
Frank, Reinh., Die Wolffsche Strafrechtsphilosophie und ihr Verhältnis zur kriminalpolitischen Aufklärung des 18. Jahrhunderts, Göttingen 1887.
Das StGB. für das Deutsche Reich, Tübingen 1931.
Friedberg, Emil, Lehrbuch des kath. u. evang. Kirchenrechts, 4. Aufl., Leipzig, 1895.
Garraud, Reinh., Traité théorique et practique du Droit pénal français, 1. Bd., 1913; 3. Bd. 1916, Paris.
Geib, Lehrbuch des deutschen Strafrechts, Bd. I, II, Leipzig, 1861.
Germanenrechte, Texte und Übersetzungen, Bd. 1—11, 1934—36.
Gierke, Otto, Johannes Athusius, 4. Ausg., Breslau 1929.
Gilbert, Gustav, Handbuch der griechischen Staatsaltertümer, 2. Aufl., 1. u. 2. Bd., Leipzig, 1893.
Gilhausen, Lud., Arbor judicaria Criminalis, Francof., 1614.
Girard, Manuel élementaire de droit romain., 5. Ausg., 1911. In deutscher Übersetzung: Geschichte und System d. römischen Rechts, 1. Teil, 1908.
Globig-Huster, Abhandlung von der Criminalgesetzgebung, Zürich, 1783.

Gobler, Der Rechtenspiegel, Frankfurt, 1550.
Goldschmidt, James, Das Verwaltungsstrafrecht. Eine Untersuchung der Grenzgebiete zwischen Strafrecht und Verwaltungsrecht auf rechtsgeschichtlicher und rechtsvergleichender Grundlage, Berlin, 1902.
Goltdammer, Die Materialien zum StGB. für die Preuß. Staaten, aus den amtl. Quellen nach den Paragraphen des Gesetzbuchs zusammengestellt, Berlin, 1. Teil 1851, 2. Teil. 1852.
Gomez, Commentariorum variumque revolutionum juris civilis mit Annotationes von Soarez, Tomi 3, Frankof. ad. M., 1584.
Grotius, Hugo, De jure belli ac pacis, libri III, Amstelaedami, 1680.
Grönbech, Wilhelm, Kultur und Religion der Germanen, Hamburg, 1937 (Deutsche Übersetzung aus dem Dänischen).
Grünhut, Max, Anselm v. Feuerbach und das Problem der strafrechtlichen Zurechnung in Hamburgische Schriften zur gesamten Strafrechtswissenschaft, herausgeg. v. Liepmann, Heft 3, Berlin-Leipzig 1932.
Günther, L., Die Strafrechtsreform im Aufklärungszeitalter im Archiv für kriminalistische Anthropologie und Kriminalistik, 28. Bd., Leipzig 1907, S. 112ff., zit. Günther.
Jean Paul Marat als Criminalist in Gerichtssaal, Bd. 61, S. 161ff.
Güterbock, Carl, Zur Redaktion der Bambergensis, textkritische Untersuchung, Königsberg 1910.
Gutherz, Harald, Studien zur Gesetzestechnik. Teil I: der Begriff Gesetzestechnik und sein Wert; Teil II: Phänomenologie und Lehre der allgemeinen Gesetzestechnik in Strafr. Abh., Heft 13 u. 18, Breslau 1908 u. 1909.
Gwinner, Heinrich, Die Carolina und das Gaunertum in Festschrift für Radbruch 1948, S. 164ff.
Hälschner, Hugo, Das gemeine deutsche Strafrecht, 2. Bd., Bonn 1884.
Geschichte des Brandenburg-Preußischen Strafrechts in: Das Preußische Strafrecht, 1. Teil. Bonn, 1855.
Häberlein, C. F., Grundsätze des Kriminalrechts, 2 Bände, Leipzig, 1845.
Hafter, Ernst, Schweizerisches Strafrecht, Besonderer Teil, 1. Hälfte, Berlin 1937, 2. Hälfte 1943.
Hahn, Johann, Friedrich, Das alte Lübische Recht, Lübeck, 1839.
Harpprecht, Joh., Tractatus criminalis, Francof., 1603.
Haubold, Christian, Gottlieb, Handbuch einiger der wichtigsten Chursächs. Gesetze, Leipzig, 1800.
Heffter, Aug. Wilh., Lehrbuch des Gemeinen deutschen Kriminalrechts, 4. Aufl., 1848.
Hepp, Frdr. C. Th., Commentar über das neue württembergische StGB. nach seinen authentischen Quellen, den Vorlagen der Staatsregierung und den ständischen Verhandlungen des Jahres 1838, 2 Bände, Tübingen, 1839—42.
Über den Einfluß des Gesichtspunkts auf die Beurteilung verbrecherischer Handlung in Neues Arch. des Cr.R.XIV. Bd., 1833, S. 332ff.

Hermelink-Maurer, Reformation und Gegenreformation, Hdbuch der Kirchengeschichte, 3. Bd., 2. Aufl., Tübingen, 1931.

Hertz, Eduard, Voltaire und die französische Strafrechtslehre im 18. Jahrh., Stuttgart, 1887.

Heusler, Andreas, Isländisches Recht, Die Graugans, Weimar, 1937.

Hinschius, P., Das Kirchenrecht der Katholiken und Protestanten in Deutschland, 6 Bd., 1869—88, 1893, 1897.

Heymann, Ernst, Leibniz' Plan einer juristischen Studienreform vom Jahre 1667. Berlin, 1931.

v. Hippel, Robert, Deutsches Strafrecht, 1. Bd., Berlin 1925, zitiert v. Hippel I.
Lehrbuch des Strafrechts, Berlin, 1932.

Hirsch, H. Chr., Der Sachsenspiegel (Landrecht) in unsere heutige Muttersprache übertragen, Berlin und Leipzig, 1936.

His, Rud., Geschichte des deutschen Strafrechts bis zur Carolina. München und Berlin 1928 in Handbuch der mittelalterlichen und neuen Geschichte, Abtlg. III.
Das Strafrecht des Mittelalters, 1. Teil, 1920, 2. Teil, 1935,Weimar.

Hobbes, Th., Leviathan, Amsteldami, 1670.

Homeyer, C. G., Des Sachsenspiegels erster Teil, Berlin, 1861.

Hostiensis, Summa aurea super 5 libris decretalium, 1568.

Huber, Eugen, Recht und Rechts-Verwirklichung, Berlin, 2. Aufl., 1925.

Husserl, Gerhart, Negatives Sollen im bürgerlichen Recht in Festschrift für Max Pappenheim, Breslau, 1931, S. 87ff.

Huvelin, Mélanges Appleton, 1903.

Jacobus de Belvisio, Aurea practica criminalis, Coloniae, 1538.

Jarcke, C. E., Handbuch des gemeinen deutschen Strafrechts Bd. 1—3, Berlin, 1827.

Jhering, Rud. v., Geist des römischen Rechts auf den verschiedenen Stufen seiner Entwicklung, 2. Teil, II. Abtlg., 5. Aufl. Leipzig, 1898.

Jörs, P.-Kunkel, W., Römisches Recht, Geschichte und System des römischen Privatrechts, 2. Aufl. 1935.

Jus provinciale ducatus, Prussiae, 1620.

Kahl, Religionsvergehen in Vgl. Darstellung des Deutschen und Ausländischen Strafrechts, Besonderer Teil, III. Bd., Berlin, 1906.

v. Kamptz, Aktenmäßige Darstellung der Preußischen Gesetzrevision in Jahrbüchern für die Preußische Gesetzgebung, Rechtswissenschaft und Rechtsverwaltung, 66. Bd., Berlin, 1842.

Kantorowicz, Herm., Albertus Gandinus und das Strafrecht der Scholastik, 1. Bd., Berlin, 1907. 2. Bd. Berlin und Leipzig, 1926.

Kaser, Max, Römische Rechtsgeschichte, 1950.

Kemmerich, H. D., Synopsis juris criminalis, 1755.

Kitzinger, Gemeingefährliche Verbrechen und Vergehen in Vgl. Darstellung des Deutschen und Ausländischen Strafrechts, Besonderer Teil, 9. Bd., Berlin, 1906.

Klagspiegel, der Richterlich von Sebastianus Brandt, 1553.

Klein, Ernst Ferd., Grundsätze des Gemeinen deutschen peinlichen Rechts, 2. Ausg., Halle, 1799.
Historische Nachricht von dem Verfahren bei Ausarbeitung des allgemeinen Gesetzbuchs für die Preuß. Staaten aus den Annalen, abgedruckt in Sammlung von Urkunden u. Aktenstücken z. Geschichte d. neuen preuß. Gesetzgebung, Kiel, 1794.
Annalen der Gesetzgebung und Rechtsgelehrsamkeit in den preuß. Staaten, Berlin, Stettin, ab 1788.
Selbstbiographie in: Lowe, Bildnisse jetzt lebender Berliner Gelehrten mit ihren Selbstbiographien, 1. Sammlung, Berlin, 1806.

Kleinschrod, Gal. AL. C., Systematische Entwicklung der Grundbegriffe und Grundwahrheiten des peinlichen Rechts nach der Natur der Sache und der positiven Gesetzgebung, Erlangen, Teil 1—3, 1794—96.
Entwurf eines peinlichen Gesetzbuchs für die Kurpfalzbairischen Staaten, München, 1802.

Knapp, Herm., Das Rechtsbuch Ruprechts v. Freising, Leipzig, 1916.

Koch, C. F., Allg. Landrecht für die Preußischen Staaten, 2. Teil, 2. Bd., 2. Abtlg. (enthält das StGB. v. 1851), Berlin, 1864.

Koch, J. Chr., Institutiones juris criminalis, 3. Aufl., Jenae, 1770.

Kohler-Scheel, Die peinliche Gerichtsordnung Kaiser Karls V., Halle, 1900.
Die Bambergische Halsgerichtsordnung, Halle 1902. Beide in: die Carolina und ihre Vorgängerinnen von J. Kohler.

Kohlrausch, Eduard, Die Beschimpfung von Religionsgesellschaften, Tübingen, 1908.

Koschaker, Paul, Europa und das Römische Recht, Berlin, 1947.

Köstlin, C. Reinh., Geschichte des deutschen Strafrechts, Tübingen, 1859.

Kress, Joh. Paul, Commentatio in Constitutionem criminalem Caroli V. Imper., Hannoverae, 1721.

Krüger, Paul, Geschichte der Quellen und Literatur des römischen Rechts, 1912.
Über die Zusammensetzung der Digestenwerke, Zeitschrift für Rechtsgeschichte, Bd. 7, 2. Abtlg., S. 94ff.

Kübler, Bernh., Geschichte des römischen Rechts. Ein Lehrbuch, 1925.

Kunkel-Thieme — Franz Beyerle, Quellen zur neueren Privatrechtsgeschichte Deutschlands. 1. Bd., 2 Halbbände, Weimar 1936 und 1938.

Landrecht, Verbessertes ... des Königreichs Preußen, Friedrich Wilhelm, König in Preußen, Königsberg 1721.

Landsberg, siehe Stintzing.

Laßberg, Freih. v., Der Schwabenspiegel, Tübingen, 1840.

Leibniz, Gottfr. Wilh., Nova methodus discendae docendaeque jurisprudentiae, Francof., 1667 in Philos. Schriften herausgegeben von der Preuß. Akademie der Wissenschaften, 1. Bd., Darmstadt, 1930.

Lenel, Otto, Das Edictum perpetuum, 3. Aufl., Leipzig, 1927.
Palingenesia juris civilis, Leipzig, 1889.

Leyenspiegel, Ulrich Tengler, anno 1560, angehängt an Klagspiegel.

Lipsius, Just. Herm., Das Attische Recht und Rechtsverfahren, 2. Buch, Leipzig, 1908.

v. Liszt, Meineid und falsches Zeugnis, eine strafrechtsgeschichtliche Studie, Wien, 1876.

Liszt-Schmidt, Lehrbuch des deutschen Strafrechts, 25. Aufl., 1927.
Lehrbuch des deutschen Strafrechts, 1. Bd., Einleitung und allgemeiner Teil, 26. Aufl. von Eberhard Schmidt, Berlin-Leipzig, 1932.

Lowe, siehe Klein.

Marezoll, Theod., Das gemeine deutsche Criminalrecht, Leipzig, 1847.

Maschke, Die Persönlichkeitsrechte des römischen Injuriensystems, 1903.

Matthäus, Antonius, De criminibus, Trajecti ad Rhenum, 1644.

Mayer, Max Ernst, Rechtsphilosophie, 3. Aufl., Berlin 1933, in Enzyklopädie der Rechts- und Staatswissenschaft, I.

Meister, Chr., Friedr. G., Principia juris criminalis germaniae communis, Gottingae, 1760.

Meister, Geo. Jac. Fr., Principia juris criminalis, III. ed., Gottingae, 1798.

Meißner, Rudolf, Norwegisches Recht, das Rechtsbuch des Frostothings, Germanenrechte, Bd. 4, Weimar 1939.

Meyer, Herbert, Das Mühlhäuser Reichsrechtsbuch, 3. Aufl., Weimar, 1936.

Menochius, Jacobus, De arbitrariis judicium, Col. Agrip., 1615.

Menzel, Georg, Die Wertordnung der Rechtsgüter in der Legalordnung des preuß. Strafgesetzbuches von 1851 und in der Systematik der zeitgenöss. Rechtslehre, Diss., Breslau, 1934.

Mittermaier, E. J. A., Über den neuesten Zustand der Criminalgesetzgebung in Deutschland mit einem Anhang: Allgemeine Bemerkungen über den besonderen Teil des Criminalgesetzbuches von Verbrechen und Strafen von Stübel, Heidelberg, 1825. Der Entwurf zu einem Criminalgesetzbuch für das Königreich Sachsen im Archiv des Criminalrechts, neue Folge, 1836.
Lehrbuch des gemeinen, in Deutschland gültigen Rechts von A. v. Feuerbach, herausgegeben in 14. Ausg., Gießen, 1847.

Moeller, Ernst, v. Julius Clarus aus Alessandria, der Kirminalisdt es 16. Jahrhunderts, der Rat Philipps II., Breslau, 1911 in: Strafrechtliche Abhandlungen, Heft 136.

Molitor, Erich, Der Gedankengang des Sachsenspiegels, Beiträge zu seiner Entstehung. Zeitschrift für Rechtsgeschichte, Germ. Abtlg., Bd. 65, 1947, S. 15ff.

Mommsen, Th., Römisches Strafrecht, Leipzig, 1899. Zit. Mommsen. Juristische Schriften, Berlin, 1905/07.

Montesquieu, De l'esprit des Loix, 3 tomes, Genève, 1753.

Motive siehe unter Entwurf.

Nettelbladt, Daniel, Über die rechte Einrichtung des Lehrbuchs der Criminalrechtsgelehrtheit in Sammlung kleiner juristischer Abhandlungen, Nr. 13, 1792.

Oerstedt, A. S., Abhandlungen aus dem Gebiete der Moral und Gesetzgebungsphilosophie, Bd. 1 und 2, Kopenhagen, 1818—23.

Pauly-Wissowa-Kroll, Realenzyklopädie der klassischen Altertumswissenschaften, neue Bearbeitung.

Perneder, A., Von Straff und Pen aller und jeder Malifizhandlungen (Halsgerichtsordnung), 1563.

Peters, Karl, Werdendes Jugendstrafrecht, Bonn, 1947.

Petrus, Theodoricus, Criminale collegium, Jenae, 1618.

Philipsborn, Alex., Die Klassifikation der einzelnen strafbaren Handlungen in Abhandlungen des kriminalistischen Seminars an der Universität Berlin, Berlin, 1906.

Placentinus, Summa codicis, Mogentiae, 1536.

Planitz, Hans, Germanische Rechtsgeschichte, 3. Aufl., Berlin, 1944.

Planitz-Ullrich, Zwickauer Rechtsbuch unter Mitarbeit von Planitz, bearbeitet von Günther Ullrich, Weimar 1941. Germanenrechte, neue Folge, Abtlg. Stadtrechtsbücher.

Pufendorf, Samuel, De jure naturae et gentium, Francof. ad M., 9. Ausg., 1684.

Radbruch, Gustav, Die peinliche Gerichtsordnung Kaiser Karls V., Reclam, ohne Jahresangabe.

Der Raub in der Carolina in Festschrift für Max Pappenheim, 1931, S. 37ff.

Der Mensch im Recht, Tübingen, 1927, Recht und Staat, Heft 46.

Paul Johann Anselm Feuerbach, Ein Juristenleben, Wien, 1939.

Elegantiae juris criminalis, 7 Studien zur Geschichte des Strafrechts, Basel-Leipzig, 1938.

Rechtsphilosophie, 3. Aufl., Leipzig, 1932.

Aus Lieb der Gerechtigkeit und um gemeines Nutz willen; Schweiz. Zeitschr. für Strafr., 1941, S. 113ff.

Rauchdorn, Heinrich, Practica und Proceß, peinliche Halsgerichtsordnung, Budissie, 1564.

Reichsabschiede, Neue vollständ. Sammlung der ... in 4 Teilen, Frankfurt/M., 1747.

Revision siehe unter Entwürfen.

Riccobono, Salvator, Fontes Juris Romani Antijustiniani, Pars I, II, 2. Aufl., Florentiae, 1941.

Richter, Ludwig, Lehrbuch des katholischen und evangelischen Kirchenrechts, 8. Aufl., bearbeitet von Dove und Kahl, Leipzig, 1886.

Rickert, Heinrich, Kulturwissenschaft und Naturwissenschaft, 6. und 7. Aufl., Tübingen, 1926.

Ritter, Joh. Martin, Verrat und Untreue an Volk, Reich und Staat, Berlin, 1942.

Ritter, Rudolf, Die Behandlung schädlicher Leute in der Carolina, Strafrechtliche Abhandlungen Nr. 274, Breslau, 1930.

Rogerius, Summa codicis in Bibliotheca juridia Medii Aevi, 1. Vol., Bononiae, 1914.

Rosenfeld, E. H., Verbrechen und Vergehen wider die persönliche Freiheit, 1914, Vgl. Darstellung des Deutschen und ausländischen Strafrechts, Besonderer Teil, Bd. V.
Festschrift für Ernst Heinrich Rosenfeld, Berlin, 1949.

Roßhirt, Entwicklung der Grundsätze des Strafrechts, Heidelberg-Leipzig, 1828.
Geschichte und System des deutschen Strafrechts, 1.—3. Teil, Stuttgart, 1838/39.
Beiträge zum Römischen Rechte, 1. Heft, Heidelberg, 1820.

Rosenkranz, Albert, Der Bundschuh, Heidelberg, 1927.

Rothacker, Erich, Logik und Systematik der Geisteswissenschaften in Handbuch der Philosophie, 2. Bd., 1926.

Ruoff, Fritz, Die Radolfzeller Halsgerichtsordnung von 1506 mit angefügtem Text, Karlsruhe, 1912.

Sammlung von Urkunden und Aktenstücken zur Geschichte der neuen preußischen Gesetzgebung, Kiel, 1794.

Sauer, Wilhelm, Grundlagen der Wissenschaft und der Wissenschaften, 2. Aufl., Basel, 1949.
Juristische Methodenlehre, Stuttgart, 1940.
Juristische Elementarlehre, Basel, 1944.
Rechts- und Staatsphilosophie, Stuttgart, 1936.
System der Rechts- und Sozialphilosophie, 2. Aufl., Basel, 1949.
Festschrit für Wilhelm Sauer, Berlin, 1949.

v. Savigny, Geschichte des römischen Rechts im Mittelalter, 2. Ausgabe, 5. und 6. Bd., Heidelberg, 1850.

Sawr, Straffbuch, Frankfurt/M., 1581.

Schäffner, Wilhelm, Geschichte der Rechtsverfassung Frankreichs, 4. Bd., Frankfurt/M., 1850.

Schaffstein, Friedrich, Die Allgemeinen Lehren vom Verbrechen in ihrer Entwicklung durch die Wissenschaft des gemeinen Strafrechts, Berlin, 1930.
Beiträge zur Strafrechtsentwicklung von der Carolina bis Carpzow, Gerichtssaal, 1932, Bd. 101, S. 14ff.

Schanz, M., Geschichte der römischen Literatur, 1927.

Scheel, Willy, Johann Freiherr zu Schwarzenberg, Berlin, 1905.

Schmidt, Eberhard, Einführung in die Geschichte der deutschen Strafrechtspflege, Göttingen, 1947.
Die Carolina in Zeitschrit der Savigny-Stiftung für Rechtsgeschichte, germanische Abteilung, 1933, 53. Bd., S. 1ff.
Montesquieus „Esprit des lois" und die Problematik der Gegenwart von Recht und Justiz in Festschrift für Wilhelm v. Kiesselbach zu seinem 80. Geburtstag, Hamburg 1948, S. 177ff.
Strafrechtsreform und Kulturkrise, Tübingen 1931; Recht und Staat, Heft 79.
Siehe weiter unter Liszt-Schmidt.

Schmidt, Eberhard, Die Maximilianischen Habsgerichtsverordnungen für Tirol (1499) u. Radolfzell (1506) als Zeugnisse mittelalterliche Strafrechtspflege. Quellengetreue Textausgabe mit Einl. u. Erl.

Schönfeld, Walther, Die Geschichte der Rechtswissenschaft im Spiegel der Metaphysik in Reich und Recht in Deutscher Philosophie, herausgegeben von Karl Larenz, 2. Bd., Stuttgart-Berlin, 1943.

Schönke, Adolf, Strafgesetzbuch für das deutsche Reich, München-Berlin, 4. Aufl., 1949.

Schröter, Heinz, Das System der Rechtsgüterordnung in der deutschen Strafrechtswissenschaft von der Carolina bis zu den Territorialgesetzen des 18. Jahrhunderts, Diss., Jena, 1936.

Schulz, Fritz, Prinzipien des römischen Rechts, Vorlesung, 1934.

v. Schwerin, Freiherr, Claudius, Germanische Rechtsgeschichte, ein Grundriß, 2. Aufl., Berlin, 1944.

Schwinge, Erich, Teleologische Begriffsbildung im Strafrecht in Bonner rechtswissenschaftlichen Abhandlungen, Heft 14, Bonn, 1934.

Seegall, J., Geschichte und Strafrecht der Reichspolizeiordnungen von 1530, 1548 und 1577 in Strafrechtliche Abhandlungen, Heft 183, Breslau 1914.

Siber, Heinrich, Analogie, Amtsrecht und Rückwirkung im Strafrechte des römischen Freistaates, 43. Bd. der Abhandlungen der philosophisch-historischen Klasse der Sächsischen Akademie der Wissenschaften III, Leipzig 1936.

Spranger, Eduard, Zur Frage des Naturrechts in Universitas, Zeitschrift für Wissenschaft, Kunst und Literatur, Stuttgart, 3. Jahrgang, Heft 4, 1948, S. 405ff.

Stintzing, R., Geschichte der deutschen Rechtswissenschaft, München-Leipzig, 1. Abteilung 1880, 2. Abteilung 1884, 3. Abteilung von Landsberg, 1898.

Stobbe, Geschichte der Deutschen Rechtsquellen, Abteilung 1, 2, Braunschweig, 1860.

Stölzel, Ad., Carl Gotlieb Suarez, Berlin, 1885.
Brandenburg-Preußens Rechtsverwaltung und Rechtsverfassung, 2 Bde., Berlin, 1888.

Stooß, Carl, Lehrbuch des österreichischen Strafrechts, Wien und Leipzig, 1910.
Meineid in Vergleichende Darstellung des deutschen und ausländischen Strafrechts, Besonderer Teil, 3. Bd., Berlin, 1906.

Struvius, Georg, Adam, Dissertationes criminales XVI, Jenae, 1671.

Sueß, E., Der Gegenstand des Strafschutzes bei den Verbrechen der öffentlichen Gewalttätigkeit usw. in Grünhuts Zeitschrift für das private und öffentliche Recht, 27. Bd., 1900.

Suzaria, Guido de, Tractatus de tormentiis, Lugduni, 1551, an Aretinus angeschlossen.

Temme, J. D. H., Critik des Entwurfs des Strafgesetzbuchs für die Preußischen Staaten, Berlin, 1843.
Lehrbuch des gemeinen deutschen Strafrechts, Stuttgart, 1876.

Tengler siehe Leyenspiegel.

Theresiana, Constitutio Criminalis . . ., Wien 1769.

Thieme, Hans, Das Naturrecht und die europäische Privatrechtsgeschichte, Basel, 1947, in Juristische Fakultät der Universität Basel, Institut für internationales Recht und internationale Beziehungen, Schriftenreihe, Heft 6.
Die Zeit des späten Naturrechts in Zeitschrift für Rechtsgeschichte, germanische Abteilung, 56. Bd., 1936, S. 202ff.
Die preußische Kodifikation in Zeitschrift für Rechtsgeschichte, germanische Abteilung, 57. Bd., 1937, S. 355ff.

Thomasius, Chr., Sumarischer Entwurf der Grundlehren, die einem studioso juris zu wissen nötig, Halle, 1713, angefügt an seine Cautelen.

Thonissen, J. J., Le Droit Pénal de la République Athénienne, Bruxelles, Paris, 1870.

Tittmann, C. Aug., Handbuch der Strafrechtswissenschaft und der deutschen Strafgesetzkunde, 2 Bde., Halle, 1822—23.

Triepel, Heinrich, Vom Stil des Rechts, Beiträge zu einer Ästhetik des Rechts, Heidelberg, 1947.

Trummer, Zur Philosophie des Rechts und insbesondere des Strafrechts in criminalistischen Beiträgen. Eine Zeitschrift in zwanglosen Heften herausgegeben von Hudtwalcker und Trummer, 3. Bd., 1827.

Verhandlungen des im Jahre 1848 zusammenberufenen vereinigten ständischen Ausschusses, 4 Bde., Berlin, 1848. Zusammengestellt von L. Bleich.

Vigelius, Nik., Constitutiones Carolinae, Basiliae, 1553.

Wach, v., Legislative Technik in Vergleichende Darstellung des deutschen und ausländischen Strafrechts, Allgemeiner Teil, 6. Bd., Berlin, 1908.

Wahlberg, Forschungen zur Geschichte der altösterreichischen Strafgesetzgebung in Grünhuts Zeitschrift für das private und öffentliche Recht der Gegenwart, Berlin, 1881.

Wächter, K. G., Gemeines Recht Deutschlands, insbesondere Gemeines Deutsches Strafrecht, Leipzig, 1844.
Beilagen zu Vorlesungen über das deutsche Strafrecht, 1. Bd., Stuttgart, 1877.
Lehrbuch des römischen-teutschen Strafrechts, Bd. 1 und 2, Stuttgart, 1825/26.
Beitrag zur Geschichte und Kritik der Entwürfe eines Strafgesetzbuchs für den Norddeutschen Bund, Leipzig, 1870.

v. Weber, Hellmuth, Benedikt Carpzov, Ein Bild der deutschen Rechtspflege im Barockzeitalter in Festschrift für Ernst Heinrich Rosenfeld, 1949, S. 29ff.
Der Dekalog als Grundlage der Verbrechenssystematik in Festschrift für Wilhelm Sauer, 1949, S. 44ff. (beide Festschriftabhandlungen konnten nur in Anmerkungen noch berücksichtigt werden, da sie während des Drucks erschienen).

Wegner, Arthur, Einführung in die Rechtswissenschaft, Berlin, 1. Auflage 1931, 2. Auflage, 1948.

Staatsgedanke, sozialistische Doktrin und Strafrechtsreform in Deutsche Juristenzeitung, 1933, S. 598ff.

Über Irrtum, seine Behandlung in Strafrechtsprechung und Strafrechtslehre in Festgabe für Leo Raape, S. 401ff., Hamburg, 1948.

„Carl Ernst Jarcke" in Festschrift für E. H. Rosenfeld, 1949, S. 65ff.

Weiske, Julius, Abhandlungen aus dem Gebiete des teutschen rechts, Leipzig, 1830. Im Anhang Abdruck der Tirolensis.

Wieacker, Franz, Vom Römischen Recht, 1944.

Wilda, W. E., Das Strafrecht der Germanen, Halle, 1842.

Wolf, Erik, Die Stellung der Verwaltungsdelikte im Strafrechtssystem in Festgabe für R. v. Frank, II, Tübingen 1930, S. 516ff.

Große Rechtsdenker, 2. Auflage, 1944.

Die Wertung der Rechtsgüter im Reichsstrafgesetzbuch und ihre Umwertung durch die Reform in Die Justiz, 1927, 3. Bd., S. 110ff.

Wolff, Christian, Wie die bürgerliche Rechtsgelehrsamkeit nach einer beweisenden Lesart einzurichten sei, als Nr. 14 in Gesamm. Phil. Schriften, 3. Teil, Halle, im Magdeburgischen, 1737.

Vernünftige Gedanken von dem gesellschaftlichen Leben der Menschen (Politik), Frankfurt und Leipzig, 1725.

Jus naturae methodo scientifica per tractatum, Frankfurt und Lips., 1740.

Wormbs Reformacion, Der Stadt . . ., handgeschrieben, ohne Jahr.

Würtenberger, Thomas, Das System der Rechtsgüterordnung in der deutschen Strafgesetzgebung seit 1532, Berlin-Neukirch, 1933, Strafrechtliche Abhandlungen, Heft 326.

Die deutsche Strafrechtsgeschichte im 19. Jahrhundert im Gerichtssaal, Bd. 116, 1942, S. 261ff.

Zeumer, Karl, Quellensammlung zur Geschichte der deutschen Reichsverfassung im Mittelalter und in der Neuzeit. Leipzig, 1904.

Zitelmann, Ernst, Die Kunst der Gesetzgebung, Dresden, 1904.

Zoepfl, Heinrich, Die peinliche Gerichtsordnung Kaiser Karls V. nebst der Bamberger und der Brandenburgischen Halsgerichtsordnung, Leipzig und Heidelberg, 1876.

Das alte Bamberger Recht als Quelle des Carolina, Heidelberg, 1839.

Vorbemerkung

I. Definition der Legalordnung

Im Strafgesetzbuch erscheint der Kreis der Rechtsgüter, die die rechtlich geschützten Lebensinteressen der Rechtsgemeinschaft und des Einzelnen darstellen. Der Gesetzgeber wählt diese Rechtsgüter unter den zahlreichen anderen schutzfähigen Gütern aus, scheidet sie damit von diesen und legt ihnen einen besonderen Rechtswert bei. Damit bilden diese Rechtsgüter zunächst einmal eine verselbständigte Masse, deren einheitliches Merkmal die an ihre Verletzung geknüpfte Strafsanktion ist. Ist sich der Gesetzgeber erst einmal über Auswahl und Begrenzung der strafrechtlich geschützten Güter im klaren, so ordnet er diese Rechtsgüter zueinander, indem er den Schutz der einen voran, den der anderen dann nach irgendwelchen Gesichtspunkten anreiht. Dadurch kommt es zu einer Anordnung der einzelnen Abschnitte und zu einer Gruppierung der Straftaten in diese. Dabei handelt es sich zunächst nur um eine formale Fassung des Gesetzes und die Reihenfolge der einzelnen Verbrechen.

Daß diese Anordnung des Gesetzes zugleich immer eine logische oder praktische Ordnung sein muß, ist nicht gesagt. Jene wird sich dieser mit der Höherentwicklung der Kulturstufe unter Umständen annähern. In Frühzeiten eines Volkes dagegen wird man nur in geringem Masse eine sinnvolle Zusammenstellung erwarten. Jedenfalls setzt eine bewußte Anordnung des Stoffes nach höheren Gesichtspunkten einen erheblichen Grad an Vermögen zum Systematisieren voraus. Diese Fähigkeit schreitet aber nicht unbedingt mit der Entwicklung der Kultur vorwärts, sondern enthält als Vorbedingung die völkerpsychologische Anlage zum Systematisieren. Fehlt sie, so wird auch eine hohe Stufe der betreffenden Kultur keinen wohldurchdachten Aufbau einer Rechtsgüterordnung im Gesetz hervorbringen. In jedem Falle sprechen wir aber von einer Legalordnung im strafrechtlichen Sinn, sobald der Gesetzgeber strafrechtliche Normen nicht nur sporadisch gibt oder in verschiedenen Gesetzen vereinzelt aufnimmt, sondern kodifikatorisch in einem Zusammenhang erläßt. Insoweit erscheint dann der Kreis der geschützten Rechtsgüter — zum mindesten der wichtigsten — einheitlich vor uns. Die Legalordnung in strafrechtlicher Beziehung bedeutet für unsere Untersuchung die äußerliche Reihenfolge der verschiedenen Verbrechensgruppen in einem Gesetz. In diesem Sinne kann man bei Rechtsbüchern oder bei wissenschaftlichen strafrechtlichen Darstellungen nicht von einer Legalordnung reden; aber zur Verdeutlichung mancher Erscheinung muß auf ihren Aufbau zurückgegriffen werden, da dieser auch eine Stoffanordnung enthält.

II. Welche Wertsysteme kann eine Legalordnung überhaupt verkörpern?

Die strafrechtlichen Begriffe sind ganz eng mit moralischen Wertungen verknüpft. Diese wiederum sind nur auf dem Hintergrund weltanschaulicher Entscheidungen zu verstehen. Da der Gesetzgeber für die jeweilige Kulturepoche im Strafrecht die wichtigsten Güter des Lebens wertet, indem er an ihre Verletzung verschiedene Strafen knüpft, erhebt sich die Frage, ob nicht in der Art der Anordnung der Verbrechensgruppen, in der Abfolge der dahinterstehenden Rechtsgütermassen bereits ein Sinn liegt.

Dieser Sinn kann zunächst in dem rein praktischen Zweck liegen, daß dem Rechtsunterworfenen der Gesetzesinhalt in übersichtlicher und leicht begreiflicher Weise entgegengebracht werden soll[1]). Der einfache Rechtsgenosse erhält damit die Möglichkeit, sich im Gesetz leicht zurecht zu finden und sich einfach über den Umfang des Gesetzes zu orientieren. Diesem Zwecke entsprechend wäre dann für natürliche Lebensbetrachtung Gleiches bei Gleichem behandelt und Ähnliches zusammengestellt.

Darüber hinaus kann aber der Aufbau auch eine Rangordnung der Werte darstellen, die den Rechtsgütern oder gewissen Pflichten beigelegt worden sind[2]). Damit stellt dann die Anordnung im Gesetz den Spiegel für die kulturellen, ethischen und religiösen Anschauungen des Gesetzgebers und in gewisser Weise zugleich den Niederschlag der geistesgeschichtlichen Struktur der Epoche dar. Gewiß drückt sich die verschiedene Wertung der Güter und Pflichten in jedem Falle in der Unterschiedlichkeit der Strafdrohung aus[3]), jedoch in anderer Art und Weise[4]). Da der Strafrahmen nach der Intensität des Angriffs, dem besonderen Erfolg, der Täterpersönlichkeit und zahlreichen anderen Modalitäten abgestuft ist, bietet er nicht unbedingt einen Anhaltspunkt für eine Bewertungsreihe der Rechtsgüter als solcher zueinander. Hier kann die gesetzliche Reihenfolge eventuell einen weit sichereren Maßstab der Bewertung offenbaren. Zudem sind die Strafdrohungen oft gleichermaßen weit oder ganz unbestimmt — wie bei den außerordentlichen Delikten des römischen und gemeinen Rechts —, sodaß sich aus ihnen keine Wertung entnehmen läßt.

Wenn die Legalordnung zugleich eine Wertordnung wiedergeben kann, ist es bei einer historischen Untersuchung der einzelnen Gesetze auf diese Möglichkeit hin nötig, sich zunächst zu besinnen, wie eine solche

---

1) Schläpfer, S. 82.

2) Wegner, Einf., 2. Aufl., S. 216; Sauer, Methodenlehre, S. 437; System der Rechts- und Sozialphilosophie, S. 252f.

3) E. Wolff, Die Justiz, S. 110ff.

4) Dazu Sauer, Allgemeine Strafrechtslehre, S. 29.

Wertbeziehung überhaupt möglich ist und welche Wertsysteme ausgedrückt werden können.

Bei den Gütern, auf die die strafgesetzlichen Normen sich beziehen, haben wir es nicht mit Wirklichkeiten zu tun, die wertlos sind, wie sie uns in der bloßen Natur entgegentreten, soweit diese nur in ihrer eigenen Bezogenheit betrachtet wird, sondern mit Wirklichkeiten, die einen Wert tragen. Werte selbst sind keine mit den Sinnen wahrnehmbare Realitäten, sie gelten nur, existieren aber nicht tatsächlich. Jedoch sind die Werte mit Wirklichkeiten ganz eng verknüpft, einerseits mit dem Objekt, das somit zum Gute wird, so z. B. die Kartoffel zum Gegenstand des Eigentumes oder Besitzes, andererseits mit dem „Akte des Subjektes", daß dieser dadurch zu einer Wertung wird[1]). Wenn wir die einzelnen Legalordnungen betrachten wollen, dann soll es zunächst unsere Aufgabe sein, die mit den Gütern verbundenen Werte in der Gesetzesanordnung zu erforschen, und erst danach zu fragen, ob diese Wertgeltung auch wirklich berechtigt ist. Damit trennen wir gedanklich die historische Problemstellung von der theoretischen Frage nach der Begründetheit der Wertzuerkennung. Dadurch wird der Blick für eine echte geschichtliche Betrachtung frei. Das Verfahren der Untersuchung ist ein wertbeziehendes, indem es erforschen will, ob und wie in der Reihenfolge der Rechtsgüter im Gesetz eine Wertordnung ausgedrückt wird. Die daran anschließende praktische Wertung unsererseits enthält dann ein Urteil, das entweder zustimmend oder ablehnend ist. Dieses ist aber nicht mehr mittels der historischen Methode zu fällen, denn die Grenze für ihre Anwendung liegt bei der Darstellung der wertbezogenen Realität. Vielmehr können wir zu einem Spruch über die Berechtigung der Wertgeltung nur dadurch kommen, daß wir solche Maßstäbe an Wertungen anlegen, die von der Religion oder der Philosophie für gültig angesehen werden.

Deshalb interessieren uns hier die rein subjektiven Wertungen, z. B. daß für einen Menschen im gegebenen Moment eine Zigarre einen Wert darstellt, überhaupt nicht. Es handelt sich bei unserer Untersuchung nur um solche Werte, die aus immer weiterer Objektivierung und Generalisierung gewonnen sind und dadurch allmählich zu Typen von Werten geworden sind. Damit soll nicht etwa gesagt werden, daß alle Werte nur induktiv zu ermitteln sind. Solche Werte, die uns in der Religion entgegentreten, tragen ganz besonders den Charakter der absoluten Geltung, da sie ganz und gar von der subjektiven Überzeugung des Menschen im Einzelfall gelöst sind.

Die historische Betrachtung kann deshalb ihre Objekte nicht auf solche subjektiven Werte beziehen, die keiner Generalisierung fähig sind. Viel-

[1]) Rickert, S. 86.

mehr muß sich jede geschichtliche Darstellung an die für die Allgemeinheit bedeutsamen allgemeinen Werte der Religion, des Staates, der Persönlichkeit u. a. anlehnen. Denn mit Hilfe dieser Wertbeziehungen ist überhaupt erst eine Auswahl des Wesentlichen aus der Masse des historischen Materials für die Behandlung zu treffen. Da unsere Darstellung die Werthaftigkeit der Legalordnung zum Gegenstande hat, müssen wir uns zunächst darüber klar werden, welche Wertsysteme eine Rangordnung überhaupt andeuten oder ausdrücken kann.

Das rationalistische Naturrecht ging von der Anschauung aus, daß es ein weltliches zeitunbedingtes, ewiges und gerechtes Recht und einen idealen Staat und dafür auch ein Normalschema einer Ordnung der Werte gäbe, auf die sich beide bezögen. Bald ergab sich aber, daß dieses ewige System in Wirklichkeit gar nicht besteht, es vielmehr bei der Beziehung der Werte zu der Realität sehr stark davon abhängt, welchen weltanschaulichen Standpunkt der Betrachter einnimmt. Und auch die materiale Wertethik eines Scheler oder Nicolai Hartmann, die eine Tafel einer Art allgemeingültiger Werte aufzustellen versucht, kann nicht darüber hinwegtäuschen, daß auch diese nur innerhalb eines begrenzten Kulturbezirkes Geltung beanspruchen kann. Es gibt weltanschauliche Entscheidungen, die nicht mehr auf einen Nenner zu bringen sind und demgemäß auch verschiedene Blickpunkte, unter denen man die Frage nach dem gerechten Recht oder einem Wertsystem betrachten kann. Neben das eine normative thomistische Wertbild auf dem Hintergrunde der Abstufung des göttlichen, natürlichen und menschlichen Gesetzes[1]) und neben das eine säkulare allgültige Naturrecht traten andersartige Wertsysteme, aus denen sich abweichende Strukturen von relativen Wertskalen und damit Darstellungen des gerechten Rechts ergeben. Radbruch unterscheidet[2]):

das individualistische Wertsystem, dessen höchsten Wert das Individuum darstellt,

das überindividualiste Wertsystem, dessen höchsten Wert Gesamtpersönlichkeiten darstellen,

das transpersonale Wertsystem, dessen höchster Wert jenseits der Person oder der Personengesamtheiten liegt.

Nach Radbruch[3]) offenbart sich dieser letzte Wert in ästhetischer oder logischer Natur. Gerade dieses letzte transpersonale Wertsystem, das jenseits der Person oder der Gesamtpersönlichkeit seinen Gipfelpunkt

[1]) Dazu Wegner, Einf., 2. Aufl., S. 283.

[2]) Radbruch, Rechtsphilosophie, S. 51ff; Max Ernst Mayer S. 70f; Eduard Spranger, S. 410.

[3]) Rechtsphilosophie, S. 51.

hat, ist im Charakter von Radbruch zu einseitig beschränkt, wenn er nur auf die Werkwerte im Gegensatz zu den Individual- und Kollektivwerten abstellt. Er bezieht zudem den Werkwert auf kein Zwecksubjekt, wie er es mit den höchsten Werten der beiden ersten Systeme getan hat, indem er das Individuum oder die Gesamtpersönlichkeit zu ihren Trägern gemacht hat. Deshalb erweitert Max Ernst Mayer den höchsten Wert der transpersonalen Wertlehre auf die Kultur, d. i. die Humanität, und macht die Menschheit zum Zwecksubjekt dieses Systems[1]). Als die Zwecksubjekte der beiden anderen Systeme sieht M. E. Mayer das Individuum und den Staat — wohl etwas zu eng, da andere Gesamtpersönlichkeiten zu denken sind — an, denen die Rechtsideen der Gerechtigkeit und der Macht entsprechen[2]). Terminologisch richtiger nennt er bereits die überindividuelle Wertlehre Radbruchs transpersonalistisch, da sie schon von der Person abstrahiert. Es sind aber bei dieser Wertbetrachtung nicht alle Möglichkeiten der Wertsysteme erschöpft, denn bisher hat es sich nur um ausschließlich säkulare Systeme gehandelt. Das transpersonalistische Wertsystem, das sich über alle rationalistisch erfaßbaren Bezugsobjekte erhebt und von einer göttlichen Wahrheit ausgeht, sieht in Gott, bzw. der christlichen Kirche, das Zwecksubjekt[3]). Da die Kirche der Leib Christi in seiner göttlichen Natur ist, verkörpern Gott und Kirche den Gipfelpunkt dieser Wertskala. Als Rechtsidee entspricht dieser dann die letztlich ausgleichende göttliche Gerechtigkeit, die sich in der Liebe Gottes offenbart. Diesem Wertsystem gibt Gottes Dasein den geistigen Gehalt und Christus, Bibel und Kirche als geschichtliche Wirklichkeiten einen festen Bezugspunkt.

Somit können wir vier mögliche Wertsysteme herausstellen: das individualistische und drei transpersonalistische, deren letzte erreichbare Werte gesamtpersönlicher, menschheitlicher und göttlicher Natur sind.

Diese Wertsysteme sind sich im Laufe der Geschichte begegnet und haben sich öfters gegenseitig abgelöst. Schematisch zeigen sie äußerste Einseitigkeiten, die in der Wirklichkeit von Staat und Recht in Reinkultur nicht vorkommen. In der Praxis sind die Wertsysteme meist eine Synthese miteinander eingegangen[4]). Jedoch könen auch ausgeglichene Zeiten niemals das Streben in eine der angeführten vier Richtungen und damit eine bestimmt betonte Werthaftigkeit verleugnen.

---

[1]) Wilhelm Sauer ist für eine solche Wertlehre, die in den kulturellen Schöpfungen ihren Höhepunkt sieht, ein Deuter; passim in allen angeführten Werken.

[2]) Max Ernst Mayer, S. 72.

[3]) Max Ernst Mayer, S. 70 weist bereits darauf hin; Wegner, Einf., 2. Aufl., S. 58.

[4]) Spranger, S. 410f; Rothacker, S. 132f.

Können uns nun die Legalordnungen etwas über die Wertordnung aussagen, die den Gesetzgeber und die Zeit beherrschten?

Das wertbeziehende Verfahren kann nicht nur an die nackte Legalordnung anknüpfen, sondern muß öfters andere historische Erscheinungen zeitgeistige Strömungen, sonstige besondere weltanschauliche Äußerungen des Redaktors, die Entstehungsart des Gesetzes und weitere geschichtliche Wirklichkeiten betrachtend und vergleichend heranziehen, um zu einer Deutung der werthaften Vorstellung des Gesetzgebers zu gelangen. Stellt sich eine Legalordnung als wertindifferent heraus, d. h. spiegelt sie keinerlei Wertvorstellungen des Gesetzgebers wieder, dann ist nach dem Grund zu fragen. Denn es ist auffällig, daß ein solcher Bau wie ein Strafgesetzbuch, das alle rechtlich anerkannten Werte unter seinen Schutz stellt, in seinem Aufbau sinnlos sein soll. Nicht nur die Reihenfolge der einzelnen Verbrechensgruppen aufeinander, sondern auch die Eingliederung der Delikte in solche Gruppen sollen daraufhin untersucht werden, ob sie nicht einen grundsätzlichen Schluß auf eine hierarchische Rechtsgüterordnung zulassen.

Durch den extremen Positivismus ist oft der Blick auf den Geist des Gesetzes verdunkelt worden und nur das logisch-systematische Element in den Vordergrund getreten. Durch ein hermeneutisches Erfassen der Legalordnung[1]), das über das bloße Beziehen und Erklären hinaus geht, kommt man unter Umständen zu einer Enthüllung des Weltbildes, das den Gesetzgeber beherrscht und aus dem er geschöpft hat. Die Legalordnung steht gleichsam wie der prespektivische Bezugspunkt hinter dem Gesetz, wenn sie einer Wertordnung überhaupt entspringt. Diese Wertkonstellation ist dann aber auch in das Gesetz eingegangen und kann nicht willkürlich verändert werden. Es soll untersucht werden, ob sie nicht auch eine verpflichtende Wirkung wie die sonstigen normativen Einzelbegriffe in den gesetzlichen Bestimmungen hat.

Von den deutschen Legalordnungen sind die Entwürfe seit 1933 nicht mehr berücksichtigt und zur Erkenntnis herangezogen worden. Gerade weil wir noch so geringen Abstand von der Zeit haben, in der die Umwertung aller Werte im Zeitraffer geschehen sollte, ist eine unbefangene Beurteilung nur schwer möglich. Daß aus den dunklen Tagen unserer Geschichte und besonders der Strafrechtspflege plötzlich leuchtende Schöpfungen in der Legalordnung entstanden sind, ist nicht zu vermuten. So sollen die Entwürfe dieser Zeit aus ihrer Verschüttung nicht wieder hervorgeholt werden, sondern vielmehr in Vergessenheit ruhen bleiben.

[1]) Rothacker, S. 128ff.

Hauptteil

1. Kapitel

Die strafrechtliche Legalordnung im römischen Recht

1. Leges regiae

Eine strafrechtliche Legalordnung gewinnt nur dort Bedeutung, wo es sich um Gesetze handelt, die mehrere Tatbestände nebeneinander enthalten. Handelt es sich dagegen um Gesetze, die jeweils nur einen Tatbestand regeln, ist die Frage nach einem systematischen Aufbau des Strafrechts in unserem Sinne gar nicht zu stellen.

Aus der Zeit der römischen Könige stammen angeblich die leges regiae. Soweit sie überhaupt bezüglich ihres Herkommens glaubwürdig sind, handelt es sich um sakrale Satzungen, die aus der Gutachterpraxis der pontifices hervorgegangen sind. Zu so früher Zeit sieht der Mensch das Recht nicht als eine Satzung an, sondern es ist ihm Gewohnheit und Vermächtnis seiner Väter. Zudem hängen die Verbrechen mit sakralrechtlichen Vorstellungen zusammen, wie z. B. das parricidium, die Realinjurie gegen Eltern, die Grenzverrückung, das Begraben einer schwangeren Frau[1]). Es ist ganz unklar, was wirklich in diesen Gesetzen gestanden hat und was später hineingedeutet worden ist. Die leges selbst, als deren Quelle das jus Papirianum erwähnt wird, sind ziemlich jung und sollten durch den Titel des jus Papirianum, der wohl richtig de ritu sacrorum gelautet hat[2]), höhere Bedeutung finden.

Somit haben wir es höchstens mit sakralen Einzelsatzungen zu tun. Sie sind für unsere Frage unergiebig.

2. Das Zwölftafelrecht

Das Zwölftafelgesetz ist die erste Kodifikation des römischen Rechts. Es ist aus dem Sicherheitsbedürfnis der Plebs im Kampf gegen die patrizische Übermacht hervorgegangen und ist nicht eine planmäßige Neuschöpfung des Rechts, sondern eine Aufzeichnung bestehenden Gewohnheitsrechtes. Auch handelt es sich nicht um eine erschöpfende Kodifikation, denn in der späteren Zeit nimmt man keinen Anstand, auf frühere Rechtssätze zurückzugreifen[3]). Etwa ein Jahrtausend lang danach hat es Rom zu keiner auch nur ähnlichen Rechtssatzung gebracht. Wohl nur Cäsar hat einmal flüchtig den Gedanken einer Kodifikation unter hellenistischem Einfluß gefaßt, aber nie ausgeführt[4]).

---

[1]) Krüger, S. 5; Bruns-Lenel, S. 89. Max Kaser, Röm. Rechtsgeschichte, 1950, konnte nicht mehr berücksichtigt werden.

[2]) Krüger, S. 6.; Riccobono, I, S. 3.

[3]) Krüger, S. 14.

[4]) Krüger, S. 17.; Schulz, S. 5.

Die Zwölftafeln sind in ihrer Gesetzesform durch wahrscheinliche Anlehnung an die griechischen Vorbilder zu erklären[1]). Die spätere Entwicklung zeigt auch, daß den Römern die Konzeption einer Kodifikation weder nahegelegen noch als erstrebenswert gegolten hat.

Der Inhalt der Zwölftafeln ist auf uns nur ganz fragmentarisch gekommen. Wie die Anordnung des Stoffes war, können wir nur bei ganz wenigen Vorschriften sagen, bezüglich des Delikts- und Strafrechts gar nicht, weil wir zu wenig Anhaltspunkte haben. Auch dürfen wir nicht mit unserem modernen systematischen Denken an diese frühe Rechtsschöpfung herangehen. So wie die Sprache ungelenk ist, wird auch die Zusammenstellung unvollkommen gewesen sein[2]). Die übliche Verteilung der Bestimmungen auf die einzelnen Tafeln beruht auf bloßer Vermutung[3]). Deshalb sind sie für uns ebenfalls unergiebig.

3. Spätere Leges und Senatusconsulte

In den folgenden Jahrhunderten schuf der römische Staat nur Gesetze, die sich als Einzelsatzungen darstellen. Neben den Rechtssatzungen der obersten politischen Behörde, wie Volksversammlung, Senat und Kaiser, stand das prätorische Edikt als Rechtsquelle. Für das Strafrecht jedoch kommen im wesentlichen nur die sullanischen und augusteischen Ge-

[1]) Fast einhellige Meinung, vgl. Berger, Tab. duodecim, in Pauly-Wissowa, Realenz., Sp. 1921; Krüger, S. 15. Die griechischen Gesetze, die das Strafrecht betreffen, sind uns ganz unvollkommen bekannt; sie finden in den Schriftstellern Erwähnung, aber keine Wiedergabe. So wissen wir von drakonischen Gesetzen über homicidium, die selbst von Solon, der alle strafrechtlichen Einrichtungen erneuerte, beibehalten wurden. Thonissen, S. 60. Die solonischen Gesetze bildeten die Grundlage der Reden des 5. und 4. Jahrhunderts v. Chr., sind aber daraus in ihrer Ordnung nicht zu konstruieren. Das griechische Strafrecht unterschied Privatklagen und öffentliche Klagen, die von jedem Bürger angestellt werden konnten, weil die Staatsbelange direkt oder indirekt berührt waren; Lipsius, I, S. 239; Gilbert, I, S. 454. Zu den öffentlichen Klagen gehören die schwersten Verbrechen, da gegen sie Eisangelie, d. h. Anzeige an Rat und Volk gegeben ist (nach dem Eisangeliegesetz des 4. Jahrhunderts v. Chr., vergl. Lipsius, I, S. 177ff, 374.): Umsturz der demokratischen Verfassung und Verrat. Aber auch Verbrechen gegen Einzelne können im Wege der öffentlichen Klage verfolgt werden, so die Hybris gegenüber einem anderen Athener, Ehebruch, Kuppelei, Diebstahl, Sakrileg u. a.; Lipsius, I, S. 380ff. Die Tötungsdelikte, wie die Vergehen gegen Leib und Leben, gehörten dagegen immer wie bei den frühen Römern zu den Privatklagen, verletzten aber zugleich die Götter; vgl. Pfaff, Strafrecht in Pauly-Wissowa, Realenzykl., 1931; Gilbert, I, S. 430.

[2]) Bruns-Lenel, S. 98, Anm. 4.

[3]) Krüger, S. 13; Riccobono, I, S. 34; Kübler, S. 25f.

setze in Frage. Jedoch hat es auch vorher einzelne strafrechtliche Gesetze gegeben, wie z. B. das Repetundengesetz 123 v. Chr. u. a. Diese werden aber durch die große Gesetzgebung von Sulla und Augustus meist gegenstandslos. An komitialen strafrechtlichen Gesetzen sind uns überhaupt nur wenige bekannt. Jedoch sind auch das nur Einzelgesetze gewesen. Unter Sulla[1]) wurde erstmalig eine gewisse Ordnung in das Strafrecht gebracht. Er schuf für die sieben Hauptverbrechen sieben Schwurgerichte, sog. quaestiones. Diese Umstellung vollzog sich aber nicht durch eine allgemeine Prozeßordnung, sondern wiederum nur durch einzelne Gesetze, die sowohl die Tatbestände als auch zugleich das Verfahren festlegten. Wenn auch die Ordnungen aufeinander abgestimmt sind, so sind die durch sie geregelten Verbrechen letztlich nur durch Spezialgesetze bestimmt. Beachtenswert bleibt, daß sich das Strafrecht allein im Rahmen des Prozeßrechts weiter entwickelt hat[2]). Diese sullanischen Gesetze sollten den Grundstock des ganzen künftigen Strafrechts bilden. Sulla gab Gesetze für Repetunden, Sakrileg und Pekulat, Mord, ambitus, crimen laesae majestatis und Fälschung. Zu diesen sieben Quästionen traten wohl dann noch zwei über Vergewaltigung und Menschenraub. Wahrscheinlich Augustus fügte weiterhin Gesetze gegen Ehe- und Sittlichkeitsvergehen und Wucher hinzu[3]). So kennen wir z. B. eine lex Cornelia de injuriis, lex Julia majestatis, lex Julia de vi publica et privata, lex Cornelia de sicariis, lex Pompeja de parricidiis, lex Cornelia de falsis, lex Julia de adulteriis usw. Mit diesen Cornelischen und Julischen Gesetzen war im großen und ganzen der Kreis der judicia publica und zugleich der Strafgesetzgebung für drei Jahrhunderte geschlossen. Unter Diokletian kommen die Entführung und unter Konstantin die Häresie als Verbrechen hinzu.

Bei all diesen Einzelgesetzen kann die Frage nach einer Legalordnung gar nicht gestellt werden.

Ebenso regeln die Senatusconsulte, wie z. B. der Senatus consultum Libonianum, nur ein einzelnes Vergehen oder geben Ergänzungen zu einem Gesetz.

4. Edikte

Waren die öffentlichen Crimina durch die sullanische und augusteische Gesetzgebung in einen festen Rahmen gebracht worden, so finden wir die Privatdelikte großenteils in den Edikten. Sie schufen zwar zunächst nur Recht für einzelne Fälle, jedoch in der späteren Republik durch ihre

---

1) Mommsen, S. 190f; von Hippel, S. 63.

2) Siehe Anhang des Repetundengesetzes und der lex Cornelia de sicariis, Bruns-Gradenwitz, N. 10, 13.

3) Mommsen, S. 128, 203; v. Hippel, S. 64.

tralatizischen Bestandteile eine im ganzen feststehende Ordnung. Hadrian schloß diese Entwicklung ab, indem er eine endgültige Fassung des Edikts, die später als edictum perpetuum bezeichnet wurde, festlegte. Wenn dieses auch nur einige Privatdelikte wie z. B. das furtum und die injuria enthält, so haben wir doch hier zum ersten Mal eine große Quelle geschriebenen Rechts vor uns und können aus ihr den Geist der Anordnung ablesen. Aus den Kommentaren der späteren Juristen ergibt sich ein ziemlich lückenloses Bild von dem Inhalt und der Form.

Im ganzen ist eine gewisse sachliche Ordnung vorhanden[1]; allerdings nicht in dem Sinne, wie wir sie geben würden. Das Edikt war abgesehen von den fünf Hauptabschnitten nicht in Unterabschnitte eingeteilt, sondern nur in fortlaufende Titel. Daran zeigte sich, daß es ihm nicht an einem systematischen Aufbau mit Ober- und Unterabschnitten gelegen war[2]. Oft finden sich starke Unebenheiten in der Ordnung, weil sich die eine oder andere Sache nicht gut einfügen ließ. Diese wird dann einfach angehängt. Das Edikt kann schon aus historischen Gründen keinen fertigen systematischen Aufbau haben, denn es hat sich ja im Laufe von Jahrhunderten tralatizisch gebildet. Immer wieder kam etwas hinzu oder fiel etwas weg. Es ist infolgedessen nicht aus einem Guß. Daß Julian an dem überlieferten Edikt stoffliche Umstellungen vorgenommen hat, ist ganz unwahrscheinlich. Das wäre auch unrömisch gewesen. So weit wir etwas über die vorjulianischen Ediktkommentare ermitteln können, scheinen sie alle eine ähnliche Ordnung gehabt zu haben[3].

Im allgemeinen richtet sich der Ediktaufbau nach Arten und Aufbau des Zivilprozeßverfahrens, die materiellrechtlichen Anordnungen sind nach nicht mehr deutlich erkennbaren Grundsätzen dazwischen geschaltet. Oft sind auch ganz äußerliche Gesichtspunkte zutreffend gewesen. Uns gehen strafrechtlich insbesondere das furtum und die injuria an. Beide stehen nicht etwa zusammen, sondern weit auseinander. De furtis (Tit. 23) reiht sich ausführlich an de tutelis (Tit. 22) an[4]. Es mag hier eine ganz lose Zusammenstellung eine Rolle gespielt haben. Im Titel de tutelis wird im § 125 de rationibus distrahendis gehandelt. Wenn man sich hier eine Unterschlagung zugrundeliegend denkt, dann ist eine gewisse Verbindung zum folgenden, zwei Paragraphen später

[1]) Krüger, S. 97f; Lenel, Edictum perpetuum, S. 31ff.

[2]) Lenel, Edictum perpetuum, S. 17f; unrichtig war es, wenn Mommsen nur „Unordnung" in dem Edikt sah, Jur. Schr., I, 164.

[3]) Lenel, S. 18, Anm. 2.

[4]) Krüger, S. 98, Anm. 24 weist darauf hin, daß schon bei Sabinus dos und Tutel und furtum einander folgen. Jedoch kann nicht festgestellt werden, wer für wen das Vorbild gewesen ist. Dazu auch Mommsen, S. 533, Anm. 1.

einsetzenden furtum gegeben[1]). Für die Injurien (Tit. 35), die dem Titel de vi turba incendio ruina naufragio rate nave expugnata (34) folgen, ist kein rechter Anknüpfungspunkt zu finden.

Der Plan des Edikts zeigt, daß man auf die Systematik kein Gewicht gelegt hat.

5. Juristenschriften und Kompilationen.

Sahen wir beim Zwölftafelrecht möglicherweise griechischen Einfluß, so ist die Justinianische Idee eines Gesetzbuches auch nicht aus römischem Geist erwachsen. Sie ist auf hellenistischem Boden entstanden und durchgeführt[2]).

Um den strafrechtlichen Aufbau im Corpus juris erfassen zu können, müssen wir uns noch einmal die Auffassung der Römer von Gesetz und Systematik klar machen. Die Rechtssatzungen fließen in Rom nur spärlich. Der römische Mensch scheut die Wortauslegung, die ihn von der Entscheidung des Einzelfalls zu stark ablenkt. Die Abstraktion liegt dem Römer ziemlich fern, da sie ihn der Natur des Gegenstandes entfremdet und ihn für die Zukunft festlegt. Ein Einzelgesetz ist in der Anwendung leichter und sicherer zu handhaben als eine Kodifikation[3]). Erst in der spätkaiserlichen Zeit nach Diokletian greift die Gesetzgebung überall engmaschiger ein. Das Recht bildet sich in den Jahrhunderten an Einzelfällen weiter, bleibt dadurch beweglich und anpassungsfähig, ohne daß es durch eine Kodifikation oder durch festes Gewohnheitsrecht in vorgezeichneten Bahnen fortschreitet. Wir kennen nur wenige allgemeine Begriffe und kaum genauere Definitionen. Dadurch wird die Betrachtung immer wieder auf den Fall zurückgeführt. Aus dem Strafrecht sei ein Beispiel aus der lex Cornelia de sicariis angeführt. Hier soll der Versuch und die vorbereitende Handlung unter Strafe gestellt werden: . . qui cum telo ambulaverit hominis necandi furtive faciendi causa, hominemve occiderit, cuiusve id dolo malo factum erit; oder quicumque (venenum malum hominis necandi causa) fecerit, vendiderit, emerit, habuerit, dederit. . .[4]).

Die Literatur bietet kein wesentlich anderes Bild. Sie kennt nicht die Forderung unserer Wissenschaft, die Einfügung einer Einzelerscheinung in ein übergeordnetes Ganzes. Es mangelt ihr jeder Wille, eine

---

[1]) Krüger, S. 98; Lenel, Pal., II, Spalte 1258.

[2]) Schulz, S. 5.

[3]) Vgl. v. Savigny, Vom Beruf unserer Zeit für Gesetzgebung und Rechtswissenschaft, dritte Auflage, 1892, S. 16ff. Dazu Schulz, S. 8f.

[4]) D 48, 8, 1 und 3; Bruns, Nr. 13.

Theorie oder ein System aufzustellen. Man denke an Julians Worte: Non omnium quae a majoribus constituta sunt, ratio reddi potest[1]). Darauf folgt gleich Neratius: Ideo rationes eorum quae constituuntur inquiri non oportet: alioquin multa ex his quae certa sunt subvertuntur[2]). Cicero bemängelt diese im Recht fehlende abstrakte begriffliche Erfassung mit den Worten: quod positum est in una cognitatione, in infinitum dispertiuntur[3]). Eine logische Normbildung, mit der der Aufbau eines Systems vorgenommen wird, liegt dem römischen Denken nicht. Der römischer Geist zerlegt einen einheitlichen Lebensvorgang in seine rechtlichen Bestandteile, ohne mit diesen einen übergeordneten Begriff zu verbinden. Das römische Recht denkt assoziativ. Der Geist läßt sich von einem Gedanken zum anderen treiben, und so entsteht ein System rechtlicher Beziehungen, das in sich nur lose aneinander gereihte Glieder kennt. Es bricht nicht, wenn man ein Glied herausnimmt, gleich das ganze „System" zusammen, sondern die Assoziation schafft dafür bequem einen Ersatz[4]). Wir finden auch nirgends Hinweise auf einen neuen, nunmehr systematisch zu behandelnden Gedanken, die Erörterung schreitet nicht vorwärts in unserem Sinne, sondern fügt nur zueinander. Das römische „System" bedeutet nur Assoziation, die auch dem sonstigen somatischen Stilgesetz der Römer entspricht. Nicht Idee oder Gesamtschau waren seine Leitbilder, sondern die Ausdeutung des realen einzelnen Lebensvorganges beherrscht das Lebensgefühl.

Cicero unternimmt es in einer selbständigen Schrift zu zeigen, wie das Recht in artem, in einem wohlgeordneten System zu redigieren sei[5]). Mit diesen Gedanken zeigt er, wie stark ihn griechischer Geist beherrscht. Wie unrömisch sein Denken dabei war, ergibt sich aus dem geringen Nachhall, den diese Schrift gehabt hat[6]). Jedoch macht sich um diese Zeit unter dem Einfluß griechischen Denkens eine gewisse Neigung zum Abstrahieren der Begriffe bemerkbar. Schon Qu. Mucius Scaevola, 82 v. Christus gestorben, bemüht sich um genera, die Zusammenfassung von Rechtsinstituten, regulae und distinctiones[7]). Auch Sabinus steht in seinen libri tres juris civilis der abstrakten Methode nahe. Aber es handelt sich dabei doch mehr um Einführungsbücher. Alles in allem

---

[1]) D 1, 3, 20.

[2]) D 1, 3, 21.

[3]) Cicero de leg. 2, 19, 47. Dazu Schulz, S. 33.

[4]) Dazu Wieacker, S. 20f.

[5]) Cicero de or. 1, 42, 190. Die Schrift ist verschollen.

[6]) Krüger, S. 85; Schulz, S. 44.

[7]) Krüger, S. 65; Schulz, S. 33.

ist das System, nach dem Mucius[1]) sein jus civile aufbaut, recht genügsam für unsere Anschauungen. Das berühmte Lehrbuch der Institutionen, das uns in der überlieferten Redaktion durch Gajus bekannt geworden ist, entstammt der Schule des Sabinus. Es strebt nach Systematik im Sinne einer rechten logischen Ordnung und stellt sich so als Lehrbuch des jus honorarium und jus civile dar. Jedoch befinden sich auch darin merkwürdige Aufeinanderfolgen, Unterbrechungen und unverständliche Lücken[2]). Sabinus[3]) arbeitet durch Einschübe an seinem Buche weiter und verbreitert es so, daß es für fast alle spätrömischen Digestendarstellungen des Julian, Ulpian usw. die Vorlage geblieben ist[4]). Wenn ein System der Rechtswissenschaft Jahrhunderte genügt, muß mangelnde Produktivität in dieser Beziehung ein Wesenszug des betreffenden Geistes sein.

Zwei Ordnungen stehen mithin — außer den Lehrbüchern — nebeneinander: die Digestenordnung und die Ediktsordnung des Edictum perpetuum. Auch in den Digestenwerken der klassischen Zeit wird im ersten Teil das Ediktsystem befolgt. Weitere Rechtssatzungen werden lose angeschlossen. Diese Anordnung hat sich im großen und ganzen über Celsus, Papinian, Paulus usw. bis zum Codex Theod. und zu Justinians Gesetzeswerk erhalten[5]). Das ist wohl nicht nur aus der Gewöhnung an diese Anordnung, sondern auch daraus zu erklären, daß die Schriftsteller nicht selbständige Werke, sondern immer wieder Ergänzungen zu den früheren schreiben wollten und diese mithin voraussetzten. Dadurch ergab sich eine stete Abhängigkeit. Mommsen hat in diesem Zusammenhang einmal darauf aufmerksam gemacht, daß das Festhalten an ein und derselben Ordnung über Jahrhunderte seinen Grund auch in der guten Orientierung haben kann. Vor allem kannte man damals keine Register, und so war die traditionelle Anordnung die einfachste Möglichkeit für das Auffinden von Stellen[6]).

Das Corpus juris hat sich in der Form dem bisherigen Recht angelehnt. Systematische Änderungen sind nur aus seiner zeitgeschicht-

---

[1]) Aus Lenel, Pal. II, 60, zu ersehen; dazu Krüger, S. 64f.

[2]) Z. B. fehlen der Besitz, das Pfandrecht, die dos u. a.; die Deliktsfähigkeit wird nur beim furtum behandelt; weitere Beispiele bei Schulz, S. 36.

[3]) Übersicht des Aufbaus bei Lenel, Pal. II, 1257f; Krüger, S. 164f. Wenn Wieacker, S. 25, von „Klassischem Bau" spricht, dann geht das wohl sehr weit.

[4]) Krüger, Z. Rechtsgeschichte, Rom. Abt., 7. Band, S. 104.

[5]) Vgl. Krüger, Z. Rechtsgeschichte, Rom. Abt., 7. Band, S. 103, der eine Zusammenstellung über die Systeme gibt. Ebenso Lenel, Pal. II, 1255.

[6]) Mommsen, Z. Rechtsgeschichte, Band 7, S. 486.

lichen Stellung zu verstehen. Im ganzen fügen sich die einzelnen Teile unorganisch zueinander. Es ist eine spätzeitliche Kodifikation, die nicht aus der lebendigen Fülle einer Blüte schöpft, sondern eine Zusammenstellung excerpierter Stellen darstellt. Für die Institutionen ist die Einteilung der Institutionen des Gajus, für die Komposition der Digesten im wesentlichen die Folge der klassischen Digestenwerke, die mit dem Edictsaufbau beginnen und dann die einzelnen Quellen des jus civile anreihen, maßgebend geworden[1]). Das Corpus juris ist wohl im wesentlichen von Professoren hergestellt oder beeinflußt worden. Es ist neuerdings die Abhängigkeit des Baues des ganzen Gesetzeswerkes von dem Vorlesungsplan der Universität Konstantinopel und Beryt betont worden[2]). Da es ein Werk von Gelehrten ist, kann man ihm nicht ohne weiteres Ordnungslosigkeit unterstellen, nur weil es unseren Einteilungsgesichtspunkten nicht entspricht. Wir müssen immerhin in ihm ein dem römischen Geist entsprechendes Bauwerk sehen.

Jetzt können wir erst den Aufbau des strafrechtlichen Teils verstehen. Zunächst trennen die Digesten die Delikte in privata, extraordinaria und ordinaria[3]), während der Codex die Unterschiede nicht namentlich bildet, jedoch die extraordinaria geschlossen an den Schluß stellt. Die Privatdelikte sind auch in den Texten des C. J. ungefähr in der Ediktsfolge angeordnet. Im folgenden sollen die öffentlichen Delikte betrachtet werden. Die publica judicia stellen den Kern des öffentlichen römischen Strafrechts dar. Sie erfahren auch in der Wissenschaft und in Monographien zahlreiche Erörterungen.

In den Digestenwerken der Juristen sind meist nur sehr wenige Verbrechen zusammenhängend dargestellt, was anscheinend an der bruchstückhaften Überlieferung liegt. Im Aufbau der Digestenbücher befinden

[1]) Vgl. dazu die Zusammenstellung von Krüger, Z. Rechtsgeschichte, Rom. Abt., Band 7, 2. Abt., S. 103.

[2]) Wieacker, S. 175, 177ff, S. 181. Hier zeigt Wieacker auf, daß es sich beim Corpus j. sogar um ein Werk für die Universität handelte; insbesondere S. 185.

[3]) Die Privatdelikte ziehen Privatstrafen, die öffentlichen Verbrechen (außerord. und ord.) öffentliche Strafen nach sich. Die extraordinaria waren erst in der Kaiserzeit zu den öffentlichen Delikten getreten. Sie hatten sich aus der Ungebundenheit des Kaisers an das Gesetz entwickelt; Mommsen, S. 194f, v. Hippel, I, S. 68. Bei ihnen kann der Richter in Tatbestand und Strafe vom Gesetz abweichen. Es handelt sich im wesentlichen um früher nicht strafbare Handlungen oder um frühere Privatdelikte. Seit Diokletian bilden die außerord. Verbrechen eine formale Sondergruppe. In ihr ist der Stellionat besonders wichtig; Mommsen, S. 193ff.

sich die judicia publica immer wieder an derselben Stelle, kurz hinter der lex Julia et Papia[1]). Es stehen in Julians Digesten im 86. Buch Ehebruch und Fälschung hintereinander, bei Marcellus im 25. Buch Pekulat, im 31. Buch Ehebruch, in Papinians Quaestionen im 36. Buch Pekulat, Residuen, Repetunden zusammen, im 15. Buch von Papinians Responsa Ehebruch, Fälschung und Repetunden, im 8. Buch von Ulpians Disputationen Majestätsverbrechen, Ehebruch, Fälschung zusammen, in dem 6. Buch der Epitomae Hermogeniani Majestätsverbrechen, Fälschung und Plagium hintereinander[2]). Von den Digestenwerken behandeln nur Pauls Sentenzen im 5. Buch die officia publica ausführlich und ziemlich lückenlos.

Es sollen nun in der folgenden Übersicht alle Juristen, die sich nicht nur auf einzelne Straftaten in ihrer Besprechung beschränken, mit dem Corpus juris zusammengestellt werden, um so die Verschiedenheit der Anordnung des strafrechtlichen Stoffes zu sehen. Dabei wird links die Ordnung der Digesten unter Weglassung minderwichtiger Tatbestände zugrunde gelegt und die Abfolge bei den übrigen einfach durch entsprechende Ziffern, die aus unserer vereinfachten wiedergegebenen Digestenfolge sich ergeben, bezeichnet. Dabei sind Ulpian die älteste Quelle, die Institutionen die jüngste, die Digesten gehören chronologisch vor den Codex. Vorauszuschicken ist noch, daß Sakrileg in verschiedenem Sinne verwandt wird. Bei Ulpian, Paulus und in den Digesten bedeutet es Tempelraub, im Codex Just. Verachtung der göttlichen Majestät. Es sind an Schriftstellern angeführt Ulpian, de officio Proconsulis[3]); Pauli Sententiae[4]); Aelius Marcianus, institutionum libri XVI[5]) und de judiciis libri II[6]); Macer, de judiciis publicis libri II[7]). Wir müssen darüber hinaus wohl überhaupt bei allen die gesamte Rechtswissenschaft behandelnden Werken eine zusammenfassende Behandlung des Strafrechts annehmen. Der Codex Theodosianus ist wie der Codex Justianus geordnet, nur fehlt bei jenem das Sakrileg. Macer und die Institutionen

[1]) Vgl. Übersicht bei Krüger, Z. Rechtsgeschichte, Rom. Abt., Band 7 2. Abt., S. 103.

[2]) Jeweils bei Lenel, Pal. und Krüger, Z. Rechtsgeschichte, Rom. Abt., Band 7, 2. Abt., S. 97ff.

[3]) lib. VI, VII in Lenel, Pal, II, S. 975.

[4]) lib. V, t. XIX—XXX, Lenel, Pal. I, S. 1299; Riccobono II, S. 405f.

[5]) Insbesondere lib. XIV, Lenel, Pal. I, S. 670ff.

[6]) Lenel, Pal. I, S. 675ff. In lib. I behandelt er die ordentlichen Verbrechen, in lib. II die extraordinaria crimina.

[7]) Lenel, Pal. I, S. 566. Veneleius Saturninus (hat bald nach Hadrian gelebt) hat auch über de judiciis publ. libri III geschrieben, in denen aber nur Majestätsverbrechen, Repetunden, Pekulat nach unseren Quellen abgehandelt sind.

Justinians zählen die Verbrechensgesetze nur hintereinander auf, ohne auf sie näher einzugehen[1]).

Digesten[2])	Ulpian[3])	Paulus[4])	Marcianus Inst.	Marcianus De jud.	Macer	Cod. J.[5])	Institut[6])
1. Maj. Verb.	2	7	1	9	1	1	1
2. Ehebruch	—	—	—	1	2	2	2
3. Gewalttat	5	4	2	—	6	3	5
4. Mord	3	2	3	2	3	4	3
5. Fälsch.	6	3	4	3	5	6	4
6. Repetunden	—	6	5	7	8	8	9
7. Pekulat[7])	4	5	6	4	4	9	6
8. Sakrileg[7]) i. S. v. Tempelraub	1	1	—	—	—	10 (Verletzung kaiserl. Majestät)	—
9. Ambitus	—	8	—	6	7	7	8
10. Plagium	—	9	—	5	—	5	7

[1]) Macer behandelt in lib. I Nr.20 adulterium, vis priv., falsum und Repetunden ausführlicher.

[2]) Dig. 48; 4, 5, 6, 8, 10, 11, 13, 14, 15. Hier sind zwischen die Hauptgruppen nicht so viele weitere Delikte eingeschoben wie im Cod., da — wie oben erwähnt — die del. priv., extraord. und ord. äußerlich voneinander getrennt sind.

[3]) Die Christen hat er sowohl unter dem Gesichtspunkt des Sakrilegs wie des crim. maj. behandelt; Lenel, Pal II, S. 975 Anm. 2. Allerdings bezieht sich bei Ulpian das Sakrileg auf Tempelraub, wie D. 48, 13, 7 ergibt. Mommsen, S. 536 Anm. 1 gibt bei Ulpian eine andere Folge: Mord, Pekulat, Maj. Verbr., Parric., Fälschung, Gewalt. Die Stellung des Maj. Verbr. ist aber sehr angreifbar; vgl. dazu folg. S.

[4]) Den Ehebruch behandelt Paulus beim Privatrecht in lib. II, XXVI.

[5]) Cod. 9; 7, 8, 12, 16, 20, 22, 26-29. Zwischen den angeführten Delikten finden sich andere, die sich aber im wesentlichen an die erwähnten Hauptgruppen anschließen. Die Folge im Cod. Theod. ist die gleiche: 9; 5, 7, 10, 14, 18, 19, 26—28; Sakrileg ist gar nicht erwähnt.

[6]) Instit. 4; 18, 1—11. Nur Aufzählung wie bei Paulus.

[7]) Pekulat und Sakrileg sind in einem Abschnitt der Digesten zusammengezogen.

Im ganzen können wir feststellen, daß sich eine kontinuierliche Aufeinanderfolge der Verbrechen bei den Schriftstellern nicht ergibt. Sie fühlen sich an keine feste Ordnung gebunden. Erst von Marcian und Macer an, die beide gegen die Mitte des 3. Jahrhunderts gelebt haben, zeigt sich eine gewisse Stetigkeit. Schon daraus ergibt sich, daß die Römer das Strafrecht bei weitem nicht derartig wie das Zivilrecht durchforscht haben, dessen System doch bis auf Mucius (um 100 v. Chr.) zurückgeht. Am meisten nähert sich die strafrechtliche Ordnung der einzelnen Teile des Corpus den marcianischen Institutionen. Wie wenig aber eine feste Folge unter den öffentlichen Verbrechen bestanden hat, sehen wir an Marcian selber, der in seinen Institutionen und in der Monographie über judicia publica die Delikte in ganz verschiedener Reihenfolge behandelt. Einmal tritt das Majestätsverbrechen an erste Stelle, das andere Mal an die letzte.

Bei Ulpian und Paulus, die ungefähr gleichaltrig zur Zeit Caracallas und danach gelebt haben, steht das Sakrileg als Tempelraub an der Spitze. Von den übrigen Quellen führen es nur die Digesten in diesem Sinne auf, aber ziemlich gegen Schluß. Erst der Codex Justinianus erfaßt das Sakrileg als Verachtung der kaiserlichen Majestät und stellt es an das Ende; vielleicht deshalb, weil es als neuer Begriff in kein bisheriges System richtig hineinpaßte. Das Sakrileg in dieser Bedeutung ist nur aus der Lebensform des Byzantinismus zu erklären und dafür bezeichnend ist, daß es erst in der jüngsten Gesetzesquelle — die Institutionen sind ja ein Lehrbuch — derartig auftaucht. Unklar ist, wie Ulpian das Sakrileg in folgenden Worten meint, mit denen er das Majestätsverbrechen einleitet: proximum sacrilegio crimen est, quod majestatis dicitur Majestas autem crimen illud est, quod adversus populum Romanum ... committitur[1]). Ulpian will mit den Worten proximum sacrilegio offensichtlich das Majestätsverbrechen besondersheraus heben. Das ist nicht bei allen Schriftstellern festzustellen. Paulus stellt es ziemlich an den Schluß, Marcian in seinen judicia ganz an das Ende, während es von seinen Institutionen an dann weiterhin die erste Stelle einnimmt[2]). Ulpian gibt dem Majestätsverbrechen schon eine gewaltige Bedeutung, wenn er es unmittelbar dem Sakrileg nachordnet. Macer kennt dieses übrigens nicht. Man kann darüber im Zweifel sein, was Ulpian mit proximum sagen will. Es braucht nicht nur örtlich in bezug auf die Reihenfolge, sondern es kann auch sachlich im Sinne: am nächsten in der

[1]) D. 48, 4, 1.

[2]) Mommsen, S. 535f meint, daß erst seit Macer, der ein Schüler des Ulpian ist, die Quellen das Majestätsverbrechen an vorderster Stelle aufführen und damit sich das Erstarken der Kaisergewalt seit Diokletian zeige. Aber schon bei Marcian finden wir diese Spitzenstellung.

Schwere kommt dem Sakrileg (im Sinne von Tempelraub bei Ulpian) das Majestätsverbrechen, gemeint sein. In dem proximum steckt sicher ein sachlicher Gehalt, denn der zweite Satz: majestatis autem crimen illud est, deutet darauf hin, daß dessen geschütztes Gut — quod adversus populum Romanum committitur geht es im Text weiter — dem des Sakrilegs im Werte ganz nahe steht. So hat Ulpian bereits dem Majestätsverbrechen diese einzigartige Stellung gegeben, die es in den folgenden Jahrhunderten behalten hat. Die römische Perduellion war gegen Ende der Republik dem cr. maj. gewichen, bis dieses dann allmählich den uferlosen Inhalt der Digesten und der Lex quisquis des Codex annahm. Direkte und indirekte, symbolische Beleidigungen des Kaisers, Anmaßung, Beeinträchtigung irgend welcher Staatsrechte, Angriffe auf den Staat von außen oder innen, wenn jemand de nece virorum illustrium cogitaverit[1]), Münzverbrechen[2]) usw. stellen Majestätsverbrechen dar. Der Begriff wurde zu einer Geißel der Menschheit. Durch Nichterwähnung des Sakrilegs in Marcians Institutionen und bei Macer nimmt das Majestätsverbrechen nunmehr die erste Stelle ein, die es auch in allen Teilen des Corpus behält.

Der Ehebruch erhält seine Bedeutung bereits durch seine Stellung. Soweit er mit den Sittlichkeitsdelikten zusammen im strafrechtlichen Teil abgehandelt wird, tritt er bei Marcian ganz an erste Stelle und dann später gleich hinter das Majestätsdelikt. Die römische Rechtswissenwissenschaft hat sich mit dem Ehebruch überhaupt außerordentlich beschäftigt[3]). Papinian, Ulpian, Paulus schrieben zahlreiche große Monographien darüber. Dies ist nur aus der sinkenden Volksmoral zu erklären, gegen die schon die einschneidenden Bestimmungen der lex Julia kämpften. Dementsprechend scheint die Kategorie der Sittlichkeitsverbrechen wohl wegen der Häufigkeit und der Bedeutung für das sittliche Gefüge des Volkes mit an den Anfang der Folge gestellt worden zu sein. Mit unseren Begriffen ist die Folge des Ehebruchs auf das Majestätsverbrechen systematisch nicht zu erklären.

Auffällig ist, daß Gewalttat, Mord und Fälschung bei allen Quellen dann folgen, wobei sie teils in sich umgestellt oder etwa das Pekulat bei Ulpian oder das Plagium im Codex zwischengeschoben ist. Wir sahen hier wieder die Assoziation, die lässig-bequem Gewalttat und Mord — vielleicht wegen der gemeinsamen Gewalttätigkeit oder des Schutzes des Lebens — zusammenstellt. Die Anreihung der Fälschung ist wohl daraus zu erklären, daß sie sonst nirgends richtig hätte einge-

[1]) Cod. 9, 7, 5 (lex quisquis).
[2]) Cod. 8, 24, 2.
[3]) Mommsen, S. 534.

ordnet werden können. Zu den bisherigen Gruppen paßt sie nicht, auch die folgenden Delikte bilden eine gewisse Einheit. Die Fälschung steht deshalb mit ihrem Schutze von Treu und Glauben allein da und damit beziehungslos zu den vorhergehenden Gesetzen. Der Gesichtspunkt, daß damit drei nichtjulische Gesetze — das Cornelische Mordgesetz, das Pompejanische Parricidiumsgesetz und Cornelische Fälschungsgesetz — zusammenstehen, ist wohl kaum maßgebend gewesen, da ein anderes nichtjulisches Gesetz, die lex Fabia de plagiariis, sich noch am Schluß findet.

Die Folge der sich nun anschließenden Repetunden, des Pekulats und des Ambitus ist nicht nur assoziativ zu verstehen, sondern in der Anreihung findet sich sogar ein gewisser systematischer Gedanke. Alle drei stehen in Beziehung zu der staatlichen Organisation. Dabei ist bemerkenswert, daß die Repetunden, die als Erpressung der Beamten eine so gewaltige politische Rolle in republikanischer Zeit gespielt hatten[1]), jetzt ganz zurückgetreten sind, was sich an der Stellung in der Anordnung schon zeigt. Ähnliches ist beim ambitus, der Wahlbestechung, zu beobachten. Aber zu erklären ist der Vorgang aus der Entwicklung des römischen Staates. Früher waren die Repetundenprozesse wegen ihrer eminent politischen Bedeutung der Ausgang für die ganze Quästionenordnung und damit für das Strafverfahren geworden[2]). Die Fülle der Gesetze gegen den ambitus in dem letzten Jahrhundert in der Republik zeigt den Umfang dieses Übels und dessen gewaltige Gefahr für den Staat[3]). Der Prinzipat nahm dann im wesentlichen die Voraussetzung für den Mißstand. Auch das Erstarken der Zentralgewalt im Kaiser brachte eine schärfere Kontrolle, der Staat wurde straffer organisiert. Die Beamten wurden Organe des Kaisers, diesem verantwortlich und von ihm auch besoldet. Baute der Staat in republikanischer Zeit von der Gemeinde nach oben auf, so liegt der Schwerpunkt im Prinzipat in der Reichsspitze. In diesem zentralistisch regierten Staatsgebilde war die Befehlsgewalt und die Überwachung der untergebenen Dienststellen so stark, daß dem Einzelnen nur ein geringer Spielraum für eigenes Handeln gegeben war. Daraus ergibt sich wiederum eine begrenzte Möglichkeit, Verbrechen in Ausübung der Beamtenfunktion, wie etwa die Repetunden oder Diebstahl oder Veruntreuung öffentlicher Gelder zu begehen. Daß die Wahlbestechung in einem autoritär regierten Staat ihre Bedeutung verliert, ist ohne weiteres ersichtlich. Damit ist das Zurücktreten der

[1]) Schon 149 v. Chr. erging die Lex Calpurnia, von Hippel, I, S. 63; Mommsen, S. 709f.

[2]) Mommsen, S. 708, von Hippel, I, S. 63.

[3]) Mommsen, S. 867.

Repetunden, des Pekulats und des Ambitus in den Büchern zu erklären. So richten sich diese Verbrechen gegen die Verwaltung des Staates gegen die ordnungsmäßige Besetzung in den Beamtenstellen, die richtige Ausübung des Amtes und die Sauberkeit des Verwaltungsapparates.

Eigenartig ist die wechselnde Stellung des Plagium bei Paulus und in dem Corpus. Paulus scheint es an den Schluß seiner Anordnung gestellt zu haben, weil das Hauptdelikt erst unter Caracalla, also zu seinen Lebzeiten, mit öffentlicher Strafe belegt worden ist[1]). Dieser äußerliche Grund kann in den Digesten auch maßgebend gewesen sein, da es hier am Schluß steht. Die Behandlung des Delikts etwa in der Mitte bei Marcian, im Codex und in den Institutionen ist unerklärlich.

Aus der Folge ergibt sich schon, daß der christliche Einfluß auf das Strafrecht sehr gering war[2]). Dafür tritt die überragende Stellung des Kaisers, ja seine mit Heiligkeit verklärte Person um so deutlicher hervor, als er sich nicht etwa mit dem Staate identifizierte. Denn wenn diese Anschauung die Kompilatoren getragen hätte, hätten sie vielleicht die Vergehen gegen die Verwaltung des Staates gleich hinter das crimen majestatis eingefügt. So stand die Majestät in ihrer Person aber so weit von allen Erscheinungen menschlichen Lebens entrückt da, daß sowohl der Staat, wie das bürgerliche Leben absolut untergeordnet waren und dadurch erst für die Äußerungen menschlichen Zusammenlebens eine neue Wertung — diesseits der Majestät — geschaffen werden mußte. Dabei ist es dann nicht merkwürdig, wenn die Sittlichkeit und das Leben der Menschen den Vorrang vor den anderen geschützten Gütern haben. Es mag zwar für uns verwunderlich sein, daß die Verwaltung des Staates hinter den Einzelgütern in der Ordnung zurücktritt, jedoch entspringt diese Überlegung bereits unserem modernen systematischen Denken. Der assoziativen Methode war dies überhaupt kein Problem, sie ließ sich allmählich ohne einen vorherigen Wertungsplan treiben.

Zum Verständnis des strafrechtlichen Teils müssen wir noch das

---

[1]) Wenn plagium mit Menschenraub übersetzt wird, wie Mommsen, S. 535 in der Tabelle im Gegensatz zu S. 780, dann gibt das für unsere kriminalistischen Begriffe ein schiefes Bild. Das Plagium begeht derjenige, der einen fremden Sklaven oder Freien böswillig in seine Gewalt bringt und dem Herrn entzieht.

[2]) Gotteslästerung wurde erst durch die Nov. 77 unter bürgerliche Strafe gestellt. Früher wurde der Christ als Apostat vom Polytheismus unter dem Majestätsverbrechen verurteilt. Mommsen, S. 375. Dagegen fiel jene, seitdem pas Christentum Staatsreligion geworden war, nur unter erschwerenden Momenten darunter, Mommsen S. 599. Tertullian unterschied bereits das cr. l. rom. relig. u. der laesae majestatis, Beck, S. 80.

Wesen der strafrechtlichen Lex erläutern, da diese das Wesen des römischen Delikts ausmacht. Mit unserem modernen Begriff des Tatbestandes dürfen wir an das römische Strafrechtsdenken nicht herangehen. Tatbestände sind gering ausgebildet, ihre Grenzen außerordentlich flüssig. Es wurde weder ein Begriff für das Verbrechen vorausgesetzt, wie wir es oft später in den deutschen Quellen finden, so daß etwa die Anführung des Namens nur genügte, noch wird gewöhnlich die Handlung beschrieben, sondern es wird vielmehr die Beurteilungsweise angeführt, nach der der Verbrecher unter die Lex fällt. Deren Umfang wird dann durch einzelne Fälle erläutert[1]). In der Lex liegt der Schwerpunkt nicht im Tatbestand. Deshalb heißt es auch: lege . . tenetur[2]). Dadurch aber war es möglich, daß ein Sachverhalt bei gleichem Gesichtspunkt, oft unter mehrere Gesetze untergeordnet werden konnte[3]), andererseits die Gesetze in den Einzelfällen sich überschnitten[4]). Auch wurde oft ein Fall innerhalb des Titels nur aufgenommen, weil er mit der Strafe des betreffenden Gesetzes belegt war, obwohl er nach seinen Merkmalen gar nicht recht dahin paßte[5]). Die verschiedenartigsten Tatbestände geben der Lex einen Mischcharakter und verdunkeln deren einheitliche Beurteilung. Da aber die leges die Bausteine des öffentlichen römischen Strafrechts und nicht die Tatbestände bildeten, konnte eine Wertung nach abstrakten Maßstäben nur schwer vorgenommen werden. Jede Lex umfaßte, um moderne Begriffe zu verwenden, oft verschiedene Gruppen von Schutzobjekten. Selbst die Institutionen, die doch aus systematischen Bestrebungen hervorgegangen sind, zeigen keine Ansätze, abstrakte Tatbestände zu bilden.

Der strafrechtliche Aufbau des Corpus juris wirkt auf den ersten Blick spätzeitlich-blutleer, wie überhaupt im ganzen die Zusammenstellung

[1]) z. B. D. 48; 6, 1—4 oder 48; 9, 1. Die Lex Quinctia de aquaeductibus aus dem Jahre 9 n. Chr., Bruns, fontes, Nr. 22, findet für den Begriff der Beschädigung oder der Wiederherstellung keine Definition, sondern zählt nur zahlreiche Fälle auf.

[2]) vgl. Abegg, Arch. Crim. n. F. 1835, S. 376.

[3]) Die ganze Lex quisquis ist im Cod. 9; 8, 5 unter das Majestätsverbrechen im Cod. Theod. 9; 14, 3 unter das Corn. Gesetz de sic. eingeordnet. Hier ist allerdings der einzige Fall der öffentlichen Delikte, wo selbst die ganze lex in der Zuordnung schwankt.

[4]) z. B. Parteilichkeit eines Richters aus Geldannahme fällt unter das Corn. Ges. de sic. und das Repetundengesetz. Anstiftung zu Aufruhr wird im Maj. u. Gewaltgesetz aufgeführt; vgl. auch Mommsen S. 890f.

[5]) z. B. D. 48; 13, 11, wo der Diebstahl durch Mauerdurchbruch nach dem Jul. Ges. über Pekulat usw. bestraft wird, obwohl es sich nicht um den Diebstahl von Staatsgeldern handelt. Offensichtlich hat hier die erhöhte Strafdrohung den Grund für die Stellung abgegeben.

der Excerpte der Schriftsteller. Jedoch haben wir gesehen, daß die Anordnung ganz römisch ist[1]) und kein Ausdruck etwa undynamischen statischen Denkens des Byzantinismus. Der Aufbau ist von echtem römischen Geist erfüllt, eine innere unsichtbare Ordnung trägt ihn, die sich jahrhundertelang als römischem Denken gemäß erwiesen hat. Eine Wertung können wir allerdings nur ganz begrenzt aus ihr ablesen, da die Methoden der Assoziation und der Systematisierung sich nur selten berühren.

2. Kapitel

Die Legalordnung der deutschen mittelalterlichen Quellen

Vorbemerkung: Germanische Denkungsart

Wir wollen zunächst uns über die Vorstellungsart und Denkweise der Germanen klar werden, ehe wir weitere Schlüsse auf die gesetzlichen Ordnungen ziehen. Germanische Anschauung eines Gegenstandes faßt diesen als Ganzes auf, ohne ihn in seine analytischen Teile in der Vorstellung zu zerlegen. Die Vorstellung ist aus der Fülle der Erfahrung, die man mit diesem Gegenstand, z. B. einem Tier in bezug auf Art, Charakter, Lebensweise, Anlagen, Triebe usw. gemacht hatte, gewonnen. Das Anschauungsobjekt bildet für sich eine Einheit, ohne Glied eines umfassenden Systems zu sein. Das Tier hatte nicht einen Kopf, Beine, Ohren, Haare, die etwa selbständig gedacht wurden, und somit bei Abstraktion dieser Teile für andere Tiere Begriffe hätten bilden können, sondern die einzelnen Glieder wurden nur als Kopf und Beine dieses bestimmten Tieres erfaßt.

Es gibt nur selten allgemeine Begriffe, wie Mensch oder Baum. Die Gemeinschaft besteht nicht aus Menschen, sondern Männern, Frauen, Kindern, auf der Erde leben nicht Tiere, sondern Bären, Hunde, Wölfe, und sie ist nicht mit Bäumen bewachsen, sondern mit Birken, Eichen, Tannen. Wie stark auch die Dichtung wirklichkeitsgebunden ist, zeigt daß der Weltenbaum nicht Ygdrasils Baum, sondern Ygdrasils Esche heißt.[2])

Wir kennen aus der Sprache auch nur wenige ordnende oder begriffliche Bezeichnungen. Sie bilden keine Wirklichkeiten, wie für uns, sondern nur schattenhafte Gebilde; aber noch nicht etwa in dem Sinne eines allgemeinen Hintergrundese der realen Welt, sondern sie führen ein vereinzeltes unbedeutendes Dasein. Die Erscheinungen und Lebensvorgänge stehen beziehungslos nebeneinander, ohne daß sich daraus weitere

[1]) Koschaker, S. 65.
[2]) Dazu Grönbech, S. 163.

Berührungen ergeben. Infolge davon kann sich eine Grundlage für ein System logischer Bestimmungen gar nicht bilden.

Die einfache Vorstellung verknüpft sich ganz eng mit dem Gegenstand. Dieser wird gleichsam von Anfang bis Ende in seinem Sinn und Wesen in einem durchschaut. Deshalb wird die Lebenserscheinung von ihrem rechtlichen Ausdruck kaum getrennt[1]), genau so unvollkommen wie der Wolf vom Tier oder der Gegenstand von seiner Schönheit. Idee und Sein fließen in dem Gegenstand zu einer Einheit zusammen. Es wohnt ihm deshalb eine merkwürdige Tiefe der gedanklichen Erfassung inne. Dieser in sich vergeistigte Gegenstand hat ein so ausgeprägt geschlossenes Wesen, daß es für dieses Denken gar keine allgemeine Abstraktion mehr geben kann.

Damit stehen die Erscheinungsformen plastisch und realistisch nebeneinander, und die Wirklichkeit ist eine Anhäufung zahlreicher einzelner Gegenstände und Lebensvorgänge[2]). Wir unterscheiden uns „nicht nur in der Theorie über die Wirklichkeit, sondern in der Wirklichkeit selbst" bereits von dieser Zeit[3]).

Dieser germanische Wesenszug steht in enger Verknüpfung zu der Kulturstufe. Allerdings zeigen die Römer uns, daß das Vorbeigehen an unserer Vorstellung von Systematik nicht mit der Frühe des Kulturzustandes zusammenfallen muß. Jedoch hatte der Römer eine richtige und sichere Anschauung vom juristischen Begriff, nur fehlte es an der Formulierung[4]), was sich an der klaren Zerlegung eines Falles in seine einzelnen juristischen Bestandteile zeigte. Dagegen mangelte es dem Germanen überhaupt an jener Anschauung. Er vermochte die reale

---

[1]) Wieacker, S. 21.

[2]) Grönbech, S. 165 führt dafür als treffendes Beispiel an: „Wenn unsere unfassende Phrase „die ganze Welt" ins Altnorwegische übersetzt werden soll, bekommt sie folgende Form: „So weit wie Christen zur Kirche gehen, Heiden ihre Götter ehren, Feuer ausbricht, der Boden Früchte trägt, der Sohn die Mutter ruft, die Mutter den Sohn nährt, Männer Feuer anzünden, Schiffe fahren, Schilde blitzen, Sonne scheint, Schnee treibt, Kiefer wächst, der Falke den ganzen lenz-langen Tag mit vollem Wind unter den Flügeln fliegt, der Himmel sich wölbt, die Erde bewohnt ist, der Wind heult, das Wasser in die See fließt, Knechte Korn ernten."

[3]) Grönbech a. a. O.

[4]) V. Ihering, III, 2, S. 364; Wieacker, S. 21 führt v. Iherings treffende Bemerkung an, wonach es der älteren römischen Rechtskunde schon eigentümlich war, daß sie sie Lebenswirklichkeit gleichsam künstlich auf isolierte juristische Bedeutungen zurückführte, die in der natürlichen Anschauung nicht vorhanden sind, sie gleichsam skeletierte: der juristische Besitz ist etwas anderes als die naturalis possessio.

Lebenserscheinung nicht von der juristischen Bedeutung zu trennen. Das liegt aber an dem frühzeitlichen Rechtszustande.

Der Einzelne hatte seine individuelle Machtsphäre nicht von dem Recht zugeordnet, sondern kraft seiner Herrschaft, die er außerhalb oder vor dem Recht gewonnen hatte. Die Rechtsgüter oder strafrechtlich ausgedrückt die Schutzobjekte haben keinen eigenen Rechtswert, der aus der Rechtsordnung fließt, sondern sind nur in Beziehung auf den Willen des Individuums eines Wertes fähig. Deshalb ist eine rechtliche Abstraktion von der Bezogenheit auf den einzelnen Menschen gar nicht möglich. Es gibt kein Eigentum, kein Vermögen im Rechtssinne, aber einen Besitz an der Sache. In ihm wird die Plastizität des Denkens, die Konkretisierung der Individualsphäre ausgedrückt, aber auch nicht der Besitz in einem abstrakten Begriff, sondern in der Vielgestalt der Objekte: des Pflugs, des Korns, des Viehs[1]). Diese enge Verknüpfung von Gestalt und rechtlicher Bedeutung des einzelnen Machtkreises ließ eine gattungsmäßige begriffliche Erfassung noch nicht aufkommen.

Wir können nach der bisherigen Überlegung für unsere besondere Fragestellung von dem germanischen Recht nicht allzuviel erwarten, weil eben plastisches und frührechtliches Denken keine Wertordnung ausdrücken kann.

1. Die Leges barbarorum

Das Strafrecht der damaligen Zeit wurde von dem Kompositionensystem beherrscht. Aus dem Wergeld für die Tötung hatte sich eine bis ins einzelne gehende Bußordnung gebildet, die die Taxen nach Bruchteilen des ursprünglichen Wergeldes berechnete. Dadurch hatte sich eine außerordentlich detaillierte Kompositionenordnung gebildet, die für die geringsten Abweichungen bei Verletzungen verschiedene Taxen aufstellte. Durch diese umfangreichen Bußkataloge, die nach dem Stand des Täters oder des Verletzten und nach sonstigen Modalitäten der Handlung abstufen, kehren die gleichen Handlungen vielfältig wieder und werden in zahlreiche einzelne Erscheinungsformen zerlegt. Damit hängt eng zusammen, daß das germanische Strafrecht stark auf den Erfolg abstellt. So wird jeder Verbrechenstyp in zahlreiche einzelne Missetaten aufgegliedert. Soweit der Versuch bestraft wird, stellt er ein selbständiges Delikt dar, z. B. das Giftgeben, das Einsteigen, die Wegesperre, das Messerzücken, das Wassertauchen.

Die Vorstellung, die die Lebensformen nebeneinander sieht, ohne sie in eine höhere Denkordnung zu heben, gestaltet das Mosaik, das sich aus den strafrechtlichen Teilen der leges barbarorum des 6. bis 8. Jahr-

[1]) Husserl, S. 134; E. Wolf, Verwaltungsdelikte, S. 587ff.

hunderts darbietet[1]). Es sollen nur einige typische und vollständige Quellen hier angeführt werden.

Am Anfang der Lex Salica in Nummer 2 bis 14[2]) stehen ausführlich Diebstahlsvorschriften, die insbesondere Tiere, Knechte und Frauen betreffen. Dann folgen bunt durcheinander einzelne Vorschriften über Plünderung, Brandstiftung, Verletzungen, Zauber, Frauenbeleidigung, nicht etwa gruppenweise in sich geschlossen, sondern ganz verstreut, bezogen auf handelnde oder verletzte Frauen, Unfreie, Freie, Knechte, Knaben, oder auf verschiedenartige Gegenstände. So findet sich der Diebstahl noch in den Nummern 23, 24, 29, 35 f, 40, 42, 64 als Schiffs-, Mühlen-, Feld-, Pferdediebstahl, Diebstahl durch Knechte und Handraub; die Tötung von Knaben und Weibern in Nr. 26, von Knechten in Nr. 37, von Freien, durch Banden, beim Gelage in Nr. 43 bis 45; des Grafen in Nr 56, des Geistlichen in Nr 58, auf Heerfahrt in Nr 66. Zwischen diese strafrechtlichen Vorschriften schieben sich immer wieder prozessuale und strafrechtliche Anordnungen.

Die Lex Ribuaria ist eine Kompilation[3]). Ihre ersten beiden Teile, die uns angehen, von Tit. 1—28 und 29—64 gehören wahrscheinlich der ersten und zweiten Hälfte des 6. Jahrhunderts an. Der erste Teil ist selbständig im Charakter und ist besser aufgegliedert als der zweite. Im wesentlichen zeigt das ribuarische Gesetz kein wesentlich anderes Gesicht als das salische, es faßt nur etwas besser zusammen. An der Treuverletzung gegenüber dem König (Nr. 69) ist der grundsätzliche Unterschied zwischen dem römischen crimen majestatis und der deutschrechtlichen Auffassung von dem Verbrechen gegen Fürst und Staat zu sehen. Dieses geht von der Treue gegen den König aus. Ihre Verletzung ist keine Spezies einer generellen Untreue, die etwa den Bruch jedes Treugelöbnisses darstellt[4]), sondern eine in sich ruhende und abgeschlossene Erscheinungsform, in der sich Gegenstand und Begriff zu einem,

[1]) Es kann hier keine Übersicht gegeben werden, wie sich die Begriffe und der Umfang der Fehdesachen und leichten Friedensbrüche entwickelt und gewandelt haben und wie allmählich die öffentliche Strafe die private verdrängt hat, da diese Einteilungen auf die Legalordnungen der leg. barb. keinen Einfluß hatten; vgl. dazu His, I, Seite 2f.

[2]) Zit. nach Germanenrechten, Band 2, I, Lex salica.

[3]) Germanenrechte, Band 2, I, S. 138ff. Dazu Planitz, S. 100f. Die Lex Rib. ist für die Lex Saxonum und die Lex Thur., beide wahrsch. aus dem Jahre 802 nach Christus, Vorbild gewesen; Brunner, I, S. 465, 471. Die kurze L. Th. (Germanenrechte, Band 2, III, S. 36ff.) gliedert schon einigermaßen: Tötung (1—3), Körperverletzung (4—25), Diebstahl (31—40), Brandstiftung (41—43), Gewalttaten (44—50). Dazwischen schiebt sich nur ein erbrechtlicher Teil.

[4]) Vgl. dazu Lex Salica, Tit. 52.

der Verletzung der Königstreue, verbinden. Deshalb gibt es wesensmäßig verschieden Untreue gegenüber dem König, dem Herzog oder einer privaten Person. Diese Erscheinung durchzieht alle Volksrechte. Es war unmöglich, daß im deutschen Recht die Treuverletzung gegenüber dem König einen solchen uferlosen Inhalt wie das crimen majestatis jemals annehmen konnte. Dazu hätte es einer ganz anderen begrifflichen Entwicklung und eines Verlassens des plastischen Denkens bedurft. Die Treuverletzung gegen den König war wohl eines der schwerst bestraften Delikte, sie hatte jedoch nie diese einmalige Stellung wie das crimen majestatis.

Die Delikte stufen sich nach dem Erfolg ab, und zwar im einzelnen nach den Ständen, den verletzten Gütern, nach besonderen Örtlichkeiten oder sonstigen Merkmalen. Sie bilden jedoch nur selten irgendwie geschlossene Gruppen, wie in der Lex Salica, Tit. 19—27, Verletzungen von oder durch Knechte. Manchmal sind in der Reihenfolge ganz äußerliche Verknüpfungen maßgebend. So sind in der Lex Salica das falsche Zeugnis, das prozeßrechtliche Hinzuziehen von Zeugen und das Treugelöbnis (50—52) durch die Beteuerung, die allen drei Erscheinungen zugrunde liegt, aneinandergereiht. In der Lex Ribuaria folgt auf die Knechtsdelikte die Stellung des Knechts vor Gericht, dann die von Frauen und das Ausbleiben von Terminen (30—32).

Die Lex Bajuvarorum aus der Mitte des 8. Jahrhunderts[1]) zeigt schon eine brauchbare systematische Anordnung. Sie teilt den strafrechtlichen Teil nicht so scharf wie die Lex Alamanorum in die drei Abschnitte der Kirchen-, Herzogs-, Volkssachen, sondern läßt die einzelnen Teile hintereinander folgen: Schutz der Kirche (1) und des Herzogs (2), die Verbrechen wider Leib und Leben (4-6), Ehe, weibliche Ehre (7, 8), Diebstahl (9), Brandstiftung (10), Gewalttat bei Hausfriedensbruch und zerstörte Grenzzeichen. Sehr gut weist Beyerle[2]) im einzelnen - auch an den Übergängen der Titel —, nach, daß dieser Anordnung der Dekalog und wohl auch die collatio legum[3]) zugrunde liegt[4]). Damit hat dieses Gesetz bereits eine festere Form als die anderen erhalten.

Weiterhin zeigen auch die Gesetze der Langobarden[1]), der Edictus

---

[1]) Dazu Fr. Beyerle, a. a. O. S. XLIII.

[2]) A. a. O. S. LVIff.

[3]) Die eigentümliche Collatio legum mosaicarum et romanarum, auch Lex Dei genannt, etwa um 400 n. Chr. entstanden, dazu Krüger, S. 344, Riccobono II, S. 544ff., stellt eine Sammlung und Vergleichung des alttestamentlichen mit dem römischen Recht dar. Sie schließt sich in Teil 1—8 im wesentlichen an den Dekalog an.

[4]) Wilda, S. 92, Anm. 4, S. 38f. weist auf die ganz ähnliche Stoffanordnung in den westgotländischen Rechten, außer in bezug auf die kirchlichen und politischen Bestimmungen hin.

Rothari (etwa 643 n. Chr.) eine durchdachte allgemeine Ordnung des Stoffes und damit schon früh die eminente Rechtsbegabung des Volkes. In dem ersten Teil des Edikts, der das Strafrecht betrifft, werden zunächst die öffentlichen Verbrechen gegen den König und Staat und dann die Vergehen gegen die sonstigen Personen behandelt. So werden zuerst die Königssachen, der Verrat gegen den König (Tit. 1, 2), dann die Flucht, der Landesverrat, der Aufruhr im Heer und die falsche Anklage (3—9) behandelt. Es folgen die schweren Delikte gegen die öffentliche Sicherheit Mord, Tötung, Überfälle; dann die Herzogssachen (20—25), an die die Verletzungen von Freien u. a. anschließen (45—128), während der Diebstahl inmitten des vermögensrechtlichen Teils (253 ff.) steht. Damit ist schon äußerlich eine gewisse Wertabstufung gegeben.

2. Die nordischen Rechtsquellen

Ein Blick auf die nordischen Rechte soll das Bild über die Frühzeit germanischer Rechte erweitern.

Zuerst betrachten wir die isländische Graugans. Sie ist nach 1250 aufgezeichnet und gibt etwa den Rechtszustand von 1150—1200 wieder. Es handelt sich bei dem Grauganstext um kein amtliches Gesetzbuch, sondern um privat gesammelte Rechtsvorträge, Gutachten und Gesetze[2]. Der Stoff wird in einer gewissen Ordnung gebracht. Das Strafrecht wird nur in zwei oder drei der fünfzehn Teile behandelt. Im ganzen ist gegenüber den germanischen Volksrechten eine nicht so stark sinnliche und plastische Auffassung der Erscheinungen festzustellen, sondern vielmehr schon eine begriffliche Erkenntnis und gedanklichere Ausdrucksweise.

Die Hauptmasse befindet sich im dritten Hauptstück, das mit den Worten beginnt: Hier fangen an die Totschlagsfolgen (86—87). In Tit. 108 reihen sich Anschläge, in 109 Brandstiftung, in 109 a ff. Ergreifen von Waldmännern (Geächteten) mit Totschlag von Hörigen an. An ihn schließt sich die Freilassung an. Hier liegt assoziatives Denken in der Verknüpfung. Die sonstigen strafrechtlichen Bestimmungen treten nicht so gedrängt mehr auf. Das 12. Hauptstück handelt von Haussuchung, Diebstahl und Raub. Hierbei ist ein Ansatz zum begrifflichen Denken zu finden, wenn es heißt: Jeder in unserem Lande soll behalten, was ihm gehört, außer er wolle es als Geschenk oder Zahlung weggeben. Wir finden in diesem Abschnitt überhaupt nicht diese zahllosen Abstufungen nach dem Objekt, wie sie uns in den sonstigen Germanenrechten entgegentreten.

Es soll auch eine norwegische Quelle in dem Rechtsbuch des Frosto-

---

[1]) Brunner, I, S. 531; Planitz, S. 106; Text von Fr. Beyerle a.a.O.

[2]) Text v. Andreas Heusler a.a.O. Zu Obigem dessen Einleitung, S. XIII.

things[1]) auf ihre strafrechtliche Anordnung hin betrachtet werden. Auch hier haben wir es nicht mit einem Gesetz, sondern mit einer privaten Kompilation aus der 1. Hälfte des 13. Jahrhunderts zu tun. Zu einer systematischen Ordnung ist das Buch nicht gekommen, weil es sich bewußt an frühere Reihenfolgen anlehnt. Die einzelnen Bücher greifen im Stoff oft von einem zum anderen über, und es finden sich eine Menge ganz verbindungsloser Stellen. Die Anklänge an die Volksrechte sind stärker als in der isländischen Graugans. Das Recht ist lebendig mit den sinnlichen Erscheinungen verbunden und kennt keine begrifflichen Ausdeutungen. In aller Anschaulichkeit werden die Vorgänge geschildert, die Gegenstände treten plastisch hervor, alles wirkt reliefartig. Es finden sich wieder die langen Bußkataloge, in denen jedes Glied seine Schätzung erfährt[2]). Die Einleitung bereits zeigt dieses bunte Mosaik, ebenso wie der 2. und 4. Teil, der die Masse der strafrechtlichen Bestimmungen umfaßt. Irgendeinen gedanklichen Leitfaden kann man nicht finden[3]).

3. Die deutschen Rechtsbücher der 2. Hälfte des Mittelalters

Der Sachsenspiegel zeigt noch weitestgehend die Züge der bisherigen germanischen Rechte. Er unterscheidet ganz allgemein Ungerichte oder Friedensbrüche, das sind die eigentlichen Verbrechen, von den Freveln, den leichteren Vergehen[4]). Jene werden mit öffentlicher Strafe, die an Leben und Hand gehen, diese mit Strafen an Haut und Haar und Vermögensbußen belegt. Der Kreis der öffentlichen Straftaten ist gegenüber den früheren Volksrechten, die fast nur Privatstrafen kennen, stark erweitert infolge des Vordringens des peinlichen Strafsystems. Die einzelnen Verbrechen sind in ihren Merkmalen nicht festgelegt, sondern bilden Begriffe, deren Wesen, Inhalt und Elemente von der Volksanschauung ausgefüllt werden. Der Spiegler generalisiert die Straftaten und faßt sie zu Gruppen wie Mörder, Mordbrenner, Totschlag, Raub, Hüten von Diebesgut usw. zusammen. Dadurch ist im Sachsenspiegel diese unübersehbare Kasuistik der früheren Rechte fast verschwunden. Sie zeigt sich nur noch in geringem Maße bei den Verletzungsnormen. Ein Staatsverbrechen gibt es genau so wenig wie in den Volksrechten, vielmehr tritt auch hier nur die persönliche Untreue gegen den Herrn auf. Da das Majestätsverbrechen nur gegenüber dem König möglich war, erwähnt es der Spiegler gar nicht.[5])

[1]) Benutzt wurde Rudolf Meißners Ausgabe a. a. O.
[2]) Vor. Anm., S. XXXIVf.
[3]) Ebensowenig im Guladingsbuch, Germanenrechte Nr. 6.
[4]) His I, S. 45; v. Hippel I, S. 129.
[5]) Die Gotteslästerung gehörte zur Zuständigkeit der geistlichen Ge-

Der Teil, der die strafrechtlichen Normen hauptsächlich enthält[1]), zeigt zunächst eine geschlossene Ordnung[2]). Der größte Teil der strafrechtlichen Bestimmungen ist in den Artikeln 13—19 des II. Buches zusammengefaßt. Für deren Aufbau ist die jeweils verschiedene Strafdrohung entscheidend. Es steht auf die Taten des Artikels 13, 1—3 die Strafe des Hängens, des Artikels 13, 4 Radebrechen, des Artikels 13, 5 die Enthauptung und des Artikels 13, 7 das Verbrennen. Im einzelnen eröffnet der Diebstahl — wie auch oft in den Volksrechten — die Strafrechtsgruppe. Dieser gilt wegen des Momentes der Heimlichkeit als besonders verwerflich und wurde mit Hängen bestraft. Nach der Zusammenfassung von Unrecht-Maß, Unrecht-Wiegen und Unrecht-Kaufen folgen im Artikel 13, 4 die schwersten Verbrechen: Mörder, Pflug-, Mühlen-, Kirchen- und Kirchhofräuber, Verräter, Mordbrenner und treulose Auftragsführer, auf die alle Radebrechen steht. Die schwere Ahndung des Pflug- und Mühlenraubes kommt aus der Schutzbedürftigkeit der unbeaufsichtigten Sachen; Kirchen- und Kirchhöfe haben einen besonderen Frieden. Im Artikel 13, 5 faßt der Strafe das Erschlagen, Gefangenennehmen, Berauben, Verbrennen eines Mannes und Notzucht, Friedensbruch und Ehebruch unter der Strafe des Hauptabschlagens zusammen. Hehlerei und Begünstigung werden in Artikel 13, 6 angeschlossen, weil die Strafe die des Haupttäters ist und sich aus den vorhergehenden Bestimmungen ergibt. Jetzt folgen in Artikel 13, 7 Unglaube, Zauber und Vergiftung, auf die Verbrennen steht. Zauberei wird als ein Bund mit teuflischen Mächten aufgefaßt, desgleichen das Vergiften[3]) und deshalb unter die Religionsvergehen geordnet. Das Nichtrichten eines Richters beschließt die Reihe der schweren Straftaten im Artikel 13. Jetzt verläßt der Sachsenspiegel den ordnenden Gesichtspunkt der Strafdrohung und faßt nach Tatmerkmalen zusammen. In den folgenden beiden Artikeln behandelt er den Totschlag in Notwehr und die Gewährgelobung und geht dann im Artikel 16 ausführlich auf die Lähmungen, Verwundungen und Verletzungen ein. Damit endet die geschlossene Gruppe strafrechtlicher Bestimmungen.

Es folgen noch weitere zahlreiche materielle und prozessual straf-

---

richte. Nur vereinzelt erscheint jene in weltlichen Quellen. Die Doppelehe taucht erst seit der Mitte des 13. Jahrhunderts in weltlichen Satzungen auf. Kuppelei wird überhaupt in den Gesetzen der damaligen Zeit selten erwähnt. Leichenraub stellt oft gar keine selbständige Straftat dar und geht entweder in schwerem Raub oder dem Bruch des Kirchhoffriedens auf. Zu allem His II, S. 5, 172, 163, 213.

[1]) Molitor, S. 33ff.

[2]) Abweichende Ansicht Philippsborn, S. 50ff. und Würtenberger, S. 23f.

[3]) His, Gesch., S. 109.

rechtliche Normen, die aber über das ganze zweite und dritte Buch verteilt sind und oft in gar keiner oder nur in ganz äußerer Verknüpfung zu ihrer Umgebung stehen. Man könnte eventuell einen Zusammenhang unter diesen strafrechtlichen Vorschriften versuchen festzustellen, sodaß sich unter Umständen die Zwischenbestimmungen als spätere Nachschübe darstellen könnten. Aber diese verstreuten strafrechtlichen Bestimmungen geben unter sich keinen leitenden Gesichtspunkt, ebensowenig wie es alle dazwischen befindlichen zivilrechtlichen Gruppen tun. Deshalb scheint es sich, bereits ab Artikel 17 um lose aneinander gereihte Nachträge zu handeln[1]). In Anbetracht der in Artikel 13ff. offensichtlichen Systematik kann diese Unordnung nicht die Grundanschauung des Spieglers gewesen sein.

So können wir für den strafrechtlichen Teil des Sachsenspiegels feststellen, soweit es sich um die geschlossene Gruppe in Artikel 13—16 handelt, daß ein erstaunlich klarer Ordnungsgedanke zugrundeliegt[2]); im wesentlichen ist es der der Strafdrohung, dann der Straftat.

Der Schwabenspiegel zeigt bei weitem nicht diese beachtlichen Ansätze einer Ordnung wie der Sachsenspiegel, sondern ist breiter, kasuistischer und unklarer im Aufbau. Auch passen die unvermittelt eingeschobenen Bestimmungen des mosaischen Strafrechts im Artikel 201 überhaupt nicht in den Rahmen und die Darstellung.

In diesem Zusammenhang sollen die älteren Stadtrechtsbücher nicht unerwähnt bleiben.

Alle drei codices des alten Lübecker Rechts von 1240, 1294 und 1348 zeigen keine besondere Ordnung[3]). Das Mühlhäuser Reichsrechtsbuch aus dem Anfang des 13. Jahrhunderts gliedert seine Straftaten in 5 Abschnitte, die je ein Ungericht: Tötung, Körperverletzung, Heimsuchung, Notzucht und Diebstahl behandeln[4]). Das Zwickauer Rechtsbuch[5]) aus der ersten Hälfte des 14. Jahrhunderts ist zum Teil ordnungslos und lehnt sich teilweise an den Aufbau der Strafrechtsgruppe im Sachsenspiegel an. Als letztes der Stadtrechtsbücher[6]) soll noch bezüglich des

---

[1]) Molitor, S. 38.

[2]) Das Urteil Hälschners, Geschichte, S. 42: Ein vollständiges, wohl geordnetes System, geht zu weit. Homeyer, S. 20.

[3]) Ausgabe Hahn, S. 53, 62, 70.

[4]) Ausgabe H. Meyer, S. 33, .

[5]) Ausgabe Planitz-Ullrich, a. a. O.

[6]) Die übrigen Stadtrechtsbücher, wie die Wormser Reformation, Tiroler und Radolfzeller Halsgerichtsordnung, das Bamberger Stadtrecht und die Zwickauer Reformation 1539/69 werden im Zusammenhang mit der CCC behandelt. Vgl. unten S. 40ff.

strafrechtlichen Aufbaus das Rechtsbuch von Rupprecht von Freising aus dem Jahre 1328 betrachtet werden)[1]. Es ist eine einfache Privatarbeit. Das äußere System ist übersichtlich, wenn auch kein richtiger planvoller Gedanke daraus zu ersehen ist. Bei der Ordnung macht sich der Einfluß der Italiener insoweit wohl bemerkbar, als die Tötungsdelikte voran und die Fälschungsdelikte am Schlusse stehen[2]). Jedoch kann dies auch durch andere süddeutsche Stadtrechte vermittelt sein.

4. Zusammenfassung

Was sich aus der Grundhaltung germanischen Denkens und germanischer Auffassung der Welt im allgemeinen ergab, hat sich in der Anordnung des strafrechtlichen Stoffes der Rechtsbücher und der Volksrechte bestätigt. Die Anschauung ist bezüglich der Rechtserfassung plastisch, gegenständlich. Bei der Verknüpfung zeigen sich manchmal assoziative Erscheinungen, die aus ganz äußerlichen Merkmalen zu erklären sind. Idee und Gestalt sind so eins, daß die gedankliche Brücke zum Gleichartigen kaum gefunden wird. Der Gedanke der Systematik ist agermanisch. Das beruht einerseits auf der Eigenart des germanischen Wesens, andererseits auf der frühzeitlichen Stufe, auf der sich das Recht befindet. Erst ganz allmählich zeigen sich eine begriffliche Bildung in dem isländischen Recht und in den späteren deutschen Rechtsquellen und damit auch ein Ansatz einer Ordnung, die Ähnliches unter allgemeinen Gesichtspunkten zusammenstellte. Aber davon entfernt ist noch eine Wertung der Rechtsgüter in der Anordnung, die nicht nur ein begriffliches sondern ein systematisches Denken voraussetzt. Mit all diesen Legalordnungen ist aber keine Wertordnung gegeben. Das Bewußtsein nach Werten anzuordnen, ist der Zeit noch nicht aufgegangen. Es kann nur auf einer höheren Stufe einer Kultur entstehen.

3. Kapitel

Die Anlehnung der italienischen Rechtsschöpfungen an den Codex oder den Dekalog und Decians neue Verbrecheneinteilung

Vorbemerkung: Die geistige Situation Oberitaliens im Mittelalter

Eine Weiterentwicklung erfährt das römische Recht durch die Tätigkeit der italienischen Juristen im Mittelalter. Wie standen sie zu dem auf

---

1) Jetzt Ausgabe von Claußen, a. a. O.

2) S. unten S. 34; Hälschner, Geschichte, S.89, Brunnenmeister, S. 242.

sie gekommenen Rechtsstoff? Es wäre denkbar, daß sie ihn entweder als Geschichte ansahen, die wiederbelebt werden sollte, weil sich aus ihr ein objektiver Wert für den Menschen ergab, oder daß das römische Recht in seinem Geist und seiner Idee weiter lebendig war, wie in dem antiken Volk. Die Antwort kann nicht eindeutig lauten. Dazu ist der Vorgang der oberitalienischen Rechtsentwicklung zu verwickelt. Das römische Volk und Reich waren nicht mehr. Oberitalien war weitestgehend von germanischem Blut durchsetzt worden. Die Idee des römischen Imperiums war aber neu entstanden, man knüpfte sie kontinuin an das antike römische Reich an. Das römische Recht hatte nicht ununterbrochen seine Lebenswirklichkeit bis zum beginnenden 2. Jahrtausend auf italienischem Boden behalten. Es war zunächst durch die germanischen Rechtsschöpfungen verdrängt worden. Weder Reich noch Recht waren reale Gegebenheiten mehr. Sie waren aber auch keine toten Gebilde. Aber sie regten das Abendland zur Verarbeitung und Weiterbildung ihres Geistes an. So wurde das überkommene Ideengut aus einem neuen Lebensgefühl umgeschmolzen und jenes erhielt eine zeitnahe Gestalt. So wie die Aristotelische Philosophie als gegenwartsnahe und lebendig empfunden wurde, oder das antike Formgefühl in der Renaissance zur inneren Wahrheit neu geboren wurde, war der Gehalt der römischen Rechtsidee zum Objekt der Ehrfurcht vor absoluter Geistesentfaltung geworden. Wir können deshalb nicht von einem Überkommen, einem Fortleben sprechen, sondern von einer „Begegnung"[1]).

Eine äußere Anknüpfung an die Reichsidee war durch die Kirche gegeben. Sie lebte als universale Einrichtung, die den Erdkreis ähnlich dem Imperium umspannte, aus der Antike weiter. Römischrechtliches Denken wurde durch sie weitergeführt und trat in enge Berührung mit abendländischen Rechtsformen und Rechtseinrichtungen.

Gerade in Oberitalien war die Aufnahme der Weiterbildung des römischen Rechts besonders begünstigt durch die enge räumliche Verbindung mit klassischem Boden, durch die „kulturelle Romidee"[2]). Infolge der Konzentration der römisch- deutschen Kaiseridee gerade auf diesem Gebiet und durch die rechtliche Begabung der dort ansässigen Langobarden war der Nährboden bereitet[3]).

Wichtig ist für unsere Betrachtung, sich zu vergegenwärtigen, daß es sich bei dieser ganzen Entwicklung nur um Wissenschaft, nicht um Gesetzesweiterbildung — außer dem kirchlichen Corpus — handelt. Man schreibt auch nicht für diese, sondern nur post festum beschäftigt

[1]) Wieacker, S. 198.
[2]) Koschaker, S. 82.
[3]) Dazu Wieacker, S. 207f.

man sich mit ihr. Deshalb war keine unbedingte Notwendigkeit da, neue Formen zu finden, sondern auf die Auslegung des Inhalts wurde das Gewicht gelegt. Gelehrte beschäftigten sich mit dem Texte. Sie kamen aus den kanonischen Schulen und waren mit philologischem Rüstzeug versehen. Es war die scholastische Methode, die vom Oberbegriff aus die Gedankeninhalte syllogistisch in immer weitere Einzelvorgänge zerlegte. Der Schwerpunkt lag in der Methode, in den Feinheiten der Distinktionen. Sie war als solche allgemeingültig für alle Begriffe, ganz gleich ob es sich um theologisch-dogmatische oder um säkulare philosophische Gedanken handelte. Die Gelehrten hatten diese Denkform bisher an der Heiligen Schrift oder an den kirchlichen Lehren entwickelt, die ihnen als Offenbarung oder als unumstößliche Wahrheiten entgegentraten. Es galt dort, keine allgemeine Idee, keinen allgemeinen Begriff und keine Systematik zu suchen, aus denen man Werte oder Zwecke ableiten wollte, sondern die menschliche Vernunft sollte dem Wahrheitsgehalt der Texte dienen, indem sie ihn bestätigte. Dieser Gebrauch des Verstandes konnte selbstverständlich unter Wechsel des Inhalts auf Philosophie und Recht angewandt werden. Die Begegnung mit dem römischen Recht ließ dieses von vornherein auf einer Stufe geistiger Autorität erscheinen, die unantastbar war. Nicht kritisch sondern ehrfürchtig ging man an den Text des römischen Rechts heran, dem die Vernunft zu dienen hatte. Er war die „ratio scripta". Nicht der Gesamtgehalt oder die Gerechtigkeitsidee waren Gegenstand der Überlegung sondern die loci bildeten den Ausgangspunkt und Angelpunkt des Denkens[1]). So war das römische Recht eine lebendige Macht geworden, und sein Bau wie sein Inhalt standen jenseits jeder selbständigen kritischen Entscheidung.

Die Einheit der gelehrten Welt stellte über allem der christliche Glaube her. Auf ihm ruhte der scholastische Geist, er gab den gemeinsamen Hintergrund für Leben und Denken ab. Dieser seelische Boden, auf dem die Menschen standen, konnte keine diametral entgegengesetzten Wertungen der Güter hervorbringen. Sie trugen je nach der Bezogenheit zu Gott und der Kirche ihren Wert. Die Wertung lag im übrigen durch die theokratische Erfassung der staatlichen und menschlichen Seinsweise fest. Die Rechtsgelehrten befaßten sich deshalb weniger mit der Wertung. Sie beschränkten sich vielmehr auf die Auslegung der Stellen.

Dadurch, daß sich diese Stufe der Weiterentwicklung des Rechts auf italienischem Boden vollzog, kam der Einfluß germanischen Denkens hinzu. Es hatte sich schon gezeigt, daß dieses die Vorstellungsbilder lose aneinanderreihte, ohne sie innerlich zu verknüpfen. Dieses

[1]) Dazu auch Wieacker, S. 210; Koschaker S. 91.

gleiche Bild spiegelt sich noch in den oberitalienischen Statutenrechten mit ihrer reichen Kasuistik wider[1]). Diese Anlage zum gegenständlichen Denken war noch wach und wirksam. Sie mag für die Gelehrten eine instinktive Bedeutung bei der mangelnden Systembildung gehabt haben, die um so weniger auffiel, als das römische Recht ihrer auch entbehrte.

Dieses Ineinandergreifen von römischen und germanischem Strafrechtsdenken konnte zu keiner Ordnung beitragen.

Das römische Strafrecht hatte eine so geringe Tatbestandstechnik entwickelt, daß eine genaue Bestimmung der einzelnen Delikte fast unmöglich war. Insbesondere verloren die formalen Verbrechen der vis, des falsum, der injuria und des Stellionats[2]) unter dem Einfluß germanischen Denkens immer mehr ihre ursprüngliche entfernte Form. Man vermochte mit diesen unplastischen Begriffen überhaupt nichts mehr anzufangen.

Somit konnte auch diese Zeit die Systematik nur beschränkt vorwärtstreiben und zwar nur in dem Rahmen, in dem das ganze abendländische Denken in christlich-römisch-germanischem Geiste fortschritt.

1. Die weltliche italienische Wissenschaft.

Immerhin versuchten bereits Azo (um 1200) in seiner Summa aurea und an ihn anschließend Placentinus und Rogerius in ihren Summen zum Codex eine systematische Verknüpfung der einzelnen Titel zu geben, allerdings unter strenger Beibehaltung der Legalordnung. Sie wollten damit die Aufeinanderfolge der Delikte im Codex[3]) gedanklich stützen und als sinnvoll darstellen. Daß es dabei zu den seltsamsten Gedankenverbindungen kommt, ist erklärlich. Azo: ita incipit a maximo crimine laesae majestatis[4]). Die Verbindung zum adulterium stellt Azo[5]) mit den Worten her: omne enim peccatum quodcumque fecerit homo extra corpus est qui autem fornicatur in corpus suum peccat. Item ex adulterio omnia fere crimina proficiscuntur: violentia, injuria, homicidium, perjurium, falsa testimonia.

Fast in allen Vorbemerkungen bei Azo zu den einzelnen Delikten befindet sich eine Stelle, wie z. B. lex Julia de vi publica quando locum habet. Im Text heißt es dann weiter: omnia plerumque adulteria et stupra vi committuntur: ponit ad leg. J. de vi publ. vel. priv. Hier wird

---

[1]) Dahm, S. 319; Wächter, Beilagen, S. 129.

[2]) Vgl. Dahm, S. 320.

[3]) Nur um diesen handelt es sich auch bei den späteren Kommentatoren.

[4]) Im Abschnitt über cr. l. maj.

[5]) Placentinus genau so.

die Überleitung durch den Gedanken einer häufigen Verbrechenskonkurrenz dargestellt; ebenso bei den folgenden Delikten. In der Einleitung zum Mord heißt es bei Azo: audivimus de vi illicita, et quia ea intercedente, saepissime perpetratur homicidium . . . audivimus constitutiones ad leg. Cor. de sicariis[1]). Die Verbindung zwischen Mord und Zauberei stellt er mit den Worten her: sed quia homicidia quandoque committuntur veneno et arte magica . . .[2]), zwischen falsum und ambitus, indem er die falsarii, cupidi in pecunia, die ambitiosi cupidi in honorenennt.[3])

Albericus de Rosciate verweist in seinem Codex im wesentlichen bei den Einleitungen zu den einzelnen Verbrechen auf Azo und gibt selbst keine Gedankenübergänge[4]). Sein Lexikon führt unter dem Stichwort Crimen die Verbrechen in keiner ersichtlichen Ordnung auf[5]).

Wenn wir uns jetzt jenen zuwenden, die im wesentlichen für die Praxis schrieben, so dürfen wir bei ihnen auch kein befriedigenderes System verlangen. Ihre Aufgabe war es ja hauptsächlich, Gesetze, Statuten und Gerichtspraxis miteinander in Einklang zu bringen. Allerdings finden sich bei ihnen doch gewisse systematische Ansätze.

Jacobus de Belvisio, der zu den Praktikern um die Wende des 13. bis 14. Jahrhunderts gehört, schließt sich schon nicht mehr an das Gesetzbuch an, sondern behandelt Straf- und Prozeßrecht in freier Darstellung. Zunächst[6]) erörtert er eine Injuriensache und geht dann im 8. Kapitel über zum falsarium, im 9. zu den Sittlichkeitsverbrechen und im 10. zu Diebstahl, Raub, Pekulat, Sakrileg, Plagium, Ambitus und Repetunden. Immerhin sind es erste Versuche, sich von der Kommentarform frei zu machen.

Der berühmte tractatus super maleficiis des Gandinus, der allein für die Praxis schrieb und in Deutschland wirksam wurde[7]), handelte nur in drei Kapiteln materiellrechtlich über Verbrechen: de homicidariis, de furtibus et latronibus und de falsariis[8]).

---

[1]) Z. T. auch bei den beiden anderen.

[2]) Placentinus gibt keine, Rogerius eine ähnliche Überleitung.

[3]) Rogerius: tractat ad huc de alio falso committit enim falsum qui honorem ambit, simulans se rei publicae velle prodesse, eum magis commodo suo studeat. Placentinus nichts.

[4]) Bartolus, Baldus und Bartholomäus de Saliceto — um nur die bedeutendsten zu nennen — erläutern ihre Codices auch nach der gesetzlichen Folge und geben keine Anhaltspunkte für eine systematische Überlegung.

[5]) Es heißt dort: crimina enormia dicuntur homicidium, simonia, haeresis, idolatria, sodomia, incestus, adulterium, fals. testim.

[6]) Lib. I, Kap. 1ff.

[7]) v. Hippel, I, S. 93.

[8]) Kantorowicz, Alb. Gandinus, 2. Band, S. 278ff.

Ebensowenig entnehmen wir aus dem Traktat des Aretinus eine systematische Folge[1]).

Bonifacius de Vitalinis kommt in seinem tractatus super maleficiis auch noch zu keiner rechten Ordnung der einzelnen Verbrechen[2]). Einerseits hält er sich bei der Besprechung nicht an den Codex, andererseits stuft er die Verbrechen nicht nach einem Plane gehörig ab.

2. Das kirchliche Strafrecht.

Das kirchliche Strafrecht in den Dekretalen Gregors IX. und der Kanonisten gliedern nach dem Dekalog[3]): etwa Verbrechen gegen den Glauben, gegen das Leben des Menschen, gegen die Ehe und die Sittlichkeit, gegen Eigentum und das Vermögen und gegen die Unwahrhaftigkeit[4]). Dabei ist auffällig, daß die ersten Gruppen Simonie, Häresie, Schisma und Apostasie enthalten, Delikte, die sich gegen die hierarchischen Interessen der Kirche richten, während die Gotteslästerung den Schluß bildet. Jedoch kann sich dies daraus erklären, daß die Blasphemie sich erst spät als Straftat entwickelt hat und erstmalig in der Dekretalensammlung den Inhalt einer kirchlichen Strafnorm bildete[5]). Eine abschließende Erwähnung aller Verbrechen liegt nicht vor, da die Kirche sich allmählich immer mehr auf die Delikte beschränkt, die ihren unmittelbaren Bestand, ihre Organisation oder ihr Gut angehen. Daneben bleibt aber der Wucher besonderes Interessengebiet kirchlichen Strafrechts[6]). Im ganzen hat die Kirche ihre allgemeine Strafgewalt im Laufe der Jahrhunderte bis zu den Dekretalen immer weiter abgebaut, weil sie sich stärker den sie selbst unmittel-

---

1) Super maleficiis.

2) Dahm, Beiträge, S. 94, behauptet (ohne Begründung), daß die Systematik des Jacobus viel unzulänglicher als die des Gandinus und Bonifacius sei. Für jene kann das m. E. nicht gelten, da Gandinus nur drei Verbrechen behandelt, für Bonifacius aber nur ganz entfernt. Auch Roßhirt, Geschichte, S. 213, und Geib, Lehrbuch, II, S. 28, äußern sich ähnlich. Dazu Philippsborn, S. 38.

3) Dazu v. Weber, Festschrift für W. Sauer, S. 457.

4) Dekretalen Greg. IX. lib. V Tit. 3—9 Simonie, Häresie, Schisma, Apostasie usw; 10 Kindestötung; 11 Mord; 12—15 de torneamentis, duellis, sagittariis usw; 16 Ehebruch und Sittlichkeitsdelikte; 17 Raub; 18 Diebstahl; 19 Zinsen; 20 Fälschung; es folgen noch Kollusion u. a., Pabstbeleidigung und Blasphemie. Vgl. Hinschius V, S. 157ff. Augustin hatte in De civitate dei, lib. 14 C. 2., im Anschluß an den Galaterbrief die Fleischesverbrechen zu den Gottesvergehen gezählt: qui talia agunt regnum dei non possidebunt. Im Dekalog und deshalb in den Dekretalen getrennt.

5) Dazu Hinschius V, S. 184.

6) Hierzu Hinschius V, S. 229 f.

bar betreffenden Verbrechen zuwandte, jedoch gegen die um sich greifende Verwilderung und gegen das gemeine Verbrechertum mit ihren Mitteln machtlos war.

Der Charakter der kirchlichen Sammlung läßt von vornherein keine einheitliche Wertung zu. Die Verordnungen sind einzeln, durch große Zeiträume geschieden, ergangen und dann lückenhaft zusammengestellt worden. Der Dekalog gab den willkommenen Rahmen für einen äußeren Aufbau. Die Dekretalen lehnen sich nicht an den Codex Just. an[1]), denn nicht zwei gleiche Gruppen folgen in beiden Büchern jeweils aufeinander. Eine systematische Verarbeitung des Quellenmaterials fand nicht statt, so daß der Ordnung nur ein formeller Sinn zukommt.

Innerhalb der einzelnen Verbrechensgruppen stufen die Dekretalen nach der Schwere der Tat ab. So heißt es in der Einleitung zur Kindestötung, nachdem vorher die Religionsverbrechen abgehandelt worden sind: Supra in 4 proximis titulis visum est de his qui peccant principaliter in deum, consequenter restat videre de his qui peccant in hominem, in deum etiam dicito (unleserlich) de committentibus homicidium[2]). Sed quia inter homicidiorum genere, homicidium filiorum est gravius ideo primo de his praemittitur.

Hostiensis hält sich in seiner Summa Aurea[3]) eng an die Dekretalen wie auch die übrigen Kanonisten. Er sagt ausdrücklich: egimus supra de homicidio et qua in decalogo prohibito et statim moechia prohibetur ideo et nos hunc ordinem servemus[4]).

Die italienische Wissenschaft des Mittelalters hat somit nur wenige und bescheidene Ansätze gemacht, die einzelnen Verbrechen in einer sinnvollen Ordnung zu behandeln. Trennte das kanonische Strafrecht schon bewußt die Verbrechen gegen Gott von denen gegen die Menschen und wurde dadurch eine gewisse Wertordnung nach den verletzten Trägern der geschützten Interessen aufgestellt, so griff die weltliche Wissen-

---

[1]) So anscheinend zum Teil noch Hinschius V, S. 234; vgl. auch Richter, S. 794, 1.

[2]) Hostiensis in „de his qui filios occiderunt"; restat videre his quae in hominem et nihilomino in deum committuntur.

[3]) Summa Aurea super 5 libris decretalium. Die Summa des Raymondus di Pennaforte ging ihr voraus und diente als Vorbild; wie Dahm S. 320, und sich ihm anschließend Würtenberger, S. 21, die Äußerung meinen, Raymondus und Hostiensis hätten den bes. Teil nach den verletzten Interessen geordnet (ohne Begründung), ist unklar. Das könnte doch nur für die Dekretalen als Original für die anderen gelten, und hier diente der Dekalog als Vorwurf. Wir finden auch hier nur die Unterscheidung der Verbrechen gegen Gott allein und die Menschen und damit zugleich wieder gegen Gott.

[4]) In: De adulteriis.

schaft diesen Gesichtspunkt nicht entscheidend auf und entbehrte infolgedessen überhaupt eines obersten Einteilungsprinzips.

3. Decians Wertabstufung im Strafrecht.

Einen neuen gewaltigen Impuls erhielt die italienische Wissenschaft im 16. Jahrhundert durch Clarus und Decian, die auch in Deutschland einen großen Einfluß hatten[1]). Davon hat Clarus die systematische Ordnung der Verbrechen um nichts gefördert. Er handelt die Delikte alphabetisch ab zum Zwecke eines raschen Auffindens der Stellen und eines praktischen Gebrauchs des Buches. Zudem ist für die mangelnde Ordnung methodisch entscheidend, daß er absoluter Anhänger der analytischen Denkweise war[2]).

Erst bei Decian finden wir eine wirklich wissenschaftlich durchdachte Ordnung. Er ist in der italienischen Strafrechtswissenschaft der erste, der sich von der scholastisch-analytischen Methode, dem mos Italicus, abwendet, und die aufkommende neue synthetische Richtung, den nova Methodus, aufnimmt. Sie entstand in Verfolg des Humanismus und wurde für die Jurisprudenz vor allem durch den Franzosen Peter Ramus (1515 bis 1572) wirksam. Zunächst wird der Gegenstand in natürlicher Dialektik unter dem gefundenen Gesichtspunkt eingeordnet. Darauf werden die zusammengehörigen Axiome zu einem systematischen Ganzen vereinigt, wobei die Erkenntnisse vom Allgemeinen zum Besonderen übergehend gebildet werden. Alles menschliche Wissen begründet sich letztlich in Gott[3]).

Es ist bezeichnend, daß die Anregung zu dem neuen Erfassen der Schriften aus Frankreich gekommen ist. In Italien hatten wir gesehen, daß der mos italicus, die Methode, von einer Autorität auszugehen, um sodann die loci zu zergliedern und aufzuspalten, eng mit der Beschäftigung und Auslegung der Heiligen Schrift und sonstiger autoritätsgebundener Texte zusammenhing. Durch die Wirkung der Romidee kam dem Corpus juris ein ähnlicher unfehlbarer Inhalt zu. Beide Bedingungen waren auf französischem Boden nicht vorhanden. Jene Idee gab es dort schon lange nicht mehr, und der Humanismus forderte Freiheit von der Autorität irgendwelcher Schriften. Er fand besonders in den Philosophenschulen von Paris und Chartres, die sich schon seit

---

[1]) Roßhirt, Geschichte, S. 281; Entw. S. 508; Wächter, Beil. S. 129; Geib I, S. 284; v. Hippel, I, S. 97.

[2]) Dazu weiter im anschließenden Text.

[3]) Wilh. Windelband, Lehrbuch der Geschichte der Philosophie, Tübingen 1935, S. 303; Stintzing I, S. 145ff.; Eb. Schmidt, Einf., S. 126f.

dem 12. Jahrhundert mit Plato und Aristoteles beschäftigt hatten, eine geistige Vorschule. So wurde der Blick für die mangelnde Systematik im Corpus geöffnet, und die Forderung nach Stoffanordnung entsprechend rationaler Überlegung und natürlicher Logik gewann Raum[1]). Ramus verwirft jede gedankliche Spekulation und setzt dafür die Erfahrung, die auf Tatsachen und Vernunft sich gründet.

Diese synthetische Methode gab der strafrechtlichen Wissenschaft eine Denkordnung an die Hand, die sie zu einem systematischen Aufbau der verschiedenen Erscheinungsformen der Verbrechen befähigte. Erst die nova methodus ermöglichte es, die Einzelheiten systematisch anzuordnen und eine wohlabgestufte Ordnung von Werten zu schaffen, bei der es ein Über- und Untereinander und nicht nur ein Nebeneinander gab. Sie wurde zur Grundlage der ganzen späteren Wissenschaft, nachdem sie sich sehr langsam zum richtunggebenden Denkprinzip hat durchsetzen können.

Decian trennt zunächst die formalen von den materialen causae der Verbrechen. Den formalen Rechtsgrund bildet das Gesetz selbst[2]). Nach diesem Gesichtspunkt zerfallen die Delikte in publica und privata[3]). Für die materiellen causae der Verbrechen hält er voluntatem et facta hominium[4]). Sie ermöglichen folgende Einteilung: A causa materiale: Item alia in Deum, alia in Principem vel Rempublicam, alia in proximum, alia in se ipsum[5]). Damit bilden den obersten ordnenden materialen Gesichtspunkt die Subjekte der verletzten Rechtsgüter[6]).

Er sagt ganz deutlich: dicendum est dividendo ab objecto sive causa materiali[7]). So kommt er zu der später allgemein werdenden Unterscheidung von Staats- und Privatverbrechen und teilt die Delikte ein[8]):

---

[1]) Über diese systematische Bewegung in Deutschland vergleiche Wieacker, S. 258f.; Gierke, Althusius, S. 39ff. zeigt die Beziehungen zur Zivilrechtssystematik auf. E. Wolf, Große Rechtsdenker, S. 170. Über den Kampf von mos italicus und mos gallicus auch Koschaker, S. 116f.

[2]) Lib. II C. II., 4. Die Erörterung der causae (er erwähnt 4) beruht auf schlastischer Methode und ist nicht der Synthese eigen. Vgl. Stintzing, I, S. 149. Schon Aristoteles kennt sie.

[3]) Lib. II, C. I, 4. Daneben noch in ord. u. extraord.

[4]) Lib. II, C. II, 5.

[5]) Lib. V, C. I, 3.

[6]) Decian stellt auch schon einen allgemeinen Teil auf. V. Bar, Gesch. I, S. 132; Schaffstein, Gemeines Strafrecht, S. 27.

[7]) Lib. V, C. VI, 1.

[8]) Lib. IX, C. I, 1 und Lib. VI, C. VI, 1.

I. Quae jus publicum spectant
   1. In Deum ipsum et Religionem
   2. In Principes in terris vel Rempublicam vel magistratus[1]).
II. Ea quae privatorum injuriam principaliter concernunt[2])
   1. In se ipsum
   2. In proximum[3]).

Erst im 16. Jahrhundert hat sich demnach die italienische Wissenschaft in Decian zu einer selbständigen Systematik der Verbrechenseinteilung unter dem Einfluß eines allgemeinen, in der Philosophie vorgenommenen Methodenwechsels durchgerungen. Dabei war die Erkenntnis Decians maßgebend, daß eine Unterscheidung nach den Trägern der geschützten Güter — Gott, Staat, Mensch — allein zu einem gedanklichen Aufbau führt. Er zeigte damit ein transpersonalistisches Wertsystem auf, in dem Gott den höchsten Wert darstellt. Damit war der Schwerpunkt auf die objektive Seite des Verbrechens, auf den Träger des geschützten Interesses, verlegt worden und der Weg für einen systematischen Ausbau des Strafrechts geebnet.

4. Kapitel

Die unmittelbaren Vorläufer der Bambergensis in der Literatur und in der Gesetzgebung

1. Der Klagspiegel und die Wormser Reformation

Seit dem 15. Jahrhundert beginnt die Rezeption des römischen Rechts in Deutschland[4]). Besonders wird sie durch die populär gehaltene Literatur, die für die Praxis geschrieben ist, gefördert[5]).

Dabei ist der sogenannte richterliche Klagspiegel besonders wirksam gewesen. Er behandelt im 2. Teil zunächst den Strafprozeß und dann das materielle Strafrecht[6]). In der Anordnung der Delikte schließt er sich an die Glossatoren Italiens an. Der Codex stellt den Grundrahmen dar. Die Aufeinanderfolge ist wie bei Azo. Deshalb zeigen sich auch dessen krampfhafte Verknüpfungen der Titel untereinander[7]).

---

[1]) In Lib. VII sagt er: Quae principes terrenos ac Potestates publicas concernunt. Unter diese zählt er im Lib. VIII: De vi publ. priv., raptus, Pekulat usw.

[2]) Als das Schwerste bezeichnet er das Homicidium.

[3]) Die beiden nach Decian lebenden Italiener Farinacius, a. a. O. und Jac. Menochius, a. a. O. bauen auf den einmal gegebenen Grundlagen nicht weiter.

[4]) Dazu E. Schmidt, Einf. S. 8ff.

[5]) v. Hippel, I, S. 162; Stintzing, I, S. 43.

[6]) a. a. O. ab folio 118.

[7]) Oben S. 31f.

Von den Stadtrechten des ausgehenden 15. Jahrhunderts erhielt die Wormser Reformation von 1499 strafrechtlich eine erhebliche Bedeutung. Sie ist auffallend stark vom römischen Recht bestimmt[1]). Sie scheidet zunächst die bürgerlichen von den peinlichen Sachen[2]). In diesem Unterschied ist nicht nur die alte Scheidung von Privat- und öffentlichen Delikten, von Bußsachen und Ungerichten enthalten[3]), sondern es kündigt sich in jenen zugleich die Gruppe des Polizeistrafrechts an. Dies wurde zum Teil schon selbständig in den Städten in Satzungen und Ordnungen, im Reich später in den Reichspolizeiordnungen festgelegt. Hiermit zeigt sich eine allgemeine Verschiebung des Staatsbegriffs, die im wesentlichen auf italienischen Einfluß zurückzuführen ist. Die Staatsgewalt ist nicht mehr wie im Mittelalter eine Häufung einzelner hoheitlicher Rechte, sondern eine Einheit als Staatshoheit, die die Fülle aller staatlichen Funktionen in sich vereinigt[4]).

Unter die bürgerlichen Sachen rechnet die Reformation Beleidigung[5]), Ungehorsam vor Rat und Gericht, mutwilliges Rechtsetzen, Schmähschriften, Pfandkehrung und Pfandwehrung, Doppelverpfändung Steuer- und Dienstentziehung, Baumabhauen, Verunreinigung der Straßen, Körperverletzung, Sachbeschädigung usw. Die Stellung der Körperverletzung unter den bürgerlichen Sachen sollte für die weitere Entwicklung bestimmend sein. Diese Vergehen werden grundsätzlich auf Klage des Verletzten verfolgt[6]).

Von dieser Gruppe der bürgerlichen Sachen, die zugleich frühere Privatdelikte und Polizeiübertretungen enthält, hebt sich das eigentliche Kriminalstrafrecht geschlossen ab. Für dieses ist die Verfolgung von Amts wegen und peinliche Strafe bestimmt.

Das Strafrecht ist im wesentlichen aus Aretinus entnommen[7]). Die Anordnung der Verbrechen ist systemlos. Nach strafprozessualen Anweisungen[8]) werden aufgezählt[9]): Zauberei, Entführung, Mörder, Räuber, Diebe, Verräter, Münzfälscher, dann Aufruhr als cr. l. maj. bezeichnet[10]), Begünstigung, Totschlag, Namens-, Siegel-, Titelanmaßung, Schatzunterschlagung[11].)

---

[1]) Kunkel-Thieme-Fr. Beyerle, 1. Halbband, S. XIX.
[2]) A. a. O., 6. Buch, 1. Teil, Bürgerliche Sachen, 2. Teil, Peinliche Sachen.
[3]) Würtenberger, S. 24.
[4]) Schröder-Künßberg, S. 924; Eb. Schmidt, Einf., S. 122.
[5]) Fo. 144ff.
[6]) Eb. Schmidt, Einf., S. 102f.
[7]) v. Hippel, I, S. 164; Brunnenmeister, S. 103; Stobbe, II, S. 334.
[8]) 6. Buch, 2. Teil, Titel 1—11
[9]) Titel 12—25.
[10]) Vgl. unten S. 62.
[11]) Unbedeutende Straftaten werden übergangen.

Die Eröffnung der Straftaten mit der Zauberei ist noch entfernt begründet, da sie sich gegen das höchste Gut in Gestalt des christlichen Glaubens richtet. Warum aber der Aufruhr gegen den Rat erst an 4. Stelle folgt, ist unverständlich. Vielleicht erinnert die Zusammenfassung der Mörder, Räuber und Fälscher in einem Artikel und die einzige im Gesetz dabei vorkommende Verweisung auf die Strafe der Gewohnheit und des Altherkommens der Stadt an Gandinus, der nur diese Delikte ausführlich behandelt hat. Die breiten Erörterungen des Totschlags zugleich mit Notwehr, Beihilfe usw. stehen ganz unvermittelt zwischen den anderen Verbrechen. Auch sind die unter gleiche Strafe fallenden Taten nicht zusammengefaßt oder nach der Schwere geordnet. Das Bild ist mithin das gleiche, wie wir es bei den vielen Italienern in ihrer planlosen Verbrechensaufzählung finden.

Es fehlen zahlreiche Straftaten. Das liegt einerseits daran, daß das Gesetzbuch gar nicht vollständig sein wollte, andererseits werden Gotteslästerung, Ehebruch, Unzucht u. a. bereits zu den Strafsachen der Polizei gerechnet, wie auch die späteren Reichspolizeiordnungen zeigen[1]).

2. Die Tiroler und Radolfzeller Halsgerichtsordnung und das Bamberger Stadtrecht

Die Tiroler und Radolfzeller Halsgerichtsordnungen von 1499 und 1506 gehören zusammen, da diese im wesentlichen ein Auszug der ersten ist und in der Reihenfolge der erwähnten Verbrechen jener gleicht. Entsprechend dem Titel werden in der Radolfzeller HGO nur, in der Tirolensis mit wenigen Ausnahmen[2]) die Malefizsachen, die an Leib und Leben gestraft werden, behandelt.

Auffallend ist, daß die Verbrechen mit den schwersten, Mord, Verräterei und Räuberei, in je einem Artikel aufgeführt, beginnen[3]). Die Religionsverbrechen sind verstreut. Es folgen Kirchendiebstahl und Ketzerei mit Brennern und Münzfälschern zusammen gestellt[4]). Verleugnung des christlichen Glaubens und Selbstmord sind später gemein-

[1]) Roßhirt, Geschichte, I, S. 233; v. Hippel, I, S. 214ff.

[2]) Betrügerisches Schuldenmachen, Fürkauf, u. a. Auch hier sind bereits schon Anzeichen des aufkommenden Polizeibegriffs zu erblicken. Vgl.Ruoff, S. 105. Für die Tirolensis können wir keine Paragraphen angeben, da das Original, wie die Ausgabe von Weißke, keine Einteilung hat. Neuausgabe beider HGO durch Eb. Schmidt, 1949, während des Druckes erschienen.

[3]) Brunnenmeister, S. 91; Wahlberg, Österreichische Vierteljahresschrift für Recht- und Staatswissenschaften, 4. Band, 1895, S. 146. Text der RHGO bei Ruoff, Art. 6—8; Tirolensis entsprechend.

[4]) Art. 9, Tir. entsprechend.

sam mit Herrenverrat und Aßendententotschlag abgehandelt[1]). Die Gottesschwörer werden weiter hinten erwähnt. Die Zauberei bringen beide Ordnungen nicht. Die übrigen Verbrechen werden in bunter Folge aufgezählt.

Beide Gesetzbücher sind weder hervorragend von dem deutschrechtlichen Treuegedanken noch von einer besonders betonten kirchlichen Anschauung getragen. Verräterei und Herrenverrat haben keine überragende Stellung, Kindvertun, Meineid, Selbstmord zeigen keinen religiösen Charakter. Den Religionsdelikten kommt auch kein Nachdruck zu[2]). Nur ist hier die Erwähnung des Kirchenprühls neben dem Diebstahl hervorzuheben. Daraus aber mehr als den Ausfluß der normalen kirchlichen Einstellung der damaligen Zeit zu sehen, geht zu weit[3]). Allerdings finden wir dieses Verbrechen in der Wormser Reformation nicht; ebensowenig wie die anderen Religionsdelikte außer der Zauberei.

Beide Gesetze wollen nicht vollständig in der Verbrechensaufzählung sein, sondern nur für die schwersten Delikte Strafen festsetzen, da bisher in Tirol nicht nach geschriebenem Recht geurteilt wurde[4]). Die Richter werden ausdrücklich angewiesen, nach ihrem freien Ermessen die nicht erwähnten Verbrechen zu bestrafen.

An dieser Stelle erscheint es gerechtfertigt, auch das alte Bamberger Stadtrecht zu erwähnen, da es doch der örtliche Vorgänger der Bambergensis war und Schwarzenberg nicht unbekannt gewesen sein kann. Es stammt aus dem 14. Jahrhundert, und das Buch wurde für den Gebrauch des Rats der Stadt geschrieben[5]). Wenn wir hierbei die Verbrechensfolge ansehen, ist das Ergebnis für uns recht dürftig. Im Titel XVI wird das Strafrecht gemeinsam mit dem Prozeß behandelt. Der Mörder eröffnet die Reihe der Verbrechen (§§ 140ff.). Das Wort Totschlag kommt nicht vor; jedoch wird unter gewissen Umständen nach § 143 des Stadtrechts eine Tat aus Jähheit und Zorn weniger bestraft, und die Urteile der damaligen Zeit aus Bamberg[6]) zeigen eine geringe Ahndung des Totschlags. Es folgen Brenner, Notzucht und Fälscher in je einer Vorschrift (§§ 144—146), während dann Diebe, Räuber, Verräter und Landzwinger in einem Artikel zusammengefaßt werden. Die Täter werden nur mit dem Begriff benannt, eine Kenn-

---

1) Art. 18.

2) Wahlberg, Ö. V. Z., S. 147. Brunnenmeister, S. 91, betont hierbei den religiösen Einfluß.

3) Ruoff, S. 105.

4) RHGO Art. 26.

5) Zoepfl, Bamberger Recht, S. 32.

6) Bei Zoepfl, S. 112.

zeichnung des Tatbestandes findet nicht statt. Die Ordnung zeigt kein anderes Bild als in den sonstigen Stadtrechten. Daß in der Ordnung sich Schwarzenberg nicht an sein heimisches Stadtrecht gehalten hat, wird sich noch später ergeben. Nur die enge Zusammenstellung von Räubern, Verrätern und Landzwingern findet sich in etwas abgewandelter Gestalt in der Bambergensis wieder[1]).

5. Kapitel

Die Schwarzenbergschen Reformen und ihre Wertabstufung

1. Der Geist der Zeit

Gegen Ende des 15. Jahrhunderts setzen infolge des völligen Verfalls und der Unsicherheit der Strafrechtspflege starke Bestrebungen zur Festlegung insbesondere des Strafprozesses, aber auch des materiellen Strafrechts ein[2]).

Diese Bewegung war eingebettet in den allgemeinen Zug des reformatorischen Geistes, der die ausgehende mittelalterliche Welt beherrschten[3]). Die Einheit des mittelalterlichen Weltbildes war im Zerbreche. Der Mensch und der Staat lösten sich immer mehr aus der Geschlossenheit, die bisher Gott und Mensch mit allen seinen Funktionen gleichmäßig umfaßt hatte. Der theokratisch bestimmte Staat, der nur Glied in dem Universalplan Gottes war, wurde allmählich von dem in seinen eigenen Werten ruhenden modernen Staat abgelöst. Damit wurden die Bindungen, die sowohl das Ganze wie Einzelne mit dem ewigen Gott verknüpften, langsam blutloser und verloren ihren wahren Gehalt. Der moderne Mensch sah die Weltordnung aus der Immanenz ihres und seines Wesens emporsteigen.

Diese geistige Umwertung war eng mit einer sozialen Verschiebung der bisherigen Standesgrundlage verknüpft. Sie ergab sich auch daraus, daß sich der Staat nicht mehr aus einer theokratischen Gesamtidee, sondern aus der ihm eigenen Wertbezogenheit erfaßte. Damit rückte der Einzelmensch ganz anders als bisher geistig in des Staates unmittelbaren Bereich. Das wurde durch die steigende Zusammenballung der Bevölkerung in den Städten schon äußerlich bedingt, während die nunmehr um ihre Existenz ringenden Adligen und Bauern sich einer staatlichen Beeinflussung mehr fernzuhalten vermocht hatten. Mit der Erstarkung des Staates bindet dieser den Men-

[1]) s. u. S. 58ff.

[2]) v. Hippel, I, S. 157f; Eb. Schmidt, Einf., S. 87f; vgl. dazu auch Würtenberger, S. 10—13.

[3]) Gierke, Althusius, S. 265, Anm. 3.

schen durch das Recht an sich, das deshalb eine erhöhte Bedeutung im Rahmen des Staatsganzen erhält. Es ist das Mittel, mit dem der Wille und die Fülle der Macht des Staates Gewalt und Herrschaft über die Einzelnen gewinnen kann. So tritt das Volks- und Gewohnheitsrecht allmählich hinter der staatlichen Satzung zurück. Über der Gesetzgebung liegt um die Wende des 15./16. Jahrhunderts etwas Unausgeglichenes und Nicht-zur-Ruhe-kommendes einer sich umwertenden Zeit[1]). Eine Menge überkommenes Gut mischt sich mit unausgereiften und noch ungeformten Gedanken, die dem Heraufdämmern einer andersartigen Welt bereits entnommen sind. Sie hat noch keinen festen Gehalt angenommen, da sie erst gären und wachsen muß zur Höhe[2]).

So tragen die Gesetzeswerke der Zeit, insbesondere die Carolina, einen Januskopf, der nach rückwärts und nach vorwärts gerichtet ist, dadurch allerdings auch einen Charakter der uns manches Rätselhafte überläßt. Die Carolina nimmt nicht teil an dem Kampf der Konfessionen, der gerade entbrennt, oder an den sozialen Umschichtungen und politischen Meinungsverschiedenheiten; sie hält sich abgeklärt frei von dem Tagesstreit und erhebt sich so zu einer bewundernswürdigen Höhe und Tiefe der Gedanken.

Die Gestalt eines Freiherrn v. Schwarzenberg steht steil aufragend an der Schwelle der Neuzeit, er ist eine großartige Synthese der beiden ineinander übergreifenden abendländischen Epochen[3]).

2. Die Bambergensis und Carolina

Die Carolina, die eine Neufassung der Bambergensis ist, wurde das umfassendste Gesetzgebungswerk des Reiches, das für Jahrhunderte wirksam werden sollte. Sie stellt inhaltlich, wie in der äußeren Anordnung, nicht nur einen gewaltigen Fortschritt, sondern für Jahrhunderte eine schlechthin einmalige Leistung dar.

Das Buch beginnt mit einem strafprozessualen Teil. Von diesem sind die strafrechtlichen Vorschriften deutlich getrennt, einerseits durch die Vorrede[4]) und durch die im Artikel 126 B = 105 C geschlossene Verweisung auf die nachfolgenden Artikel, andererseits noch äußerlich[5]) durch zwei vor der Vorrede eingeschossene Holzschnitte[6]). Gegen Schluß

---

[1]) Radbruch, Der Raub, S. 49f.

[2]) Dazu Eb. Schmidt, Die Carolina, S. 2.

[3]) Dazu Eb. Schmidt, Einf., S. 89f; E. Wolf, Große Rechtsdenker, S. 92ff.; v. Hippel, I, S. 165ff.; Radbruch in Schw. Z. für Strafrecht, 1941, S. 121.

[4]) Ein vorrede, wie man mißtat peynlich straffen sol; Art. 125 B 104 C.

[5]) In der Bambergensis.

[6]) Diese stellen Strafwerkzeuge und Strafarten dar. Kohler, Bamb., S. L, LI wiedergegeben. Güterbock, S. 17.

der Diebstahlsvorschriften, die den strafrechtlichen Teil beenden, sind zwar wenige formale Bestimmungen innerhalb dieses Abschnittes noch angefügt, aber im ganzen bilden die materiellrechtlichen Normen eine geschlossene Gruppe.

Entsprechend Zweck und Überschrift des ganzen Gesetzes werden nur die peinlichen Sachen, d. h. diejenigen die Leibes-, Lebens-, Glieder- und Ehrenstrafen nach sich ziehen, erörtert[1]). Dabei will das Gesetz vollständig sein[2]). Das ist wichtig, denn es stellt damit eine geschlossene Ordnung auf.

Die Legalordnung ist ursprünglich. Geeignete Vorbilder standen nicht zur Verfügung. Die Italiener ließen Schwarzenberg im Stich, zumal sie auch alle für Wissenschaft und Praxis geschrieben hatten[3]). Weder das römische noch das deutsche Recht boten eine rechte Vorlage[4]). Die jüngste Wormser Reformation genügt nicht den geringsten Anforderungen. An die Kanonisten und damit an den Dekalog hat er sich nicht gehalten[5]), dessen typische Folge — religiöse Vergehen, Tötung, Ehebruch, Diebstahl, Fälschung — auch nicht im entferntesten ausgedrückt ist.

---

[1]) Dazu v. Hippel, I, S. 177. Deshalb fehlen Körperverletzung, Beleidigung, Hausfriedensbruch usw.; Scheel, S. 211.

[2]) So richtig v. Hippel, I, S. 176. And. Ansicht Güterbock, S. 17, der von Torso spricht; v. Bar, Gesch. I, S. 118; Hälschner, Gesch., S. 86. Zwar spricht das Gesetz in Art. 126 B = 104 C „von etlichen" Missetaten, meint aber damit nicht, daß es bewußt solche ausgelassen hat, denn den Art. 127 B = 105 C überschreibt es ausdrücklich „von unbenannten peinlichen fellen und straffen" und bedeutet darin weiter, daß die Richter Rat einholen sollen in den nicht genannten Fällen. Damit hat Schwarzenberg nur unvorhergesehene Fälle im Auge, denn er sagt in obigem Art.: in solchen zufelligen oder unverstentlichen fellen.

[3]) Sicherlich ist Schwarzenberg auch derjenige, der den äußeren Aufbau geschaffen hat, vgl. v. Hippel, I, S. 171.

[4]) Roßhirt, Geschichte, S. 240ff., S. 268, will in der Bambergensis eine Anknüpfung an deutsches Recht finden in den drei Gruppen der Verbrechen gegen die öffentliche Zucht (Religions-, Fälschungs-, und Sittlichkeitsdelikte), der Verbrechen gegen den Frieden (Verrat, Brand, Raub, Aufruhr, Landzwang, Fehde) und der Ungerichte betreffend Leib und Gut (Tötung und Diebstahl). Jedoch ist die Zusammenfassung der ersten Gruppe unter öffentlicher Zucht nicht ganz verständlich. Das deutsche Recht kannte diesen Begriff nicht, denn er entspringt der neuzeitlichen Polizeiauffassung. Außerdem handelt es sich bei den ersten Delikten auch um echtes kriminelles Unrecht. Die Zusammenfügung der ersten Gruppe ist willkürlich.

[5]) Güterbock, S. 18; Philippsborn, S. 53; früher öfters and. Ansicht z. B. Abegg, Arch. Krim., N. F., 1835, S. 379; unverständlicherweise sogar Brunnenmeister S. 91; Hälschner G. D. Str. II, S. 3; Marezoll, S. 219.

a) Religionsdelikte

Die Reihe der Vergehen wird eröffnet durch die Religionsdelikte. Es ist außerordentlich schwer zu sagen, wie diese Gruppe geschlossen an den Anfang getreten ist. Keines der vorhergehenden Gesetze hätte dazu den Vorwurf bilden können. Noch nicht einmal die Dekretalen weisen diese einheitliche Spitzenstellung auf[1]). Sie aus dem geistlichen Charakter des Bistums Bamberg, in dem Schwarzenberg Dienst tat, zu folgern[2]), ist unwiderlegbar, aber wohl doch recht äußerlich. Wenn es nicht im Geist der Zeit gelegen hätte, dann hätten wir gewiß einen Anhalt für Schwankungen in der Auffassung, die sich in den Projekten niedergeschlagen hätten. Es war doch gerade die Zeit, da die evangelischen Stände ihre Rechte und Anschauungen eifrig verteidigten. Schwarzenberg hatte ein ausgesprochen religiöses Gemüt. Die Religion war ihm echte Herzenssache[3]). In dieser persönlichen Haltung des Schöpfers des Gesetzes könnte man auch den Grund für die Stellung der Religionsdelikte vermuten. Aber auch das ist für eine solch hervorragende Frage nur eine recht bescheidene Begründung. Nein, die Anfangsstellung muß einer innerlichen Wertung der Epoche entsprochen haben. Wir sahen bei dem kanonischen Recht, wie die Kirche sich allmählich immer mehr auf die ihre Ordnung oder ihren Bestand berührenden strafrechtlichen Fragen beschränkt hatte. Aber selbst hierfür reichte die Strafgewalt der Kirche nicht aus, da sie, sich selbst beschränkend, keine blutigen Strafen verhängte. Das konnte nur das brachium saeculare tun. Damit glitten die schweren Religionsvergehen, wie Gotteslästerung, Ketzerei, Zauberei, Meineid usw. in die weltlichen Satzungen über. Es wurde geradezu Pflicht des Staates, und dieser empfand sie auch als solche, gegen die Gotteslästerer usw. vorzugehen. Das hing zugleich mit einer Verschiebung des Verhältnisses von Kirche und Staat zusammen. Der mittelalterliche Kampf zwischen Papsttum und Staat hatte zunächst mit einem Erliegen beider Mächte geendet. Der Staat nahm mit seiner Wiedererstarkung und Anknüpfung an das römische Reich die diesem damals zufallende Aufgabe des Schutzes des christlichen Glaubens als originäre Aufgabe — nicht mehr als abgeleitete Pflicht gegenüber der Kirche — auf sich. Bezeichnend dafür ist die königliche Satzung von den Gotteslästerern von Worms von 1495, in der es heißt, daß schon

---

[1]) Wenn Güterbock S. 19 auf die zusammenhängende Darstellung der Religionsdelikte bei Bonifacius Vitalinis hinweist, so paßt das nicht, da dieser jene am Schluß seiner Deliktstatbestände, und noch nicht einmal vollständig, betrachtet; s. ob. S. 36.

[2]) V. Hippel, I, S. 179; Güterbock, S. 19.

[3]) E. Wolf, Große Rechtsdenker, S. 119; v. Hippel, I, S. 169.

„zu mehrer Nachfolg und Ehr Gottes und der Menschen Heyl, Weyland Kayser Justinianus, unser Vorfahr am Reych die Lästerung verboten habe“[1]) — gemeint ist die Novelle 77 —. Auf dieses Verbot nehmen die Reichsabschiede von 1500 und 1512[2]) wiederum Bezug. Die Entwicklung, die bereits mit Konstantin dem Großen zur Staatskirche eingesetzt hatte, dann eine gewisse Zeit durch ein Gleichgewicht beider Mächte des Staates und der Kirche gegangen war, ist nunmehr zu ihrem Ausgangspunkt zurückgekehrt[3]).

Die religiöse Intensivierung des Lebens gegen Ausgang des Mittelalters, das stärker werdende Bewußtsein menschlicher Schuld und Sünde und des Zurückbleibens vor Gottes Geboten, was sich äußerlich in den Reformbestrebungen, innerlich in einer Bereitschaft zur Buße und in verstärktem Glauben an Wunder, Gnade und Strafe Gottes zeigt, findet auch in der Gesetzgebung den entsprechenden Niederschlag. In dem bereits erwähnten Abschied von 1495 heißt es, „daß Gott, Unser Schöpfer, obgemeldt, schwerlich davon beleydiget, und der Menschen Seele seiner göttlichen Gnaden ewiglich beraubt und unwürdig werden, auch vormals aus solchem, hunger, Erbidem, Pestilentz und andere Plagen, auf Erden kommen und gefallen sind“[4]). Die späteren Abschiede und Reichspolizeiordnungen geben immer wieder beredtes Zeugnis davon, daß gerade die Zeit des Übergangs sich dauernd verantwortungsvoll die Frage nach dem gerechtfertigten Verhältnis zu Gott stellt.

Dadurch findet auch die Spitzenstellung der Religionsdelikte in der CCC hinreichende Erklärung. Die Obrigkeit ist eine christliche und als solche bereit, und durch Paulus verpflichtet, da sie von Gott eingesetzt ist, seine Ehre zu schützen. Dieser Gedanke kommt besonders in der Vorrede der Bambergensis, in der Vorrede des Carolinentwurfes von 1521 und in dem den Erlaß der Carolina enthaltenden Abschnitt des Reichsabschiedes von 1532 zum Ausdruck, wonach das Gesetzbuch „Gott zu Lob“ erlassen wird. Die Idee der Gerechtigkeit tritt in diesen Zeiten in ganz enge begriffliche Verbindung zu Gottes Gerechtigkeit[5]) Die religiöse Gesinnung führt zu tiefer Verantwortung vor Gott. Alle Werte nehmen von ihm ihren Ausgang. Er ist die Spitze des transpersonalistischen Wertsystems in der Welt.

---

[1]) Neue Sammlung der Reichsabschiede, II, S. 28.

[2]) Vor. Anm., S. 81, 141.

[3]) Wenn Kahl, S. 12, in dieser Beziehung von einem Stillstand in 1000 Jahren spricht, weil das Verhältnis von Staat und Kirche in dem Einheitsgedanken versteinert ist, trifft das nicht ganz zu. Dazu auch Würtemberger, S. 42f.

[4]) Neue Sammlung der Reichsabschiede, II, S. 28 rechts.

[5]) Dazu Radbruch, Schweiz. Z. f. Strafrecht, 1941, S. 116ff.

Gottesschwörer, Gotteslästerer, Meineid, Urfehdebruch und Zauberei umfassen die erste Gruppe der Carolina[1]). Dabei ist die Ketzerei der Bambergensis weggefallen. Es ist viel über den mutmaßlichen Grund gestritten worden[2]). Die eine Meinungsgruppe sieht ihn in der Entwicklung des Protestantismus[3]), die andere in dem Mißtrauen gegen die geistliche Gerichtsbarkeit, wie sie im Ketzerartikel der Bambergensis[4]) als Untersuchungs- und Spruchinstanz tätig wurde[5]). Zur Entscheidung der Frage besinnen wir uns auf den Tatbestand der Ketzerei. Sie ist die hartnäckig behauptete Abweichung von der kirchlichen Glaubenslehre[6]). Bereits im ersten Projekt des Wormser Reichstags von 1521[7]) findet sie sich nicht mehr. Zahlreiche Fürsten, Stände und Städte des Reiches sympathisieren bereits damals mit Luther, was aus der rasch seit 1522 um sich greifenden Reformation in Deutschland hervorgeht. Sie alle aber fielen bereits unter die Ketzerei, denn diese war ja zunächst noch auf die katholische Kirche abgestellt. Deshalb war die Beseitigung des Ketzerartikels in einem Reichsgesetz ein gewaltiges Verteidigungsmoment für die protestantische Sache[8]). Somit ist das Fehlen der Ketzerei in dem ersten Projekt der CCC bereits Vorbote der kommenden Reformation[9]).

Gottesschwörer und Gotteslästerer, Meineid und Urfehdebruch gehören innerhalb der Religionsdelikte zur ersten Gruppe, die sich gegen die Ehre und den Namen Gottes richten, während die folgende Zauberei sich gegen den Glauben wendet. Durch die Stellung erhalten der Meineid und der innerlich eng mit ihm zusammenhängende Urfehdebruch ihren Charakter und ihre Richtung. Die deutschen Quellen sahen im Meineid — soweit sie ihn überhaupt erwähnen — einen Mißbrauch des göttlichen Namens[10]) und reihten ihn deshalb häufig der Gotteslästerung an. Sonst wird er der geistlichen Gerichtsbarkeit überlassen. Die Dekretalen hatten keinen besonderen Kanon dafür im Rahmen des Strafrechts,

---

[1]) Art. 127–131 B; 106—109 C.

[2]) Vgl. dazu Würtenberger, S. 38.

[3]) z. B. Kahl, S. 12.

[4]) Art. 130 B.

[5]) z. B. v. Bar I, S. 127.

[6]) Friedberg, S. 280; Hinschius V, S. 680.

[7]) In Zoepfls Ausgabe, Spalte 2.

[8]) Daß dabei Schwarzenberg als Lutheranhänger, wenn er, wie Seegal, S. 56ff. (dazu v. Hippel, I, S. 172, Anm. 4) überzeugend nachgewiesen hat, sogar der leitende Kopf des Ausschusses gewesen, an der Streichung interessiert war, ist sicher. Vgl. noch dazu E. Wolf, Große Rechtsdenker, S. 125.

[9]) Dazu Kahl, S. 12; Würtenberger, S. 39.

[10]) So His, II, S. 10f. mit Nachweisen.

jedoch wohl deshalb, weil Gratian bereits eine Menge Material dafür zusammengetragen hatte[1]). Das kanonische Recht kennt übrigens keinen Unterschied zwischen Meineid und Eidbruch, den die CCC im Anschluß an deutschrechtliche Gedanken[2]) durchführt. Man hat zwar aus dogmatischen Gründen beim Meineid der CCC den religiösen Charakter geleugnet[3]), weil er nur einen ganz engen Kreis von Meineiden wegen Art. 68 „von falschen zeugen" umfaßt. Die italienischen Legisten und das Statutenrecht erkannten im falschen Zeugnis jedenfalls mehr ein Vergehen gegen die publica fides im Geschäftsverkehr; der religiöse Charakter war dabei verblaßt[4]). Gewiß deuten mehrere Erscheinungen gegen die religiöse Natur des Meineides. Es soll nicht geleugnet werden, daß das Delikt auch den öffentlichen Glauben verletze. Aber die Grundauffassung des Gesetzgebers muß dem Meineid einen religiösen Gehalt beigelegt haben, denn wie sollte sonst das Verbrechen, das bisher im kanonischen und weitestgehend im deutschen Recht Gottes Namen angegriffen hatte und deshalb eng der Gotteslästerung zugeordnet worden war, die religionsbezogene Stellung erhalten haben. Er steht noch nicht einmal am Schluß der Religionsdelikte, sondern mitten darin noch vor den reinen Glaubensdelikten. Wenn man sich dieses diametralen Gegensatzes zu der kanonischen und deutschen Überlieferung so bewußt gewesen wäre, dann bliebe bei der sonstigen sauberen Redaktion des Gesetzes ganz unverständlich, warum diesem Tatbestand ein solch geradezu sinnentstellender Platz zugewiesen worden ist. Trotz aller Gegengründe dogmatischer und anderer Art wird hier die Natur des Delikts aus seiner systematischen Stellung bestimmt[5]).

Das einzige Delikt der CCC, das sich gegen den Glauben richtet, ist noch die Zauberei, nachdem die Ketzerei der Bambergensis gestrichen worden ist. Beide Delikte wurden in den bisherigen Quellen infolge der kirchlichen Lehre[6]) sehr eng miteinander verknüpft dargestellt. In beiden sah man eine Verbindung mit dem Teufel. Jedoch wurde fast nur

---

[1]) Hinschius, V, S. 184f, 233.

[2]) His, II, S. 14.

[3]) z. B. Binding, Lehrbuch, II, 1, S. 131; Hälschner, G. R., II, 2, 702; ausführlich Stooss. Vgl. Darst, S. 276, mit anderen Verweisungen. B. sagt sogar: Nirgends zeigt es sich vielleicht deutlicher als bei dem Meineidstatbestand der Carolina, daß die Natur eines Verbrechens nicht nach der systematischen Stellung der Gesetzesstelle beurteilt werden darf.

[4]) Dahm, S. 526; schon Mittermaier, Neu. Arch. Krim., Band 2, 1818, S. 96 ähnlich.

[5]) V. Liszt, Meineid, S. 111; vgl. Würtenberger, S. 37. Auch schon Carpzov s. u. S. 80.

[6]) His, II, S. 24.

die schädliche Zauberei, das maleficium, bestraft[1]); die enge Verwandtschaft mit der Ketzerei bliebe aber. Gegen Ende des 15. Jahrhunderts wird durch den 1487 veröffentlichten Hexenhammer wieder der Schaden der Zauberei besonders betont. Dadurch war es der geistlichen Gerichtsbarkeit leichter geworden, die Aburteilung an die weltlichen Gerichte zu übertragen. Im übrigen begannen die Zauberei und ihre Spätform die Hexerei ein Massenwahn zu werden, der sich aus der krisenhaften Umwälzung des mittelalterlichen Denkens ergeben hat[2]). Und jede christliche Obrigkeit empfand es als ihre Pflicht, gegen diese Art des Abfalls vom christlichen Glauben — ohne Rücksicht auf eine konfessionelle Richtung — vorzugehen. Die Bambergensis und Carolina strafen sowohl die schädliche wie die nicht schädliche Zauberei; nur wird jene mit Todesstrafe, diese nach Gelegenheit der Sache geahndet[3]). Somit liegt der eindeutige religiöse Charakter aus Stellung und Inhalt der Vorschrift fest[4]). Es hat auch die Reformation daran nichts geändert.

Früher wurde noch die Vergiftung mit der Zauberei eng verknüpft[5]) — wie im Sachsenspiegel im 2. Buch, Art. 13, 7[6]). Anscheinend unter dem Einfluß der oberitalienischen Lehren[7]), die wiederum an das römische Recht anknüpften, verlor die Vergiftung ihren religiösen Gehalt, indem sie bei Todeserfolg als Mord angesehen wurde. Bambergensis und Carolina haben diese Anschauung übernommen. Es genügt hier sogar schon jede Körperverletzung zur Bestrafung.

b) Delikte gegen den Herrn und Staat

Die weitere Ordnung kann nur aus der Bambergensis verstanden werden, weil die Carolina gerade die entscheidenden Artikel gestrichen hat. In der Bambergensis folgen nunmehr Lästerung der römischkaiserlichen oder römischen Majestät, Lästerung „die er sunst seinem Herrn tut", „die schriftliche, unrechtliche, heimliche Schmähung", das heißt der sog. libellus famosus[8]) und die schändliche Heeresflucht.

[1]) His, II, S. 26.

[2]) Wegner, Einf., 2. Aufl., S. 232f.

[3]) Wie Würtenberger, S. 40, 63 meint, daß in der Bamb. und Car. nur die schadenbringende Zauberei bestraft wird, ist unklar. Art. 109 C heißt im 2. Teil: wo aber jemandt zauberey gebraucht, und damit niemant schaden getan hett, soll sunst gestrafft werden nach gelegenheit der sach...

[4]) Abegg, Beilagenheft zu Arch. d. Cr. N. F. 1852, S. 42; His, II, S. 287; Würtenberger, S. 40f.

[5]) His, II, S. 29f.

[6]) Auch im Klagspiegel noch, oben S. 40.

[7]) Dahm, S. 338ff.

[8]) Art. 132ff. B.

Die Carolina hat allein den libellus famosus beibehalten. Damit war in der Bambergensis das römische crimen laesae majestatis partikulär rezipiert, so wie es allmählich in der italienischen Wissenschaft weiter entwickelt worden war. Mord an höheren Personen und am Herrn, Münzverbrechen, Gefangenenbefreiung waren aus dem uferlosen Begriff ausgeschieden. Eine Unterscheidung von perduellio und eigentlicher Majestätsbeleidigung wurde im Gesetz nicht getroffen. Neuartig ist der Tatbestand der Lästerung, die er sonst seinem Herrn tut. Dabei ist zu bemerken, daß sich das „sunst" auf den Herrn und nicht auf die Lästerung bezieht. Das bedeutet, daß die beiden Tatbestände des crimen laesae majestatis und der Lästerung nach der Person des Herrn, nicht innerlich sich unterscheiden sollen[1]). Damit ist zu dem Schutz der Majestät des Königs und Kaisers der des Landesherrn getreten[2]), obwohl die herausgehobene Stellung des Kaisers noch geblieben ist. Die allmähliche Umschichtung in der Reichsgewalt und die Aufteilung der einheitlichen kaiserlichen Hoheit nicht nur in kurfürstliche sondern weitere Landesgewalten, findet hier im Gesetz ihren beredten Ausdruck. Der konservative Charakter Schwarzenbergs, der allzu überstürzten Reformen abhold ist, betont die einzigartige Stellung der römischen Majestät sowohl im Tatbestand als auch in der Strafe des Majestätsverbrechens. Als weitere ausgesprochen politische Straftat behandelt die Bambergensis im Art. 135, der in der Carolina auch wieder wegfällt, die Straftat der „schäntlichen flucht, auch der so boßlichen schentlichen weyss Stete Schloß oder bevestigung übergeben, oder von iren herrn zu den Veynden ziehen." Damit hebt Schwarzenberg dieses Delikt von der viel später behandelten Verräterei ab und gibt dieser ihre Beschränkung. Gestraft wird durch die Heeresflucht, den Art. 135 B, die Treulosigkeit gegenüber dem Herrn in militärischer Abhängigkeit und politischer Not. Dabei braucht nicht immer Heimlichkeit und Hinterlist gegeben zu sein, die den Verrat gerade ausmachen. Die Stellung der deutschrechtlichen Heeresflucht und der boshaften Übergabe von Orten usw. in unmittelbarer Nähe der beiden Staatsverbrechen des cr. l. m. und der Herrenlästerung zeigen ihren rein politischen Wesensgehalt. Die später erst in Verbindung mit Brennern, Räubern usw. aufgeführte Verräterei[3])

---

[1]) Sonst erscheint es nämlich so, daß das cr. l. m. keine besonders hervorgehobene Stellung—entgegen dem römischen Recht—habe, und nur ein Fall des allgemeineren deutschen Treubruchs sei; das cr. l. m. wäre dann eigentlich Majestätsbeleidigung, die Lästerung aber die Perduellion. Vgl. dazu noch J. M. Ritter, S. 57, Anm. 6.

[2]) Die Kurfürsten hatten bereits durch die Goldene Bulle Majestätsschutz erhalten.

[3]) Art. 149 B = Art. 124 C.

ist selbständig und nicht mit den öffentlichen Untreuedelikten zusammengestellt. Sie dient nicht etwa als Oberbegriff für alle Untreueverbrechen. Das erklärt sich daraus, daß der mittelalterliche Verrat sich nicht nur auf die Gemeinschaft bezieht, sondern ebenso auf Privatpersonen und keine Treulosigkeit voraussetzt. In der Carolina heißt es im Art. 124: item welcher verreterey mißhandelt mit boshafftiger, und wo solche verreterey großen schaden oder ärgernus bringen möcht, als so die eyn landt, statt, seinen eygen herrn, bettgenossen, oder nahetgesipten freund betreffe, . . . Der entscheidende Gedanke, der in dem Wesen der Verräterei gesehen wird, ist der niederträchtige, heimtückische, boshafte Anschlag auf einen anderen; deshalb finden wir in den früheren Quellen auch die Verräterei oft mit Mord zusammengestellt[1]), und die Strafen sind entehrend und unverhältnismäßig hart[2]).

Für die Stellung des Verbrechens des libellus famosus ist maßgebend gewesen, daß die Lästerung von Gott über die Majestät, den Herrn und auf sonstige besondere Art, d. h. nach dem Grad des Verletzten nach unten absteigend, behandelt wird. In dieser ganzen Verbrechensgruppe greifen also zwei ordnende Prinzipien — einerseits die Zusammenfassung der Staatsdelikte, andrerseits die Abstufung nach der verletzten Person — ineinander. Hinzu kommt, daß in der Unterdrückung des Namens ein Eingriff in die öffentliche Sicherheit gesehen wurde. Die Tat wird als besonders boshaft betrachtet[3]). Die folgende Heeresflucht und Übergabe befestigter Orte beschließen die Gruppe, die sich gegen Staatssicherheit und das politische Gewaltverhältnis richtet. Immerhin liegen bei der Schmähschrift und der Heeresflucht Unebenheiten bezüglich der Anordnung vor. Entweder paßt jene in den Rahmen der Lästerung, dann steht diese nur lose angereiht da, oder die Heeresflucht betont den Charakter der Staatsverbrechen in der Gruppe, dann fällt der libellus famosus heraus. In der Carolina ist nur noch die Schmähschrift von der ganzen Gruppe übrig geblieben und steht dadurch zusammenhanglos da.

Über den Grund der Streichung bereits im ersten Entwurf sind zahl-

---

[1]) His. II, S. 31—33.

[2]) Güterbock, S. 19, vermutet falsch in Art. 135 B (Heeresflucht) einen späteren Einschub, da dieser besser zur Verräterei gestellt worden wäre (Art. 149 B). Jedoch hat diese sowohl das Verhältnis zum Herrn wie zum Freunde im Auge, während die Heeresflucht und Übergabe den rein öffentlich-militärischen Charakter betonen. Die unterschiedliche Wesensart und die verschiedene Stellung beruhen auf deutschem Recht, His, II, S. 56, 32. Nachdem die ganze 2. Gruppe durch das cr. l. m. eingeleitet worden ist, paßt der Art. 135 allein hierher.

[3]) Art. 134 B „nach ordnung der Recht nit inskribirt". Dazu Brunnenmeister, S. 257; Güterbock, S. 19; Rosshirt, Beiträge, S. 132.

reiche Ansichten aufgestellt[1]). Daß das Majestätsdelikt nicht überflüssig geworden ist, geht aus der gesamten damaligen und späteren Wissenschaft hervor, die diesen Gedanken niemals äußert. Auch deutet die in Art. 218 CCC angeführte Verweisung darauf hin: so eyn übelthetter außerhalb des lasters unser beleidigten majistet, so der übelthetter leib und gut nit verwirckt vom leben zum todt gestrafft, werden weib und Kinder an bettelstabe und das gut dem herren zugewiesen.... Dieser Artikel ist erst in die Carolina, nicht in die Entwürfe eingefügt worden, während das cr. l. m. überhaupt nicht in das erste Projekt übergegangen ist. Es genügte keinesfalls die Goldene Bulle (Kap. 24), die nur die Kurfürsten betraf. Zu erklären ist der Wegfall wohl nur mit dem Eliminierungsprozeß der Partikularstaaten aus der Reichsgewalt. Das Verhältnis der Landesherren zu ihren Untertanen in politischer und militärischer Hinsicht wollten jene lieber selbst regeln, als daß sie es sich vom Reiche vorschreiben ließen. Das eifersüchtige Wachen über die eigenen Rechte ließ dann auch das cr. l. m. fallen, weil es schon wieder zu stark nach alles überschattender Zentralmacht aussah. Es ist eigenartig, daß alle Delikte gestrichen sind, die besonders das öffentliche und politische Verhältnis zum Herrn betrafen[2]). Deshalb kann der Grund der Nichterwähnung auch nur in der damaligen politischen Gestaltung liegen.

c) Delikte gegen den öffentlichen Glauben

Die Fälschungsdelikte folgen als dritte Gruppe[3]); es werden dabei Münz-, Urkunden-, Maßfälscher, Verrückung von Grenzzeichen und Doppelparteilichkeit des Prokurators erwähnt. Man sieht in diesen Delikten eine Verletzung des öffentlichen Glaubens. Der grenzenlose römischrechtliche Begriff des Falsum ist zugunsten einzelner deutschrechtlicher Bestimmungen gewichen. Die Zusammenstellung aller dieser Fälschungsverbrechen beruht auf keiner einheitlichen Entwicklung. Im deutschen Recht sah man in den Fälschungsvergehen teils die gemeingefährliche Verletzung der publica fides, teils die Schädigung des Vermögens Einzelner. Das ging so weit, daß der Münzfälscher in einer Quelle als der ärgste Dieb — er stiehlt Heiligen und Herren und allen Leuten[4]) — bezeichnet wird. In der CCC hat sich aber der systematischen Stellung nach der erste Gedanke durchgesetzt. Bemerkenswert ist, daß

[1]) Dazu Würtenberger, S. 52; J. M. Ritter, S. 159 ausführlich.

[2]) Die Verräterei hat keinen rein politischen Charakter, sondern bezieht sich auf öffentliche und private Verhältnisse; s. o. S. 52f, unten, S. 58f.

[3]) Art. 136—140 B = 111—115 C.

[4]) His, II, S. 273.

die Münzfälschungsdelikte in der Carolina noch ausführlicher als in der Bambergensis behandelt werden, was den bisher vergeblichen Kampf gegen dieses Verbrechen zeigt. Die starke Zersplitterung des Münzsystems kam der Münzfälschung entgegen.

Die Bambergensis und Carolina[1]) stellen sie mit der Gewichts- und Warenfälschung zusammen und fassen alle drei als Fälschung auf. Das war nicht immer, wenn auch meistens, so gewesen. Mehrere oberdeutsche Quellen achten alle drei Verbrechensarten dem Diebstahl gleich[2]). Im allgemeinen tritt aber doch als wesentlicher Gesichtspunkt der der Fälschung hervor. Der Unterschied der Fälschung zum Betrug wird noch nicht erkannt[3]).

In der Markveränderung[4]) sieht Schwarzenberg ebenfalls eine Fälschung. Ihr Charakter hat im Mittelalter sehr geschwankt zwischen religiösem Vergehen, Grenzfrevel, Diebstahl und Fälschung[5]), je nach der Stufe der Entwicklung. Die Stellung der Prävarikation bei der Fälschung ist auf italienischen Einfluß zurückzuführen[6]).

d) Sittlichkeitsdelikte

Die nun folgende Gruppe der Sittlichkeitsdelikte einschließlich des Ehebruchs[7]), geht nicht, wie wir es im römischen Recht und bei den Italienern gesehen hatten, von dem adulterium als Grundform aus[8]), sondern gliedert die einzelnen Verbrechen in ihrer Eigenwertigkeit ähnlich dem deutschen Recht auf. In der Anordnung untereinander stuft Schwarzenberg nach der Schwere der Strafe ab[9]). Widernatürliche

---

[1]) Art. 119 B = 113 C.

[2]) His, II, S. 294, 307.

[3]) Brunnenmeister, S. 284f; v. Hippel, I, S. 181.

[4]) Art. 120 B = 114 C.

[5]) His, Gesch., S. 168f.

[6]) Brunnenmeister, S. 286.

[7]) Art. 141—148 B = 116—123 C.

[8]) Nach v. Hippel, I, S. 182, Anm. 11, ihm sich anschließend Würtenberger, S. 47, entspricht die Zusammenfassung der Delikte als Fleischesverbrechen dem kanonischen Recht; sie ist aber ebenso schon unter dem adulterium der Digesten und auch bei den säkularen Italienern zu finden, z. B. Bonificius Vit. behandelt mit dem adulterium den Inzest und die Sodomie zusammen; Jac. de Bev,. Aurea practica, 9. Kap.: lenocinium, adulterium, stuprum. Rosciate in seinem Lexikon: sodomia, incest, adulterium zusammen erwähnt; vgl. Güterbock, S. 20.

[9]) Dies ergibt sich aus der Bambergensis, Art. 141-148, da die Art. 116 bis 123 C mehrfach nur auf kaiserliches Recht oder Ratsuchen verweisen.

Unzucht, mit dem Feuer bestraft, steht obenan[1]). Durch die häufige Zusammenstellung mit Ketzerei ist anscheinend die Strafe des Feuertodes zu verstehen[2]). Dem Ketzer, der eng an den Zauberer angeschlossen wurde, warf man widernatürliche Unzucht mit dem Teufel vor[3]). Die Blutschande[4]) ist nach der Stellung ein reines Sittlichkeitsverbrechen und kein Eheverbrechen, obwohl die Strafe des Ehebruchs in Anwendung kommt. Die Entführung und Notzucht[5]) zeigen starken Einfluß romanischer Auffassung. Die deutschen Quellen unterscheiden im allgemeinen zunächst den Frauenraub von der Entführung. Jener geschieht ohne Einwilligung der Frau, diese mit ihrer Zustimmung. Davon getrennt ist die eigentliche Notzucht[6]). Jene beiden trennt die Carolina aber nicht mehr, sondern straft einheitlich das Wegführen von Frauen, ob mit oder gegen ihren Willen als Entführung wie im römischen[7]) und italienischen Recht, das den komplexen römischen Begriff des raptus übernommen hatte[8]). Die Notzucht wurde erst im späten Mittelalter allmählich von dem Frauenraub gesondert. Früher gingen beide ineinander über. Die Strafe der Carolina, einem Räuber gleich, deutet noch auf die ehemalige begriffliche Gemeinschaftlichkeit hin; entweder dachte man dabei noch an den Raub einer Frau oder vergeistigter an den Raub ihrer unbefleckten Ehre.

Auf die eigentlichen Sittlichkeitsdelikte folgen die Straftaten, die besonders die Ehe betreffen. Das deutsche und das italienische Recht hatten den Grundsatz der doppelten Moral; sie straften nur den Ehebruch der Frau, der als Beeinträchtigung der ehemännlichen Rechte galt. Die Kirche dagegen brachte allmählich den Gedanken der beiderseitigen ehelichen Treue zum Durchbruch, der aber in der Bambergensis in Art. 145 noch nicht voll verwirklicht ist. Obwohl der Ehebruch des

---

[1]) Früher nannte man die widernatürliche Unzucht auch Hexerei; His, II, S. 166. Das Wort hat einen Wandel durchgemacht, Hinschius, V, S. 281f. Die deutschen weltlichen Quellen sind in den Fleischesverbrechen wenig ergiebig, weil sie meist der geistlichen Gerichtsbarkeit überlassen waren.

[2]) Man dachte früher an einen Eingriff in Gottes Schöpfungsordnung unter Bezug auf Augustins Bekenntnisse, 3. Buch, 8. Kap.: violatur... societas ... cum Deo, cum eadem natura, cuius ipse auctor est, C. j. c., c. 13 C XXXII, qu. VII.

[3]) His, II, S. 27.

[4]) Art. 123 B = 117 C.

[5]) Art. 143f B = 118f C.

[6]) His, II, S. 157, 150.

[7]) D. 48, 6, 5, 2; dazu Wächter, Lehrbuch, II, S. 27ff. Brunnenmeister, S. 198ff; Cod. 9, 13.

[8]) Dahm, S. 436f.

Mannes neben dem der Frau in einem Artikel abgehandelt wird, so spiegelt jener doch nur das stuprum wieder. Die Frau wird mit dem Tode, der Mann mit Kerker, Pranger oder Ruten bestraft. Die Carolina stellt beide Arten dann endgültig gleich[1]).

Die Doppelehe[2]) hat von der Bambergensis zur Carolina ihren Charakter gewechselt. Faßte man zunächst im deutschen Mittelalter die Bigamie als Vergehen gegen den anderen Ehegatten auf, so treten allmählich Gesichtspunkte, wie Störung der öffentlichen Ordnung oder religiöse Verletzung auf. Die Strafen sind außerordentlich verschieden. Die italienische Lehre strafte entweder nach stuprum oder einheitlich nach Ehebruch[3]). Die Auffassung der Doppelehe als stuprum ist in die Bambergensis übergegangen. Die Strafe ist der des Ehebruchs des Mannes ganz ähnlich. In der Carolina dagegen hat die Bigamie den Charakter des Ehebruchs erhalten. Es heißt hier: welche übelthat dann auch eyn ehebruch und größer dann das selbig laster ist. Es steht auch hier nunmehr peinliche Strafe darauf, wie auf dem Ehebruch. Damit verschiebt sich das Schwergewicht von der allgemeinen sittlichen Ordnung zu dem geschützten Gut ehelicher Treue[4]).

Unter der Kuppelei[5]) verstehen beide Gesetze die Anstiftung und Beihilfe zur Unzucht und stellen sie der Hilfe zum Ehebruch gleich. Auf die Kuppelei hat das deutsche Recht stark eingewirkt. Geschützt werden sollen die „unverstendigen weibszbilde, und zuförderst die unschuldigen meydlein“. Das Rechtsgut ist also die weibliche Ehre, die hier, wie bei der Notzucht, ihren Schutz genießt. Jedoch tritt dieser Gesichtspunkt in der erschwerten Kuppelei, die die Ehefrau und die Tochter betrifft, nicht so stark hervor. Sie trägt im Gesetz auch nicht den Namen der Kuppelei. Der Mann wird ehrlos. Es ist hier die Familie als solche, die geschützt werden soll, denn es heißt ausdrücklich „so yemant seyn weyb oder tochter außerhalb der Ee . . . zu unkeuschen . . . werken gebrauchen läßt“. Auch schließt dieser Tatbestand an die Bigamie an und steht noch vor der so auch benannten Kuppelei. So sind die einfache Kuppelei und die Verkuppelung der Frau und Tochter nicht gradmäßig sondern innerlich geschieden, weswegen sie wohl auch nicht den gleichen Namen tragen. Bei jener ist entscheidend der Schutz unerfahrener unschuldiger Mädchen, hier ist es die Reinheit und Ehre der Familie. Das italienische Recht faßte unter Kuppelei dagegen wie das römische Recht einzelne Fälle, ohne zu einheitlichen Be-

---

[1]) His, II, S. 170; Brunnenmeister, S. 263f; Dahm, S. 421f.

[2]) Art. 146 B = 121 C.

[3]) Dahm, S. 424; Brunnenmeister, S. 264ff.

[4]) Dazu Würtenberger, S. 49.

[5]) Art. 148 B = 123 C.

griffsmerkmalen zu kommen; alle Fälle standen aber in Bezug zum Ehebruch. Die italienische Theorie sah im Anschluß an die römischrechtliche gewerbsmäßige Kuppelei in der Novelle 14 bereits den Strafgrund im Schutz hilfloser Mädchen[1]). Wenn einzelne deutsche Quellen die Verkuppelung der Ehefrau und Tochter als besonders schwere Fälle heraushoben[2]), so haben sie auch nicht Schwarzenberg zum Vorbild gedient. Gerade in der innerlichen Trennung der beiden Tatbestände ist der Gesetzgeber eigene Wege gegangen. Bereits die Umkehrung in der Stellung der beiden Delikte zeigt das an. Die Strafen sind auffallend milde, in der Carolina sogar noch milder als in der Bambergensis; sie erreichen nicht die peinliche Strafe des Ehebruchs[3]).

e) Die Delikte gegen den öffentlichen Frieden

Die nächste Gruppe, die unter einen Oberbegriff zu bringen ist, umfaßt die Verräterei, die Brenner, Räuber, die Volksaufrührer, bösliches Austreten und bösliches Befehden. Die Delikte richten sich alle in irgend einer Weise gegen die öffentliche Ruhe und den allgemeinen Frieden. Daß es sich hier um eine geschlossene Gruppe nach dem Willen des Gesetzgebers handelt, deutet bereits die im Register im Sperrdruck erscheinende Überschrift „Straff der verreterey“ an[4]). Die einzelnen Abschnitte sollen anscheinend dadurch angezeigt werden, daß jeweils in ihnen das erste Delikt gesperrt gedruckt ist[5]). Diese Delikte hatten gerade in der Übergangszeit des Mittelalters zur Neuzeit hervorragende Bedeutung. Die krisenhafte Zeit bewirkte einen Zerfall der allgemeinen Ordnung. Nur auf dem Hintergrunde der sozialen Erscheinungen sind gerade diese Straftaten, die ein Anzeiger für den Grad der gestörten Ordnung sind, zu erfassen. Die Besinnung des Menschen auf sein Ich hatte ihn nicht nur aus der Nähe mit Gott gelöst, sondern auch aus der überkommenen Gemeinschaftsordnung. Leidenschaftlich rang er nach neuen Formen, da die alten im Wanken waren. Eine gärende Unruhe hatte alle ergriffen. Wurde diese unter den Gebildeten, deren es aber nur wenige gab, auf die Wege des Humanismus und der Reformation gelenkt, so konnte die Masse diesen sie überkommenden Unfrieden nicht im Geiste

---

[1]) Vgl. Dahm, S. 444f.

[2]) His, II, S. 164.

[3]) Während im italienischen Recht die Kuppelei schwerer als der Ehebruch angesehen wurde; Dahm, S. 445.

[4]) Sie gehört zu den Art. 149-154 B; 124-129 C, d. h. einschließlich der Fehde. Der Sperrdruck findet sich nur in der Ausgabe von Zoepfl, S. 194, nicht in der Ausgabe von Kohler-Scheel.

[5]) Schon das alte Bamberger Recht faßte Räuber, Verräter und Landzwinger zusammen, s. o. S. 43.

überwinden. Sie griff zu handfesten Mitteln, um ihr Dasein zu zeigen. Damit hing eng die soziale Umschichtung zusammen. Das politische und wirtschaftliche Erstarken der Städte infolge der Belebung des Handels führte allmählich eine Wertsenkung des Landes herbei. Der Adel sah erbittert zu, wie sowohl seine politische als auch soziale Lage immer schlechter wurde. Der Bauernstand war im allgemeinen weniger von den wirtschaftlichen Zeitverhältnissen berührt, jedoch drückte ihn die Leibeigenschaft in Unfreiheit hinab. So traten bei ihm besonders soziale und allgemeine politische Forderungen hervor, die bereits im Jahre 1502 im „Bundschuh" und 1514 im „Armen Konrad" ihren Ausdruck fanden. Unter dem unmittelbaren Einfluß der Reformation sahen Adel und Bauer die Zeit gekommen, um mit Gewalt die Entwicklung zu ändern. So kämpfte Franz v. Sickingen für die romantischen Ideale vergangener Ritterzeiten und die Bauern im Bauernkrieg gegen jede gottwidrige Unterdrückung, indem sie die evangelische Freiheit gar zu „fleischlich" auffaßten — wie Luther sagte. Seine Schrift „Wider die räuberischen und mörderischen Bauern" kennzeichnet die allgemeine Wertung der Aufständischen. Neben den unzufriedenen Adel und Bauern trat eine Menge herumvagabundierendes Volk, das sich zumeist aus entlassenen Landsknechten — die eine wahre Landplage wurden — aber auch aus sonstigen asozialen Elementen zusammensetzte[1]). Mit den drei Straftaten des Aufruhrs, des böslichen Austretens und der verbotenen Fehde sind die wesentlichen Störer der öffentlichen Ordnung, die hervorragenden kriminellen Personengruppen, der aufrührerischen Bauern, der schädlichen Vagabunden und des streitlustigen Rittertums gekennzeichnet. Dagegen sind die Verräter, die Brenner und Räuber eine allgemeine Art des Verbrechertums, das immer den Bestand des öffentlichen Friedens gefährdet. Deshalb mögen sie auch voranstehen. Sie stellen jene üblichen Erscheinungen der Friedensbrecher dar ohne Bezug auf eine Zeitströmung[2]). Daher bezeichnet sie Schwarzenberg auch nur kurz

---

[1]) Radbruch, Der Raub, S. 50f; Würtenberger, S. 57ff; Ritter, Rud. S. 22ff; Gwinner, S. 165ff.

[2]) Radbruch, vor. Anm., bezieht die Verräterei besonders auf die Bauern, die Brenner und Räuber auf Bauern, Gauner und Ritter gemeinsam. Diese Beschränkungen erscheinen aber im Hinblick auf die geschichtliche Entwicklung dieser allgemeinen Straftaten nicht ganz gerechtfertigt. Sie waren an keine in einer Zeit hervortretende Art von Personen gebunden. Allerdings wurden die Teilnehmer des Bundschuhs im Jahre 1502 als Verräter bestraft, jedoch mit der seltsamen Begründung, daß wenn es die Türken, Ungläubigen und Feinde des Christentums erfahren, ihnen „trost und fürschlags wider die christenheit gehern wurde". Rosenkranz, II, S. 110. Darin kommt der Gedanke des Verrats an einen Dritten zum allerdings ganz seltsamen Ausdruck.

mit dem Gattungsnamen der Verräterei, Brenner und Räuber, während er sich um die Beschreibung des Aufruhrs, des Austretens und der böslichen Fehde durch Angabe zahlreicher Merkmale müht. Er hatte hierfür noch weder einen richtigen Täter- noch Tattyp zur Verfügung.

Bei der Verräterei des Artikels 124 CCC haben wir es mit einem ausgesprochen deutschrechtlichen Tatbestand zu tun. Es scheint, daß Schwarzenberg ihn noch einmal strafrechtlich faßte, nachdem er bereits geschichtlich seinen besonderen Sinn verloren hatte. Im deutschen Recht hatte der Gedanke der Treue eine zentrale Bedeutung gehabt. Trotzdem verlangt die Verräterei der Carolina — wie schon im deutschen Recht — anscheinend kein Treuverhältnis zwischen Verräter und Veratenen. Es genügt, wenn jemand einen Dritten heimlich und boshaft einem anderen in die Hände spielt. Das bedeutet, daß die hinterlistige Drittbegünstigung als solche genügt. Tritt Untreue gegen Land, Herrn, Ehegatten usw. hinzu, dann wird dadurch der Verrat nur erschwert, was sich an der erhöhten Strafdrohung zeigt[1]). Die Carolina kennt, wie die meisten Quellen, sowohl die öffentliche wie die Privatverräterei, ohne sie im einzelnen zu trennen. Das verratene Land, der verratene Herr werden neben dem Bettgenossen und nahe gesippten Freund unter gemeinsamer Strafdrohung genannt. Daß der Verrat eine grundlegende Bedeutung in dem ganzen Strafrechtsaufbau gehabt hat, geht aus der schärfsten Strafe hervor, mit der er bedroht ist[2]). Die gewöhnliche Verräterei wird mit Vierteilung geahndet, während der schwere Verrat an Land, Stadt, eigenem Herrn, usw. mit dem Tod durch Schleifen und Zangenreißen bestraft wird[3]). Hieraus erhellt deutlich, daß der politische Verräter sich über den Privatverräter nicht erhebt[4]). Die Verräterei kann jeden möglichen Schaden nach sich ziehen, wie z. B. Tötung, Brand, Körperverletzung[5]). Die Spitzenstellung des Verrats unter den Friedens-

[1]) His, II, S. 31. Die Gegengründe J. M. Ritters, S. 174ff, daß die Verräterei immer ein Treubruch auch sei, vermögen nicht zu überzeugen, insbesondere S. 175, Anm. 99. Auffallend ist, daß Boehmer, Med., Art. 124, § 1, nichts von der Treue erwähnt: proditio est clancularia et perniciosa hominis expositio, tertio facta ut ab hoc ei vis fiat. Wenn das Hamburger Stadtrecht 1603/05, IV, Art. 3 sagt: ein Verräther, der ... sein Vaterland ... auch seinen Nächsten verräth, dann liegt darin nicht ein Einfluß christlicher Vorstellung nach der jeder mein Nächster ist, sondern das Wesen des Privatverrats, eben die heimtückische Drittbegünstigung ohne besonderen Treubruch.

[2]) Im italienischen Recht hatte der Verrat bei weitem nicht diese hervorragende Stellung wie im deutschen Recht. Dahm, S. 323ff.

[3]) His, II, S. 35 ungenau, wenn er nur vom Herrnverrat spricht.

[4]) Das Reich wird mit der Verräterei nicht geschützt, weder in der Bamb. noch in der CCC.

[5]) Boehmer, Med , Art. 124, § 1.

brüchen zeigt seine überragende und umfassende Bedeutung. Wie stark Schwarzenberg in dem deutschen Geiste gelebt hat, geht aus der von ihm beibehaltenen engen Verknüpfung von privatem und öffentlichem Verrat hervor, der die einstige privatrechtliche Betrachtungsweise des Staates wiederspiegelt[1]). In der folgenden Zeit verliert die Verräterei allmählich ihren eigenartigen Unrechtsgehalt, indem einerseits die Privatverräterei verschwindet, andererseits der verbleibende politische Verrat dem Majestätsdelikt oder der Perduellion zufällt[2]). In der Bambergensis konnten Verrat und verletzte Majestät noch ruhig nebeneinander stehen, ohne daß sie sich überschnitten.

Die beiden der Verräterei folgenden Verbrechen der Brenner[3]) und Räuber[4]) hängen ganz eng zusammen. Im deutschen Mittelalter findet sich die Verbindung „Raub und Brandstifter" sehr häufig[5]). Das ist auch aus der verbreiteten Fehde zu erklären, die beides gewöhnlich gemeinsam nach sich zog, denn als die normalen Fehdehandlungen erscheinen Gefangennahme, Raub und Brand[6]). Einen Unterschied zwischen offenem und heimlichen (Mord) Brand kennt die Carolina nicht mehr, da er durch das allmähliche Verschwinden der Fehde an Bedeutung verloren hatte. Dafür tritt jedoch die Gefährdung der öffentlichen Sicherheit mehr in den Vordergrund. Die Gemeingefährlichkeit in der Stadt, der Bruch des Stadtfriedens erscheinen jetzt als die erschwerenden Gründe und bestimmen die schwere Strafe des Brennens, die früher nur auf Mordbrand stand[7]).

Für die Auffassung des Wesens des Raubes ist seine Stellung unter den öffentlichen Friedenstörungen von großem Wert. Der Raub bedeutet in mittelalterlichen Quellen entweder den offenen Diebstahl — im Gegensatz zum heimlichen — oder seltener die gewaltsame Entwendung[8]). Aus dieser verschiedenartigen Auffassung folgt eine unter-

---

[1]) Dazu Below, S. 2f; Schwerin, Germanische Rechtsgeschichte. S. 26f.

[2]) J. M. Ritter, S. 195. Die italienische Rechtswissenschaft sah in der Verräterei sowohl einen selbständigen Tatbestand als auch eine besondere Art der Begehung oder der niederträchtigen Gesinnung. Dahm, S. 323f; J. M. Ritter, S. 187f. Damit verliert der Verrat allmählich seine feste Bezogenheit auf einen Menschen oder eine Gemeinschaft.

[3]) Art. 150 B = 125 C.

[4]) Art. 151 B = 126 C.

[5]) „rof ende brantstichten", dazu His, II, S. 348.

[6]) Schon in der Goldenen Bulle, Kap. 17, gelten incendia, spolia und rapinas als die gewöhnlichen Kampfmittel der Fehde. His, II, S. 143, Radbruch, Der Raub, S. 42.

[7]) Dazu His, II, S. 351f; Dahm, S. 497.

[8]) His, II, S. 202f.

schiedliche Schwere der Strafe. Im allgemeinen wird der Raub geringer bestraft als der Diebstahl, weil hier das Moment der Heimlichkeit die Tat erschwert[1]). Jedoch erscheint der handhafte Raub gewöhnlich unter den todeswürdigen Verbrechen. In der Carolina wird das besonders bindend betont, woraus auf die partikulären Abweichungen in der Bemessung der Strafe zu schließen ist. Die Carolina spricht nur von dem Räuber. Schwarzenberg schwebte hierbei anscheinend ein besonderer Typ eines Täters vor. Näheres hören wir darüber in seinem Lied „Wider das Mordlaster des Raubens"[2]). Er spricht hierin davon, daß dem Bürger und Bauer das Gut „mit Gewalt in Raubs- und Diebsgestalt" abgenommen wird. Auch erachtet der Art. 162 CCC den dreifachen Dieb dem Vergewaltiger gleich, was sich nur auf den Räuber beziehen kann. Das römische und italienische Recht sahen im Raub die gewaltätige Wegnahme, und so galt der Raub schwerer als der einfache Diebstahl[3]). Schwarzenberg wendet sich dieser Auffassung des Raubes als Gewaltverbrechen zu[4]). Ob man auch die Stellung im Gesetz, die Anreihung an den Brenner, für die Bestimmung der Verbrechensnatur heranziehen kann, ist nicht unbedingt sicher. Wir sahen bereits, daß in den Quellen Räuber und Brenner zusammen genannt werden, ohne daß jenen die Gewalttätigkeit anhaften mußte. Aber die weite Entfernung vom Diebstahl und die Voranstellung vor ausgesprochenen Friedensstörungen, wie Aufruhr, Austreten und Fehde sind ein Hinweis auf die Gewalt, die in dem Raub steckt[5]). Er wird als Landfriedensbruch aufgefaßt, wie ihn auch Luther ansah, wenn er von den räuberischen und mörderrischen Bauern sprach.

Der folgende Aufruhr[6]) steht in keinem begrifflichen Zusammenhang mit den übrigen politischen Delikten. Die Bambergensis kannte noch daneben das Majestätsverbrechen, das allerdings nur die Auflehnung gegen den Kaiser umfaßte. In der Wormser Reformation wird der Aufruhr gegen Rat, Stadt und Magistrat als cr. l. m. bestraft[7]). Erst in der Bambergensis erscheint der Aufruhr als selbständiger Tatbestand, dem dann andere Stadtrechte weit später folgen[8]). Mit dieser Verselbständigung und Einstellung in die Gruppe der öffentlichen Friedensstörungen hat Schwarzenberg eine große schöpferische Leistung voll-

[1]) His, II, S. 204f.
[2]) Dazu Radbruch, Der Raub, S. 39f, 41.
[3]) Dahm, S. 482.
[4]) Anderer Ansicht v. Hippel, I, S. 14 191.
[5]) Dazu Radbruch, Der Raub, S. 42.
[6]) Art. 152 B = 127 C.
[7]) S. o. S. 41.
[8]) z. B. Hamburger Stadtrecht von 1603/05. Dazu J. M. Ritter, S. 190f.

bracht. In den folgenden Jahrhunderten hat man viel darum gestritten, ob der Aufruhr zugleich Majestäts- und Gewaltverbrechen sei[1]) oder ob er nur den einfachen Aufstand ohne hochverräterische Absicht umfasse[2]). Gegen jene Anschauung muß auf die Bambergensis verwiesen werden. Wenn diese das Majestätsverbrechen, die Lästerung des Herrn mit Wort und Werk, die Verräterei und den Aufruhr nebeneinander kennt, dann ergibt sich daraus, daß der eigentliche Hochverrat gegen den Herrn nicht auch von dem Tatbestand des Aufruhrs gedeckt werden sollte. Er wird ja schon von den anderen Strafbestimmungen erfaßt. Es wäre auch nicht die Unterschiedlichkeit in der Strafe einzusehen, die beim cr. l. m. Lebensstrafe, bei der Herrenlästerung Leib- oder Lebensstrafe, bei der Verräterei Schleifen und Zangenreißen vor dem Tode, bei dem Aufruhr Enthauptung oder nur Rutenstreichen ist. Hierzu kommt noch, daß die Strafe des Aufruhrs von der Bambergensis über die Entwürfe bis zur Carolina immer vorsichtiger gefaßt wird, bis es zuletzt heißt „darum Richter und urtheyler gebürlichs radts, damit niemandts unrecht geschehn, und solch böslich embörung verhüt, pflegen sollen". Wenn es sich um hochverräterischen Aufruhr gehandelt hätte, dann wäre man wohl nicht immer schonender in der Strafdrohung geworden. Auch wenn man hochverräterische Handlungen unter den Aufruhr gezogen hätte — es wären dann unter die Verräterei die heimlichen, unter den Aufruhr die offenen Akte gefallen — so blieben doch noch die direkten Angriffe auf das Oberhaupt übrig; bei ihnen mußte auf die Goldene Bulle in Bezug auf Kurfürsten, sonst auf das römische Recht unmittelbar zurückgegriffen werden. Es wäre also auch keine Vollständigkeit erreicht. Auch spricht die Fassung gegen den hochverräterischen Charakter. In den Delikten der Majestätsbeleidigung, Herrenlästerung und des Verrats wird die angegriffene Person oder Körperschaft als solche — Land, Stadt, eigener Herr u. a. — genannt, beim Aufruhr heißt es in der Bambergensis: item so einer in unsern obrygkeyten oder gebieten auffrur des gemeynen volcks machet. Erst seit dem Entwurf von Speyer heißt es: item so eyner inn eym land, statt, oberkeyt oder gepiet ein auffruren des gemeynen volcks wider die obrigkeyt macht. Die schlichte Fassung der Bambergensis, die noch nicht einmal das Ziel des Aufruhrs angibt, sondern ihn nur als solchen hinstellt, spricht für den Ausschluß aller hochverräterischen Akte. Die Erweiterung später ändert an dem Inhalt insofern nichts, als nur eine Regelung für das ganze Reich mit seiner Vielfalt von Herrschaften und dabei eine schärfere Formulierung getroffen werden mußte. Hierbei zugleich

[1]) So insbesondere Wächter, Arch. d. Cr. Rechts, N. F., 1835, S. 469ff; Lehrbuch, II, S. 70; im Anschluß an Kreß, Art. 127, § 1.

[2]) Boehmer, Med., Art. 127, § 1. Dazu J. M. Ritter, S. 190f.

eine grundsätzliche Wandlung zum hochverräterischen Delikt anzunehmen, erscheint beim Fehlen weiterer Hinweise ungerechtfertigt. Zu allem kommt noch die Stellung des Aufruhrs. Hätte Schwarzenberg ihn zugleich als Hochverrat angesehen, dann hätte er ihn doch gewiß nicht so unscheinbar zwischen die sonstigen Friedensstörungen, sondern zu den Delikten gegen den Herrn oder Staat gestellt. Daß der Verrat auch hier steht, wäre kein Gegengrund, da dieser überwiegend privatrechtlichen Charakters nach der Überlieferung ist und keine besondere Ausprägung als politisches Delikt hat.

Der folgende Landzwang[1]) ist in seiner Begriffbestimmung weitschweifig und unklar. Es muß sich nicht um eine Erpressung handeln, sondern vielmehr — wie es heißt — um bösliches Austreten. Gemeint ist hier das Heraustreten aus der Rechtsordnung; der Landzwinger fühlt sich an das Gesetz der Ordnung nicht gebunden[2]) und mißachtet es, er setzt sich darüber hinweg[3]). Er wird gesellschaftsfremd und damit landschädlich. Zum Tatbestand genügt das Austreten und das Bedrohen von Leuten. Damit wird auf einen Erfolg verzichtet. Das eigentlich Strafbare liegt in dem gesamtmenschlichen Verhalten, das aus einer asozialen Gesinnung, einem sozialschädlichen Charakter fließt[4]).

Das letzte Delikt der Friedensstörung ist die bösliche Befehdung. Sie richtet sich nicht gegen den Staat, auch nicht gegen den einzelnen, sondern vielmehr gegen den allgemeinen Frieden[5]). Deshalb hat sie auch hier ihren Platz erhalten. Infolge der allgemeinen Unsicherheit im Reich, die durch das Rittertum, das eifrig um seine verlorene Stellung und seine ehemaligen Rechte kämpfte, zum Großteil mit hervorgebracht war, hatte sich der Kaiser immer wieder um die Herstellung des Landfriedens bemüht. Im Jahre 1495 wurde durch Verkündigung des Ewigen Landfriedens die Fehde verboten. Wenn Schwarzenberg nur die unerlaubte Fehde straft, die rechtmäßige dagegen zuläßt, dann ist schwer erklärlich, was er damit meint[6]). Der Täter soll nicht gestraft werden, wenn er Erlaubnis zur Fehde vom Kaiser hat, wenn der Gegner sein oder seiner Verwandtschaft Feind ist oder wenn er sonst zur Fehde „rechtmäßig gedrungen ursach hett“. Der Ewige Landfrieden sieht diese,

[1]) Art. 153 B = 128 C.

[2]) Wie es in einem Vertrag von 1421 heißt: da etlich lanttwinger... keinen richter meinent zu horsam ze sin ..His, II, S. 216, Anm. 4.

[3]) Wenn His, II, S. 216f. sagt, „den Rechtsweg verschmähen“, dann ist das nicht ganz klar, weil man hier zu leicht an die Durchsetzung eines vermeintlichen Rechts denkt.

[4]) Würtenberger, S. 59.

[5]) Carpzov, qu. 35, Nr. 3, sagt gegen das „studium concordiae“.

[6]) Dazu Radbruch, Der Raub, S. 45ff.

Ausnahmen nicht vor. Jedoch sind sie nicht so unvereinbar mit ihm wie sie zuerst scheinen. Die beiden ersten Ausnahmen können die erlaubte Exekution gegen Widerspenstige oder den Notwehrkrieg betreffen. Die dritte ist eine Vorsichtsmaßregel, um allen eventuellen weiteren Bestimmungen im Landfriedensrecht eine Tür offen zu lassen. Das Faust- und Kolbenrecht war bis dahin so im Schwange gewesen, daß es in der Praxis nicht mit einer kategorischen Bestimmung beseitigt werden konnte. Die Landfriedensgesetzgebung war im Flusse begriffen. Gewiß wollte Schwarzenberg nicht die ehemaligen Rechtfertigungsgründe wieder einführen, er wollte aber andererseits in dieser heiklen Materie sich der zukünftigen Entwicklung nicht von vornherein verschließen. Brachte sie keine Ausnahmen von dem allgemeinen Fehdeverbot, dann schadete der Satz nicht. Schwarzenberg ist sich der Unsicherheit des Rechtszustandes bewußt, denn er verweist ausdrücklich für den Tatbestand der Ausnahme auf die Einholung von Rat.

f) Tötungsdelikte

Die bisherigen Gruppen, die im Text der Bambergensis und Carolina ohne Unterbrechung fortlaufend behandelt werden, bilden gemeinsam den ersten Teil des Strafrechts, denn jetzt folgen zwei große Abschnitte über Tötung und Diebstahl, die durch je eine Überschrift, nicht nur durch Sperrdruck des ersten Delikts, ihre Geschlossenheit nach außen zeigen[1]).

Der Abschnitt über Tötung wird mit der Vergiftung[2]), auf die die schwerste Strafe des Rades mit vorheriger Verschärfung durch Schleifen und Zangenreißen steht, eröffnet. Schwarzenberg hat damit die Vergiftung von der Zauberei getrennt und bei jener den religiösen Charakter geleugnet[3]). Die Vergiftung galt schon in heidnischer Zeit als schädliche Zauberei[4]), was dann in der christlichen Zeit nachwirkte[5]). Dagegen macht sich die italienische Wissenschaft von dieser Auffassung, die im kanonischen Recht noch ihren Niederschlag findet[6]), frei und betrachtet die Vergiftung rein weltlich unter der Lex Cornelia[7]). So sieht Schwarzenberg in der Vergiftung einen Unterfall des Mordes,

[1]) Hernach volgen etliche bose und todtung und von straff derselben tetter. Art. 155—182 B; 130—156 C. Hernach volgen etlich artickel von diebstahl. Art. 183—219 B; 157—192 C.

[2]) Art. 155 B; 130 C.

[3]) Vgl. o. S. 51.

[4]) His, II, S. 23f; Brunner, II, S. 873ff.

[5]) Vgl. Sachsenspiegel, II, Art. 13, 7.

[6]) Hinschius, V, S. 160.

[7]) Dazu Dahm, S. 338f.

wie es bereits die mittel- und oberdeutsche Praxis anscheinend unter dem Einfluß Italiens getan hatte[1]).

Die drei folgenden Artikel[2]) betreffen den Schutz kindlichen Lebens, nämlich Kindestötung, Aussetzung, Abtreibung. Die Kindestötung sieht die Carolina leichter als die normale Tötung an. In der deutschen Praxis schwankte man in der Auffassung der Schwere. Jedoch setzte sich in Oberdeutschland allmählich die mildere Ansicht durch, der auch Schwarzenberg folgte[3]). Die Kindesaussetzung ist eine sowohl im deutschen wie italienischen Recht selten behandelte Straftat. Das Gesetz unterscheidt bei ihr im Anschluß an das italienische Recht[4]), ob es bei der Gefährdung geblieben oder ob der Tod eingetreten ist. — Das Wort Abtreibung kommt zum erstenmal in der Bambergensis vor[5]). Sie trennt, wie die italienisch-kanonische Lehre[6]), ob die Frucht beseelt oder unbeseelt war. In jenem Falle tritt stets Todesstrafe ein, in diesem soll Rat eingeholt werden.

Dann reihen sich Sonderfälle[7]) der Tötung durch falsche Arznei, Selbstmord und Tötung durch ein Tier an. Darauf folgt die grundlegende Bestimmung über Mord und Totschlag[8]). Die Unterscheidung von Mord und Totschlag hat im Laufe des Mittelalters verschiedene Kriterien gehabt. Zunächst sah man in dem Mord die heimliche Tötung. Diese Abgrenzung vom Totschlag hat sich in einzelnen Teilen Deutschlands bis tief in die Neuzeit erhalten. Neben der Heimlichkeit konnte sich aber die niedrige Gesinnung noch in anderer Art zeigen, wie z. B. in Gewinsucht oder Bruch eines Treuverhältnisses u. a. Allmählich seit dem 14. Jahrhundert erscheint noch der Vorbedacht als niedrige Sinnesart und damit als ein Prüfstein für den Mord neben den anderen[9]). Damit trifft sich die deutsche mit der italienischen Rechtsentwicklung. In dieser war allmählich der Unterschied zwischen heimlicher und offener Tat dem von Überlegung und Affekt gewichen[10]). Schwarzenberg hatte somit bei seiner Unterscheidung des vorsätzlichen mutwilligen Mörders von dem, der einen Totschlag aus Jähheit und Zorn tut, an das deut-

---

[1]) His, II, S. 30; Brunnenmeister, S. 187.

[2]) Art. 156—158 B; 131—133 C.

[3]) His, II, S. 88, Anm. 1.

[4]) Dahm, S. 346; Brunnenmeister, S. 256.

[5]) Deutsches Rechtswörterbuch (Wörterbuch der älteren Rechtssprache) 1914ff., im Erscheinen, Band 1, S. 318.

[6]) Dahm, S. 343; His, II, S. 78.

[7]) Art. 159—161 B; 134—136 C. Dazu Würtenberger, S. 65.

[8]) Art. 162 B; 137 C.

[9]) His, II, S. 93f.

[10]) Dahm, S. 268f.

sche und italienische Recht anknüpfen können, wenn dieses auch eine diesbezügliche vollendete Lehre bereits zur Verfügung hatte.

Wahrscheinlich haben in einem früheren Entwurf der Bambergensis der Mord- und Totschlagsartikel am Anfang der Tötungsdelikte gestanden und die Vergiftung am Schluß[1]). In der Bambergensis[2]) wird bei der Vergiftung bezüglich der Todesstrafe auf den vorstehenden Mord durch die Worte „wie vor vom mordt deshalb gesetz ist" noch versehentlich hingewiesen. Mord und Totschlag hängen aber mit den Bestimmungen über die Rechtfertigung und Entschuldigung innerlich zusammen. Wenn diese aber anfangs gleich dem Mord- und Totschlagsartikel gefolgt wären, dann wären die Tötungsdelikte auseinandergerissen worden. Deshalb wurde der Tausch in der Stellung der Vergiftung und des Mordes und Totschlags anscheinend vorgenommen. Die fahrlässige Tötung[3]) wird unter den Rechtfertigungs- und Entschuldigungsgründen behandelt.

g) Diebstahl

Den letzten Abschnitt bildet der Diebstahl[4]). Er beginnt mit der deutschrechtlichen Unterscheidung des heimlichen und offenen Diebstahls, geht über zum Einbruchs-, Einsteigediebstahl und zum im ganzen deutschen Recht bekannten großen Diebstahl. Es folgen der Rückfalldiebstahl, woran sich die Spezialfälle des Jugend-, des Familiendiebstahls, des Diebstahls aus Hungersnot, der Feld-, Holz- und Fischdiebstahl anschließen. Es zeigen sich mithin drei Bewertungen bei der Beurteilung des Diebstahls; einmal die Art der Begehung, dann die Größe des Erfolgs und zuletzt die unverbesserliche Gesinnung des Täters. Der Gesetzgeber hat auch hier noch nicht zu einer vollen Abstrahierung der Tat von dem Gegenstande sich durchgerungen, was ein Weiterwirken des plastischen Denkens der Frühzeit anzeigt. Dieses tritt auch in der Kasuistik der Tatbestände noch hervor.

Spricht die Carolina in den Diebstahlartikeln 157—169 vom Stehlen im Sinne von Entwenden, so grenzt sie hiervon in den folgenden Vorschriften die Unterschlagung klar ab. Sie sagt, daß sie nur einem Diebstahl gleich zu strafen sei. Die Unterschlagung tritt dabei selbständig

---

[1]) Güterbock, S. 28ff.

[2]) In der Ausgabe von Zoepfl in der Bambergensis und im ersten und zweiten Projekt vorhanden. Dagegen in der Carolina nicht. Ebensowenig in der Ausgabe von Radbruch. Jedoch auch in der Ausgabe der CCC von Kohler-Scheel im Art. 130 zu finden. Vgl. dazu Güterbock S. 29.

[3]) Art. 172 B; 146 C.

[4]) Art. 183ff B; 157ff C.

und in allgemeiner Fassung auf im Sinne des ungetreulichen Behandelns anvertrauter, zur Verwahrung gegebener Habe. Das römische Recht hatte den Begriff des furtum auf jede in gewinnsüchtiger Absicht geschehene Entwendung einer Sache, sei es in bezug auf sie selbst, ihren Gebrauch oder deren Besitz ausgedehnt[1]). Dadurch fielen sogar Raub- und Unterschlagung u. a. darunter, während das deutsche Recht grundsätzlich von der Unterscheidung der heimlichen und offenen Wegnahme ausging und Unterschlagung und Veruntreuung bereits verselbständigt hatte[2]).

Am Schluß wird der Diebstahl an heiligen Sachen oder geweihter Stätte behandelt. Es wirkt hier noch der ehemals religiöse Charakter der Straftat[3]) zwar nicht in der Stellung, aber in der schweren Strafe des Feuertodes nach.

h) Gesamtaufbau

In dem Aufbau der Bambergensis[4]) und Carolina liegt mithin ein klarer Plan. Die Zusammenfassung der ersten Gruppen gegenüber den Tötungs- und Diebstahlsdelikten zeigt eine Andeutung des späteren materiellen Unterschiedes zwischen öffentlichen und privaten Verbrechen. Obwohl dabei gewisse Unebenheiten bleiben, da bei der Entführung und beim Ehebruch der Verletzte selbst peinlich klagen muß und dadurch die öffentliche Richtung der Verbrechen abgeschwächt ist, so liegt in den bedrohten Rechtskreisen, die mit dem Staat und der Obrigkeit, der Sittlichkeit und mit dem öffentlichen Frieden zusammenhängen das gemeinsame Merkmal der öffentlichen Güter, während die Tötungsverbrechen und der Diebstahl sich im wesentlichen gegen die Güter des einzelnen richten[5]). Sicher hat sich Schwarzenberg die beiden Kreise der staatlichen und individuellen Güter nicht so voneinander getrennt vorgestellt, wie es das vorige Jahrhundert getan hat. Er stand ja am Ausgang des deutschen Mittelalters. Und dieses hatte den Menschen grundsätzlich nicht als Individuum gesehen, sondern eingebettet und verflochten in die Gemeinschaft, in der er lebte. Tausendfältig waren

---

[1]) D 48, 2, 1, 3.

[2]) Sachsenspiegel, Landrecht, 2. Buch, Art. 29 und 13; 3. Buch, Art. 22 unterscheidet den Diebstahl und Raub (aus des anderen Gewere bringen) von dem Behalten, bei dem nicht die Gewere verletzt wird.

[3]) V. Hippel, I, S. 193.

[4]) Diesen hat sich der Laienspiegel des Ulrich Tengler zunutze gemacht. Stellt dieser sowieso einen Auszug der Bambergensis dar (dazu v. Hippel, I, S. 163), so hat er in der Anordnung des strafrechtlichen Stoffes im dritten Teil schlecht abgeschrieben.

[5]) Vgl. Abegg, Arch. des Criminalrechts. N. F. 1835, S. 382ff.

die Bindungen und Pflichten gegenüber dem Kollektiv, aus dem seine soziale Stellung erwuchs. Der Mensch war gar nicht abzulösen aus dem gemeinschaftlichen Ordo, sonst wäre er in ein Nichts gefallen. Eng schließt sich die Gemeinschaft zusammen gegenüber allen denen, die asozial sind, die die natürlichen Bindungen der Gesellschaft abwerfen. Sie stehen außerhalb der gottgewollten Ordnung. Der Mensch stellt in seiner Existenz eine Verpflichtung gegenüber seinem Lebenskreis dar. Sein Dasein bestimmt sich aus der Gemeinschaftlichkeit, die seinem Wesen immanent innewohnt. Erst der Humanismus und die Reformation — die Renaissance brachte es in Deutschland nicht zu solch unmittelbarer Entfaltung wie in Italien — begannen den Menschen aus seinem gemeinschaftsbezogenen Sein zu lösen und ihn auf sich selbst zu stellen[1]). Der volle Erfolg trat in Deutschland erst um vieles später durch das Hinzukommen naturrechtlicher Gedankengänge ein. Immerhin wurde sich der Mensch des ausgehenden Mittelalters zunächst einmal seiner Eigenwertigkeit bewußt. Nicht mehr aus der Ordnung der Genossenschaft entnahm er sein Wesen, sondern in sich selbst suchte er nach neuen Maßstäben, die ihn anders als die bisherigen Wertungen erschlossen. Es war noch nicht so weit, daß sich Gesellschaft und Einzelner gegenüber, oder daß beide auch nur in einem Spannungsverhältnis zueinander standen. Dem Menschen wurde es erst allmählich klar, daß er die Ordnung, die ihn umgab, selbst mitbaute, daß die Gemeinschaft auf ihm ruhte, daß er sie mit seinem Willen sprengen konnte; ja, daß sie durch ihn erst ihren Sinn erhielt und nicht umgekehrt, wie es bisher zu sein schien.

In der Carolina können wir überall dieses leichte Anklingen des neuen Geistes schon wahrnehmen. Nicht als ob Schwarzenberg überstürzte humanistische Gedanken in das Gesetz gepreßt hätte; nein, der einzelne trennt sich fast unmerklich, aber doch schon auf sicherem Wege aus dem pflichterfüllten und organisch geschlossenen Sozialkreis. Dafür ist ein typisches Zeichen die Abscheidung der Delikte[2]), deren Schutzobjekte in der früher unbekannten Individualsphäre erscheinen, von denen, deren Rechtsgüter direkt aus dem Staate oder funktional aus der Gesellschaft, wie Sittlichkeit, öffentlicher Glauben, öffentlicher Frieden wachsen. Sie werden nicht etwa einander gegenüber gesetzt oder scharf voneinander geschieden, sondern erst schlicht nebeneinander gestellt. Unverkennbar liegt hierin neuzeitlicher Geist. Wenn auch im einzelnen sich bei der Tötung und im Diebstahl sowohl Leben wie Gut noch stark gemeinschaftsgebunden darstellen, so sind die großen Güter-

[1]) Vgl. Radbruch, Der Mensch, S. 1ff.
[2]) A. A. Würtenberger, S. 62.

gruppen doch erstmalig in ihrer Eigenart erkannt. Auch sonst zeigt Schwarzenberg humanistischen Geist, wenn ihm die Gerechtigkeit vorschwebt — wie in der Vorrede —, wenn er um klare Begriffsbestimmungen ringt oder gewiß in der Strafbestimmung ist, um möglichst alle Willkür und Mißachtung der Persönlichkeit auszuschließen. Nicht nur eine ganz klare Ordnung des Stoffes zeigen die Carolina und Bambergensis zum ersten Mal unter den deutschen Rechten, sondern zugleich eine transpersonalistische Bewertungsreihe, die von der Religion über Staat, Gemeinschaftsgüter zu den Einzelgütern absteigt. Darin liegt Originalität und eine großartige Verarbeitung von mittelalterlicher Überlieferung und aufkommendem neuzeitlichen Rechtsdenken, das eine Mehrschichtigkeit von Werten erkennt.

Bemerkenswert bleibt noch, daß der Ansatz zu einer planvollen Ordnung und Bewertung nicht von der Wissenschaft, sondern von dem Gesetzgeber gemacht worden ist[1]).

Schwarzenbergs Werk ragt in der Systematik des strafrechtlichen Teils über alle bisherige Gesetzgebung und Wissenschaft auf deutschem und römischem Boden hinweg und sollte für lange Zeit nicht seinesgleichen finden[2]).

---

[1]) Interessant weist Radbruch in seinen Elegantiae im 2. Aufsatz von „Planetarischer Kriminal-Anthropologie", S. 12ff., auf den damaligen astrologischen Unterschied zwischen Saturnkindern, das sind die Vertreter der proletarischen Kriminalität, wie Diebe, Mörder, Verräter, Schwindler, Gottesschwörer und Marskindern, das sind die Gewaltverbrecher, wie Räuber, Brenner und Totschläger, hin. Hier bestimmt mehr der Affekt des Augenblicks, dort die „dauernde verbrecherische Anlage". In der CCC zeigen sich trotz ihrer Astrologiefeindlichkeit (Art. 21) diese Unterschiede darin, daß die Gewaltverbrecher, Landstreicher, Räuber, Aufrührer, Landzwinger und Fehdeführende zu einer Gruppe, in den Diebstahlsdelikten dagegen die andere Gruppe der Saturnkinder zusammengefaßt sind. Die Tötungsdelikte gehören dazwischen, der Totschlag zu den ersten (Schwertstrafe), der Mord zu den zweiten (Rad). Es handle sich aber bei allen nur um „Parallelerscheinungen".

[2]) Die Reichspolizeiordnungen.

Die drei RPO. von 1530, 1548, 1577 (Neue vollständige Sammlung der R.Abschiede; 2. Teil, S. 333ff., 587f.; 3. Teil, S. 380ff.; dazu v. Hippel I, S. 219; ausf. Seegal, Gesch. und Strafrecht der RPO. von 1530/48/77; Breslau 1914, Strafrecht.Abh.Heft 183; insbesondere über die Teilnahme Schwarzenbergs an den Arbeiten, S. 56ff.) bringen die Vielfalt der Verwaltungsgüter zum Ausdruck. Kommt in dem Strafgesetzbuch der Staatswert der Gerechtigkeit zu seiner Entfaltung, so in dem Verwaltungsstrafrecht mehr der der Wohlfahrt (E. Wolf, Verwaltungsdelikte, S. 521ff.; Würtenberger, S. 72ff.). Es bietet sich uns ein buntes Bild von Gütern in den RPO., die

6. Kapitel

Die Gesetzgebung und strafrechtliche Wissenschaft der zweiten Hälfte des 16. Jahrhunderts und Vigels erster wissenschaftlicher systematischer Aufbau der Verbrechen in Deutschland

Im 16. Jahrhundert folgen der Carolina eine Menge Partikulargesetze, die meistens auf jener ruhen. Oft stellen sie nur Ergänzungen dar[1]). Es sollen zur Kennzeichnung der Zeit nur zwei besonders wichtige Gesetze erwähnt werden.

Die Constitutionen des Kurfürsten August von Sachsen von 1572[2]) wollen zwar nur zweifelhafte Fragen entscheiden, berühren aber dabei fast alle Delikte. Obwohl die Constitutionen dauernd auf die CCC verweisen und aus besonders für die Gesetzgebung erstatteten Gutachten der Leipziger und Wittenberger Juristenfakultäten hervorgegangen sind[3]), haben weder Gesetzgeber noch Wissenschaft die bisherigen systematischen Gedanken der CCC in bezug auf die Anordnung weiterentwickelt.

Im vierten Teil der Constitutionen werden die Criminalia behandelt. Ihr System ist an den Dekalog angelehnt. Es handelt sich dabei wohl weniger um eine Übernahme italienischer Vorlagen durch die sächsischen Juristen als um eine Äußerung der protestantischen Lebenshaltung, die die 10 Gebote erneut in ihren Mittelpunkt stellt. Diese geben den Leit-

---

weder eine Systematik zusammenhält, noch die dieser kaum recht fähig sind. Es folgen etwa aufeinander: 1. Gotteslästerung, Fluchen, 2. Kleiderordnung, Zutrinken, Plünderung. 3. Wucher, Betrug. 4. Dienstbotenvergehen. 5. Konkubinat, öffentl. Ehebruch. 6. Bettelei und Müßiggang, seit RPO. 1548. 7. Delikte, die sich auf zahlreiche Stände, wie Richter, Advokaten, Goldschmiede usw. beziehen. Dabei schieben sich aber öfter ganz unvermittelt einzelne Delikte dazwischen, so daß man schwer die zusammengehörigen Gruppen erkennen kann. Die Fülle der Güter, die Objekt polizeilicher Regelung sind, begegnet uns hier. Für die Bewertung der Güter ist das Wohlfahrtsinteresse des Staates, das die öffentliche Ordnung betrifft, maßgebend. Die Polizeiordnungen sind für uns unergiebig, da sie sich nicht mit den großen Rechtsgüterkreisen beschäftigen, die den eigentlichen Gehalt des kriminellen Unrechts ausmachen.

[1]) Dazu v. Hippel, I, S 223ff ; Wächter, Gem.R.D., S. 38ff

[2]) Churfürst Augusti Verordnungen und Constitutiones im IV theilen. Den 21. April 1572, pars IV. Criminalia. Dazu v. Hippel I, S. 224, Anm. 7. Ausführl. Haubold, S. 3ff.; insbes. 94ff.

[3]) Hälschner, Geschichte S. 121; Stobbe, II, S. 371ff.; Kunkel, I, 2, S. XXXVIf., der darauf hinweist, daß in der Schlußredaktion gewisse Umstellungen auch im strafrechtlichen Teil vorgenommen worden sind. Haubold, S. 4.

faden für das menschliche Handeln[1]). Am Anfang stehen die Religionsdelikte, worauf einige Tötungsdelikte folgen. Dann richtet sich eine Gruppe von Verbrechen gegen die öffentliche Sicherheit, wie Wegelagerer, Schreiben von Fehdebriefen, Aufstellen von Brandzeichen und Mordband. Es schließen sich Ehe- und Sittlichkeitsdelikte und Diebstahl an, worauf den Schluß Untreue, Beleidigung und Urfehdebruch bilden[2]).

Wir haben hier zum erstenmal ein Gesetz vor uns, das aus einem protestantischen Staat hervorgegangen ist. In der hierarchischen Güteranordnung zeigt es keinen Unterschied zu früheren Quellen. Die protestantische Lehre wurde auch von dem transpersonalistischen Wertsystem mit Gott als höchstem Werte beherrscht und förderte den Gedanken der von Gott eingesetzten Obrigkeit, was von Luther gerade immer wieder anläßlich der Bauernkriege betont wurde[3]). Alle Obrigkeit galt nach Römer 13 als von Gott eingesetzt[4]). Damit war aber dem Staat von neuem wieder, wie im Mittelalter, die Berufung zuteil geworden, über die Verkündigung des Evangeliums zu wachen und Gottes Ehre zu schützen[5]). So bekam der Schutz der Religion von einer theokratischen Staatsidee evangelischer Prägung aus wieder den Vorrang. Andererseits erhielt der Staat erneut einen transzendenten Gehalt. Eigentliche Staatsdelikte fehlen überhaupt in den Constitutionen. Die

---

[1]) Dazu Bohatec, S. 12ff.; insb. Anm. 56; S. 33, 108ff. Melanchthon und Calvin besprachen an Hand des Dekalogs das Strafrecht. Melanchthon wollte ursprünglich auch den Dekalog als positives Strafrecht einführen, Corpus Reform. 11, 68. Vgl. auch v. Weber in Festschrift für W. Sauer, S. 46f.

[2]) Zu den einzelnen Gruppen genauer Würtenberger S. 100ff.; v. Weber Festschrift für W. Sauer, S. 50.

[3]) Gierke, Althusius, S. 57, 64f. Vgl. auch Einleitung der Constit., Haubold, S. 3; Hermelink-Maurer S. 135, 117. Luther, Werke, WA 11, 245ff.; 18, 291ff., 357ff., 384ff.

[4]) Luther, Werke, W.A. 30/1 152 und Melanchthon CR. 21, 70 3 unter Hinweis auf das 5. Gebot. Ebenso scharf Calvin, Op. 26, 320, wo die Rebellen ennemis de Dieu et de nature genannt werden.

[5]) Dazu Bohatec, S. 54f., 58f., insbes. Anm. 258. Nach dort Luthers Wort zitiert: Der Herrscher soll vor allen Dingen Gottes Ehre schützen, handhaben und mit allem Ernst fördern (Enders, Luthers Briefwechsel 12, 194). Vgl. dazu Const. I, II des IV. Teils über Gotteslästerung und Zauberei. Const. I, Abs. III: Wir wollen auch: daß diejenigen, so bey Unseres Herrn und Heylandes Christi Wunden, Marter, Leiden, Sacrament und dergleichen fluchen usw.; Const. II, Abs. I: Alldieweil die Zauberey . . . auch in der Heiligen Schrift zum höchsten verboten ist . . . Über die fromme Gestalt des Kurfürsten s. Hermelink-Maurer S. 276, 280, insbes. über den Sturz der aufklärerischen Richtung des Philippinismus in Sachsen 1574.

Delikte, die die öffentliche Sicherheit betreffen, scheinen an die Tötungsdelikte aus natürlicher Assoziationsmöglichkeit angeschlossen worden zu sein, da sie sonst nirgends hingepaßt hätten. Es handelt sich auch hier um die häufigsten Verbrechen dieser Art, wie das ganze Gesetz keine erschöpfende Darstellung gibt. Die Constitutionen waren nicht geeignet, der Legalordnung neue Wege zu weisen, da die Anlehnung an den Dekalog bereits durch Schwarzenberg überwunden worden war.

Auch die Revidierte Brandenburgische Landesordnung von 1594[1]), die zwar nie in Kraft getreten ist, aber als Gewohnheitsrecht galt, verschließt sich einem neueren Aufbau. Sie ist in der Anführung der Delikte ebenfalls nicht vollständig. Gotteslästerung[2]), Ehebruch, Mörder und Totschläger, Zauberei und Fälschung, deuten auf die Anordnung des Codex beziehungsweise des Klagspiegels hin, obwohl Diebe hinter Totschlägern und Mordbrenner hinter Zauberei eingefügt sind. Die weiteren Delikte der Fehde, des Landzwanges, Aufruhres und der Verräterei sind in ihrer Zusammenstellung deutsch-rechtlichen Charakters und dabei anscheinend von der CCC beeinflußt. Im großen und ganzen stellt auch dieses Gesetz keinen Fortschritt in der Legalordnung dar[3]).

Auch die Wissenschaft des Jahrhunderts fördert den Ausbau einer systematisch begründeten Legalordnung nur wenig. Sie hat zunächst allerdings auch keine dogmatischen Ziele, sondern will mehr der Praxis dienen. Das wichtigste strafrechtliche Werk, das nach der CCC erschienen war, ist Perneders Halsgerichtsordnung, weil es von den folgenden Juristen weitestgehend benützt wurde. Sein wissenschaftlicher Wert ist gering[4]). Die Anordnung entspricht grundsätzlich der Carolina, aber mit schweren sinnwidrigen Entstellungen[5]). Der Ehebruch erhält, wie in der italienischen Wissenschaft, eine überragende Stellung in den Unzuchtdelikten, die Notzucht rückt an das Ende. Hinter der Verräterei werden die Verbrechen gegen die Majestät und den Landesfürsten, die Veruntreuung und der Verrat gegen die Herrschaft behandelt. Der Totschlag bildet keine besonders hervorgehobene Gruppe mehr. An den Diebstahl sind die römisch-rechtlichen Verbrechen des Pekulats, Sakrilegs, Plagiums, der Repetunden usw. angehängt. Damit verschiebt sich die Güterhierachie. Der Aufbau der Ordnung ist nicht mehr wertend, sondern erhält von neuem einen assoziativen Charakter. Ebenso

---

[1]) Abgedruckt in Abegg, Versuch. S. 43ff.

[2]) Ab Art. X.

[3]) Wenn Wächter, Gem.D.R., S. 64, Anm. 74 ausdrücklich von keinem Rückschritt spricht, so mag das beschränkt für den Aufbau gelten.

[4]) Vgl. Wächter, Gem.D.R. S. 76f.; auch in Arch.d.Crim., N. F., 1836, S. 121ff.; Schaffstein, S. 4f.

[5]) Zu Perneder und die damalige Wissenschaft Schröter, S. 6ff.

steht es mit Goblers Rechtenspiegel, der zunächst die Verbrechen nach dem Codex, dann bei der Besprechung der Strafen[1]) nach der Ordnung der CCC, teils zusammengezogen, aufzählt[2]).

Handelte es sich bisher mehr um volkstümliche Darstellungen, so zeigt die strafrechtliche Wissenschaft Deutschlands, die sich im wesentlichen in Disputationen und Observationen äußert, noch keine Überwindung der jahrhundertealten analytischen Methode in der Behandlung der einzelnen Verbrechen. Bocer[3]) folgt in seinen Disputationen getreu dem Vorbild des Codex. Harpprecht schließt sich in seinem Traktat den Titeln der Institutionen an. Petrus Theodoricus läßt auch keine Überlegung bezüglich der Anordnung der Verbrechen erkennen[4]). Ebenso bot die ausgedehnte Kommentarliteratur zum römischen Recht[5]) keine neuen Gesichtspunkte.

In diese Zeit des ausgehenden 16. Jahrhunderts gehört auch der Holländer Damhouder, der solch starken Einfluß in Deutschland gehabt hat, daß er fast unter die Deutschen zu rechnen ist[6]). Er stuft wieder nach dem Dekalog ab, aber mit ganz seltsamen Begründungen.

Über die damalige tiefstehende deutsche strafrechtliche Wissenschaft erhebt sich Vigelius (gestorben 1600). Er war ein Schüler Oldendorps[7]) und als solcher mit der Idee eines allgemeinen Naturrechts, das dem Menschen innewohnt, vertraut. Es war noch nicht jenes Naturrecht, das in gewaltigem Strom im folgenden Jahrhundert alles menschliche Denken zu bestimmen begann, sondern nur eine Erfassung des Gedankens, der dem Ausbau einer allgemeinen Rechtslehre diente[8]). Schon Oldendorp bemühte sich um die Befreiung vom mos italicus)[9]. Sein Schüler Vigelius wurde ein bewußter Verfechter der synthetischen Methode, die um die Mitte des Jahrhunderts von Peter Ramus begründet worden war[10]). Sein Kampf gegen die überalterte scholastische Logik und Exegese hatte bereits den Italiener Decian zu einer neuen

[1]) Dazu Abegg, Arch. des N.F., 1835, S. 12ff.

[2]) Die übrigen populären deutschen Abhandlungen bieten nichts besonderes, wie z. B. von Rauchdorn. Sawr folgt in seinem „Straffbuch" der CCC.

[3]) In Classis 4, ab. disput. X.

[4]) Er stützt sich auf Clarus und den Spanier Gomez. In der Aufzählung der Delikte ist er völlig systemlos.

[5]) Z. B. Paratitla ad Pandectas Matthaei Wesenbecii, benutzt in der Ausgabe, Basilae, 1629.

[6]) Dazu Stintzing, I, S. 604ff.; Schaffstein, S. 3.

[7]) E. Wolf, Gr.Rdenker, S. 163.

[8]) Thieme, Das Naturrecht, S. 23.

[9]) E. Wolf, Dr.Rdenker, S. 162.

[10]) Heymann, S. 15, Anm. 2; s. o. S. 38.

Arbeitsmethode geführt und beeinflußte nun auch auf strafrechtlichem Gebiet den Deutschen Vigel. Die ramistische deduktive Arbeitsweise[1]) spiegelt sich in Vigels Constitutiones Carolinae wider. Mit Hilfe dieser synthetischen Methode gelingt es ihm, das erste durchdachte System der Verbrechensanordnung aufzustellen. Er sagt „istas Caroli V. Imperatores publicorum judiciorum Constitutiones in competentem ordinem redigam. Publica autem crimina dicuntur ex quibus agitur vel ad poenam capitalem vel ad mulctam fisco applicandam definiert er unter Berufung auf Clarus und verweist auf seine im Kapitel 6 und folg. befindliche Darstellung aller Verbrechen[2]). Damit ist zunächst der prozessuale Gesichtspunkt für die Bestimmung der öffentlichen Verbrechen maßgebend. Im Kapitel 6 bespricht er dann unter „de publicis judiciis in specie", ohne noch einmal auf eine Erläuterung des Begriffs der öffentlichen Verbrechen zurückzukommen, sehr kursorisch hintereinander: Majestätsverbrechen, vis publica, privata, Landfriedensbruch, Wegelagerer, vagierende Soldaten, Sittlichkeitsdelikte, Blasphemie, Zauberei, Libellfamosus, Prävarikation, Brandstiftung. Er trennt von diesen Verbrechen unter selbständiger Behandlung in einem Kapitel das Homicidium (7. Kap.), das Furtum (8. Kap.), das Sakrileg (9. Kap.) und die Fälschungsverbrechen (10. Kap.)[3]), deren Hauptart Testaments-, Münz-, Gewichts- usw. fälschung bildet. Dabei werden alle Verbrechen laufend durchnummeriert[4]). Wichtig ist, daß einzelne Delikte in selbständigen Kapiteln behandelt werden, während die übrigen gemeinsam im 6. Kapitel zusammengestellt sind. Der systematische Sinn, den Vigel mit der Sonderbehandlung von homicidium, furtum and falsum in je einem Kapitel gegenüber den übrigen gemeinsam erörterten Verbrechen verfolgt hat, kann nur in der begrifflichen Trennung der materiell privaten und öffentlichen Verbrechen liegen. Zu jenen ist gegenüber der CCC noch das falsum getreten, obwohl es gewisse auf öffentliche Güter bezügliche Tatbestände, wie die Münzfälschung, auch enthält. Vigel hat demnach die Überschrift des 6. Kapitels, de publicis judiciis in specie, in materiellem Sinne gemeint. Damit war eine bewußte materielle Scheidung der beiden großen Gruppen der öffentlichen und Privatverbrechen vorgenommen. In der Reihenfolge der Verbrechen des 6. Kapitels ist ein Ordnungswille zu erkennen. Gegenüber der CCC stellt er mit dem Majestätsdelikt die sich auf den öffentlichen Frieden beziehenden Delikte im großen und ganzen zusammen. Warum sich allerdings die Gotteslästerung

[1]) E. Wolf, Gr.Rdenker, S. 170, 182.

[2]) Const., S. 24; Cap. II, 1 am Anfang.

[3]) Als species fällt der Meineid auch ausdrücklich hierunter.

[4]) Sakrileg wird trotz des eigenen Kapitels als species furti ohne Nummerierung erörtert.

und die Zauberei hinter den Sittlichkeitsdelikten befinden, ist unerklärlich. Vielleicht sah Vigel in den Sittlichkeitsdelikten eine Verletzung göttlicher Ordnung, so daß er die sich auf die Religion beziehenden Verbrechen gleich anschloß. Der Libellfamosus ist zurückgetreten. Die Brandstiftung am Schluß der öffentlichen Delikte ist unvollkommen, da sie doch die öffentliche Sicherheit anscheinend betreffen soll. Mithin ist der Gesamtaufbau durch Vigel insoweit gefördert worden, als er den Blick auf dessen Bedeutung gelenkt hat. Als erster deutscher Wissenschaftler sah er hinter der Verbrecheneinteilung einen Sinn. Daß er materiell Fortschritte gegenüber der CCC erzielt hat, kann man nicht behaupten, denn die öffentlichen Delikte sind wesentlich weniger sinnvoll geordnet, als es die CCC getan hatte.

Somit hat nur Vigel im ausgehenden 16. und beginnenden 17. Jahrhundert den Gedanken einer systematischen Ordnung der Verbrechen aufgegriffen und versucht, ihn folgerichtig durchzuführen. Jedoch waren die sonstigen geistigen Voraussetzungen in Deutschland so gering, daß er nur ein beschränktes Ziel erreichen konnte; es fehlte noch der große geistige Impuls, der eine neue Systematik heraufbringen konnte.

7. Kapitel

Die sächsische Jurisprudenz des 17. Jahrhunderts

Die Strafrechtswissenschaft erlebt im 17. Jahrhundert durch die Gruppe der sächsischen Praktiker einen erheblichen Aufschwung. Carpzov stellt mit seiner Verbrecheneinteilung den Abschluß einer jahrhundertelangen Entwicklung des deutschen und römisch-italienischen Strafrechts dar. Er verfährt dabei nach eigener Methode, ohne sich direkt an ein Vorbild anzulehnen; er erörtert diese nirgends, so daß es schwer ist, ihren Sinn überhaupt zu erkennen. Der Gesamtaufbau seines strafrechtlichen Werkes ist „barock-großartig“[1]. Es herrscht ein strenger Ordnungssinn vor. Der Stoff ist bis ins kleinste hinein in einen Gesamtplan eingebettet, der eine schnelle Auffindbarkeit der Stelle gewährleistet. In seinem Werke liegt ein Stück des gewaltigen barocken Gestaltungswillens der Zeit. Carpzov weist darin keine epochemachenden neuen Gedanken und Richtpunkte in bezug auf die Systematik auf, sondern faßt gründlich und überlegt in neuartiger Form zusammen[2]. Der beherrschende Ordnungswille Carpzovs zeigt sich in der klaren Einteilung seiner Practica. Sie besteht aus 3 Teilen und zählt

[1] Boehm, Z.Ges.Str.W., Bd. 61, S. 312, 325.

[2] Vgl. das Urteil v. Hippels, I, S. 228: Nichts weniger als genial, aber gelehrt, fleißig, gründlich. Wächters Urteil, Gem.R.D., S. 104.

durch diese die 150 Quästionen durch. Auf jeden Teil entfallen 50. Die beiden ersten Teile erörtern das materielle Strafrecht. Die einzelnen Quästionen tragen zusammenfassende Überschriften[1]).

Im ersten Teil behandelt er hintereinander:

1. Homicidium[2]). 2. Crimen fractae pactis und dabei incendium und vis publica et privata. 3. Crimen laesae majestatis; dabei das cr. l. m. humanae, die Münzfälschung und das cr. l. m. divinae mit allen Gottesdelikten.

Im 2. Teil folgen:

1. Adulterium mit allen Sittlichkeitsverbrechen. 2. Furtum et falsum. 3. Injurien.

Stintzing[3]) meint, daß sich Carpzov bei dem Aufbau durch das Institutionensystem habe leiten lassen; der erste Teil behandle die Verbrechen gegen die Person, der zweite diejenigen, die eine Sache zum Objekt haben. Die unpassende Stellung der Fleischesdelikte ergebe sich aus dem Übergang der beiden Klassen, die der Injurien sei durch den noch mitwirkenden anderen Gesichtspunkt der absteigenden Schwere der Verbrechen bedingt. Zu diesem paßt aber das homicidium wieder nicht. Dieses sei nur an die Spitze gestellt, da die bisherigen strafrechtlichen Darstellungen an dieses Verbrechen die allgemeinen Lehren geknüpft habe.

Durch das Ineinanderfügen der beiden Gesichtspunkte wird nichts erklärt. Bei der zweiten Gruppe haben nur das furtum und falsum eine Sache zum Objekt; die Fleischesdelikte und die Injurien, mithin die Hälfte der Verbrechen, sind Ausnahmen. Der Gesichtspunkt der absteigenden Stufenleiter paßt aber überhaupt nicht auf den ersten Teil; auch dann nicht, wenn man das homicidium abscheidet, da dort Friedensbrüche, Majestätsverbrechen und Gottesdelikte, also in aufsteigender Ordnung, folgen.

Philipsborn[4]) sieht in dem Bau dagegen eine Gedankenpyramide, an deren Spitze die Gotteslästerung steht, und nach beiden Seiten nehmen die Delikte nach ihrer Schwere ab, so daß am Anfang des 1. Teiles und am Ende des 2. Teiles die geringstwertigen ständen. Dieser Gedanke ist aber unzureichend.

Im 2. Buch schließt sich Carpzov in der Abstufung der Delikte dem Dekalog (6., 7., 8. Gebot) an. Dagegen sind für das 1. Buch folgende Gedankengänge maßgebend gewesen: Die Stellung des homicidium an

---

[1]) Zu dieser Einteilung Boehm, Z. Ges.Str.W., Bd. 61, S. 312.

[2]) Dabei auch das latrocinium in voller Trennung vom furtum; typisch deutschrechtlich.

[3]) Stintzing, II, S. 70f.

[4]) Philipsborn, S. 67.

der Spitze begründet sich damit, daß an diesem Verbrechen die Allgemeinen Lehren des Strafrechts dargestellt wurden. Hinzu kommt, daß das homicidium den einfachsten Tatbestand darstellt, der in den zusammengesetzten Verbrechen mehrfach wiederkehrt. Carpzov war ein Mann von praktischem Denken[1]), was sich nicht nur in seiner Tätigkeit beim Schöppenstuhl zu Leipzig, sondern auch an seinen Schriften zeigt. Er beschäftigte sich zunächst mit dem am meisten im argen liegenden Strafrecht und Strafprozeßrecht und machte sich erst später an die sonstigen vernachlässigten Teile des bürgerlichen Rechts und evangelischen Kirchenrechts. Alles war auf den praktischen Gebrauch zugeschnitten. Das mag zur Begründung der Spitzenstellung dieses einfachsten Tatbestandes des homicidiums beigetragen haben. Carpzov zieht für die Voranstellung des homicidium bei dessen Erläuterung den Dekalog und die Dekretalen heran[2]). Dieser Bezug allein ist aber für die Erklärung der Anfangsstellung unzureichend. Im übrigen zeigt die Heranziehung des Dekalogs wie stark Carpzov von ihm bewegt war.

Die Staats- und Religionsdelikte als Verstöße gegen das 4. und 3. Gebot schließen sich dem homicidium als Verstoß gegen das 5. Gebot an, wobei aber Carpzov einen Teil der Delikte des 4. Gebotes (des crimen laesae majestatis humanae) zusammen mit den Verletzungen der göttlichen Majestät zur 3. Gruppe seines 1. Buches zusammenfügt. Für die Gestaltung des 1. Buches fallen drei Gedanken zusammen: Die Voranstellung des homicidium aus praktischen Gründen, die Verwertung des Dekalogs als Hintergrund der Einteilung und der pyramidenartige Aufbau und Bezug aller Delikte auf Gott. M. E. lagen die Stellung des homicidium und der Wille, den Dekalog zur Gruppierung zu verwenden, von vornherein fest. Bei der Lage des homicidium in der Mitte der 10 Gebote ließ sich aus der Not eine Tugend machen, indem an das 5. Gebot die dem 4. und 3. Gebot entsprechenden Delikte angeschlossen wurden; und so entstand eine mächtige anschauliche Wertpyramide innerhalb der nach der Schwere gemessen die 3 Gruppen des 1. Buches ansteigen, die des 2. Buches absteigen. Durch das Zusammentreffen der verschiedenen Gedanken ist eine Anordnung entstanden, in der sich die Delikte je nach der Stärke der Gottesbezogenheit um die Spitze auf dem Hintergrunde des Dekalogs gruppieren. Daß Carpzov dem Wertstufengedanken große Bedeutung beimißt, ergibt sich vor allem daraus, daß er das cr. l. m. mit den Gottesverletzungen zu der Spitzengruppe zusammenfügt — so daß die Grenze zwischen

[1]) Boehm, S. 327f.; v. Weber, a.a.O. in Festschrift für Rosenfeld, S. 47.

[2]) In praeceptis primo dicatur: non occides et postea demum non moechaberis.

3. und 4. Gebot im Aufbau verwischt wird — während er die sonstigen Delikte gegen die öffentliche Ordnung zur 2. Gruppe vereinigt. Carpzov versteht unter gravitas die Nähe der Beziehung des Deliktes zu Gott, die Stärke des Grades, in dem die göttliche Ordnung gestört wird[1]).

Der Ordnungswille Carpzovs offenbart sich auch darin, daß die Seiten der Pyramiden gleich lang sind; jede enthält drei Deliktsgruppen. So ist der ganze strafrechtliche Aufbau ganz symmetrisch klar, übersichtlich und geschlossen. Carpzov ist in seiner Haltung als strenger Protestant zu verstehen. Wenn er an die Spitze der Pyramide die Religionsdelikte stellt, dann drückt er damit die theokratische Staatsidee im Aufbau aus. Der Staat ist von Gott abgeleitet und empfängt von Gott die Berufung zum Schutze des göttlichen Namens und seiner Stiftung der Kirche. Die protestantische Orthodoxie des Jahrhunderts sah alles menschliche Sein und Denken in Gottes Weltenplan verwoben und eingeordnet. So bezog Carpzov alle Delikte auf Gott und seine gestörte Ordnung. In der Abstufung der geschützten Güter nach beiden Seiten konnte am besten die enge Verbindung aller Verbrechen mit Gott dargestellt werden, da immer zugleich zwei auf einer Stufe standen. Gottes Majestät trat dabei umso sinnfälliger heraus, als sie sich auf der breiten Basis aller Güter erhob.

An das homicidium schließt Carpzov die 2. Gruppe an: den Landfriedensbruch, die Befehdung, den Landzwang, Brand und vis publica und privata. Bemerken wert ist dabei, daß der Hausfriedensbruch — wie im wesentlichen in der späteren gemeinrechtlichen Wissenschaft — unter der vis publica seinen Platz findet[2]).

Den Verbrechen gegen die öffentliche Ordnung reiht sich das eigentliche cr. l. m. mit der Münzfälschung an. Einen gewaltigen Fortschritt

[1]) Nach Abschluß der Arbeit erschienen v. Webers beide Abhandlungen a. a. O. Seine Ansicht in der Festschrift für Sauer, S. 58f., daß nur der Dekalog maßgebend war, kann ich nach dem Dargelegten nicht teilen. Sie kann vor allem die Umkehrung im 1. Buch nicht deuten. Bei Carpzovs sonstigem Ordnungssinn muß eine Notwendigkeit dahintergestanden haben. Vor allem erklärt der Dekalog aber nicht die Vereinigung des cr. l. m. (4. Gebot) mit den Verletzungen Gottes zu einer Gruppe.

[2]) Das römische Recht kannte kein selbständiges Delikt. Dagegen hatte das deutsche Recht in den Volks- und Stadtrechten die sog. Heimsuche und den Hausbruch besonders ausgeprägt. Dabei legt man dem Hause einen besonderen Frieden bei, dessen Verletzung eine erhöhte Buße nach sich zieht. Nach einigen Quellen war die Heimsuche sogar ein unsühnbarer Friedbruch; Wilda, S. 956ff.; auch Brunner, II, S. 758; His, II, S. 33ff. Häufig rechnet die Heimsuche unter die Hochgerichtsbarkeit, oft wird sie im späteren Mittelalter allerdings mit bürgerlicher Strafe belegt; His, II, S. 347; I, S. 482. Deshalb schweigt auch die CCC.

bedeutet hierbei, daß Carpzov die Schmähung des Fürsten aus den übrigen Majestätsverbrechen herausnimmt und insoweit verselbständigt, als die Verfolgung von dem Landesherrn selbst abhängen soll. Damit zeigt sich die allmähliche Sprengung des römischen Begriffs des cr. l. m. Carpzov stützt sich dabei auf die im Codex vor der Lex Julia Majestatis aufgeführte maledictio[1]).

Aber sonst ist er ganz im Denken des absoluten Staates befangen. Seitdem die Idee des souveränen Fürstentums sich in Deutschland durchzusetzen beginnt, wird der Fürst mit übermenschlicher Verehrung umgeben. Er wird so oft selbst zum Staate. Der Staat hat keine auf sich begründete eigene Rechtssubjektivität, sie leitet sich allein vom Fürsten ab. Er steht außerhalb jedes Gesetzes. Die übrigen Menschen sind Untertanen, die durch fürstlichen Willen regiert werden. Dieser Absolutheit fürstlicher Macht steht die Rechtslosigkeit des Unterworfenen entgegen. Verklärt wird der Begriff des absoluten Fürsten durch die Auffassung, daß Gott ihm allein die Gewalt verliehen habe. Daß von solcher Antipodenstellung zwischen Fürst und Untertan das Strafrecht nicht unberührt bleiben kann, ist erklärlich. Den Niederschlag finden wir bereits bei Carpzov in der Auffassung des cr. l. m. Es steht der Majestätsverletzung Gottes deshalb so nahe, weil Gott den Fürsten einsetze und dieser deshalb zum Vater der Untertanen werde. Zugleich liege aber wegen des Treubruchs ein Betrug in dem Majestätsverbrechen, außerdem verstoße es gegen die Natur, daß die Herde den Hirten angreife.

Zu den gegen den Staat gerichteten Majestätsverbrechen treten die Religionsverbrechen, darunter auch der Meineid. Carpzov sagt dazu: majestas sicuti duplex est, divina scilicet et humana haeresis appellatur quod tanto gravius illo habetur quanto major deus est Imperatore[2]). Aus den letzten Worten erhellt besonders der Gedanke der aufsteigenden Ordnung für das erste Buch. Carpzov hat in gewissem Sinn eine neue Ordnung der Verbrechenskategorien geschaffen[3]), die sich in ihrem monumentalen Bild einer Pyramide als Geisteskind der nach Gewaltigkeit und Pracht strebenden Zeit offenbart. Der Aufbau stellt aber doch nur ein Bild dar, das mit Hilfe des Dekalogs gezeichnet wurde, keine in sich begründete Systematik. Dieser zeigte Carpzov deshalb keine neuen Wege auf. Aber er gliedert die einzelnen Verbrechen erschöpfend und in sich sinnvoll in die großen Gruppen ein, die wie große

---

[1]) Cod. 9, 7. Carpzov, qu. 41, Nr. 109ff., insbes. 118.

[2]) Quest. 44, Nr. 1.

[3]) Rosshirt, Gesch., I, 293f.; unverständlich sagt er in Entwicklung, S. 508, daß sich Carpzov keiner Ordnung bestrebt habe.

Bausteine dastehen, und gab so eine übersichtliche Ordnung des Strafrechts.

Überschauen wir jetzt die Jahrhunderte, in denen die italienische und deutsche Wissenschaft und die deutsche Gesetzgebung an dem Weiterbau des Strafrechts gearbeitet haben, so sehen wir in der Systematik der Verbrechensordnungen nur ein ganz langsames Fortschreiten. Decian ragt über allen hervor. Er eilte seiner Zeit gewaltig voraus, so daß das ihm folgende Jahrhundert ihn weder darin erreichte noch verstanden hat. Ist er noch so viel ausgeschrieben worden, in dieser Beziehung blieb er ohne Nachfolger. Vigel bleibt weit hinter ihm zurück. Die Fähigkeit umfassender Systembildung in der Rechtswissenschaft war nach einem großen Geiste bereits wieder erloschen. Infolge der Intensivierung des religiösen Lebens im 16. und beginnenden 17. Jahrhunderts gab oft der Dekalog den Rahmen für die Einteilung der Delikte. In dem frommen Carpzov war echtes protestantisches Christentum neben dem Gestaltungswillen so stark, daß er eine seiner Zeit adäquate Form auf dem Hintergrunde der 10 Gebote finden konnte. Diese lehnte sich aber an die Stilgesetze der Zeit so weit an, daß die durch das Wesen der Verbrechen bedingte Systematik darunter leiden mußte. Das großartige gesetzgeberische Vorbild in Schwarzenbergs Reformen blieb ohne Nachbildung. Die allgemeinen geistigen Voraussetzungen für ein umfassendes System waren in Deutschland auch gering. Hier konnte ein Wandel nur durch einen völligen Methodenwechsel eintreten. Die Strafrechtswissenschaft mußte von der analytischen Arbeitsweise endgültig befreit werden, und das war wiederum durchgreifend nur in Verfolg einer großen Geistesströmung möglich.

8. Kapitel

Die Einwirkung des Naturrechts auf die Systematik

1. Der Methodenwechsel durch das Naturrecht

Um die frühe Mitte des 17. Jahrhunderts durchlief ein neuer Geist, geboren aus dem Naturrecht, ganz Europa. Er wirkte belebend auf alle geistige Gebiete. Sein Inhalt vermochte zunächst noch nicht die strafrechtliche Wissenschaft zu beeinflussen. Erst später wird er auch Erkenntnisprinzip. Dazu schleppte die Wissenschaft noch zu viel Überkommenes mit sich fort, als daß sie sich materiell sofort wandeln konnte. Aber die Form des Denkens, die Methode, deren sich das Naturrecht bediente, fand bei ihr bald Eingang. Die Methode wurde so zum Ansatzpunkt für die erkennende Vernunft, sie bildet den Stoff, den sie formt[1]). Man verließ die Analyse und wandte sich der Deduktion zu, die immanent eine starke Systematik in sich tragen mußte. Auf ihr beruhten die Schlüsse, wollten sie aus dem Allgemeinen immer weiter absteigend das Besondere erweisen. Aus einigen Obersätzen, die das Ganze ergaben, wurden die differenzierten Einzelbegriffe in streng logischer Form entwickelt. Die Methode ergab sich aus der allmählich zu allgemeiner Bedeutung gekommenen Mathematik. Descartes hatte sich mit seiner rationalistisch-mechanistischen Denkweise durchgesetzt, seine Methode wurde richtunggebend für alle Geisteswissenschaften. Mathematisches Denken beherrschte das ganze Jahrhundert. Die größten Geister waren zugleich Mathematiker. Wir können mit Recht von einem Jahrhundert der Mathematik sprechen[2]). Schon das Ende des 16. Jahrhunderts hatte die durch Peter Ramus beeinflußte synthetische Strömung hervorgebracht[3]), die aber von der praktischen empirischen Richtung der Zeit Carpzovs wieder völlig verdeckt worden war[4]).

Der Kreis der Männer ,die sich an dem geistigen Gespräch beteiligen, ergreift alle Länder. Jedes hat etwas beizusteuern. Deshalb ragt die Bedeutung naturrechtlicher Probleme über die Grenzen hinaus, und das

---

[1]) Thieme, Das Naturrecht, S. 34, betont besonders die systembildende Kraft des Naturrechts.

[2]) Thieme, Das Naturrecht, S. 13; Die Zeit des späten Naturr., S. 222f.

[3]) Siehe oben S. 38.

[4]) Thieme (Das Naturrecht, S. 16f.) macht neuestens auf die Generationenfolge im Naturrecht aufmerksam, indem er drei Gruppen unterscheidet. Zu der ersten Generation rechnet er die „Systematiker", die erst einmal Ordnung in dem überlieferten Rechtsstoff schaffen, ohne revolutionär zu wirken. Ihre neue Methode befähigt sie dazu. Dagegen kritisieren die „Analytiker", die zweite Generation, den Inhalt und stellen gewaltige rechtspolitische Forderungen. Zu einem System kommen sie nicht mehr. Sie verzichten gewöhnlich auf ein absolutes Naturrecht und beschränken sich auf ein relatives für den betreffenden Staat. Sie werden im wesentlichen von der Philosophie geleitet und bilden so die Verbindung zur Aufklärung. Oft sind sie Revolutionäre und haben enge Berührung zur Politik. Erst die dritte Generation gehört zu den „Synthetikern", die nunmehr im Verfolg der kontinentalen Strömung zu einer Rechtserneuerung in Gestalt von Kodifikationen kommen. (Dazu auch E. Wolf, Gr.Rdenker, S. 396f.).

Wir sehen dabei, daß zu unserer Frage die zweite Generation nichts zu sagen hat; sie kritisiert nur an der Überlieferung, drückt ihre Gedanken sporadisch zu einzelnen sie angehenden Punkten aus, und kommt vor lauter Kampf, Angriff, und Zerstörungswillen zu keiner Gesamtordnung. Im übrigen vergewaltigt diese Schematisierung die Tatsachen sehr stark.

Ringen um einen neuen geistigen Ausdruck wird ein gesamteuropäisches Anliegen[1]).

Dabei ist die Abkehr von scholastischem und humanistischem Denken allgemein. Die philologische Methode, die allmählich auch denjenigen Geist beherrschte, der aus dem Humanismus hervorgegangen war, ließ Lehre und Praxis auseinanderklaffen. Jene gewann keinen rechten Anschluß mehr an das Leben. Mit dem Durchbruch des Gedankens der freien Ausübung der Vernunft erfuhr das Selbstbewußtsein des Menschen einen neuen Ausdruck. Hatte sich die Wissenschaft bisher viel mit dem Vergangenen philologisch beschäftigt und war sie fast davon erdrückt worden, so greift nun das Lebensgefühl einer freien Beherrschung von Gegenwart und Zukunft aus eigenem Denken um sich. Der Mensch will weniger Nachfahre als Gründer werden[2]). Das Naturrecht wird zum Bekenntnis einer Zeit. In der hohen Entwicklungsstufe der Kulturen können wir durchweg einen einheitlichen Geist wahrnehmen, der zum Stilgesetz der Epoche wird. Er ergreift alle Zweige der Kultur und bleibt nicht auf eine Äußerung jener beschränkt[3]). Ob es sich um den somatischen Stil der Römer ,der nirgends philosophische Systeme hervorbringen konnte, oder das mittelalterliche Lebensgefühl des frommen Menschen oder um den Zug des Reformatorischen an der Schwelle zur Neuzeit handelt, immer werden alle Lebensäußerungen des Menschen davon berührt. Auch die Lehre vom Naturrecht wird so zum Wesensausdruck ihrer Kulturepoche. Das durchgängige Bemühen um eine klare rationale Erfassung des Weltganzen im Sinne der mathematischen Methode zeigt sich allmählich auf allen Seiten des Geisteslebens. So wird auch das Strafrecht davon ergriffen, denn auch seine Ordnung soll jetzt der Vernunft standhalten. Kommt dieser Wandel zu allererst der Schaffung eines allgemeinen Teils im Strafrecht zugute, so macht er sich auch allmählich in der Ordnung des besonderen Teils bemerkbar.

Zunächst verschafft man siche ine volle Übersicht über alles Bisherige in der Freiheit von Quelle und Text, wie sie selbst der Humanismus nicht gekannt hatte. Mit der Sonde der Vernunft werden Ergebnisse gewonnen, die Erfahrung und Überlieferung nicht zu geben vermögen. Virtuos wird der gesamte überkommene Stoff in das neue Kleid der deduktiven Methode gegossen und verwandelt sich damit auch inhaltlich.

Hugo Grotius, Hobbes und Pufendorf[4]) nehmen selbst ausführlich

---

[1]) Thieme, D. Naturrecht, S. 18.

[2]) Thieme, D. Naturrecht, S. 14, 19; E. Wolf, Gr.Rechtsd., S. 232.

[3]) Dazur Fr. Beyerle, Deutsche Rechtswissenschaft, 1939, S. 3f.

[4]) Die übrigen Philosophen der Zeit, wie Descartes, Locke und Spinoza behandeln die Einteilung der Verbrechen in ihren Schriften nicht.

zu einer Anordnung und damit zu einer Wertung der einzelnen Verbrechen Stellung.

Hugo Grotius[1]) geht in dem Kapitel „De poenis" davon aus, daß die Delikte mit dem Schaden, der durch sie einem anderen zugefügt wird, wachsen. Obenan stehen diejenigen, die die allgemeine Ordnung (communem ordinem) stören und daher auch die meisten Menschen beschädigen. Dann folgen die , die nur Einzelne (singulos) betreffen. Diese Verbrechen stufen sich nach den verletzten Gütern Leben, Familie und Ehre ab. An letzter Stelle stehen die Delikte, die einzelne Gegenstände angehen. Grotius sieht diese Wertordnung auch im Dekalog beachtet, wobei er unter Eltern jede andere Obrigkeit versteht[2]). Die Folge des Verbots der Tötung, des Ehebruchs und des Diebstahls mit Fälschung kennzeichnen bei Grotius das Angeführte. Daß er die Gottesleugnung als größten Frevel ansieht, geht aus den Worten hervor[3]): et haec (diese Prinzipien ...) etiamsi daremus quod sine summo scelere dari nequit non esse deum.

Hobbes[4]) hält zunächst die Verbrechen gegen die Gemeinschaft für größer als gegen die Privatperson wegen des Schadens, der sich dort auf alle erstreckt. In Bezug auf das cr. l. m. hält er es für gleich, ob ein Mensch oder eine Versammlung an der Spitze steht. Es folgen dann hinter einander zahlreiche sorgfältig gegeneinander abgewogene Verbrechen. Pufendorf[5]) stuft nach den Verbrechensobjekten ab: Magnitudo delicti aestimatur tum ex objecto. Diese Feststellung dient nicht dem Selbstzweck, sondern, ut discipiamus de taxatione poenarum delicto imponi. In der Ordnung hält er sich ganz an Hugo Grotius.

Aus der Übereinstimmung des Systems mit dem Dekalog spüren wir Grotius' Bemühen, im Einklang mit der Heiligen Schrift zu bleiben[6]). Zudem war er selbst ein tiefreligiöser Mensch[7]). Er begründet seine Ordnung nicht etwa mit dem Neuen Testament als einer Offenbarung, sondern aus der Vernunft. Diese ist jedoch keine theoretische, sondern eine praktische, die aus der Ethik fließt. Grotius entdeckt somit seine Wertung der Lebensgüter aus der praktischen ratio und entwickelt sie deduktiv folgerichtig; damit geht er einen neuen Weg. Er hält aber

[1]) Lib. Cap. XX, § XXX, Nr. 1.
[2]) Wie vorherg. Anm. Nr. 2.
[3]) Prolegomena Nr. 11. Über die Gründe, warum das Naturrecht von Gott nicht absehen kann, wenn es sich nicht in Widersprüche verwickeln will, Schönfeld, S. 297.
[4]) Cap. 27, S. 144.
[5]) A. a. O. Lib. VIII, Cap. III, de potestate summi imperii in vitam, § 18.
[6]) E. Wolf, Gr.Rdenker, S. 237f.
[7]) Wegner, Einf., 2. Aufl., S. 269.

zugleich am überlieferten Stoff fest. Keiner von den drei großen Denkern ist dabei revolutionär, sie systematisieren nur den gegebenen Inhalt nach rationalistischer Methode. Eine rechtspolitische Forderung wird dabei nicht erhoben.[1])

Zu dieser Gruppe von Männern, die das Strafrecht von einer allgemeinen philosophischen Schau aus behandeln und systematisieren ohne zu revolutionieren, gehören noch Leibniz und Christian Wolff, obwohl dieser schon in die 1. Hälfte das 18. Jahrhunderts fällt. Gerade dieser begnügt sich meistens - wie die anderen - mit dem, was er an Stoff vorfindet, und versucht, ihn nur aus der Vernunft hinreichend zu erklären. Er spricht ausdrücklich von einer Einheit von Naturrechtslehre und positivem Gesetz, in die er beide miteinander gebracht habe[2]). Ein solches naturrechtliches System legt er dem geltenden gemeinen Recht immanent schon bei.

Leibniz hatte schon 1667 in seinem Nova Methodus ein neues Lehrbuch praecepta, — die in Titel und Untertitel zerfallen —, und in Definitionen für den Rechtsunterricht gefordert, ein compendium discendorum, das in einzuteilen sei[3]) und so begrifflich vom Allgemeinen zum Besonderen absteige. Die Ordnung der Pandekten und Institutionen sei methodisch nicht zu halten. Die gesamte Legalordnung sei deshalb aufzugeben und ein Novum juris corpus herzustellen, das den Stoff besser, kürzer und systematisch ordne[4]). Er erkennt auch die Verschiedenheit der Objekte, die die einzelnen Delikte betreffen, geht aber nicht näher darauf ein.

Christian Wolff verwirft in einer Abhandlung von 1730 die Legalordnung der Institutionen und Pandekten, da sie sich nicht „nach einer beweisenden Lesart vortragen lassen"[5]). Er meint hiermit seine eigene mathematisch-demonstrative Beweismethode. Danach fordert er, daß die Gesetze so geordnet werden müssen, daß jeweils die nachfolgenden Bestimmungen auf den vorhergehenden beruhen[6]). Wenn er dies im wesentlichen für das bürgerliche Recht gemeint hat, so wurden die strafrechtlichen Titel der Digesten aber mit umfaßt. Vor allem aber haben seine Schüler diesen Gedanken für das Strafrecht ausgebaut.

---

[1]) In diesem Zusammenhang ist das Urteil des Abbé de Mably über Grotius bemerkenswert: Une vérité hardie l'étonnait, et il manquait du courage fecessaire pour attaquer et détruire des erreurs révérées. Ähnlich über Punendorf, zit. nach Thieme, Das Naturrecht, S. 17.

[2]) Fr. Beyerle, Deutsche Rechtswissenschaft, 1939, S. 16.

[3]) A.a.O. §§ 11, 22, 24.

[4]) § 12: fatetur Tribonianeos Methodi lapsus, ergo fatebitur optandam meliorem, breviter: N.J.C.

[5]) A.a.O. Wie die bürgerliche Rechtsgelehrsamkeit . . . § 1.

[6]) Wie vorher. Anm., § 10. Dazu Thieme, Die Zeit des späten Naturrechts, S. 224f.

Wolff begründet das Recht aus den Pflichten, die dem Menschen obliegen. Jenes ist für ihn nur das logische Korrelat zu diesen. Dieses System der Pflichten baut er schon 1725 in seiner Politik von dem Einzelmenschen über die Gesellschaft zu dem gemeinen Wesen auf[1]). Auch in seinem Hauptwerk[2]) schreitet er in der Behandlung von den Pflichten der Menschen gegen sich über die gegen andere zu denen gegen Gott vor. Diese Einteilungen sollten auch für das Strafrecht noch wirksam werden. Da Wolffs ganze Philosophie in der Staatswohlfahrt gipfelt, so bezieht er auch das Verbrechen allein auf die lsaus publica[3]). Er beurteilt ihre Größe „nach der Größe der Beleidigung und des Schadens in Ansehung des gemeinen Wesens"[4]).

Dagegen will Christian Thomasius kein abgerundetes System der Güterwelt im philosophischen Sinne aufstellen[5]), sondern stellt nur einige besonders wichtige strafrechtliche Fragen heraus, wie die Bigamie, Haeresie, Zauberei u. a.[6]). Er greift überall an, seine Bücher sind Kampfschriften; er reißt vieles Überlieferte bewußt nieder. Er ist kein Systematiker, sondern geht analytisch zu Wege. Von ihm ist für unsere Fragestellung nichts zu erwarten. Er leitet schon stark zur eigentlichen Aufklärungsphilosophie über.

2. Die Einwirkung des Naturrechts auf die Strafrechtswissenschaft.

Zunächst macht sich der neue Geist bei dem Holländer Antonius Matthäus bemerkbar, dessen Kommentar vom 47. und 48. Buch der Digesten 19 Jahre nach Grotius' Hauptwerk erscheint. In der Besprechung schließt er sich der Legalordnung der Pandekten an. Er bezieht aber alle Delikte auf den Staat, wobei er sie in eigentliche und — man kann sagen — uneigentliche Staatsverbrechen einteilt. Zu diesen zählt er die Tötungsdelikte, das falsum, adulterium, vis privata, plagium. Sie verletzen nach ihm mittelbar auch das gemeine Ganze[7]).

---

[1]) Politik, § 1f. vgl. die Einteilung des Buches in 1. Teil: Von der Gesellschaft; 2. Teil: Von dem gemeinen Wesen. Diese Einteilung, die zu einer größeren Gesamtheit jeweils aufsteigt, betont A. B. Schwartz, Zur Entstehung des modernen Pandektensystems, Z.f.Rechtsgeschichte, Röm. Abt., Bd. 42, 1921, S. 603ff. für die Zivilrechtssysteme seit Pufendorf.

[2]) Jus naturae a.a.O. Bd. 1, Kap. II—IV.

[3]) Politik, § 357 „Man hat keine Verbrechen zu strafen, als wodurch die gemeine Wohlfahrt und Sicherheit gehindert wird".

[4]) Politik, §§ 343f., 358, vgl. auch 462.

[5]) E. Wolf, Gr.Rdenker, S. 386.

[6]) Vorher Anm., S. 390.

[7]) Prolegomena, Kap. IV, 8.

Die deutsche Strafrechtswissenschaft greift die neuen systematischen Gedanken über die Anordnung der einzelnen Verbrechen erst in den dreißiger Jahren des 18. Jahrhunderts auf. Seit Hugo Grotius bedurfte es demnach 100 Jahre und immer wieder neuer Anregungen von der Philosophie her, um die Schranken der Überlieferung in dem Aufbau des besonderen Teils zu brechen. Schon längere Zeit vorher hatte man die allgemeinen Lehren ausgeklammert.

Der sonst hervorragende Kreß[1]) schließt sich noch in seinem Kommentar der Carolina und deren Ordnung an. Und der berühmte und epochemachende Boehmer kann sich in seinem besonderen Teil auch nicht ganz von der Vergangenheit lösen, indem er zwar in sich die Deliktsgruppen zusammenfaßt, sie aber nach keinem höheren Gesichtspunkt anordnet. Er teilt grundsätzlich die Delikte danach ein, ob sie gegen die göttliche oder menschliche Majestät verstoßen. So behandelt er in seinen Elementa zuerst die Gottesdelikte, die Blasphemie, das Perjurium und das Sortileg. Darauf stellt er die Gewaltverbrechen zusammen wie vis, fracta pax, stuprum, violentia und raptus. Dann folgen das furtum mit sakrileg und plagium und die Tötungsdelikte mit incendium. Das adulterium bildet mit den Sittlichkeitsverbrechen zusammen eine Gruppe. Die Injurie stellt unvermittelt die Verbindung zum falsum dar[2]). Vielleicht sollen die Delikte der ersten vier Gruppen als hauptsächlich gegen die öffentliche Sicherheit gerichtet anzusehen sein; jedoch hätte der Karzerausbruch dann bestimmt dazu gehört. Bei der Münzfälschung (§ 325) sagt er ausdrücklich, daß sie falsum und cr. l. m. enthalte. Das incendium (§ 250) betrachtet er ausdrücklich nicht als species homicidii, stellt es trotzdem aber hinter dieses.

Erstmalig sind es um die Mitte des 18. Jahrhunderts Kemmerich[3]), Engau und Koch, die ganz im Anschluß an die großen Naturrechtler den besonderen Teil systematisch klar gliedern und damit einer ganz neuen Entwicklung Raum geben. Zugleich treten bei ihnen die kurzen Compendien auf, die nur noch für Lehrzwecke an der Universität

---

[1]) A. a. O.

[2]) Dazu rechnet er auch falsa moneta, praevaricatio und Repetunden als species falsi. De receptatori us, anona und Karzerausbruch usw. schließen sich unvermittelt an. Boldt, S. 8 sagt dazu: Welche Ordnung Boehmer dabei einhält, ist schwer zu ermitteln, und das Gefühl für einen Mangel in dieser Beziehung scheint ihn selbst zum Lob der Principia des älteren Meisters veranlaßt zu haben. Dazu unten S. 89. Für den besonderen Teil bucht Boehmer nur den negativen Erfolg einer Abweichung von der Legalordnung ohne gleichzeitigen Neuaufbau.

[3]) So schon von C. F. Koch, ALR., S. 2 richtig erkannt.

geschrieben sind[1]). Sie muten zierlich fein, geradezu rokokohaft an. Die meisten dieser kurzen Darstellungen sind ohne wissenschaftlichen Wert; aber überwog früher die unabsehbare Masse des Stoffs, so wurde jetzt die klare und scharfe Gliederung betont[2]). Dies mußte aber allmählich auch zu einer besseren Durchdringung des ganzen Strafrechts führen.

Alle drei steigen von den Delikten gegen den Einzelnen auf zu denen gegen den Staat; Kemmerich kennt noch die Gruppe der Delikte gegen Gott.

Kemmerich unterscheidet:

1. Delicta singulis nocentia, die sich wiederum unterteilen in Angriffe auf das Leben, den Körper und die Ehre, die Güter; es folgen die Fleisches- und Familiendelikte.
2. Delicta directe adversus rem publicam in Bezug auf die höchste Gewalt, öffentliche Pflichten und Güter und Sicherheit.
3. Delicta in Deum, unter die auch der Meineid fällt.

Engau scheidet in seinen Elementa (1738) die Delikte nur noch in solche, die die membra civitatis und solche, die die majestas verletzen[3]). Damit ist die Gruppe der Gottesdelikte überhaupt verschwunden. Hatten die Naturrechtler in Gott das Höchste gesehen, so zeigt sich hier schon die Aufklärung in der strafrechtlichen Wissenschaft[4]).

Wir befinden uns an der Stufe, von der aus allmählich auf eine Rechtserneuerung hingesteuert wird. System und Kritik vereinen sich hier und bereiten von der Wissenschaft her den Boden für eine Umwälzung. Die säkulare Eingliederung der Gotteslästerung, der Wegfall der Gruppe der Religionsdelikte, die Profanisierung des Meineides sind alles schon Zeichen, daß hier die Methode ein Kampfmittel für rechtspolitische Forderungen wird. Der überlieferte Stoff wird verändert, das System steht bereits im Gegensatz zu der noch herrschenden Staatsanschauung. Die Periode der ruhigen systematischen Verarbeitung des Rechtsstoffes im Sinne des Naturrechts ist vorbei. In der zweiten Hälfte des 18. Jahrhunderts verstärkt sich diese Entwicklung erheblich.

Engelhardt überträgt das Wolffsche Naturrecht vollkommen auf das Strafrecht[5]). Er unterscheidet Verbrechen gegen Gott, den Staat

---

[1]) Vgl. Landsberg, III, 1, S. 33. In Vigel hatten sie bereits ein Vorbild.

[2]) Henke, Eduard, Grundriß einer Gesch. d. dtsch. peinl. R., 2. Teil, Sulzbach 1809, S. 307f. unverständlich, wenn er die geringste Spur einer Ordnung leugnet.

[3]) A.a.O. Lib. I, Tit. 44, § 475.

[4]) Koch folgt in seinen Institutionen Engaus Vorbild mit geringen Abweichungen.

[5]) Frank, Wolffsche Strafrechtsphil. S. 39ff.; Landsberg III, 1, S. 283.

und gegen die Menschen[1]). Die Verbrechen, die Gott oder den einzelnen verletzten, treffen mittelbar auch das gemeine Wesen und stellen sich deshalb als mittelbar öffentliche Delikte dar. Die unmittelbar öffentlichen Delikte richten sich direkt gegen den Staat. Unter diese zählt er im wesentlichen die Staatsverbrechen, denAufruhr, Regalienverletzung, Falschmünzerei, Majestätsbeleidigung, Repetunden u. a. Die Inbeziehungsetzung der Privatdelikte zum Staat, die in gewisser Weise schon Antonius Matthäus vertrat, beruht einerseits auf Wolffs umfassendem Begriff der Pflicht, andererseits auf dessen einseitiger Betonung der Staatssicherheit[2]). Der absolutistische Wohlfahrtsstaat wurde damit begrifflich in die Systematik des Strafrechts eingeführt, ehe er sich in den Gesetzgebungswerken zeigte. Die beiden Meister und Nettelbladt schließen sich im wesentlichen Engelhardts Systematik an.

Damit ist die Entwicklung der gemeinrechtlichen Wissenschaft abgeschlossen

Die systembildende Kraft des Naturrechts vermochte in Jahrzehnten durch einen Methodenwechsel eine durchdachte Verbrecheneinteilung zu schaffen. Bestimmend für sie wurden schon seit Grotius die einzelnen Rechtsgütersphären, die sich um Gott, Staat und Individuum bewegen, wobei jene erste immer mehr abgebaut wird. Damit, daß der Schaden der Bezugspunkt geworden war und dieser die Grundlage für die systematische Einteilung der einzelnen Verbrechen nunmehr abgab, war das Schwergewicht auf die objektive Seite des Verbrechens verlegt worden. Wolff und seine Nachfolger trüben den objektiven Grundgedanken, da sie alle Delikte auf das Staatswohl beziehen und dadurch die Verschiedenwertigkeit des verletzten Gutes nicht ganz klar sehen. Trotzdem bleibt auch bei ihnen der Bezug auf den objektiven Rechtsgüterkreis. Die Wertsystematik hat sich langsam verschoben und ist zu dem transpersonalistischen Wertaufbau, dessen Höchstwert der Staat ist, übergeglitten.

Bei allen ist zu beachten, daß es sich nicht um Gesetzbücher, sondern um forschende Wissenschaft handelte. Was sich in der zweiten Hälfte des 18. Jahrhunderts in und neben der gemeinrechtlichen Wissenschaft des Strafrechts zeigt und dann folgt, kommt nicht mehr grundsätzlich aus dem Bedürfnis der Exegese des positiven geltenden gemeinen Rechts, sondern ist vielmehr aus dem Streben nach Neuerung im Gesetzesrecht geboren. Auch die Verbrechenseinteilung soll den vorhandenen Stoff nicht mehr nur in eine neue Form bringen; ein neues aufgeklärtes gesetzliches Strafrecht soll entstehen. Der ordnende Gesichtspunkt wird um-

---

[1]) § 216 a.a.O.

[2]) Vgl. oben S. 85f.

fassender, da das Strafrecht nicht mehr aus sich, sondern aus der Philosophie verstanden und kriminalpolitisch durchdacht wird. Dazu trägt in hervorragendem Maße die französische Aufklärung bei. Durch sie zieht auch im Strafrecht eine neue Epoche herauf. Vor allem wird der Ruf nach Kodifikationen laut[1]), die von vornherein schon eine Überlegung der möglichen Einteilung bedingen.

3. Der Einfluß der systembildenden Kraft des Naturrechts auf die Strafgesetzbücher der ersten Hälfte des 18. Jahrhunderts

Die Gesetzgebungen der ersten Zweidrittel des 18. Jahrhunderts sind nur in geringem Maße den modernen Erkenntnissen in der Einteilung der Verbrechen gefolgt.

Die Gesetzgebung steht stärker als die Wissenschaft unter dem Einfluß der geschichtlichen Mächte. Sie fühlt sich eingebettet in den Strom der Überlieferung und nimmt deshalb gerade bei dynastischen Staatsformen nicht gern die ephemere Gestalt einer revolutionären Meinung an. Ein Strafgesetzbuch, das für den Staat von grundsätzlicher Bedeutung ist, soll Zeiten überdauern und darf nicht Objekt überstürzter Reformgedanken werden. Der verantwortungsvolle Gesetzgeber wird deshalb lieber zäh an dem Bisherigen festhalten, als einer umwälzenden Geistesströmung zu folgen, ohne daß die Zeit sie auf ihre Brauchbarkeit geprüft hat.

a) Das Preußische Revidierte Landrecht von 1721.

Das preußische revidierte Landrecht von 1721 zeigt ganz die Züge der beiden vorhergehenden Landrechte von 1620[2]) und 1685[3]). Wenn es auch inhaltlich umgearbeitet ist[4]), so ist die Gesamtanordnung des Stoffes die der beiden früheren Rechte[5]). Alle drei gliedern: Laster der beleidigten Majestät (göttl. u. weltl.), Totschlag, Sittlichkeitsverbrechen, Diebstahl, Verfälschungen, Schähungen. Das ist unverkennbar die

---

[1]) Thieme, Das Naturrecht, S. 17f.

[2]) Jus provinciale ducatus Prussiae, 1620.

[3]) Churf. brandenb. rev. Landr. d. Herzogthums Preußen, Königberg, 1685.

[4]) Es ist ganz mit großen Buchstaben geschrieben, was — wie auf dem Titelblatt steht — zeigen soll, daß der Text völlig geändert ist.

[5]) Abegg, Vers. einer Gesch., S. 115, Anm. 144 schließt aus dem Druck mit großen Buchstaben, daß in dem 6. Buch eine gänzliche Umarbeitung eingetreten sei. Das trifft bei näherem Vergleich nur in beschr. Maße bezügl. d. Eintlg. d. Verbr. innerhalb der Gruppen zu.

Ordnung des Dekalogs[1]). Die CCC war insoweit nicht Vorbild; Carpzov konnte es nicht sein (etwa in seiner Pars II), da seit der Landordnung von 1620 dieses Bild beibehalten ist. Im Titel V des Landrechts folgen zunächst Gotteslästerung, Meineid, Urfehdebruch, Zauberei — bis hierher wie in der CCC — und Störung des Gottesdienstes[2]), die eigentliche Zauberei wird abgelehnt, sie wird nur in Verbindung mit Verbrechen noch bestraft. Die weltliche Majestät wird durch Verräterei, Aufruhr, Beeinträchtigung der obrigkeitlichen Gewalt und Münzfälschung beleidigt[3]). Diese ist demnach an den Schluß der Staatsverbrechen gestellt und steht mit diesen in einem systematischen Zusammenhang.

Die Totschlagsdelikte werden mit dem Selbstmord eröffnet, die Folge ist dann der Carolina ähnlich. Auffallend ist, daß noch innerhalb des Titels Landfriedensbruch mit öffentlicher und privater Gewalt, Befehdung, Mordbrand und Wasser-, Weide- usw. vergiftung erörtert werden[4]). Hierin kann ein Anklang an die sächsischen Constitutionen liegen, die an den Totschlag die Wegelagerung, Fehde und Mordbrennerei reihen. Da die beiden früheren Landordnungen diese Folge nicht kennen, kann man Carpzov als Vorlage annehmen, der an die Behandlung des homicidiums die fracta pax, die Befehdung, das incendium, die vis publ. et priv. schließt. In jedem Falle systematisiert das Landrecht besser, da es die Gewalt zum Landfriedensbruch zieht. Der Grund, warum diese letzten Verbrechen an den Totschlag angeschlossen sind, kann nur in ihrer Schwere liegen. In der Gruppe der Diebstahlsdelikte sind die einzelnen Abarten regellos aufgeführt; dabei erscheinen auch Hehlerei, Raub, Pekulat, Kirchenraub, Veruntreuung öffentlicher Gelder und Personenbegünstigung[5]). Unter den Verfälschungen werden entsprechend der unklaren Doktrin die verschiedenartigsten Verbrechen, wie falscher Zeugeneid, Urkundenfälschung, Bestechung, Markverrückung usw. behandelt[6]).

Das Landrecht schließt sich in der Legalordnung demnach zunächst den 10 Geboten wie seine beiden Vorgänger an[7]) und zeigt im

---

[1]) Dazu v. Weber in Festschrift für Sauer, S. 52f.

[2]) In den beiden anderen Landordnungen: Blasph., Zauberei, Meineid sehr ausführlich.

[3]) Ähnlich LO. v. 1620/85: Aufruhr, Verräterei, Münzfälschung.

[4]) Die LO. v. 1620/85 schließen nur Brand- u. Wasservergiftungen an.

[5]) Die LO. v. 1620/85 sind nicht so vollständig in der Aufzählung der Delikte.

[6]) Ganz ähnlich die LO. v. 1620/85.

[7]) Was Abegg, Versuch einer Gesch., S. 121ff. u. Hälschner, Gesch., S. 150, nicht erwähnen.

einzelnen Züge der Carolina, der sächs. Constitutionen und Carpzovs. Einen Fortschritt in der Legalordnung bedeutet es nicht[1]).

b) Codex Juris Bavarici Criminalis

Bayern erhielt 1751 einen eigenen Codex, den Kreittmayr im wesentlichen selbst verfaßte. Damit beginnt die Epoche der Gesetzgebungen in den europäischen Staaten. Aber jene sind zunächst allein aus systematischem Streben geboren und bilden so eine Parallele zu den systematischen Naturrechtlern, die methodisch den gegebenen Stoff neu verarbeiten. Kreittmayrs Strafgesetzbuch will keine revolutionären Gedanken verwirklichen, sondern entstammt der fürstlichen Bürokratie. Es will überhaupt keine Neuerungen schaffen, sondern will nur das geltende, zersplitterte Recht zusammenfassen. Das mußte ein Anliegen des absolutistischen Staates sein, denn dadurch erfuhr die Zentralisation der Macht eine erhebliche Steigerung, und es wurde eine straffe Organisation des Landes gewährleistet. Kreittmayr schuf noch eine Strafprozeßordnung und ein Zivilgesetzbuch in wenigen Jahren; damit rundete sich dann die Kodifikationsgesetzgebung des absolutistischen bayrischen Staates ab. Es kam also im wesentlichen nur auf die Zusammenfassung des Strafrechts, auf seine Systematisierung an, alle anderen Rufe der Zeit nach Neuerung verhallten an dem Ziel eines gut organisierten absolutistischen Staates[2]).

So wurzelt Kreittmayrs Werk in der ganzen jahrhundertealten Überlieferung, die in Carpzov eine übersichtliche Ordnung erhalten hatte. Jedoch war Kreittmayr theoretisch ein Naturrechtler, was sich bereits an der Aufstellung eines allgemeinen Teils zeigt. Im besonderen Teil verspüren wir bezüglich der Verbrecheneinteilung nur wenig von der naturrechtlichen Systematik. In der Anordnung der Verbrechen ist Kreittmayr eigene Wege gegangen. Es findet sich dafür kein Vorbild[3]). Die Anordnung der Verbrechen zeigt einen Rückschritt gegenüber der Carolina und Carpzov. Es ist keine gedankliche Leitlinie darin zu sehen. Nach allgemeinen Lehren folgen Diebstahl und Raub (2. K.), Tötungsdelikte (3. K.), Sittlichkeitsverbrechen im 4. u. 6. K. mit Ehebruch im 5. K., Gottesdelikte (7. K.), Staatsverbrechen (8. K.), Fälschungen

[1]) Das Preußische Landrecht ist von den sonst in Deutschland noch zahlreichen Landordnungen, z. B. Churf. Pfälz. LO. v. 1657 usw. allein näher erörtert worden, weil es in der historischen Linie der Vorgänger d. preußischen Gesetzb. u. damit d. Strafgesb. überhaupt liegt. Im übrigen bieten die sonstigen LO. keine wesentlich abweichenden Bilder.

[2]) Dazu auch Würtenberger, S. 113f.

[3]) Vgl. auch vor. Anmerkung, S. 116.

(9 K.), Wildschützen (10. K.). Die Stellung der Gottes- und Staatsdelikte in der Mitte hatte bei Carpzov einen Sinn gehabt, hier ist aber keiner einzusehen. Die Zusammenstellung innerhalb der Gruppen zeigt ebensowenig einen richtigen Ordnungswillen.

Wir haben es mit dem ersten Gesetzbuch seit der Bambergensis zu tun, das nicht mit den Religionsdelikten einsetzt. Die Schärfe ihrer Strafen zeigt aber, daß sie deshalb nicht etwa in ihrer schweren Bewertung zurückgetreten sind. Die Voranstellung des Diebstahls wegen seiner Häufigkeit verkörpert einen recht äußerlichen Gesichtspunkt. Bei den Sittlichkeitsdelikten treten eine Menge früher nur polizeilich verfolgter Taten auf. Jedoch können wir mit der weiteren Festigung des absolutistischen Staates bemerken, daß immer mehr Tatbestände ehemaliger Polizeiverletzungen in das Strafrecht herübergezogen werden. Die Erörterung der Religionsdelikte ist breit und kennzeichnet sich durch die strenge intolerante Haltung in Glaubenssachen, die sich bei beiden christlichen Kirchen damals zeigt. Ketzerei, Hexerei und Zauberei werden bestraft, wobei diese genau so, wie bei Carpzov, keine Beschränkung auf schadenbringende Folgen erfährt. Die sehr eingeschränkten Majestätsverbrechen[1]) sind offensichtlich von naturrechtlichem Denken b.rührt. Die unendliche Ausdehnung, die das Majestätsverbrechen in den letzten zwei Jahrhunderten erfahren hatte, wird auf wenige Tatbestände zurückgeführt, während die übrigen ehemals zugehörigen Delikte ausgegliedert werden. Diese schärfere Unterscheidung und Präzisierung der verletzten Rechtsgüter ist ein Ergebnis der Methode des Naturrechts. Die ungeschickte Zusammenziehung des Majestätsverbrechens mit Gewalt, Mord, Brand u. a. in einem Kapitel soll die gemeinsame Richtung auf die öffentliche Sicherheit und Ruhe andeuten. Die ungeklärte und unscharfe Begriffsbildung des falsum in der Wissenschaft läßt auch Kreittmayr im 9. Kapitel die verschiedenartigsten Delikte darunter bringen: Falschmünzer, Verfälschung, Meineid, untreue Beamte, Beschädigung.

Kreittmayr ringt überall mit einer Systematik für seinen besonderen Teil, findet aber keine rechte methodische Einteilung. Das mag daran liegen, daß die Strafrechtswissenschaft sich bislang auch nur tastend vorgearbeitet hatte, ohne bereits zu einer vollen Ordnung gekommen zu sein. Nur die philosophischen Bücher des Naturrechts und einige Kompendien hatten sich mit einer sinnvollen und wertbedingten Aufgliederung der Verbrechen nach den verletzten Gütern oder Pflichten beschäftigt.

---

[1]) Dazu Würtenberger, S. 127.

c) Die Theresiana

Die Constitutio criminalis Theresiana von 1768 schließt die Kodifikationen des gemeinen Strafrechts ab. Oesterreich scheidet damit formell aus dem Bereich des deutschen Strafrechts aus, obwohl es materiell mit ihm zunächst noch weiterhin übereinstimmt. Das Reformwerk will nicht etwa inhaltlich Neues bringen, sondern das bisherige Recht vereinheitlichen. Dieses setzt sich im großen und ganzen einerseits aus der Tirolensis von 1499, andererseits aus der Landgerichtsordnung für Oesterreich unter der Enns von Ferdinand III. von 1656 und der Halsgerichtsordnung für Böhmen, Mähren und Schlesien von Joseph I. von 1707 zusammen[1]). Die Theresiana war bereits materiellrechtlich überlebt, als sie herauskam[2]). Maria Theresias patriarchalisch-religiös gefärbte Einstellung zum Herrscheramt und Staat ließ von vornherein kein revolutionäres Gesetzeswerk erwarten[3]). Es ist aber trotzdem in der Systematik das modernste bis dahin erschienene Gesetzbuch.

Der 2. Teil handelt vom materiellen Strafrecht „De delictis in specie", wie es auch auf dem Titelblatt heißt. Im Art. 1 werden ausführlich die öffentlichen von den privaten Delikten nach dem „beleidigten Gegenstand" geschieden. Die öffentlichen Delikte wiederum teilen sich nach Art. 2, „ob mittelbar oder unmittelbar" die gemeine Wohlfahrt gestört wird. Das ist bereits neu. Dann erörtert die Gesetzgeberin in der Einleitung zum materiellen Strafrecht (Art. 55) die Einteilung der Verbrechen nach der Verschiedenheit des verletzten Objekts. Als solche werden genannt 1. Gott, die Religion, 2. der Landesfürst und der gesamte Staat, 3. die landesherrliche Hoheit und die Gefälle, 4. das gute Regiment und die gemeine Landesverfassung, 5. die guten Sitten, 6. Leib und Leben, 7. Vermögen oder sonstige Rechte, 8. die Ehre. Diese Systematik ist ganz aus der Philosophie von Christian Wolff geboren; die Idee der Wohlfahrt, die salus publica, ist eng mit einer theokratischen Auffassung vom Herrscheramt verknüpft worden. So wie Wolff seine Pflichtenkreise in solche gegen sich, gegen andere und gegen Gott[4]) einteilte, dabei alle in der gemeinen Wohlfahrt gipfeln

[1]) Dazu u. a. Wahlberg, Grünh. Zeitschr., 1881, S. 256ff.; Berner, S. 8f.

[2]) Fürst Kaunitz machte nachdrückl. Gegenvorstellungen und meinte, daß bei den aufgeklärten Zeiten gewisse Vorschriften „zum Gelächter dienen"; darauf wurde d. Veröffentl. d. Ther. 2 Tage nach der Sanktion. wieder sistiert, um erst später erneut durchgeführt zu werden. Vgl. Wahlberg, Grünh. Zeitschr. a.a.O., S. 263ff.

[3]) Dorschel, Gotthold, Maria Theresias Staats- und Lebensanschauung, Gotha, 1908, i. Gesch. Untersuchungen, herausg. von Karl Lamprecht, 5. Bd., 3. Heft, S. 27ff., 52.

[4]) Siehe oben S. 85f.

ließ, und wie diese Art der Erfassung des Rechts von den Strafrechtlern auf das Kriminalrecht übertragen wurde, so wendet es die Gesetzgeberin auf ihr Strafgesetzbuch an. Wir glauben, wenn wir nur die Einteilung der Theresiana sehen, eines der kleinen strafrechtlichen Lehrbücher der Zeit vor uns zu haben, die der naturrechtlichen Anschauung entstammen. Ganz klar gliedert die Theresiana Gott — Staat — Einzelner. Die Unterscheidung nach dem „beleidigten Gegenstand" ist ausgesprochen naturrechtliches Denken, das mit diesem Begriff schon bei Grotius auftritt. Die enge Verknüpfung des österreichischen Reformwerks mit der deutschen Wissenschaft ist nicht verwunderlich. Vor allem wirkten die Gedanken Boehmers und des älteren Meister durch den österreichischen Professor für Strafrecht an der Universität Wien Baniza. Dieser stand gerade den Lehren jener besonders nahe. Das Strafensystem und der Umfang der Folter in der Theresiana entsprechen recht genau den Ansichten der beiden deutschen Gelehrten[1]).

So ist die Systematik des Naturrechts, die bis ins kleinste mathematisch genau bei Christian Wolff für den Wohlfahrtsstaat durchgeführt war, auf das österreichische Gesetzbuch übergegangen[2]). Materiell wurzelt es noch ganz in dem jahrhundertealten gemeinen Strafrecht. Inhalt und Form stehen so bereits in Diskrepanz miteinander. Nur wenig aufklärerische Milde trägt das Gesetzbuch, was aus den harten abschreckenden Strafen auch noch für Gotteslästerung und Glaubensabfall hervorgeht. Jedoch bedarf ein Urteil über Zauberei stets der „höchsten Einsicht". Der revolutionäre Zug, den das Naturrecht durch die Aufklärung annahm, und der dann auch die Materie, den Gesetzesstoff, vollkommen umgestaltete, hatte sich in der Theresiana noch nicht niedergeschlagen. Damit gehört sie noch zu den systematischen Bestrebungen des Naturrechts.

Mit der Theresiana sind die strafrechtlichen Kodifikationen abgeschlossen, die nur das gemeine Strafrecht darstellen wollen. Gegenüber der Carolina stellt nur die Theresiana in der Verbrecheneinteilung einen Fortschritt dar. Die Systematik konnte nur eine gewisse Grenze erreichen, so lange das gemeine Strafrecht, insbesondere in der Gestalt, die es durch Carpzov gewonnen hatte, den Stoff bildete. Das Weltbild, das von dem Naturrecht systematisiert, aber noch nicht durch die Aufklärung umgestürzt war, war fest in sich gegründet. Es ließ keine wesentlich anderen Gliederungen, als sie um die Mitte des 18. Jahrhunderts erreicht waren, zu. Hier war ein Wandel der Legalordnung nur durch die Einwirkung der Aufklärung auf den Strafrechtsstoff möglich.

[1]) Landsberg, III, 1, S. 400.

[2]) Über die Wirkung der Wolffschen Philosophie auf die juristische Wissenschaft und die zivilrechtlichen Kodifikationen Thieme, Die Zeit des späten Naturrechts, S. 226.

9. Kapitel

Neuordnung der Werte durch die französische Aufklärung

1. Neubildung der strafrechtlichen Systematik durch die französische Aufklärung in der 2. Hälfte des 18. Jahrhunderts.

In der 2. Hälfte des 18. Jahrhunderts wird die Reform des Strafrechts eine gesamteuropäische Angelegenheit. Ihren Anstoß erhält sie durch die französischen Wortführer um die Mitte des 18. Jahrhunderts. Hier galt es nicht mehr, den vorhandenen Stoff in ein lückenloses umfassendes System zu bringen[1]), sondern jener wurde erst neu geformt, ehe er methodisch verarbeitet wurde. Montesquieu erwähnt in seiner Vorrede zum „Esprit des Lois" ausdrücklich, daß er seine Prinzipien nicht aus vorgefaßten Meinungen, sondern aus der Natur der Sache entwickle. Das ist eine Abkehr von systematischen Zielen. Die reine Deduktion, wie sie die großen Naturrechtssysteme geübt haben[2]), weicht der Empirie[3]), deren Forderung aber vor dem Anspruch menschlicher Natur sich rechtfertigen muß. Nur durch diese Wandlung ist es zu erklären, daß die zahlreichen Kodifikationen, die nun einsetzen, verschiedenartig sind, obwohl doch ursprünglich das Naturrecht sich als absolut und allgemeingültig für alle Menschen ausgab. Bentham hatte sich noch bereit erklärt, für alle Länder der Erde Gesetze auszuarbeiten, jenseits jeder Erfahrung und Geschichte[4]). Das war noch die Sprache Christian Wolffs, der der geschichtlichen Erkenntnis keinen Wert beimaß. Jedoch änderte sich diese unhistorische Einstellung unter dem Einfluß Montesquieus. Wenn er von den notwendigen Gegebenheiten, qui derivent de la nature des choses spricht, so leugnet er damit eine Gesetzeskonstruktion im volksleeren Raum und wendet sich einer hypothetischen, konkreten Auffassung vom Naturrecht zu[5]). Er will ein Gesetz, das in jedem Falle vor dem Forum menschlicher Natur bestehen kann, und will es in die wirklichen Verhältnisse der Bodenbeschaffenheit, des Klimas und des kulturellen Entwicklungszustandes der Bewohner gestellt wissen. Diese Erkenntnis wurde der Angelpunkt für die folgenden Kodifikationen.

---

1) Landsberg, III, 1, S. 435f.; III, 2, S. 74 spricht von einer Abkehr von der pedantisch-mathematischen Syllogistik des letzten Drittels des 18. Jahrh. und der Ersetzung der systematischen Arbeiten durch Einzelabhandlungen auf Grund des einfachen gesunden Menschenverstandes.

2) Dazu auch Koschaker, S. 250.

3) Thieme, Die Zeit des späten Naturrechts, S. 230.

4) Thieme, Das Naturrecht, S. 39; Die Zeit des späten Naturrechts, S. 227.

5) Eb. Schmidt, Montesquieu, S. 182, 191f.; Thieme, Das Naturrecht, S. 28; Die Zeit des späten Naturrechts, S. 231f.

Bis zu dieser Zeit hatte sich aber auch der Rechtsbegriff im Naturrecht gewandelt. War ihm bisher der imperative Charakter von Gott oder Staat verliehen worden, so ging das Recht jetzt beiden voran und wurde zur obersten Instanz der Ordnung. Es wurde selbst ordo ordinans[1]). So ist die normativistische Allgemeingültigkeit eines Gesetzes und die Vorstellung eines ordo naturalis zugunsten einer empirischen Auffassung vom Gesetz, das jedoch vor der Würde und der Freiheit eines Menschen bestehen muß, gewichen. Aus der Forderung eines Montesquieu nach der Freiheit des Bürgers, die das Gesetz gewährleisten mußte, geht die Verschiebung des Schwerpunktes im Sozialleben hervor. Dieses wird so wie alle Objekte der Wissenschaft — ob Natur- oder Geisteswissenschaften — in seine einzelnen Teile zerlegt. „In dieser Analyse blieb als letztes Element einzig der Mensch. Alle Sozialgebilde wurden auf ihn reduziert"[2]). Damit erringt das Individuum seine beherrschende Stellung, seine Vernunft wird das Maß aller Dinge. Dadurch, daß das Recht nicht mehr ordo ordinatus von einer anderen Universalmacht ist, sondern selbst eigengesetzliche höchste Ordnung, entsteht die unbedingte Autorität des Gesetzes. Die bisherigen Mächte der Religion und Ethik werden aus dem Gesetz verbannt, da sie den Gesetzesinhalt viel zu unsicher machen[3]). Überhaupt sieht man als Ziel die Freiheit des Gesetzes von allen Wertvorstellungen an, „die starre Faktizität aller Gesetzesbegriffe". Damit hängt zusammen, daß das Verbrechen allein nur auf den entstandenen sozialen Schaden abgestellt wird. Jede Proportion zwischen Strafe und verbrecherischer Gesinnung wird wegen der Unsicherheit der Beurteilung abgelehnt[4]). Somit ist der naturalistische Objektivismus endgültig durchbrochen[5]), nachdem der Wertmaßstab für die Beurteilung des Verbrechens jeder Beziehung zu einer transzendenten Macht entkleidet ist.

Die Verbrecheneinteilung muß sich, nachdem der Beziehungspunkt sich auf den Menschen selbst verlegt hat, ändern. Will die Aufklärung auch die Wertbegriffe dem Gesetze fernhalten, so muß sie beim Aufbau doch eine grundsätzliche Wertungsentscheidung vorangehen lassen, wenn das Gesetz nicht eine ungeordnete Masse sein soll. Diese Wertung kann aber nur ganz naturalistisch ausfallen, da sie sich an dem Schaden, d. h. dem verletzten Gut, ausrichtet. Als oberstes Gut steht die Gesellschaft oder Rousseaus volonté générale da. Damit ist Gott als Straf-

---

1) Dazu ausführlich Ernst Cassirer, Die Philosophie der Aufklärung, 1932, S. 319f.

2) Drost, S. 81.

3) Darüber ausführlich Drost, S. 86f.

4) Drost, S. 90.

5) Würtenberger, S. 152.

rechtswert ausgeschieden. Hier liegt eine entscheidende Wandlung in der Naturrechtslehre vor, die bei Grotius, Pufendorf, Thomasius und Wolff, Gott als höchsten Wert kannte. Wir stehen bereits aber bei den Nachfolgern. Jene kämpften für eine Kosmologie, in die sie Gott und den Menschen einschlossen, jedoch beide von dem christlichen Gott und dem Christenmenschen schieden. Bei ihnen stand der deus naturalis neben dem deus revelatus[1]). Die aufklärerische Richtung des Naturrechts dagegen kennt in diesem Sinne keinen naturrechtlichen Gott mehr, in dem hierarchisch alle Werte gipfeln. Mag noch die Offenbarung bestehen bleiben, vor dem Forum der Vernunft ergeben sich alle Werte aus der Polarität Mensch und Gesellschaft.

Wie sich im einzelnen die Verschiebung ankündigt, wollen wir an den Zeugnissen der Zeit sehen.

Montesquieu geht bei der Verbrechenseinteilung von dem Gedanken aus, daß die Freiheit des Bürgers am höchsten sei, wenn die Strafe aus der besonderen Natur des Verbrechens fließe[2]). Hier kommt der Gedanke der „nature des choses" ganz konkret zum Ausdruck. Den Maßstab für den Aufbau der Verbrechen sieht er in dem Grade der Verletzung der menschlichen Freiheit. Vier Arten von Verbrechen unterscheidet er. Ils choquent: 1. La réligion. Hierunter fallen nur die unmittelbaren Angriffe auf die Religion[3]). Wird die Ausübung der Religion gehindert, so wird dadurch die Ruhe und Sicherheit, also nicht die Religion selbst, verletzt. Wird aber nur die Gottheit (la divinité) ohne eine öffentliche Handlung verletzt, so liegt überhaupt kein Verbrechen vor; denn hier handelt es sich nur um das Verhältnis zwischen Mensch und Gott, dem allein die Rache obliegt. 2. Les moeurs. Entführung und Notzucht fallen nicht unter diese Gruppe, da sie die Sicherheit der Bürger angehen. 3. La tranquillité des citoyens. Diese Verbrechen werden auf die bloße Verletzung der Polizei (simple lésion de police) beschränkt. 4. La sûreté des citoyens, worunter die Tötungsdelikte und Gräberverletzungen fallen. Eigenartigerweise schafft er für die Staatsverbrechen keine Gruppe, obwohl er an anderer Stelle das cr. l. m. ausdrücklich anerkennt[4]). Im Gegensatz zu den deutschen Systematiken findet sich hier eine Strukturverwandlung der Delikte, insbesondere der Religionsdelikte. Es wird nicht mehr Gott geschützt, auch will die Obrigkeit nicht mehr Gottes Zorn vermeiden, sondern es soll die gemeinsame Glaubensüberzeugung der Bewohner um des Friedens willen unter Schutz gestellt werden.

---

[1]) Schönfeld, S. 111.

[2]) Esprit des lois, XII, Chap. IV.

[3]) Comme sont tous les sacrilèges simples.

[4]) Esprit, lib. XII, Chap. 7—18.

Montesquieu, der weltgewandte Aristokrat[1]), zeigt in der Gruppierung der Verbrechen eine konservative Haltung. Die Religionsverbrechen stehen, wenn sie auch ihres Charakters als Verletzung Gottes entkleidet sind, an der Spitze, die Verbrechen gegen die Sittlichkeit folgen. Die Güter des einzelnen werden erst am Schluß eingestuft[2]). Gerade diese Ordnung der Werte ist ein Zeichen dafür, wie stark Montesquieu mit den mittelalterlichen Wurzeln der Geschichte innerlich verbunden war. Sein großes Thema von der politischen Freiheit des einzelnen führte ihn dazu, in der Geschichte nach dem Vernünftigen zu suchen und nicht alles Vergangene achtlos beiseite zu schieben. Er entzog sich der Geistesmacht der Geschichte und Überlieferung nicht, in deren Kontinuität er ein Zeichen für die Durchsetzung des Vernünftigen suchte[3]).

Die Nichtberücksichtigung der eigentlichen Staatsdelikte zeigt andererseits Montequieus Einseitigkeit, die aus der Forderung, die Deliktswertung an der Freiheit des Bürgers auszurichten, entstanden ist. Jene ist als untragbar im Strafrecht nicht wirksam geworden.

In Italien ist es Beccaria, der als Kriminalist dem Strafrecht einen neuen Impuls aus dem aufklärerischen Denken verlieh. Er stuft nach dem Schaden, der der Gesellschaft entsteht, ab. Drei Gruppen unterscheidet er. 1. Zerstörung der Gesellschaft direkt oder dessen, der sie darstellt[4]) (cr. l. m.), 2. Angriff auf private Sicherheit eines Bürgers bezüglich des Lebens, der Güter oder der Ehre. 3. Handlungen, die sich gegen die Verpflichtung des einzelnen, etwas in bezug auf das gemeine Beste zu tun oder nicht zu tun, richten[5]). Diese Gruppe umfaßt im wesentlichen die Störung der öffentlichen Ruhe. Jedoch behandelt Beccaria die einzelnen strafbaren Handlungen nicht genauer, was ihm Globig und Huster vor-

---

[1]) Wegner, Einf., II. Aufl., S. 53.

[2]) Voltaire geht in seinem ausführlichen strafrechtlichen Werk Prix de la justice et de l'humanité, Oeuvres, XXIX, Abt. 2, S. 9ff. von dem statistischen Gesichtspunkt aus, daß der Diebstahl nicht nur gegen das Eigentum gerichtet, sondern überhaupt das häufigste Delikt sei. Ebenso beginnt der später in der Revolution als Parteiführer bekannt gewordene Franzose Marat in seiner Darstellung, Plan de Legislation (Brissot, Bibl. Phil., S. 141ff., zit. nach Günther, Gerichtssaal, Bd. 61, 1902, S. 161ff., insbesondere S. 228), die im Anschluß an die Berner Preisfrage geschrieben ist, auch mit dem Diebstahl, da er überaus häufig die bürgerliche Gesellschaft mehr als andere Verbrechen störe.

[3]) Eb. Schmidt, Montesquieu, S. 191; Wegner, Einf., 2. Aufl., S. 71.

[4]) A. a. O. S. 73.

[5]) A. a. O., azioni contrarie a cio che ciascuno e obligato di fare o non fare vista del ben publico.

halten; er sei „über dieses weitläufige und mühsame Feld mit einigen Sprüngen hinweggehüpft"[1]).

In Deutschland, insbesondere in Preußen, setzen bald stärkere Reformbewegungen ein. Sie bearbeiten das Strafrecht unter dem Einfluß der modernen Strömungen der französischen Aufklärung und zum Teil im Hinblick auf eine Kodifikation. Diese Bewegung läuft parallel zur Wissenschaft des positiven gemeinen Rechts, die zumeist noch an die ältere systematische Richtung des Naturrechts angelehnt war. Jene Richtung opfert im allgemeinen unter der Abkehr von der mathematischen Methode das bisherige Strafrecht zugunsten des aufklärerischen Naturrechts auf und brach dadurch schroff mit der bisherigen Überlieferung.

Von der Literatur und den zahlreichen Entwürfen wollen wir nur weniges herausgreifen, was für die weitere Entwicklung der Gesetzesreform von entscheidender Bedeutung war[2]).

Es sind hier Globig und Huster mit ihrer Berner Preisschrift zu nennen[3]). Sie wurde durch den in ihr enthaltenen Ausdruck des Zeitgeistes eine internationale Angelegenheit. Eine völlig neue Wertskala wird aufgestellt. Diese ist nicht mehr aus den geschichtlichen Mächten, sondern unter ihrer bewußten Negierung aus einem radikal aufgeklärten Weltbild, wie es der im mittelalterlichen Geiste noch befangene Montesquieu nicht hatte, entnommen. Gerade die neuartige Wertung und Abstufung der einzelnen Verbrechen zueinander sind so geschlossen, daß sie allein eine Beurteilung der gesamten Zeit ermöglichen.

Globig und Huster[4]) gehen davon aus, daß der Verbrecher sich wieder die natürliche Freiheit anmaße, die er ursprünglich in dem Gesellschaftsvertrage als Pfand hingegeben habe. Infolgedessen beleidigen die Verbrecher die Nation unmittelbar. Die Verletzung der guten Sitten und der Ordnung fällt nicht darunter. Der Schaden, der der Nation zugefügt wird, ist allein der Beurteilungsmaßstab für die Verbrechen. Sie gehen in vielfältigem Grade von den größten Beleidigungen, die „dem Staat auf einmal den Garaus machen" bis auf die geringsten des Bürgers herunter[5]).

---

[1]) Globig und Huster, S. 162.

[2]) Insbesondere dazu Fischl, S. 85ff. u. S. 174ff.

[3]) Über den Anlaß näher Günther, S. 128.

[4]) Abhandlung, S. 35ff.

[5]) Ähnlich Malblanc, J. F., Geschichte der peinlichen Gerichtsordnung Kaiser Karls V. von ihrer Entstehung und ihren weiteren Schicksalen bis auf unsere Zeit, Nürnberg, 1783, S. 266f., der ausdrücklich von einer Rangordnung der Verbrechen spricht. Vgl. Günther, S. 226, mit reicher Literaturangabe über die verschiedenartigen damaligen Verbrecheneinteilungen.

Staats- und Privatverbrechen werden getrennt. Das bedeutet nicht so viel, als ob der Staat eine ihm selbst fremde Sphäre dem Individuum zuweisen wollte. Der Mensch, der im Mittelalter in dem verwickelten sozialen ordo gestanden hatte, hatte sich daraus emanzipiert. Der Polizeistaat schloß den einzelnen aber mehr als je in ein Netz von Reglementierungen ein, glaubte jedoch dabei dessen Freiheit am höchsten zu gewährleisten, selbst wenn er den Bürger zum eignen Glücke zwang[1]). Die Individualsphäre des Menschen fand dadurch wiederum im gemeinen Besten ihre höchste Erfüllung. Dadurch wurde jene als Ganzes ebenfalls zu einem Verwaltungsobjekt des Staates unter gleichzeitiger Anerkennung der induviduellen Freiheit des Menschen.

Die Privatverbrechen betreffen die Erhaltung eines jeden Bürgers und seiner Güter. Sowohl Staats-, wie Privatverbrechen können Personen und Güter angehen. Der Verlust der Person steht absolut über jedem Gute. Die Ehre ist das geringwertigste Gut, das am leichtesten zu ersetzen ist, auch beim ganzen Volke. Freiheit und Ehre sind Güter — jedem Individuum gehörig —, die durch das Naturrecht erst ihren sinnfälligsten Ausdruck gefunden haben. Vor allem stellte früher die Freiheit als solche nicht einen selbständigen Strafrechtswert dar. Erst seit den naturrechtlichen Schriften taucht überall eine selbständige Gruppe der Freiheits- und Ehrverletzungen auf.

Die Staatsverbrechen umfassen entweder die Zerstörung des Staates oder greifen seine Grundsäulen an oder beleidigen nur gewisse Gerechtsame oder bestehen in Entwendungen von öffentlichen Gütern. Unter dem Hochverrat wird der Umsturz der Verfassung klar von der Auslieferung des Staates an eine feindliche Gewalt geschieden.

Die Staatsdelikte stehen am Anfang. Die Religionsdelikte und die beleidigte Majestät haben ihre Stellung abgetreten. Der Herrscher schöpft nach der herrschenden Staatslehre seine Legitimität nicht mehr aus Gottes Berufung, sondern aus dem Vertrag. So erscheint er dem Staat sogar untergeordnet, was in dem Gedanken des ersten Dieners des Staates am besten zum Ausdruck kommt. Somit hatte sich der Staat an die Spitze aller Werte gesetzt.

Unter der beleidigten Majestät verstehen Globig und Huster den Angriff auf die höchstpersönlichen Güter des Regenten, wobei die Ehrverletzung nur gering bestraft werden soll. Die Entwendung der Privatgüter des Regenten und die Beleidigung seiner Familie gilt nur als ein Verbrechen gegen eine Privatperson. Unter die beleidigte Majestät fallen auch der Aufruhr und die Beleidigung der Obrigkeit.

---

[1]) Eb. Schmidt, Strafrechtsreform, S. 8.

Unter den Verbrechen gegen einzelne Bürger stehen an erster Stelle die Mordtaten, unter die auch der Zweikampf, die Aussetzung u. a. fallen. Der Selbstmord scheidet als Verbrechen aus. Unter den Verbrechen gemischter Art, die unter keine der vorigen Gruppen zu bringen sind, steht zunächst die natürliche Zauberei, wenn sie einen Schaden, z. B. Mord, herbeiführt. Im übrigen wird jede Zauberkunst als lächerlich abgelehnt. Die fleischlichen Verbrechen umfassen nur den Ehebruch, die Vielweiberei und die Notzucht. Alle übrigen Sittlichkeitsdelikte werden in die nächste Gruppe verwiesen.

Die bis dahin unbekannten „Polizeivergehungen" kennzeichnen den Charakter der neuen Zeit. Die äußerliche Unterscheidung zwischen Kriminalverbrechen und polizeilichen Vergehen ist das Ergebnis eines langen Prozesses, der Jahrhunderte zurückreicht. Die tiefe Einsicht in diese historischen Zusammenhänge verdanken wir James Goldschmidt. Seit dem Ende des Mittelalters schichten sich immer mehr zwei Wertbereiche gegeneinander ab, einerseits derjenige, der auf der Idee der Gerechtigkeit des Staates, andererseits der, der auf der staatlichen Wohlfahrt aufbaut[1]). Wir sahen schon an dem Nebeneinander von Carolina und Reichspolizeiordnungen dieses allmähliche Durchdringen des Staatsbegriffs von den beiden Seiten der Gerechtigkeit und der Wohlfahrt her. Schwarzenberg schreibt aus Liebe zur Gerechtigkeit seine Bambergensis. Für die Kleider- und anderen Ordnungen bildet dieses Motiv gewiß keinen Geltungsgrund. In der folgenden Zeit werden viele Tatbestände aus den Polizeiordnungen in das Kriminalstrafrecht herübergenommen, wie z. B. der Konkurs, die Beamtenuntreue usw. Mit dem Aufkommen des Polizeistaates, verschiebt sich der Schwerpunkt auf die Wohlfahrtsfunktion des Staates, die als höchste Staatsaufgabe von der Naturrechtsphilosophie immer wieder herausgestellt wurde. Die Gerechtigkeit tritt zurück. Es „ergab sich eine weitgehende Identifizierung des Rechtszwecks des Kriminalstrafrechts und des Verwaltungszwecks des Verwaltungsstrafrechts"[2]). Rechtssprechung und Verwaltung sind nur noch schwer zu scheiden in ihrem inneren Charakter. Zu jener gehören die natürlichen Delikte - von denen auch Voltaire spricht-, die schweren kriminellen Verbrechen, die „non in aere aut tabulis, sed in mentibus omniorum" (Grotius)[3]) beschrieben sind. Die seit Rousseau als politisch bezeichneten Delikte dagegen sind dem Normwandel in den Zeiten unterworfen. Nun müßte man bei der einheitlichen Ausrichtung

[1]) Würtenberger, S. 158; J. Goldschmidt, S. 74ff.; E. Wolf, Die Stellung der Verwaltungsdelikte, S. 530.

[2]) J. Goldschmidt, S. 77f.

[3]) Zitat von E. Wolf a. a. O. S. 530.

des Staatszweckes auf die allgemeine Wohlfahrt erwarten, daß das Kriminalstrafrecht ganz verschwunden wäre. Jedoch ist der Polizeistaat so weit nie gegangen, sondern hat immer noch den Gerechtigkeitswert zur Geltung kommen lassen - wenn auch quantitativ beschränkt.

Bei Globig und Huster und später im Josephinischen Strafgesetzbuch ist aber trotz der formellen Scheidung von Kriminalverbrechen und politischen Verbrechen keine materielle Trennung im Sinne der Gewaltenteilung eingetreten. Das hätte dem absoluten Staat des 18. Jahrhunderts widersprochen. Jedoch ist auch nicht jeder materielle Unterschied zu leugnen[1]), indem man beide Deliktarten nur als Beeinträchtigung der Verwaltungsgüter des Staates ansieht. Globig und Huster rechnen unter Polizeivergehen solche, die die Sicherheit des Staates und den einzelnen Bürger nicht unmittelbar stören; sie beleidigen nur die guten Sitten und die Ordnung. Genauer formulieren die österreichischen Theoretiker Sonnenfels und Zeiller; nach ihnen sind schwere Polizeiübertretungen jene Handlungen und Unterlassungen, wodurch etwas getan oder unterlassen wird, was um Verbrechen zuvorzukommen oder um größeren Nachteil abzuwenden oder um die öffentliche Sicherheit zu handhaben, verboten und geboten ist[2]). Es steckt einerseits der Gedanke der Verbrechensprophylaxe, andererseits die Handhabung der öffentlichen Sittlichkeit in dem politischen Begriff. Das ist schon ein gewaltiger Unterschied zu einem Mord und den anderen sogenannten natürlichen Verbrechen, denen keines der beiden Kriterien beigelegt werden kann. Die gemeine Wohlfahrt ist sicher oberstes Ziel des Polizeistaates. Jedoch verwirklicht sie sich einerseits über die Gerechtigkeit, andrerseits über die Verwaltung. Deshalb ist es nicht unmißverständlich, wenn E. Wolf sagt, daß damals die Wohlfahrtsidee den Rechtsgedanken aufgelöst habe[3]). Sie ordnet sich die Gerechtigkeit in letzter Instanz nur unter und erkennt ihre Selbständigkeit so an, daß sie diese neben der Verwaltungsidee bestehen läßt. Die Wohlfahrtsidee ist für die Gerechtigkeit dabei dann nur gleichsam Revisionsinstanz, die ganz selten in Tätigkeit tritt, während die Wohlfahrt die Verwaltung ganz durchsetzt. Der Gerechtigkeitswert ist vom Wohlfahrtswert umkleidet. Die umgekehrte Erscheinung macht sich dann im liberalen Rechtsstaat des 19. Jahrhunderts geltend. So liegt der materielle Unterschied der beiden Deliktsgruppen darin, daß die Kriminalverbrechen zuerst die Gerechtigkeit verletzen und damit dann auch die Wohlfahrt, während die polizeilichen Verbrechen nur die Verwaltungsgüter angreifen. Im

[1]) Wie es Goldschmidt, S. 87, und Würtenberger, S. 159, tun.

[2]) Wahlberg, Grünhuts Zeitschr. a.a.O. S. 284.

[3]) E. Wolf, Verwaltungsdelikte, S. 527.

einzelnen kann die Kompetenz nur positivrechtlich aus dem Gesetzbuch entnommen werden.

Globig und Huster zählen zu den Polizeivergehen nicht nur den unehelichen Beischlaf, die Hurerei, sondern auch die Verkupplung, Sodomie und Blutschande. Sie werden mit dem laxen Ausdruck der Unanständigkeiten bezeichnet[1]). Es folgen geringfügige Übertretungen, wie Verschwendung und Spiel. Die Gruppe wird von den Beleidigungen der Religion geschlossen. Der theokratische Staatsgedanke war zerstört worden. In den protestantischen Ländern hatte sich das Staatskirchentum allmählich durchgesetzt. Dabei war der Staat tolerant. Der ganze Glaubenskomplex, der mit Wundern, Hexerei, Zauberei zusammenhing, war allmählich, wie die orthodox-eschatologische Gedankenrichtung, in der Vorstellung der Menschen zurückgetreten. Einerseits wurde die Welt rational durchdrungen, andererseits erfüllte sie sich mit der milden innerlichen und fröhlichen Glaubenshaltung, wie sie im Pietismus eines August Hermann Franke ausgedrückt ist. DieReligion wurde im toleranten Staat eigene Gewissenssache. Nur insoweit, als sie „ein Mittel zur Erhaltung des Staates" (Globig undHuster) ist, muß sie geschützt und unter Umständen gefördert werden[2]). Damit ist das Christentum seines theologischen Gehalts radikal im Strafrecht entkleidet. Die Vorstellung Gottes ist von einer existentiellen Notwendigkeit im Mittelalter über eine Denkform im Naturrecht zur blanken staatlichen Nützlichkeit geworden. Infolgedessen haben die Religionsdelikte, soweit sie überhaupt noch anerkannt wurden, keinen materiellen Unrechtsgehalt mehr. Es soll der bestraft werden, der gegen die Staatsreligion predigt und das Volk gegen einander aufhetzt. Damit ist die Religion zu einem reinen Verwaltungsgut geworden, was das Ausscheiden aus dem Kriminalverbrechen nach sich ziehen mußte.

Die Schrift Globigs und Husters zeigt in der Einteilung der Verbrechen alle charakteristischen Züge der Aufklärung. Das Recht wird von der Moral scharf getrennt. Diese zu schützen ist der Richter nicht berufen. Deshalb umfassen die Verbrechen nur die unmittelbaren Verletzungen des Staates und des einzelnen. Daraus folgt, daß eine Menge bisheriger schwerer und schwerster Verbrechen gar keinen deliktischen Wert mehr haben. So scheiden auch Incest, Sodomie und Kuppelei aus dem Kreis der Verbrechen aus und werden nur als unmoralische Unarten oder Schwachheiten angesehen oder als ordnungswidrige Verstöße der Polizei zugerechnet. Mehrere besonders deutschrechtliche Delikte, wie

[1]) Dazu genauer Günther, S. 237.

[2]) Der Österreicher Sonnenfels sagt, daß der Regent diesen Leitriemen nicht vernachlässigen darf und seine Sorgfalt darauf richten muß, daß jeder Bürger Religion habe. Dazu Würtenberger, S. 187.

Treubruch, Urfehdebruch, verschwinden infolge der veränderten Auffassung der Beziehung der Menschen untereinander überhaupt.

Zahlreiche Verbrechen bekommen dadurch, daß das Leben des religiösen Gehaltes entkleidet ist, eine ganz säkularisierte Stellung in der Gesamtanordnung. Dazu gehört auch der Meineid, der zur Betrügerei wird. Auch die Abtreibung und der Kindermord verlieren ihren ehemaligen religiösen Charakter endgültig.

Die Schrift Globigs und Husters geht über eine bloße Kritik des bestehenden Zustandes weit hinaus. Die Wertsystematik hat sich darin gegenüber dem früheren Strafrecht ganz gewandelt. Der Staat ist oberster Strafrechtswert geworden. Die Majestät ist rationalistisch säkularisiert und jenem nachgeordnet. Gott und Religion sind zum Mittel der Staatserhaltung geworden. Die Sittlichkeit ist in einen Gerechtigkeitswert und in ein Verwaltungsgut aufgespalten. Überhaupt geht nunmehr durch das Strafrecht die gewaltige Zäsur von Gütern, die der Gerechtigkeit und solchen, die der Verwaltung unterworfen sind. Letzter Bezugspunkt ist aber für beide die Wohlfahrt des Staates. Eudämonistischer Staatsutilitarismus beherrscht so das Strafrecht. Damit ist die Wertordnung des theokratischen Staats in ihr Gegenteil umgeschlagen.

Die Schrift ist noch stark im Banne des Gedankens, daß es ein abstraktes, für alle Menschen gültiges Strafrecht geben könne. Die Warnung Montesquieus, kein Gesetz jenseits der realen Wirklichkeit von Zeit und Raum zu konstruieren, hatte noch nicht ihre Wirkung getan.

2. Die Aufklärerischen Gesetzbücher Österreichs und der Toskana

a) Die Josephina

Entscheidend für den Durchbruch der Aufklärung in den Gesetzbüchern wurde es, daß zahlreiche regierende Häupter sich nicht nur als Menschen, sondern auch als Fürsten die neuen Gedanken der Rationalisierung des Staatslebens und der Säkularisierung der Herrscheridee zu eigen machten[1]). Das bekannteste Gesetzbuch, das die Reformideen der Aufklärung zuerst verwirklichte und dabei zugleich aber über das Ziel hinausschoß, ist das Allgemeine Gesetz über Verbrechen und Strafen Josephs II. vom Jahre 1787. Im Gegensatz zur Theresiana ist es ein kurzgefaßtes Strafgesetzbuch, das alles überflüssige Beiwerk wegläßt und sich auf die begriffliche Festlegung der Tatbestände, wenn

---

[1]) Troeltsch Ernst, Aufsätze zur Geistesgeschichte u. Religionssoziologie 1. Hälfte, Tübingen, 1924, ges. Schriften, Bd. 4, S. 267ff.

auch manchmal etwas zu kursorisch, beschränkt. In der Einteilung der Verbrechen geht es gegenüber der bisherigen Gesetzgebung ganz neue Wege[1]). Die Anklänge, die sich in der Anordnung der Verbrechen noch aus früherer Zeit finden, sind notwendig in der Sache gelegen. Der erste Teil handelt von Kriminalverbrechen, der zweite Teil von politischen, d. h. polizeilichen Verbrechen. Die Unterscheidung lehnt sich an die Gesichtspunkte in Globigs und Husters Schrift an.

Dadurch, daß das Gesetzbuch sich von dem geschichtlich Überkommenen stark gelöst hat und in seiner begrifflichen Ausbildung ganz neue Wege geht, hat es nicht nur die gemeinrechtlichen Tatbestände oft sehr nachteilig entstellt, sondern Verbrechensgruppen gebildet, die keinen berechtigten Grund haben. Für die Beurteilung der Verbrechen ist die Sicherheit des Staates im Sinne der Wolffschen Philosophie maßgebend. Die Wohlfahrtsidee ist sinngebend für das ganze Strafrecht. Alle Güter sind des Schutzes nur insoweit fähig, als sie einen Staatswert tragen, d. h. zur Verwirklichung der gemeinen Wohlfahrt beitragen. Deshalb werden die Individualgüter nicht um ihrer selbst willen geschützt, sondern weil der Schutz zur Beförderung der allgemeinen Wohlfahrt nötig erscheint. Man verkennt von diesem polizeistaatlichen Standpunkt aus, daß sich das ganze Leben nicht allein nach diesen äußeren Beziehungen hin ausschöpfen läßt. Rein sittliche Werte muß der Staat um ihrer selbst willen schützen, will er nicht jedes eigenen tieferen Wertes entbehren. Daß dabei die Wohlfahrt mit erhöht wird, ist erst in zweiter Linie beachtlich. Eine Zusammenstellung von Diebstahl, Brand und zweifacher Ehe[2]) oder von Gotteslästerung, öffentlicher Unzucht und verbotenem Maskentragen[3]) hebt in sich jede sittliche Wertung auf und stellt rein nützlich nur noch auf die Sicherheit ab. Der Gesetzgeber steigt auf die Stufe einer Verwaltungsbehörde herab, die Polizeiverordnungen erläßt. Er enthebt sich und zugleich den Staat des sittlichen Wertes überhaupt.

Im einzelnen werden die Kriminalverbrechen in folgende Gruppen eingeteilt, je nachdem sie 1. den Landesfürsten und den Staat, 2. das menschliche Leben und die körperliche Sicherheit, 3. die Ehre und die Freiheit, 4. Vermögen und Rechte verletzen.

Diese Gruppen hängen noch eng mit der Theresiana zusammen und lehnen sich infolgedessen stark an den älteren Meister an.

Die einzelnen Delikte, in die jede Gruppe zerfällt, werden jeweils in deren erstem Paragraphen übersichtlich aufgezählt. Unter die erste

[1]) Nicht so in den Strafen, die oft als Ersatz der Todesstrafe grausamste Härte, wie Anschmieden, Schiffsziehen usw. zeigen.

[2]) 1. Teil, 5. Kap.

[3]) 2. Teil, 5. Kap.

Gruppe rechnen: beleidigte Majestät, Landesverrat, Aufruhr, öffentliche Gewalt, Münzfälschung usw. Die drei anfangs genannten Verbrechen entsprechen in ihrer Folge der Theresiana. Die beleidigte Majestät, die hier noch am Anfang steht, umfaßt auch die mangelnde Ehrerbietung gegenüber dem Landesfürsten. Hier liegt noch ein geschichtliches Element, das fremdartig in dem sonst so aufgeklärten Strafcodex wirkt[1]). Hoch- und Landesverrat werden erstmalig durch Auflösung des cr. l. m. begrifflich geschieden. Mit dem Dahinsinken der voraufgeklärten absolutistischen Auffassung des Herrscheramtes war das cr. l. m. aus seiner allzu engen Verbindung mit der Staatsexistenz gelöst. Die Zeit des ‚l état c'est moi" war vorbei. Staat und Fürst standen nunmehr in einem Spannungsverhältnis miteinander. Deshalb konnten auch getrennte Angriffe auf beide erfolgen.

Unter der zweiten Gruppe werden u. a. aufgezählt: Zweikampf, Abtreibung, Aussetzung, schwere Körperverletzung und Selbstmord. Der Zweikampf ist jeden Ehrencharakters entkleidet und ist ein reines Tötungsdelikt mit harter Strafe. In der Behandlung des Selbstmordes ist die Grenze zwischen kriminellen und polizeilichen Gesichtspunkten verwischt. Der tote Selbstmörder ist durch den Schinder einzuscharren (§ 123); bleibt es bei einem Versuch, so ist der Täter ins Gefängnis zu sperren, „bis er durch Unterricht überwiesen, daß die Selbsterhaltung gegen Gott, den Staat und ihn selbst Pflicht ist".

Gegen Ehre und Freiheit, die Gruppen, die das Naturrecht neu hervorgebracht hat, verstoßen die Verleumdung, Notzucht, Menschenraub, Entführung und unberechtigte Gefangenhaltung. Durch die Auflösung der früheren Sittlichkeitsdelikte in die verschiedenartigsten Gruppen ist die Notzucht ihres eigentlichen unsittlichen Charakters verlustig gegangen und hier eingereiht worden. Dadurch erfaßt man ihren Unrechtsgehalt unvollkommen.

Die letzte Gruppe der Verbrechen umfaßt Trug, Diebstahl, Raub, Brand und Bigamie. Die Grenzen des Trugs sind weit und flüssig, auch das falsche Zeugnis vor Gericht wird, wie der Meineid in der Theresiana, darunter gerechnet[2]). Im übrigen handelt es sich bei der Strafbarkeit

---

[1]) Der Kaiser wollte usprünglich die Majestätsverbrecher als Unsinnige behandeln; Wahlberg, Grünhuts Zeitschrift a. a. O., S. 281. Herder ist in seiner Deutung der Staatsverbrechen in den Briefen zur Beförderung der Humanität — wiedergegeben bei Würtenberger, S. 164 — gegenüber Joseph II. nicht ganz gerecht, da er zu scharf urteilt.

[2]) Die Kommission faßte den Meineid als Betrug auf, während verschiedene Justizstellen ihn als eigene Verbrechensgruppe behandelt wissen wollten. Wahlberg, Grünhuts Zeitschr. a. a. O. S. 278.

der falschen gerichtlichen Aussage um eine originelle Schöpfung[1]). Auch die zweifache Ehe fällt unter den Betrug. Sie trägt damit keinen unsittlichen Charakter mehr. Die Stellung dieses Verbrechens ist ein Zeichen dafür, wie weit der Gesetzgeber in der radikalen Entsittlichung des Lebens gegangen ist.

Der zweite Teil des Gesetzbuches gibt keine Bestimmung der politischen Verbrechen. Es liegt aber der von Sonnenfels und Zeiller formulierte Begriff zugrunde[2]). In jedem Falle zählen alle fahrlässigen Verbrechen und außerdem noch sehr unterschiedliche Delikte, wie kleiner Diebstahl, Falschspielen, öffentliche Unzucht dazu. Eine solche geringwertige Beurteilung dieser Delikte ist bedenklich, obwohl andererseits die polizeilichen Verbrechen sehr harte Strafen, wie Schläge und öffentliche Arbeit im Eisen nach sich ziehen. Diese Diskrepanz hebt im Zweck die Teilung der beiden großen Verbrechengruppen oft in sich auf.

Die erste Gruppe der polizeilichen Verbrechen erstreckt sich auf die Handlungen, die dem Leben oder der Gesundheit der Mitbürger Gefahr oder Schaden bringen. Hierunter erscheinen geringfügige Verletzungen.

Für die weitere Gruppe, die das Vermögen oder die Rechte der Mitbürger betrifft, ist überhaupt kein einheitlicher Gesichtspunkt mehr zu finden. Darunter erscheinen auch der Ehebruch, üble Nachrede, Erregung öffentlicher Ärgernisse. Jedenfalls liegt eine Entwürdigung der Ehe, auf der der Staat als kleinster ethischer Gemeinschaft aufbaut, in dieser Stellung[3]). Dem monarchischen Prinzip müßte dieser Gedanke fremd gewesen sein. Der Staat fing bewußt mit solchen Erscheinungen an, sich selbst in seinen Aufgaben abzubauen. Hier handelte es sich um ein Stürzen der Werte, auf denen der Staat ruht. Was die französische Revolution mit Gewalt von unten durchführte, verfügte hier die Monarchie von oben. Wie unsicher der dynastische Staat an sich selbst wurde, indem er den historischen Sinn ganz verlor, und zwar zu eine Zeit, wo er noch so fest gegründet schien, zeigt hier die Legalordnung.

Die letzte Gruppe der politischen Verbrechen umfaßt die Verderbnis der Sitten. Der öffentliche freventliche Gotteslästerer wird in Anlehnung an Leibnizens Gedanken wie ein Wahnwitziger behandelt und ins Tollhaus gesperrt. Störungen des öffentlichen Gottesdienstes, falsche

[1]) Vgl. dazu Stooß, Österr. Strafr. S. 41; er behauptet aber zu Unrecht, daß die Theresiana den Meineid als Gotteslästerung behandele. Sie reiht ihn unter die Gruppe, die das gute Regiment und die Landesverfassung betrifft.

[2]) Siehe oben S. 103.

[3]) Ein Teil der Kommission wollte überhaupt nur den Ehebruch mit einer Ehefrau bestrafen, denn nach dem Naturrecht könnte der Mann mehrere Frauen haben. Der Kaiser aber war für die kanonische Auffassung der Gleichheit der Geschlechter. Wahlberg, Grünh.Z. S. 279.

Unterrichtung, die zum Religionsabfall verleitet, und offenbare Irrlehre, die die Gemeinde von der herrschenden Religion abführen soll, werden polizeilich bestraft. Diese Bestimmungen sind gegen die Vorstellungen des Staatsrats und der Kommission ausdrücklich vom Kaiser gewünscht worden. Staatsrat und Kommission wollten die Bestrafung der Gotteslästerung höchstens im Falle der öffentlichen Gefahr als Störung der öffentlichen Ruhe behandelt wissen[1]). Durch diese Normen ist der Ernst, mit dem der Kaiser den katholischen Glauben um seiner selbst, nicht um des Staates willen angesehen hat, zum Ausdruck gekommen[2]). Sie wirken in dem sonst ganz aufgeklärten Gesetzbuch wie ein Fremdkörper. Es ist hier ein Zeichen zu sehen, wie unausgereift die Gedankenführung Josephs II. gewesen ist, wenn er einerseits bis zur äußersten Grenze der Aufklärung geht, andrerseits aus echter innerlicher Frömmigkeit seinen christlichen Glauben schützen läßt. Die Stellung der Religionsdelikte zeigt dagegen die Auffassung der Redaktoren, die die durch die Tradition bestimmte Meinung des Kaisers nicht teilten. Zauberei und Hexerei sind nicht mehr erwähnt.

Der Gesetzgeber ließ sich in der Josephina unüberlegt von dem vorübergehenden Strom eines aufbrausenden Zeitgeistes hinreißen und verlor so die Verbindung zur geschichtlichen Vergangenheit[3]). Das Werk zeigt alle Zeichen der Aufklärung, die schon bald in ihren weitreichenden Forderungen überwunden wurde. Deshalb war dem Gesetzbuch auch keine lange Lebensdauer beschieden.

Das österreichische Strafgesetzbuch von 1803 hat die extremsten Erscheinungen der Josephina abgemildert und entspricht im allgemeinen der Einteilung, die Globig und Huster in ihrer Schrift geben.

b) Die Toscana

Noch ein anderes europäisches Strafgesetzbuch verwirklichte die Gedanken der Aufklärung in hervorragendem Maße. Das neue Kri-

---

[1]) Wahlberg, Grünh. Zeitschr. a.a.O. S. 278.

[2]) Zu seiner überzeugten katholischen Einstellung aus einem Brief vom 20. 7. 1777: Je donnerais ce que je possède si tous les protestants de mes Etats pourraient se faire catholiques. Dazu Stooß, Österr.Strafr. S. 39.

[3]) Vgl. Geib, I, 323: Beide Gesetzeswerke Josephs II. sind ein beklagenswertes Denkmal für die Verirrungen, wozu die gesamte damalige Geistesströmung gerade eine edle und begeisterungsfähige Persönlichkeit, die aber von jeder geschichtlichen Überlieferung sich entbinden zu dürfen glaubte, zu verleiten imstande war; ähnlich Svarez in seinen Kronprinzenvorträgen, II, Bl. 14b, wiedergegeben in Thieme, Kodifikation, S. 371, Anm. 2. Vgl. auch Stooß, Österreich. Strafrecht, S. 43.

minalgesetzbuch von Toscana vom Jahre 1786[1]) wurde durch den Bruder Josephs II., den milden und aufgeklärten Leopold den Weisen, geschaffen. Er promulgierte es zwar ein Jahr vor der Josephina, jedoch war diese in ihrem ersten Teil schon seit 1783 fertig; nur der Kaiser zögerte noch mit ihrer Veröffentlichung. Die Toscana zeigt nicht den straffen Aufbau und die Durcharbeitung wie das Josephinische Gesetzbuch. Sie scheidet auch nicht die kriminellen von den polizeilichen Verbrechen so grundsätzlich. Oft zählt sie in einem Paragraphen gleich mehrere Verbrechen nur namensmäßig auf, ohne deren Tatbestand zu geben.

Der besondere Teil wird mit der öffentlichen Gottlosigkeit und öffentlichen Lehre gegen die katholische Kirche eröffnet. Auf beides stehen schwerste Strafen, während die Gotteslästerung nur polizeimäßig verfolgt wird (§§ 60f.). Darin kommt die Leitriementheorie zum Ausdruck. Sowohl im josephinischen, wie im toscanischen Strafgesetzbuch, zeigt sich keine radikale areligiöse Einstellung, sondern eine gemäßigte und wohlwollende Haltung gegenüber der Kirche.

Ganz aufgeklärt wirkt die ausdrückliche Abschaffung der Majestätsverbrechen (§ 62). Diejenigen Verbrechen, die an sich nicht strafbar, sondern nur durch die Gesetze als Majestätsverbrechen strafbar geworden sind, sollen überhaupt nicht mehr als kriminell behandelt werden[2]); sonst sind sie in ihrer jeweiligen Verbrechensart einzuordnen. Damit ist das römische Majestätsverbrechen in der Gesetzgebung verschwunden. Der Gesetzgeber ist aber nach der anderen Seite wiederum zu weit gegangen. Alle Angriffe gegen die Sicherheit, Freiheit und Ruhe der Regierung werden in die öffentlichen Gewalttätigkeiten verwiesen. Schmähschriften gegen die Regierung werden polizeimäßig beurteilt. Die Aufgabe dieser ganzen Gruppe der Majestätsverbrechen stellt Leopold in die Gruppe der milden und weisen Herrscher. Hier handelt es sich nicht um einen resignierten Sebstverzicht oder einen schwächlichen Abbau eigener Stellung genüber dem Druck der allgemeinen Meinung, sondern um einen Akt der Verantwortung gegenüber dem Volk, der aus dem Bewußtsein der eigenen historisch fest begründeten Lage fließt. Der Staat bedarf des Eigenschutzes nicht durch ängstlich ausgeklügelte Sondernormen, sondern wirkt allein durch die auf Gerechtigkeit und Milde gegründete Macht. Es ist hier der hohe Versuch gemacht worden, den Staat nicht auf Gewalt, sondern auf Güte und Recht aufzubauen. Ob

[1]) Abgedruckt in Schlözers Staatsanzeigen, Bd. X, S. 348ff., 393ff.

[2]) Hier zeigt sich einerseit der naturrechtliche Gedanke von den natürlichen Verbrechen, andererseits die Ansicht Beccarias, daß eine Tat erst durch das Gesetz zur Straftat wird.

ein direkter Einfluß Montesquieus vorliegt, der diese ganze Klasse von Verbrechen auch negierte[1]), ist schwer zu sagen, da seiner sonstigen Einteilung nicht gefolgt wird.

Von den öffentlichen Verbrechen geht das Gesetz über zu den Verbrechen gegen den einzelnen in bezug auf Körper, Ehre und Vermögen und zu denen, die für die Allgemeinheit gefährlich sind, wie Gewalt, Betrug, Brandstiftung und Fälschung. Die Verbrechen gegen die Sitten stehen am Ende. Der Aufbau entspricht nach allem stark den theoretischen Schriften Europas.

Die Toscana hält sich demnach von allzu unausgegorenen Neuerungen in der Verbrechenseinteilung frei. Sie stellt eine aufgeklärte Weiterentwicklung der Gesetzgebung dar und zeigt eine ganz gute Systematik, die um so mehr zu betonen ist, als ihr kein legislatives Vorbild zur Verfügung stand.

10. Kapitel

Die Legalordnung des Allgemeinen Landrechts

1. Allgemeines

Den beiden modernen Strafgesetzbüchern reiht sich in Preußen die gewaltige und umfassende Kodifikation im Allg. Landrecht an. Ihre Vorarbeiten reichen weit zurück[2]), obwohl die endgültige Redaktion erst an der Wende der beiden letzten Dezennien des 18. Jahrh. erfolgte. Man richtete sich nicht nach den bisherigen Vorbildern, in denen das Strafrecht selbständig in einem Gesetzbuch gestaltet worden war, sondern behandelte es als letzten Abschnitt im II. Teil als 20. Titel des ganzen Gesetzbuchs. Dadurch wurde das Strafrecht nicht allein für sich aus dem Reformgedanken geboren, sondern stand unter dem Geist, der das ganze Werk beseelte. Es richtet sich mithin die Idee der Neugestaltung nicht besonders und ausschließlich auf das Strafrecht, vielmehr war es eingegliedert in eine allgemeine umfassende Gesetzgebung und damit auf diese abgestimmt. Sollte diese nicht das Bild eines alles umstürzenden Werkes tragen, so war das Strafrecht ebenfalls davon ausgeschlossen. Da das bürgerliche Recht keinen revolutionären Zug annehmen sollte, war das Strafrecht von vornherein davon auch verschont. Es wurde dadurch nicht zum besonderen Objekt moderner Gedanken. Die Einheitlichkeit des Geistes im ganzen Werk wurde vorzüglich durch die weise Maßnahme gefördert, daß im wesentlichen alle Bearbeiter ge-

[1]) Siehe oben S. 98.

[2]) Thieme, Kodifikation, S. 361.

meinsam den gesamten Stoff erörterten und nicht etwa jeweils auf ein bestimmtes Gebiet beschränkt wurden. Dadurch erhielt kein Teil den ausgesprochenen geistigen Stempel eines Mannes[1]).

Um den Charakter der Legalordnung zu verstehen, müssen wir den Geist kurz kennzeichnen, aus dem die Kodifikation hervorgegangen ist[2]). Dafür ist als allgemeiner Rahmen die Cabinetsordre vom 14. April 1780 heranzuziehen[3]). Der König verwirft darin die Dunkelheit und Zweideutigkeit der Gesetze. Er verlangt, daß aus dem Corpus juris des Kaisers Justinian nur das Wesentliche, das mit dem Naturgesetz und der heutigen Verfassung übereinstimmt, entnommen werde. Ganz ähnlich drückt sich der § 24 der Ordre vom 31. Dez. 1746[4]) schon aus, in der der König zum erstenmal den Befehl zur Abfassung eines Gesetzbuches gibt, obwohl der Geist der beiden ordres sonst oft auseinander geht. In dieser Anordnung wurde auch schon von der völlig mangelnden Ordnung des römischen Gesetzbuches gesprochen. Das Allgemeine Landrecht sollte sich „bloß auf die Vernunft und Landesverfassung" gründen. Lehrreich dazu sind die Gedanken, die der König in seiner rechtswissenschaftlichen Abhandlung[5]) um die Mitte des Jahrhunderts äußert. Er geht dabei von der Geschichte aus, aus der die Gesetzgebung allein schöpfen kann[6]). Es würden die Gesetze am besten sein, die das öffentliche Wohl und den Geist des Volkes im Auge haben[7]). Sie müssen ein Gleichgewicht zwischen der Regierung und der Freiheit der Bürger herstellen[8]). Die Gesetze müssen vor allem einfach und klar sein. Bei den weisesten Gesetzgebern könne man beobachten, daß sie die Gesetze „au genre du gouvernement et au génie de la Nation" angeglichen haben. Die besten Gesetze entsprächen der „Equité naturelle"[9]). Bei

---

[1]) Kleins Annalen, 1. Bd., S. XLVI.

[2]) Leider sind die Materialien des ALR., die in dem früheren Geheimen Preuß. Staatsarchiv (jetzt Archiv f. Behördenakten) lagen, unzugänglich, so daß die Forschung nur auf die sonstigen Publikationen angewiesen ist.

[3]) Abgedruckt in Sammlung von Urkunden und Aktenstücken zur Geschichte der neuen Preuß. Gesetzgebung, a.a.O., S. 11ff.

[4]) Abgedruckt in Allg. Jur. Monatsschrift, a.a.O., Bericht über die scientivische Redaktion der Materialien der preuß. Gesetzgebung, S. 194.

[5]) Dissertation sur les raisons d'établir ou d'abroger lex loix in Histoire de l'Académie des Sciences et belles lettres, Abt. Mémoires de l' Académie, 1749, ed. 1751, S. 375ff.

[6]) ... établir ou abroger lex loix ne la peuvent puiser que dans l' histoire, S. 375.

[7]) ... qui (les législateurs) ont eu pour but le bonheur Public et qui ont le mieux connu le génie du peuple, S. 375.

[8]) Seite 388.

[9]) Dazu Geib, I, S. 321.

all seiner Begeisterung für die neuen Ideen der Aufklärung ließ er sich doch nicht unüberlegt mitreißen, sondern seine abgewogenen philosophischen Ansichten führten ihn dazu, sein Amt als Gesetzgeber verantwortungsbewußt gegenüber dem Staat aufzufassen. Er wußte wohl, daß er seine persönlichen philosophischen Gedanken von den Erfordernissen einer staatlichen Gesetzgebung trennen mußte. Diese sei von objektiven Mächten, wie gerade den geschichtlichen Gegebenheiten, von Verfassung, Volk und Sitte abhängig, die sich einer rein subjektiven Deutung entziehen müssen[1]. Er lebte nicht in einer von der Wirklichkeit gelösten Ideenwelt, sondern sah das Allgemeine im Rahmen des Besonderen, das ihm im Volk und der geschichtlichen Landesverfassung entgegentrat.

Das Projekt des Corpus juris Fridericianum von Cocceji aus dem Jahre 1749, von dem aber nicht mehr als 2 Teile herauskamen, sagte, es wäre in der Vernunft und Landesverfassung begründetes Landrecht, worin das römische Recht in eine natürliche Ordnung und ein richtiges System gebracht wäre. Wenn es in der Vorrede im § 28 heißt: daß der König befohlen habe ein universales System, in dem alle Materien in eine natürliche Ordnung gebracht seien, zu bilden und das auf alle Staaten, die die natürliche Vernunft zur Regel ihrer Gesetze machen, anzuwenden sei, so handelt es sich hierbei mehr um einen Gedanken Coccejis als des Königs. Friedrich d. Gr. selbst kennt keine solche abstrakte Auffassung der Gesetzgebung, wie aus den beiden oben erwähnten Verordnungen von 1756 und 1780 und aus seiner Dissertation hervorgeht.

Die beiden für die Reform verantwortlichen Männer, der Großkanzler von Carmer und Svarez, ergänzten sich in ihren Eigenschaften hervorragend. Beide gehörten nicht mehr der älteren systematischen Richtung des Naturrechts — wie Cocceji — an, sondern neigten sich der durch Montesquieu besonders vorwärts getriebenen realeren Richtung zu, die die Gegebenheiten von Zeit und Raum berücksichtigten und weniger das Schwergewicht auf Logik als auf Philosophie und Geisteshaltung legten[2]. Dabei ist es gleich, aus welcher Schule sie hervorgegangen sind[3], im Zeitpunkt da sie als Reformer tätig sind, haben sie jene alte Methode hinter sich gelassen. Es finden sich in den Schriften und Manuskripten von Svarez mehrmals Zitate aus den Anhängern der Wolffschen Schule. Jedoch darf Svarez auch nicht zu sehr unter dem

[1] Vgl. dagegen Voltaire im Dictionnaire philos. unter Loi, Oeuvres, XLI, S. 463. Voulez-vous avoir de bonnes lois ? Brûlez les vôtres et faites-en de nouvelles.

[2] Thieme, Kodifikation, S. 367; E. Wolf, Gr.Rechtsdenker, S. 430.

[3] Vor. Anm., Thieme, S. 365f.

Einfluß der geistigen Strömung eines Hobbes und Rousseau gesehen werden[1]), wenn er sie auch in seinen Kronprinzenvorträgen noch nach der französischen Revolution in Schutz genommen hat. Stölzel[2])betont ausdrücklich, daß die philosophierende Richtung der Zeit in den Vorträgen erheblich merkbarer als in den Gesetzesbüchern hervorgetreten ist. Aufschlußreich ist, wenn uns Klein, einer der Redaktoren, der insbesondere am Strafrecht hervorragenden Anteil hatte[3]), in dieser Beziehung sagt[4]), daß die Grundlagen des neuen preußischen Gesetzbuchs noch sehr römisch seien; daß nicht Montesquieu, Rousseau und Mably, sondern Labeo und Capito, Sever und die Antonine die meisten Materialien dazu geliefert haben[5]).

Svarez war viel zu selbständig, als daß er sich einer Richtung bedingungslos verschrieb. So wurde er von der aufgeklärten, wie von der konservativen Seite angegriffen, da er jener nicht radikal genug und dieser verdächtig war. Sein einziger fester Rückhalt war der König, dessen Willen er „mit loyaler Königstreue und ehrfürchtigem Gehorsam gegen die Vorgesetzten, gewissenhaft Überzeugungstreue und Bewußtsein des eigenen Wertes verbindend" vollstreckte[6]).

Wir sahen bereits, daß der König sich als Gesetzgeber nicht von der Gegenwart entfernen und in eine Welt der losgelösten Begriffe versteigen wollte. Er fühlte sich einerseits mit dem geschichtlichen Strom der Entwicklung seines Landes verwachsen, andererseits war er von der Bewegung des Jahrhunderts erfüllt. In einer Synthese gedachte er beides zu vereinen. Auch Svarez war einer abstrakten Gesetzgebung abhold[7]); „man muß kein Ideal schaffen wollen; sondern die Gesetzgebung nach den einmal vorhandenen Umständen so zu akkomodieren suchen, daß

[1]) Siehe Anm. 1, S. 368.

[2]) Svarez, S. 286.

[3]) Allg. Jur.Monatsschrift a.a.O., S. 228.

[4]) Historische Nachrichten von dem Verfasser bei Ausarbeitung des Allgemeinen Gesetzbuchs für die preuß. Staaten aus Herrn Kleins Annalen (Bd. 8), abgedruckt in Sammlung von Urkunden, a.a.O., S. 160.

[5]) S. 162: Der Mann von wahrer Weltkenntnis und Lebensweisheit, welcher philosophische Schwärmerei ebenso sehr fürchtet, als religiöse wird die Reformen auch im Falle der Gesetzgebung den Revolutionen allemal vorziehen.

[6]) Landsberg, III, 1, S. 469.

[7]) W. Dilthey, Gesammelte Schriften, XII, Leipzig/Berlin, 1936, S. 154 sagt zum Allg. Landrecht: darin besteht die historische Bedeutung des Landrechts im Vergleich zu anderen Gesetzgebungen vor ihm, daß es nicht den konkreten geschichtlichen Verhältnissen gegenüber ein Vernunftrecht geltend macht, sondern die diesem Staat immanente Vernünftigkeit zum Ausdruck bringen will. Auch E. Wolf, Gr.Rechtsdenker, S. 430.

dadurch der höchste Grad von Wohlfahrt erreicht werde"[1]). Svarez wollte ein nationales Gesetzbuch schaffen, das auf die preußischen Verhältnisse zugeschnitten war und legte keinen Wert auf eine Transponierung desselben in andere Staaten.

Svarez ist theoretisch sehr stark von der Lehre des contrat social beeinflußt[2]). Allerdings bildet nicht allein die Sicherheit der Person und des Eigentums für ihn den Staatszweck, sondern auch die Beförderung der Glückseligkeit der Bürger. Hierzu dürfen unter Umständen auch Zwangsmaßnahmen getroffen werden. Es mag merkwürdig sein, daß Svarez in seiner theoretischen Ansicht ausgesprochen individualistisch ist, denn für ihn steht immer wieder der einzelne im Vordergrund[3]). Dagegen sehen wir ihn in dem Gesetzeswerk und in seiner sonstigen äußeren Haltung als treuen Diener des Königs. Diese Diskrepanz zwischen Handeln und Denken nehmen wir aber auch an Friedrich d. Gr. selbst wahr und werden sie sogar an den Männern der französischen Revolution von 1789 bis 1791 feststellen. Der radikale Individualismus hatte sich bisher nur auf die Theorie beschränkt und nur begrenzten Einfluß auf die Praxis nehmen können. Diese war noch ganz von dem Gedanken des Wohlfahrtsstaates beherrscht, wobei die Glückseligkeit des einzelnen immer in der Gemeinschaft mündete. Die realen Gegebenheiten in Deutschland ließen eine unbegrenzte Durchsetzung des Individualismus nicht zu, zumal er auch bald durch die deutsche Aufklärungsphilosophie überwunden wurde.

Hielten sich die Reformer vor überstürzten Neuerungen zurück, so hafteten sie andererseits nicht am Überaltertem. Mit dem überragenden Blick der ihrer Aufgabe voll und ganz gewachsenen Männer gingen Carmer und Svarez bei der Ausarbeitung des Gesetzesstoffs überlegen zu Werke[4]). Allerdings wollten sie ganz im Sinne der Zeit ein jus certum schaffen, das eine große Ausführlichkeit bedingte. Die häufige Willkür in der bisherigen Rechtsprechung durch die Ungewißheit des Rechtes selber, die verwickelten Kontroversen der Gelehrten über manche Fragen schreckten den Gesetzgeber ab, dem Richter zu viel Freiheit zu lassen. Der Polizeistaat wollte dadurch möglichst den Untertan schützen, der oft rettungslos an Advokaten und Gericht infolge der vielen spitzfindigen Diskussionen ausgeliefert war. Svarez hält es

---

[1]) Aus einem Schreiben v. Svarez des Jahres 1785 aus Stölzel, S. 160, zit. Dazu auch Thieme, Kodifikation, S. 372.

[2]) Stölzel, Svarez, S. 168f. E. Wolf, Gr.Rechtsdenker, S. 416.

[3]) Über diese einerseits individualistische, andererseits polizeistaatliche Haltung, E. Wolf, Gr. Rechtsdenker, S. 421.

[4]) Thieme, Kodifikation, S. 387 wendet sich auch gegen den Vorwurf, das ALR. hätte den historischen Faden zerschnitten.

„der bürgerlichen Freiheit gefährlich", die Ergänzung undeutlicher knapper Gesetze dem Richter zu überlassen, „zumal in einem Staate, wo der Richter im Sold des Monarchen steht"[1]). Der Staatseinwohner soll „nicht von den Richtern und Rechtsgelehrten, sondern von den Gesetzen allein abhängig" gemacht werden. Bei dem verbreiteten Tadel der Kasuistik soll man diese den einzelnen schützende Absicht nie außer Acht lassen, zeigt sie doch eine selten hohe Verantwortung und tiefe Fürsorge des Gesetzgebers.

Für das Strafrecht konnte nur das gemeine Recht, nicht das römische Strafrecht ein Vorbild darstellen. Klein gibt an, daß hauptsächlich die Kriminalgesetzgebung einer gänzlichen Reform bedurfte, und er nennt dabei die neue Gesetzgebung weise und vorsichtig[2]). Jedenfalls wäre die Gesetzgebungskommission immer bestrebt gewesen, das Bestehende aufrecht zu erhalten und Unbewährtes nicht zu übernehmen. Svarez rechnet in seiner Promemoria zu den inneren Eigenschaften der Gesetze, daß „sie nicht ohne sehr überlegende Gründe von den Vorschriften der bisher angenommenen und üblich gewesenen Rechte abweichen. Jede Neuerung in der Gesetzgebung ist gefährlich". Bei den Vorarbeiten hat Klein sich auf Anweisung Carmers mit den „Gesetzen aller Völker" vertraut gemacht. Dieser „sah wohl ein, daß die Hauptmaterialien der Gesetzgebung auf einheimischem Boden gesammelt werden müßten; aber er glaubte auch, daß es Pflicht des Gesetzgebers sei, sich über Zeit und Ort zu erheben und sich von den Fesseln der Gewohnheit zu befreien"[3]). Die Ordnung des Gesetzbuches hebt Svarez selbst hervor; sie brauche keinen Vergleich mit anderen Gesetzbüchern zu scheuen. Er meint, daß sich ein Gesetz nicht an eine streng philosophische Methode halten dürfe, sondern ungezwungen und natürlich angeordnet werden müsse[4]). Es dürfe kein Satz aufgenommen werden, der nicht eine wirkliche Vorschrift enthalte[5]). An anderer Stelle führt er aus, daß „die Materie nach einer natürlichen, ungezwungenen und von dem gemeinen Menschenverstand leicht zu übersehenden Ordnung unter gewisse Hauptfächer gebracht, . . . daß in diesen ein-

---

[1]) Darüber näher Stölzel, Svarez, S. 184, 223. Dazu auch E. Wolf, Gr'. Rechtsdenker, S. 415.

[2]) A.a.O., S. 166f., Nr. 8 Die alten Kriminalgesetze mußten also ganz abgeschafft, die bisherige Observanz mußte mit gesetzlicher Sanktion versehen werden.

[3]) Kleins Selbstbiographie in Lowe, S. 50.

[4]) Stölzel, Svarez, S. 223.

[5]) Band 8, Fo. 95, Materialien z. ALR., wiedergegeben bei Stölzel, Svarez S. 224ff.

zelnen Abhandlungen vom Allgemeinen auf das Besondere übergegangen werde"[1]).

Das Gesetz stellt sich mithin als das Ergebnis einer vorsichtigen Auswertung der gesamten Überlieferung der bisherigen Gesetzgebung und Wissenschaft dar. Durch die enge Verknüpfung konservativen und zeitgeistigen Elements erhielt das Gesetzbuch einen ausgeglichenen Charakter; es wurde zumindest vor übertriebenen Neuerungen bewahrt. Daß es trotzdem so schnell überlebt wurde — gerade auch in der Legalordnung, z. B. was die zahllosen Vorbeugungsvorschriften und zahlreichen Amtsverbrechen betraf — lag an der Epoche selbst, die sich als Schluß des Absolutismus erwies[2]), nicht an der Übernahme moderner Übertreibungen. Man könnte dem Gesetzgeber höchstens vorwerfen, daß er keinen prophetischen Blick besessen hätte, nicht, daß er sich zu etwas Unbedachtem, das aus der flüchtigen Begeisterung geboren war, hinreißen ließ. Das Strafrecht, in dessen Legalordnung sich so ganz der Charakter des Gesetzes spiegelt, war aus der Zeit geboren, mit der es dahinging. Der Geist, der den Gesetzgeber trug, machte das Strafgesetzbuch zu einem großen Erziehungskodex des Volkes.

Waren auch das josephinische und toskanische Strafgesetzbuch Schöpfungen der absolutistischen Zeit, so zeigen beide in ihrer Anordnung nicht dieses eindeutige Übergewicht staatlicher Reglementierung des Lebens. In beiden finden sich weder die zahllosen Vorbeugungsvorschriften noch die unübersehbaren Amtsvergehen. Insoweit zeigt das Strafrecht des ALR die besondere, nur aus den preußischen Verhältnissen erklärbare Färbung.

2. Verbrechensgliederung

In der Gliederung der Materien vermeidet das Gesetz doktrinäre Zusammenfassungen einzelner Verbrechensgruppen. Es scheidet nur Staats- und Privatverbrechen. Jedoch folgen die Delikte in 16 Abschnitten hintereinander unter jeweils einer selbständigen Überschrift, da die Begriffe der Staats- und Privatverbrechen nur in je einem Abschnitt, der den anderen gleichgeordnet ist, behandelt werden.

Es soll zunächst die Übersicht über die Anordnung folgen:

1. Von Verbrechen und Strafen überhaupt.
2. Von Staatsverbrechen überhaupt und vom Hochverrate insb.
3. Von Verbrechen gegen die äußere Sicherheit des Staates.

---

[1]) Svarez und Baumgartner, Briefwechsel und die gegenwärtige Justizreform in den preuß. Staaten, 3. Heft, Berlin, 1784, S. 104; zit. nach Thieme, Kodifikation, S. 402.

[2]) Dazu E. Wolf, Gr. Rechtsdenker, S. 429.

4. Von Verbrechen gegen die innere Ruhe und Sicherheit des Staates.
5. Von Verletzungen der Ehrfurcht gegen den Staat.
6. Von Beleidigungen der Religionsgesellschaften.
7. Von Anmaßungen und Beeinträchtigungen der vorbehaltenen Rechte des Staates
8. Von den Verbrechen der Diener des Staates.
9. Von Privatverbrechen.
10. Von Beleidigungen der Ehre.
11. Von körperlichen Verletzungen.
12. Von fleischlichen Verbrechen.
13. Von Beleidigungen der Freiheit.
14. Von Beschädigungen des Vermögens überhaupt und von Entwendungen in Sonderheit.
15. Von Beschädigungen des Vermögens durch strafbaren Eigennutz und Betrug.
16. Von Beschädigungen des Vermögens aus Rache, Bosheit und Mutwillen.
17. Von Beschädigungen mit gemeiner Gefahr.

Die Legalordnung ist einfach und schlicht und kennt keine systematische Vergewaltigung ganzer Deliktsgruppen[1]). Sie vermeidet wissenschaftliche Scholastik und fügt nicht ängstlich zusammen, wo es nur gekünstelt wäre. Der Gesetzgeber ist sich bewußt, daß er kein geschlossenes System wie die Wissenschaft aufzustellen hat. Er bevorzugt eine anschauliche Ordnung, die konkrete Lebensvorgänge nicht um einer Systematik willen auseinanderreißt. Es kommt ihm nicht darauf an, wissenschaftliche juristische Unterordnungsfragen in irgendeiner Weise doktrinär zu lösen — wie es etwa die Josephina getan hatte —, sondern er stellt für die Volksanschauung Gleichartiges im wesentlichen zusammen, indem das Ganze sehr reichhaltig aufgegliedert wird. Dadurch kann er der Bedeutung der Lebensvorgänge gerechter werden. Die Einteilung der Verbrechen bedarf nicht erst eines besonderen Studiums, damit man sich darin zurecht finde, sondern sie bringt anschaulich die Vielfalt der Lebensgüter in ihrer juristischen Schutzform zum Ausdruck. Deshalb ist die verwickelte Unterscheidung von Verbrechen und Polizeidelikten in dem Gesetzbuch nicht durchgeführt. Allerdings findet sich hier fast das gesamte Verwaltungsstrafrecht in den Vorbeugungsvorschriften, da in der Verletzung des Rechtsguts das Wesen des kriminellen Gehaltes des Delikts gesehen wurde,

---

[1]) Ähnlich schon Mittermaier, Über den n. Zustand, S. 5; Roßhirt, Entw. S. 517.

während die bloße Bedrohung auf eine Übertretung polizeilicher Art hinweist[1]). Damit liegt hier der Unterschied in dem Grade der angreifenden Annäherung an das Rechtsgut, während er in der Josephina in der Verschiedenartigkeit der Güter gesehen wurde.

a) Die Staatsgüter

In den ersten fünf Teilen zeigt sich in der Ordnung eine erhebliche Abwandlung gegenüber dem Entwurf von 1786. Die Unterscheidung von Hoch- und Landesverrat in der Eindeutigkeit der letzten Fassung, ist gegenüber allen bisherigen Gesetzgebern neu. Wir sahen bereits, daß sie theoretisch bei Globig und Huster auftritt. Die gemeinrechtliche Doktrin kannte sie nicht. In dem Entwurf bildet die Landesverräterei den zweiten Grad des Hochverrats, ähnlich wie bei Globig und Huster. Die äußerliche Trennung im Gesetz brachte eine größere Klarheit. Das ALR führt im ganzen gegenüber dem Entwurf eine schärfere Begriffsbestimmung durch[2]). Den Angriff auf das Staatsgebiet (§ 101) faßt das ALR als Landesverrat auf, obwohl es zugleich den inneren und äußeren Bestand gefährdet. Wir zählen ihn demgegenüber heute zum Hochverrat. Auffallend ist, daß der Entwurf die beleidigte Majestät und die Verbrechen gegen innere Sicherheit folgen läßt, während das Gesetz erst diese und dann den Abschnitt über verletzte Ehrfurcht gegen den Staat, dessen erste Kategorie die beleidigte Majestät ist, abhandelt[3]). Der Angriff auf das Leben und die Freiheit des Oberhauptes rechnet unter den Hochverrat, während unter die beleidigte Majestät nur die Beleidigungen des Landesfürsten und seiner Familie fallen. Das cr. l. m. ist allen Perduellionscharakters entkleidet. Es soll mit der Umstellung im Gesetz eine ganz feine Abstufung gegeben werden, nach der die Sicherheit des Staates in jedem Falle im Vordergrund steht, hinter die die Ehrfurchtsverletzung in ihrer Schwere und selbst die beleidigte Majestät zurücktreten. Hier kommt die Auffassung zum Ausdruck, daß der König sich nur als Diener des Staates fühlte. Dieser steht über ihm und bedarf des ersten Schutzes. Auf derselben Anschauung beruht die Trennung der beleidigten Majestät vom Hochverrat und die Einreihung unter die Ehrfurchtsverletzungen des Staates, wo sie mit den Beschimpfungen

---

[1]) J. Goldschmidt, S. 129ff.

[2]) Vgl. z. B. die beiden ersten Hochverratsvorschriften des Entwurfs §§ 83f. mit 20 II §§ 91f. ALR. oder dessen Einteilung d. Landesv. in drei Klassen.

[3]) Motive zum Entwurf des Strafgesetzbuches, II. Bd. 1828, S. 48, sagen: die Gründe dieser Abweichungen lassen sich aus den hier sehr mangelhaften Materialien des Landrechts nicht ersehen.

gegen Amtspersonen und Beschädigungen öffentlicher Kundmachungen und Einrichtungen in einer Reihe steht. Die private Persönlichkeit des Fürsten tritt gegenüber dem Staate zurück. Diese Erscheinung liegt in der politischen Auffassung des damaligen preußischen Staates begründet, während sich das ähnliche Bild — der sogar fehlenden beleidigten Majestät in der Toscana — aus der persönlichen tiefen Güte und dem großzügigen menschlichen Selbstverzicht des Fürsten ergab. Damit ist das römische Majestätsverbrechen paralysiert und sinnvoll in neue Begriffe übergeführt. Die preußische Gesetzgebung ist (abgesehen von der toskanischen) in der modernen Ausbildung der Majestätsverbrechen insbesondere in der klaren Trennung dieser mit und ohne Perduellion, allen anderen Gesetzbüchern vorausgegangen. Die Beleidigung der Staatsbediensteten u. a. findet sich im Entwurf noch unter dessen viertem Abschnitt der Verbrechen gegen die innere Sicherheit, und erst die letzte Redaktion stellte sie unter die Gruppe der Ehrfurchtsverletzungen. Der Grund hierfür ist darin zu sehen, daß man den Sicherheitsbegriff des Staates nicht überspannen wollte.

In der Auffassung der Religionsdelekte finden wir nicht den Niederschlag der üblichen Anschauung der anderen Gesetzbücher, daß die Religion Mittel zur Erhaltung des Staates sei. Diese lehnt Friedrich der Große in seinem Briefwechsel mit Voltaire ab. Vielmehr sieht der König in dem Schutze der Religion eine Friedensaufgabe und nicht eine Förderung des Staatszwecks[1]), ähnlich wie es schon Thomasius getan hatte. Damit rückte der König von dieser üblen utilitaristischen Einstellung ab, die in dem folgenden Jahrhundert der gewaltigen politischen antichristlichen Reaktion reichlich Nahrung zugeführt hat. Deshalb stehen die Religionsdelekte mit der Überschrift „Beleidigungen der Religionsgesellschaften" auch zwischen den Staatsverbrechen[2]) und reihen sich insbesondere denen an, die die Grundfesten des Ganzen verletzen. Der Religionsfrieden sollte durch diese Normen bewahrt bleiben. Es werden Störung des öffentlichen Gottesdienstes[3]), Mißbrauch der Religion zu Gaukeleien, Sektenstiftung und Verbitterung der Religionsparteien gegeneinander behandelt, allein im Hinblick auf den Schutz des religiösen Friedens. Damit ist das ALR zu einer gemäßigten Richtung übergegangen, nachdem die Religion ihres Eigenwertes verlustig gegangen war[4]).

[1]) Kohlrausch, S. 27.

[2]) Dazu Günther, S. 282.

[3]) Über die verfehlte Auffassung der Beleidigung d. Religionsges. schon Mittermaier, Über d. n. Zustand, S. 5.

[4]) Drost, S. 105.

Der folgende Abschnitt über die Anmaßung der Rechte des Staates enthält als wichtigstes Delikt das Münzverbrechen. Damit ist es einheitlich Staatsverbrechen geworden.

Die Verbrechen der Diener des Staates beschließen die Reihe der Staatsverbrechen; jene werden in 185 Paragraphen bis ins Einzelne aufgezählt. Es erscheinen hier die alten Vergehen der Simonie und des Ambitus in der Amtserschleichung (§§ 325ff.) und den Kassenverbrechen (§§ 418ff.). Der Aufbau des ganzen Abschnitts folgt einem wohlüberlegten Plan[1]). Es ergeben sich aber durch die Erwähnung der Verbrechen bei den einzelnen Bedientengruppen große Schwierigkeiten. Nicht nur daß häufige Wiederholungen erforderlich sind, sondern es erscheinen auch gewisse Delikte, wie aktive Bestechung (§ 368) und Sportelexzesse (§ 373) nur bei Justizbedienten, Kassenverbrechen (§ 418) nur bei Finanzbedienten, obwohl sie auch für andere Beamtengruppen zutreffen müssen. Die Schaffung einer solchen ausführlichen Gruppe der Beamtendelikte entspricht dem Sinngehalt des damaligen preußischen Staates. Er wurde durch straffste Organisation der Beamten und des Militärs groß und widmete deren Überwachung deshalb erhöhte Aufmerksamkeit[2]).

b. Die Individualgüter

Den Privatverbrechen wird zunächst ein Abschnitt vorausgeschickt, in dem nach der Notwehr die Verletzung des Hausrechts behandelt wird. Die unglückliche Stellung in der allgemeinen Vorschrift ist nur daraus zu erklären, daß beim Hausrechtsbruch das Schwergewicht auf die zulässige Verteidigung des Hausrechts gelegt wird. Deshalb mag sich der Anschluß an die Notwehr erklären. Auffallend ist, daß das Delikt unter die Privatverbrechen rechnet, während die gemeinrechtliche Lehre[3]) es im wesentlichen zu der vis publica zählte. Da aber das ALR den Kreis der Staatsverbrechen eng zieht, konnte es nur zu der Gruppe der Privatverbrechen gestellt werden.

Diese werden insbesondere von den Beleidigungen der Ehre eröffnet. Sie tritt damit als immaterielles Gut an erste Stelle. Darin liegt eine Abwendung von dem römischen Denken, das die Ehre in unserem Sinne nicht kannte. Dagegen ruhte die germanisch-rechtliche Auffassung ganz auf den Begriffen der Treue und Ehre. Gerade hier in dieser Anordnung kennzeichnet sich der starke Einfluß deutschen Rechtsdenkens auf das

[1]) Materialien zum ALR., Band XX, Fo. 175, wiedergegeben in Motive zum Entw. eines Strafgesetzbuchs, III. Bd., 1. Abt., 1830.

[2]) Vgl. Klein, Grundsätze, §§ 427, 535.

[3]) Koch, Inst., § 611.

ALR[1]). Unter den Beleidigungen erscheint auch das Duell, das nur durch jene veranlaßt wird. Die starke Kasuistik wirkt geradezu doktrinär. Ganze Auszüge von Quistorp und Klein werden dabei benutzt, wie die Materialien selbst angeben[2]). Friedrich der Große sah in dem Duell eine „espèce de meurtre"[3]). Über den Zweikampf vertrat die Aufklärung alle Anschauungen von der Straffreiheit bis zur Mordstrafe[4]).

Die körperlichen Verletzungen folgen. Unter diesen begreift das Gesetz auch die Totschlagsverbrechen, Raubmord, Vergiftung, Kindermord und Abtreibung. Die Verbrechensprophylaxe war hier so weit vorgetrieben, daß zunächst ein unendliches Gewirr von Vorbeugungsvorschriften durchstiegen werden mußte, ehe der Täter zur Tat kam. In der Behandlung des Kindesmordes, der bisher qualifiziert bestraft wurde, ist Friedrich d. Gr., entsprechend der Zeit, die sich hervorragend mit diesem Thema in Wissenschaft und Literatur — z. B. Schillers Gedicht: Die Kindesmörderin — beschäftigt hatte, milder gewesen und ließ nur noch die einfache Todesstrafe, teilweise sogar lebenslängliche Festungshaft gesetzlich anordnen. Bei der Regelung des Selbstmordes machte man sich dagegen noch nicht ganz von der Überlieferung frei[5]).

Wenn die fleischlichen Verbrechen folgen, dann anscheinend, weil es sich dabei oft zugleich um eine Verletzung der körperlichen Unversehrtheit handelt. Entgegen der verschiedenartigen Klassifikation der aufklärerischen Literatur und Gesetzgebung behandelt das ALR, wie das bisherige gemeine Recht, alle fleischlichen Verbrechen, wie Kuppelei, Verführung, Blutschande und Notzucht, Ehebruch, Bigamie, Sodomie gemeinsam. Dagegen erhielt die Entführung — wie in der Josephina — eine Stelle unter den Freiheitsdelikten. Den Forderungen der Aufklärung ist das Gesetzbuch mit seiner strengeren Bestrafung des Ehebruchs der Frau wegen des eventuellen Unterschiebens eines fremden Kindes nachgekommen[6]). Im ganzen zeigt sich in der Bestrafung der Sittlichkeitsdelikte die allgemeine milde Beurteilung dieser „menschlichen Schwäche".

Unter den Beleidigungen der Freiheit erscheinen die Nötigung, der Menschenraub und die Entführung und das unbefugte Halten von Privatgefängnissen. Dieser Begriff deutet auf die ehemalige Auffassung

---

[1]) Über die sonst ablehnende Haltung gegenüber deutschrechtlichen Fragestellungen Thieme, Kod., S. 391ff.

[2]) Vgl. Motive zum Entwurf eines Strafgesetzbuchs, III. Bd. 2. Abt. 1830, S. 13.

[3]) Seine Dissertation, S. 32f.

[4]) Günther, S. 261ff.

[5]) Vor. Anm., S. 256, 281.

[6]) Günther, S. 285.

der Verletzung staatlicher Hoheitsrechte hin[1]). Die jetzige Stellung des Deliktes macht es zum Privatverbrechen. Der Menschenraub ist eindeutig zu einem Freiheitsdelikt geworden. Seine Stellung war bisher sehr schwankend gewesen. Das römischrechtliche Plagium[2]) paßte durch die Sklavenverhältnisse der Antike nicht mehr auf die späteren Anschauungen. Der Sachsenspiegel[3]) stellte das Gefangennehmen des Mannes in enge Verbindung mit dem Totschlag, während der Schwabenspiegel den Diebstahl eines Menschen aufführt. Diese Auffassung beruht auf dem kanonischen Recht[4]), das im Anschluß an das Deuteronomium[5]) vom Stehlen eines Menschen, der sogenannten Seelenverkäuferei, spricht. Diese Ansicht behalten die italienischen Juristen und die gemeine Strafrechtswissenschaft bei[6]). Erst das ALR gibt dem Delikt die eindeutige Richtung der Verletzung der Freiheit.

Bahnbrechend wurde die Auffassung des ALR für die Entführung durch deren Lozierung. Im deutschen Mittelalter war der Frauenraub oft mit der Notzucht als eine Art Raub der Person oder weiblichen Ehre zusammengestellt[7]). Dagegen verletzte die Entführung, die mit Willen der Entführten geschah, die Muntgewalt[8]). Die CCC stellte in Art. 118f. die Entführung und die Notzucht, entsprechend der kanonischen Anschauung, in enge Verbindung miteinander gemeinsam unter die Sittlichkeitsdelikte und trübte dabei den Unterschied zwischen dem Vergehen mit Willen und ohne Willen der Entführten. Das ALR rechnet, wie die Josephina, die Entführung zu den Freiheitsdelikten. Dadurch wird der in der gemeinrechtlichen Strafrechtswissenschaft maßgebende Gedanke der Verletzung der Sittlichkeit hinfällig[9]).

Damit wird innerhalb der Privatverbrechen die Gruppe der Verbrechen, die sich gegen bestimmte Personen richten, geschlossen. Es folgen die Verbrechen gegen das bestimmbare Vermögen. An diese reihen sich dann am Schluß die gemeingefährlichen Verbrechen, die

---

1) Cod. 9, 5 faßt das Verbrechen ausdrücklich als Anmaßung staatlicher Rechte auf.

2) D 48, 15; Cod. 9, 20.

3) Sachsenspiegel, 2. Buch, Art. 13, 5.

4) C 4, X, 15, 17; qui furatur hominem.

5) 5. Mose, 24, 7: Wenn jemand gefunden wird, der aus seinen Brüdern eine Seele stiehlt . . . soll des Diebstahls sterben.

6) Vgl. dazu ausführl. Literatur Tittmann, Handbuch, I, S. 389, Anm. Qu.

7) Dazu His, II, S. 154f.

8) Vor. Anm., S. 157, 161.

9) Das ALR hat hier die folgende Wissenschaft entscheidend beeinflußt, vgl. Mittermaier in Feuerbachs Lehrbuch, § 255, Noten.

sich auf unbestimmte Personen und Vermögensobjekte, aber auch dabei zugleich auf die öffentliche Sicherheit, wie z. B. bei dem Landzwang, beziehen.

Der 14. Abschnitt über die Beschädigung des Vermögens überhaupt umfaßt die einzelnen Arten des Diebstahls, den Raub, die Hehlerei und die Begünstigung. In dieser Anordnung ist das ALR stark der gemeinrechtlichen Lehre der Unterscheidung von heimlichem und offenem Diebstahl gefolgt. Unklar bleibt, wie das ALR das Verhältnis von Diebstahl und Raub gestalten wollte. Da der Allgemeinbegriff des Diebstahls im § 1108 den Raub mit umfaßt, scheint jener sich in den eigentlichen Diebstahl und den Raub zu scheiden. Allerdings deuten auf das Gegenteil die beiden, durch Ziffern geschiedenen Marginalien hin. Je nach der Auslegung der Lozierung des Raubes verschiebt sich sein Begriff[3]). Jedenfalls war die CCC im Art. 126 genauer in der Auffassung vom Raube, da sie ihn vom Diebstahl völlig abtrennte. Einen selbständigen Begriff der Unterschlagung kennt das ALR nicht. Es spricht nur in einigen Vorschriften von Veruntreuung, teilweise durch Unterschlagung[4]).

Mit dem folgenden Abschnitt von den Beschädigungen des Vermögens durch strafbaren Eigennutz und Betrug verläßt das ALR den teleologischen Aufbau nach den verletzten Gütern und systematisiert teils nach der Art der Begehung, teils nach der persönlichen Gesinnung des Täters. Dieser Abschnitt über Eigennutz und Betrug ist in seiner Stellung zum vorhergehenden und nachfolgenden und in seinem beispiellosen bunten Inhalt nur aus dem Plane Svarez' zu verstehen[1]). Neben Wucher, Aufkäuferei, Spiel erscheint der Betrug als Oberbegriff für zahlreiche Straftaten. Hierunter fallen Untreue, Urkundenfälschung, Falschspiel, Meineid, falsche Anschuldigung, Unterschiebung fremder Geburt, Bankrott u. a. Einerseits hat zu der Bildung dieses Konglomerats von Straftaten der uferlose Begriff des falsum, andererseits auch die ganz mangelhafte Erfassung des Wesens des Betrugs geführt. Der Meineid wird, wie in der Josephina, als eine Art des Betrugs angesehen.

---

[1]) Die Materialien zum ALR ergeben auch nichts darüber; vgl. dazu Mot. zum Entwurf eines Strafgesetzbuchs, IV. Bd., 1828, S. 13.

[2]) §§ 1350/53/66/73.

[3]) Materialien zum ALR, Bd. XX, Blatt 199, wiedergegeben in Mot. IV. Bd., 1828, S. 175. Bezüglich der Verbrechen der Vermögensbeschädigung sagt Svarez folgendes: Die Haupteinteilung entsteht aus dem Beweggrunde und der Absicht, warum dergleichen Beschädigung zugefügt wird. Diese sind entweder Eigennutz und Gewinnsucht oder Rache und Bosheit, Schadenfreude. Ein und dieselbe unerlaubte Handlung kann nun zwar bald aus diesem, bald aus jenem Motive begangen werden. Inzwischen lehrt die Er-

Die Deliktsgruppe der Beschädigung des Vermögens aus Rache, Bosheit und Mutwillen ist verfehlt, da hier schwer zu erkennende Beweggründe die Einheit der Tatbestände bilden[1]). Diese Art der Vermögensbeschädigung steht im Gesetz am Schluß der sonstigen Beschädigungen Einzelner, da es sich um Aushilfsverbrechen handelt, die unter Umständen in einem weiteren Verbrechen aufgehen.

Den letzten Abschnitt bilden die Beschädigungen mit gemeiner Gefahr[2]), die neben der Brandstiftung und Überschwemmung auch die seltsame Landesbeschädigung und den Landzwang behandeln. Diese Gruppe soll nicht eine dritte gegenüber den Staats- und Privatverbrechen bilden. Der Gesetzgeber meint aber zu erkennen, daß hier noch ein weiteres Charakteristikum, nämlich die Unbestimmtheit des verletzten Personenkreises, zu dem sonstigen Privatverbrechen hinzukommt. Svarez glaubte zudem, daß für die gemeingefährlichen Delikte die Schadenfreude das maßgebliche Motiv wäre und schloß diese Gruppe deshalb den vorerwähnten Vermögensbeschädigungen an, die durch den Beweggrund bestimmt waren. Der Gesichtspunkt der Schadenfreude ist aber für die Beurteilung des Abschnitts nicht entscheidend, denn jene braucht im Einzelfalle nicht vorzuliegen. Die Landesbeschädigung und der Landzwang passen nicht recht in die Gruppe. Im ganzen gesehen regelt das ALR auch auf diesem Neuland vorsichtig. „Der Gedanke, den Begriff der Gemeingefahr zur Bildung einer selbständigen Gruppe strafbarer Handlungen zu verwerten", ist „ein Produkt der deutschen Rechtsentwicklung der Aufklärungszeit, zuerst und ohne erkennbare Beeinflussung durch die zeitgenössische Rechtswissenschaft verwirklicht im Preußischen LR von 1794"[3]). Wissenschaft und Gesetzgebung verhalten sich zunächst in der Folgezeit recht ablehnend zu

---

fahrung: 1. daß Betrügereien, Verfälschungen und Diebstahl mehrenteils aus Gewinnsucht, dagegenüber: 2. Brandstiftungen und Überschwemmungen meistens aus Rache und Bosheit verübt werden. Was nun die erste Klasse betrifft, mit deren Abhandlung der Anfang gemacht werden muß, so sind die Unterabteilungen nach der Art zu bestimmen, wie die Beschädigung verübt wird. Es wird nämlich dem Anderen entweder direkte und geradezu etwas aus seinem Eigentum und Vermögen weggenommen: Diebstahl, Entwendung; oder es wird ihm solches durch List und Verstellung der Wahrheit entzogen und vorenthalten: Betrug. — Svarez scheidet dann jede Bereicherung in unerlaubten Eigennutz und Betrug.

[1]) Wie ALR. so Klein, § 480, verfehlt.

[2]) Über Entwicklung des Begriffs Gemeinschädlichkeit zur Gemeingefährlichkeit Binding, Lehrb. II 1, S. 1—3; dazu noch Schütze, S. 506, Nr. 1, 2.

[3]) Kitzinger, S. 1.

dieser neugebildeten Gruppe und schließen sich erst Jahrzehnte später unter schärferer Begriffsbildung an[1]).

3. Die Wertsystematik im Gesamtaufbau

Da die Einteilung der Verbrechen auf dem Hintergrunde der Abstufung von Werten erfolgte, haben wir in dem besonderen Teil ein getreues Spiegelbild vor uns, wie der Gesetzgeber die einzelnen Rechtsgüterbereiche der Gemeinschaft und des einzelnen, die religiösen, sittlichen und materiellen Werte gegeneinander abgewogen hat. Die überstaatlichen Werte der Religion bilden den Gehalt der Staatsauffassung nicht mehr mit, sie werden aber auch nicht in radikaler Erniedrigung zu einem trüben Mittel zum Zweck, sondern in ihrer menschlichen Äußerung auf den Frieden bezogen. Auch zeigen die Sittlichkeitsdelikte nicht diese extreme aufgeklärte Banalisierung, sondern sind in ihrer Gefahr für den verantwortungsbewußten Staat genügend erkannt. Die beiden großen Güterbereiche des Staates und des einzelnen sind weise gegeneinander ausgewogen. Hier ist keines der schematischen Wertsysteme in das Gesetz projiziert, wenn auch dem preußischen Staat die transpersonalistische Wertung der Güter mit ihm an der Spitze staatstheoretisch nahelag. Es wurde nicht die Gewalt des Staates, sondern die Wohlfahrt des Ganzen und damit des einzelnen betont, die gerade durch die vielen und genauen Vorschriften gefördert werden sollte. Die enge Begrenzung der Staatsgüter zeigt das Zurücktreten der Staatssphäre vor den Einzelgütern und den Einfluß individualistischer Wertvorstellungen auf die ganze Legalordnung.

Die Anordnung ist originell, drückt aber die geschichtliche Verbundenheit des Werkes aus, die mit dem preußischen aufgeklärten Absolutismus zusammenschmilzt. Gerade in dem Bekenntnis zu der historischen Kontinuität, in dem Anschluß an das Gute der vergangenen Entwicklung und in der vorsichtigen Bejahung des Positiven der Gegenwart liegt die Stärke des ALR. Die lebensnahe Verbrecheneinteilung offenbart den gesunden praktischen Sinn des Gesetzes[2]). Svarez entsprach

---

[1]) Mittermaier, Über den neuesten Zustand, S. 118ff.; auch Kitzinger, S. 2.

[2]) Vgl. dazu Kleins Histor. Nachr. . . in Sammlung von Urkunden a.a.O., S. 167f., die Ordnung, in welcher die große Menge der Rechtswahrheiten aufgestellt und vorgetragen werden sollte, war ein der Sorgfalt der neuen Gesetzgebung gewiß nicht unwürdiger Gegenstand. Die strenge philosophische Methode des Compendii schien der Würde eines Gesetzbuches nicht gemäß zu sein. Man mußte dem gewöhnlichen Leser durch eine nicht schwer zu übersehende Klassifikation der Gegenstände zu Hilfe kommen.

dem Bild eines Gesetzgebers seiner Zeit, der „hauptsächlich in der Kenntnis desjenigen, was man l'esprit des lois nennt, stark sein muß"[1]). Seine Begabung für konkrete Erfassung der Lebenstatbestände, seine sprühende, in die Einzelheiten der tatsächlichen Vorgänge gehende Phantasie bewahren ihn vor allzu starker doktrinärer Formgebung. So hat er mit sicherem Griff den meisten Delikten ihre konkrete lebensbedingte Ordnung zugewiesen, ohne auf theoretische und begriffliche Forderungen der Zeit, die aus einer Überbetonung eines Gesichtspunktes entstanden waren, einzugehen. Er trägt dadurch keine künstliche oder lehrhafte Einteilung oder eine gesetzesfremde Systematik in den Aufbau, sondern schafft vielmehr ein spezifisch deutsches Gesetzessystem, dessen Wirkung bis auf unser Strafgesetzbuch spürbar ist.

11. Kapitel

Die Legalordnung der französischen Gesetzgebung

1. Das Strafgesetzbuch von 1791

Die französiche Strafgesetzgebung setzte zur Zeit der konstitutionellen Monarchie im Jahre 1791 ein. Zu jener gehören der code pénal de 6 oct. 1791, der nur schwere Straffälle behandelt, und das Gesetz über Polizeivergehen vom 22. Juni 1791. Es war die Zeit, in der die radikalen Forderungen der Revolution sich noch nicht durchgesetzt hatten. Der Gesetzgeber hatte in seinem Lande kein Vorbild für eine Kodifikation, da das Strafrecht nur in einzelnen Ordonnanzen festgelegt war. Gerade in Frankreich war die Reformbewegung für ein neues Strafrecht sehr stark gewesen, da die Mißstände im ancien régime durch die Willkür des Staates weit schlimmer als in den anderen zivilisierten Staaten gewesen waren. „Durch die Strafjustiz der alten Monarchie ist das französische Volk systematisch zur Grausamkeit erzogen worden"[2]). Die großen Philosophen Montesquieu, Rousseau und die Enzyklopädisten hatten alle einer Humanisierung des Strafrechts das Wort gesprochen. Besonders die letzten hatten versucht, Staat und Gesetz von allen transrationalen Mächten zu befreien[3]). Voltaire, der unermüdliche Streiter für eine Reformierung des Strafrechts, entfachte das Interesse der öffentlichen Meinung durch Hinweis auf die zahlreichen Skandalprozesse

---

[1]) So Fenderlein, Volks-Codex, Breslau, 1783—87 bei Thieme, Kodifikation. S. 367, Anm. 1 zit.

[2]) Hertz, S. 121.

[3]) Vor. Anm., S. 123, 139ff.

der Zeit. Als die Schrift Beccarias herüber kam, war der Boden Frankreichs für die reformerischen Gedanken schon voll vorbereitet. Mehrfache Preisausschreiben in Metz, Châlons sur Marne und in übrigen Orten regten immer wieder an, zu den Fragen eines aufgeklärten Strafrechts Stellung zu nehmen[1]).

So war mit der Revolution die Zeit gekommen, daß die bisher nur theoretisch formulierten Gedanken in die Praxis umgesetzt wurden. Der allgemeine europäische Zug nach Kodifikationen bekam in Frankreich sofort eine konkrete Gestalt. En 1789, en 1790 il ne se passe pas une semaine, sans que les journaux annoncent la publication d'une nouvelle brochure sur la réforme pénale[2]).

Das Gesetz wurde von den Reformern als Sicherung gegenüber der richterlichen Willkür verstanden, deshalb hatten schon Montesquieu[3]) und nach ihm die übrigen Reformer bestimmte und vollständige Gesetzbücher[4]) verlangt. Dieser Gedanke war bei der Abfassung des code pénal von 1791 immer wieder leitend gewesen.

Als die gewöhnliche Einteilung der Verbrechen in der damaligen französischen Strafrechtsliteratur gibt uns Marat in seinem „Plan de législation"[5]) folgende an; die Verbrechen wider 1. l état, 2. la sûreté de ses membres, 3. la propriété, 4. l'honneur, 5. les moeurs, 6. la tranquillité publique, 7. l'obéissance légitime, 8. la réligion[6]). Dabei stehen die Sitten und Religionsdelikte, die Verbrechen gegen die öffentliche Ruhe und den gesetzlichen Gehorsam hinter den Eigentumsdelikten, was ihre geringere Bedeutung gegenüber diesen und den Staatsdelikten zum Ausdruck bringen soll.

Die Einteilung des Strafgesetzbuches von 1791 ist klar. Der 1. Titel des 2. Teils bezieht sich auf crimes et attentats contre la chose publique, der 2. Titel auf crimes contre les particuliers. Unter jenen werden die Verbrechen gegen die äußere und innere Sicherheit und gegen die Verfassung in je einer Sektion behandelt. Dann folgen weiter les délits des particuliers contre le respect et l'obéissance dus à la loi et à l'autorité des pouvoirs constitués pour la faire exécuter (sec. 4); les crimes des fonctionaires publics dans l'exercice des pouvoirs qui leur sont confiés (sec. 5); les crimes contre la propriété publique.

Der 2. Titel handelt von den crimes et attentats contre les personnes und von crimes et délits contre la propriété.

---

[1]) Günther, Gerichtssaal, Bd. 61, S. 168ff.
[2]) Nach Günther, Gerichtssaal, Bd. 61, S. 171, Anm. 1 zit.
[3]) Esprit des lois, lib. VI, chap. 6 ausführlich.
[4]) Günther, Gerichtssaal, Bd. 61, S. 203f.
[5]) Dazu oben S. 99.
[6]) S. 229 in Marats Plan.

Das Strafgesetzbuch zeigt schon in der Legalordnung eine feste und straffe Gliederung[1]). Es ist den extremen Anschauungen der französischen Aufklärung nicht nachgegangen. In der Voranstellung der Staatsdelikte liegt eine Abwendung vom äußersten Individualismus. Hier ist die Wirkung der Staatslehre eines Rousseau zu verspüren, nicht etwa die Wendung zum Polizeistaat. Gerade Rousseau hatte der französichen Revolution das geistige Rüstzeug in geschlossener Systematik gegeben. Auf ihn geht der materielle Gehalt der Revolution im wesentlichen zurück. Er erkannte aber staatsrechtlich keinen ungebundenen Einzelnen an, für ihn gab es nur die Gesamtheit, und die Bindung der Bürger an diese war die Grenze für die Individualsphäre. Chacun de nous met en commun sa personne et toute sa puissance sous la suprême direction de la volonté générale, sagt Rousseau. Der Staat hat alles Recht und alle Gewalt über seine Bürger. Das Recht bedarf der Macht. Aus dem Gesetz empfängt der Mensch seine Freiheit zurück. Damit entspringt die soziale Ordnung wiederum aus Freiheit[2]). So ließ Rousseau durch seinem contrat social den einzelnen recht stark auf eigene Freiheit verzichten. Es ist bei dem hohen Einfluß, den Rousseau gerade auf die führenden Männer der konstitutionellen Monarchie gehabt hat, nicht verwunderlich, wenn die volonté générale in Gestalt des Staates im Strafgesetzbuch eine beherrschende Stellung und den größten Schutz erhielt. Daß dabei der einzelne trotz der Erklärung der Menschen- und Bürgerrecht im Jahre 1789[3]) zurücktrat, ist allein aus Rousseaus Lehre erklärlich.

Die Behandlung der Staats- und Privatdelikte ist ganz ungleichmäßig. Die eigentlichen Staatsdelikte, die die Sicherheit, die Verfassung und die Beamten betreffen, werden unverhältnismäßig breit gegenüber den kurzen Bestimmungen über die Delikte gegen den einzelnen erörtert.

Ungewöhnlich ist, daß der äußere Angriff auf den Staat, der Landesverrat, zuvorderst steht. Dies ist aber aus der Lage der damaligen konstitutionellen Monarchie zu verstehen. Die Constituante fürchtete eine Gegenrevolution der Emigranten mit Hilfe der anderen europäischen Mächte, hatte der König doch gerade einen Fluchtversuch nach Osten gemacht. Für sie bedeutete der Schutz nach außen die Existenzfrage. Dieser gegenüber trat die innere Sicherheit in ihrer Bedeutung zurück.

Erstmalig in einem Strafgesetzbuch erscheint die Gruppe der Verbrechen gegen die Verfassung. Man hatte diese soeben Mitte des Jahres

---

[1]) Schäffner, S. 324.

[2]) Schönfeld, S. 305f.

[3]) Nach deren Maßgabe sollte laut einem Dekret vom 16. 8. 1790 (von Bar, S. 166) das Strafgesetzbuch aufgestellt werden.

fertiggestellt. Zu jenen zählen die Hochverratsdelikte. Die Trennung des Landesverrats und Hochverrats durch die Vorschriften über die innere Sicherheit — die Anordnung ist äußere, innere Sicherheit, Verfassung — ist nicht sehr glücklich, da die Bestimmungen, die den Bestand des Staates schützen, innerlich zusammen gehören.

Die Widersetzlichkeit gegen die öffentliche Gewalt steht vor den Amtsverbrechen. Für den damaligen Staat stand der Angriff auf die innere Gewalt wegen der unruhigen Zeiten gegenüber den Amtsverbrechen im Vordergrund, weshalb jener auch besonders ausführlich erörtert worden ist. Bezeichnenderweise ist im code Napoléon die Stellung der beiden Gruppen gerade umgedreht worden.

Der Titel der Privatverbrechen gegen die Person oder das Eigentum ist kurz.

Zu den Polizeidelikten rechnen nach dem besonderen Gesetz[1]) die Sittlichkeits- und Religionsdelikte[2]), die Beleidigung, Störungen der öffentlichen Ruhe und geringere Eigentumsverletzungen. Damit ist diese Gruppe der aufgeklärten Theorie sehr nahe gekommen, indem der polizeiliche Bereich sehr weit gefaßt ist. Allerdings zeigt die Aufstellung der Religionsdelikte, daß der Staat die Religion als solche noch anerkennt. Die Zeit des „être suprême" stand noch bevor. Auch auf Sittlichkeitsdelikte hat der Staat nicht verzichtet, wie es Voltaire mit seiner Bezeichnung „d'aimables faiblesses" gefordert hatte[3]). Das Strafgesetz atmet nicht den Geist einer kopflosen Reform, wie man es nach den Ereignissen des Jahres 1789 hätte erwarten können. Dem Individuum ist nach der Legalfolge gegenüber dem Staat eine recht bescheidene Rolle zugewiesen worden. Es waltet ein Geist menschlicher Ausgeglichenheit und Humanität, der aus Vernunft und Klugheit fließt, in dem ganzen Werke. Allerdings ist der code dafür recht ungeschichtlich, wie auch die gesetzlichen Entwürfe der späteren republikanischen Zeit[4]). Diese Werke sind von der Begeisterung für eine allumfassende Humanität getragen und verlieren sich deshalb leicht im abstrakten Theoretisieren. Wenn der code von 1791 den Ehebruch so leicht einschätzt, daß er ihn zum polizeilichen Delikt macht, oder die Sittlichkeitsdelikte so geringfügig ansieht, ebenso die Störung der öffentlichen Ruhe so schwach bewertet, dann verspürt man hierin wohl einen milden gesetzgeberischen Willen, der sich aber allzu leicht von den realen Notwendigkeiten des Staates entfernt. Das Gesetzbuch trägt noch in vielem das abstrakte Ziel des

[1]) In titre 2, art. 7 heißt es: les délits punissables par la voie de la police correctionelle.

[2]) Bezüglich l'exercice d'un culte religieux quelquonque.

[3]) Günther, S. 237ff.

[4]) Thieme, Das Naturrecht, S. 39.

frühen Naturrechts, ein Idealwerk für alle zu sein. C'étaient les codes de l'humanité idéale[1]). Diese sollten nur allzu schnell in den folgenden blutigen Schreckensmonaten ihren Gehalt verlieren.

2. Der Code Pénal Napoléon

Die Zeit Napoleons machte ein neues Strafgesetzbuch notwendig. Die Vorarbeiten dazu wurden im Jahre 1804 im Projet du Code criminel veröffentlicht[2]). Daß hier bereits die Menschlichkeit der Staatsraison weichen mußte und die Gewalt und Macht des Staates den Ausgangspunkt für die Arbeiten bildeten, ist nicht verwunderlich. Une réaction contre la révolution[3]) setzt damit gesetzgeberisch ein, die wieder an die autoritären Gedanken des ancien régime und an seine Güterüberlieferung anknüpfte. Target, einer der damaligen Redaktoren, zeigt es in den Worten[4]): Les crimes les plus pernicieux et par conséquent les plus graves sont ceux qui attaquent la sûreté de l'état, qui ébranlent les fondements de l'ordre et de la paix, parce que, dans un seul attentat, ils contiennent tous les maux et tous les crimes. Viennent ensuite ceux qui attentent à la vie et à la sûreté des individus. Kurz vorher führte er aus, la gravité des crimes se mesure donc non pas tant sur la perversité qu'ils annoncent que sur les dangers qu'ils entraînent.

Damit ist die Abstufung nach der allgemeinen Gefahr gegeben. Der code pénal von 1810 ist dann dem Entwurf weitgehend gefolgt. Da auf die Fassung besonders Wert gelegt worden ist[5]), ist die Stellung der einzelnen Verbrechen umso wichtiger.

Das Gesetz behandelt die Verbrechen und Vergehen im 3. Buch. Sie teilen sich, wie im code von 1791, in crimes et délits contre la chose publique et contre les particuliers. Der Ausdruck chose publique ist so unbestimmt, daß er nur durch den Gegensatz les particuliers eine gewisse Grenze erhält. Dadurch, daß der Gesetzgeber von vornherein gleich diese Scheidung vornimmt, muß er bei zahlreichenDelikten zu einer ganz unvollkommenen Einordnung kommen, da sie nach beiden Richtungen hin verstoßen[6]). Erscheint die Einteilung für die damalige Zeit in Anlehnung an die Unterscheidung von Staats- und Privatverbrechen nicht

[1]) Garraud, 1. Bd., S. 161.

[2]) Projet du Code Criminel, correctionnel de Police, presenté par la commission nommée par le Gouvernement (ohne Jahr und Ort).

[3]) Thieme, Das Naturrecht, S. 39.

[4]) In Anm. 3 unter Observations, S. IV.

[5]) v. Bar, Geschichte, S. 170.

[6]) Chauveau-Hélie, a. a. O., Nr. 955f., z. B. des faux témoignages, incendis etc.

unberechtigt, so hat der Gesetzgeber dagegen in vielen Fällen selbst gröblichst verstoßen[1]). Die Voranstellung der Staatsdelikte ergab sich aus dem Vorbild des code von 1791, floß aber in Napoleons Gesetzbuch nicht mehr aus Rousseaus Vertragslehre, sondern aus der Staatsräson. Sowohl die Erweiterung dieser Gruppe als auch die Schärfe der Strafen zeigt die innere Wandlung der Staatsstruktur.

Der 1. Titel behandelt in seinem 1. Kapitel die Verbrechen gegen die äußere und innere Sicherheit — wie der code von 1791. Der Begriff der inneren Sicherheit ist so weit, daß darunter neben dem Angriff auf den Kaiser der Bürgerkrieg, der gesetzwidrige Gebrauch der bewaffneten Macht und die öffentliche Verheerung und Plünderung fallen. Dann folgen im 2. Kapitel die Delikte gegen die Verfassung. Die deutschen Begriffe Landesverrat und Hochverrat sind auf die ersten drei Gruppen nicht anzuwenden; paßt der Landesverrat noch auf die Verbrechen gegen die äußere Sicherheit, so ist der Hochverrat zu eng für die Ver- Verbrechen gegen die innere Sicherheit und die Verfassung[2]). Denn unter die Verfassungsdelikte fallen die Straftaten, die sich auf die Ausübung der staatsbürgerlichen Rechte beziehen, die Angriffe auf die Freiheit, gesetzwidrige Vereinigung von Beamten und Eingriffe der Verwaltungs- und gerichtlichen Behörden. Die Zusammenfassung aller dieser Delikte unter dem Oberbegriff der Verletzung der Verfassung — schon ähnlich im code von 1791 — erklärt sich aus der Bedeutung dieser ganzen neuen Einrichtung. Sie erhielt erstmalig im französischen Recht den Charakter eines Schutzobjektes. Die Gruppierung ist jedoch unglücklich, weil unter lehrhaften Gesichtspunkten verschiedenartigste Tatbestände vereinigt sind. Dazu muß sie notwendig unvollkommen sein, da die Verfassung mehr beinhaltet als die erwähnten Schutzgüter. Außerdem gehören unter die Angriffe auf die Freiheit, die doch auch verfassungsmäßig garantiert ist auch die Entführung, zahlreiche Gewaltdelikte, Menschenraub usw., die aber unter die Privatdelikte eingereiht sind.

Das dritte Kapitel gegen den öffentlichen Frieden, mit dem der erste Titel contre la chose publique schließt, ist ein gewaltiges Konglomerat zahlreicher unter sich ganz fremdartiger Delikte[3]). Es umfaßt u. a. Fälschung von Münzen, Amtsverbrechen, Störungen öffentlicher Ordnung durch Religionsdiener, öffentlichen Ungehorsam, Verhinderung der freien Ausübung der Religion, Landstreicherei, unerlaubte Gesell-

---

[1]) Garraud, 3. Teil, S. 470; vgl. auch Mittermaier zu Feuerbachs Lehrbuch, § 16, Anmerkung 2, und Über den neuesten Zustand, S. 115f.

[2]) Berner, StGB., S. 67, falsch, wenn er das 1. Kapitel mit Landesverrat, das 2. mit Hochverrat bezeichnet.

[3]) Chauveau-Hélie, 955; cette dernière classe contre la paix publ. pourrait, à tout prendre, renfermer l'universalité des criminations de la loi.

schaften u. a. Unter die Fälschung wird dabei auch diejenige von Privaturkunden (§ 150) gerechnet, während das falsche Zeugnis und der Meineid (§§ 361ff.) unter die Delikte gegen Privatpersonen gezählt werden.

In dem Entwurf findet sich der Abschnitt über die Religionsdiener noch nicht. Der Staat versuchte allmählich immer mehr, seine Sicherheit nach allen Seiten hin zu befestigen und konnte infolgedessen auf eine Überwachung der Religionsdiener nicht verzichten. Die Vorschriften atmen nichts mehr von Milde und Humanität, sondern stützen vielmehr die staatliche Aufsichtsfunktion.

Die Sittlichkeitsdelikte sind aus den öffentlichen Verbrechen herausgenommen und zu den Privatdelikten gestellt worden.

Der Code macht die Unmöglichkeit klar, alle öffentlichen Delikte in die drei Begriffe der Staatssicherheit, der Verfassung und des öffentlichen Friedens einzuordnen. Es handelt sich hierbei oft um willkürliche Zuteilungen, die wertlos, geradezu unzutreffend sind. Es wäre besser gewesen, die Verbrechen nicht so stark in doktrinäre Hauptgruppen einzuordnen.

Der zweite Titel behandelt unter den Personenverbrechen u. a. die Tötungsdelikte, Körperverletzung, Sittlichkeitsverbrechen, Freiheitsberaubung, Personenstandsfälschung. Schon diese allgemeine Aufzählung ergibt, wie zwecklos und falsch die Aufstellung einer allgemeinen Gruppe der Personendelikte ist. Nur die beiden ersten Verbrechen richten sich gegen die Person i. w. S., die übrigen gegen die verschiedenartigsten Rechtsgüter.

Die Zusammenfassung des Meineides mit Beleidigungen verkennt völlig sein Wesen. Seine Stellung am Schluß der Personenverletzungen wird der Schwere des Verbrechens nicht gerecht.

Die Delikte gegen das Eigentum umfassen im wesentlichen Diebstahl, Bankrott, Betrug und Beschädigungen. Ist schon der Begriff des Eigentums hier nicht passend, so ist die innere Anordnung dieses Kapitels nicht folgerichtig. Die gemeingefährliche Beschädigung paßt nicht hierher wegen der besonders mit ihr verbundenen Gefahr, die sich nicht gegen eine Privatperson zu richten braucht.

Der Code geht in der Trichotomie einen neuen Weg, der die unsichere Abgrenzung der Polizeidilikte in der Lehre vermeidet. Dabei werden unter Übertretungen (4. Buch) nur minder schwere Taten oder Ordnungswidrigkeiten verstanden, die gegen die beiden anderen Gruppen quantitativ nach der Strafdrohung abgegrenzt sind. Sie sind Bagatellsachen und tragen damit nicht den Charakter von Verwaltungsdelikten.

Das Gesetzbuch entspringt keinem aufgeklärten und fürsorglich polizeistaatlichen Denken, sondern ist aus dem Geist eines Machtstaates geboren. Bei der Legalordnung ist zu berücksichtigen, daß sie zum Teil bereits im Code von 1791 vorgezeichnet war. Die Aufgliederung führt zu einer zu weitgehenden begrifflichen Zusammenfassung und zu falschen Gesichtspunkten[1]). Gegen sein eigenes logisches Prinzip hat der Gesetzgeber mehrmals verstoßen. So bleibt die Legalordnung eine seltsame Mischung einer doktrinär wirkenden, theoretischen Konstruktion und empirischer Berücksichtigung der geschichtlichen Begebenheiten, was sich besonders in den Staatsdelikten auswirkt. Die systematische Anordnung in den wenigen Gruppen ist aus der Lehre des Naturrechts entnommen, die im preußischen wie im österreichischen Gesetzbuch im Interesse einer speziellen Gesetzessystematik bereits schon überwunden war. Die Wertsystematik, die das Gesetzbuch offenbart, ist die des aufgeklärten Machtstaates.

12. Kapitel

Neubegründung der Systematik durch Feuerbach und ihre Durchführung im bayrischen Strafgesetzbuch von 1813

1. Feuerbachs Rechtsbegriff

Obwohl das bayrische Strafgesetzbuch nur 20 Jahre vom ALR und wenige Jahre von dem französischen Strafgesetzbuch getrennt ist, erfüllt es ein ganz anderer Geist, der das kommende Jahrhundert bestimmen sollte. Diese geistige Grundlage bildet sich als Reaktion gegen die vergangene verwilderte Strafrechtspflege, aber auch gegen Naturrecht und Aufklärung aus.

In wenigen Strichen sollen noch einmal die Strömungen gekennzeichnet werden, die zu einem Umschwung in der ganzen Strafrechtsauffassung führten, denn Anselm von Feuerbach ist ein echtes Kind seiner Zeit, so modern uns auch manchmal seine Gedanken vorkommen mögen. Er ist nur aus dieser Übergangsperiode von Aufklärung zu Kantischer Philosophie zu erfassen, aus der sich auch sein dauernder Kampf gegen Überliefertes ergibt.

Das Strafrecht am Schluß des 18. Jahrhunderts teilte sich einerseits in gemeinrechtliche Lehre und Praxis, andererseits in die von der Auf-

[1]) Chauveau-Hélie, Nr. 951/57/58 mit Noten erkennen, daß das System des Code die Tendenz und den Geist des Gesetzes bereits enthüllen. Dabei gehen sie auf die Klassifizierung näher ein. Ein allgemeines wissenschaftliches System dürfe der Gesetzgeber nicht demonstrieren, parce que la prétention d'une classification systématique entraîne le danger de ces déductions logiques que le législateur n'avaient pas prévus et qui peuvent alterer sa pensée.

klärung befruchtete und neu entstandene Theorie eines modernen Strafrechts. Das Ungebundensein des Richters an das Gesetz bei außerordentlichen Strafen und die Notwendigkeit bei den überalterten Strafen der Carolina von diesen abzuweichen, hatten in der Praxis einen unsicheren Zustand, der bis zur richterlichen Willkür reichte, geschaffen. Das Naturrecht hatte an Stelle der Vergeltungsstrafe die Zweckstrafe gesetzt, wobei die gemeine Wohlfahrt den teleologischen Richtpunkt darstellte. Die Praxis, die eines gesetzlichen Strafmaßes fast immer entbehrte, füllte diese Lücke, indem sie sich an die Forderungen des Naturrechts hielt. Damit ging Hand in Hand, da die Auffassung des 18. Jahrhunderts im Laufe der Zeit immer milder wurde, daß die Praxis nach normalen Milderungsgründen suchte. Die allmähliche Ausbildung einer genauen Inputationslehre[1]) im Anschluß an naturrechtliche Gedankengänge[2]) hatte dazu geführt, daß ganze Kataloge übergesetzliche Milderungsgründe aufgestellt wurden und so dem Richter die Möglichkeit des Absehens von den harten Strafen der CCC gegeben wurde[3]), dum rectae rationi quilibet legislator se conformare voluisse videtur[4]). Damit war in den meisten und besonders in den folgenschwersten Fällen der Richter zum Gesetzgeber geworden[5]). Zweckstrafe und übergesetzliche Milderungsgründe hatten das Gesetz entthront. Eine durch das Gesetz bestimmte Strafe gab es praktisch nicht mehr[6]).

Durch die Forderungen der Aufklärung trat die CCC in ein ungünstiges Licht. Die Unmöglichkeit der Anwendung des Gesetzes gab dem Richter gegenüber früher eine andere Stellung. Er ist „nicht mehr Diener des Gesetzes, dem man vielleicht Billigkeitserwägungen unterlegt, sondern als Kind der Aufklärung arbiter legum — Schiedsrichter über ein Gesetz, das sich erst vor dem Gesetz der Vernunft legitimieren muß“[7]).

Aus diesen Erwägungen waren die bisherigen Kodifikationen entsprungen. Inzwischen war aber Kants Philosophie entstanden, die die Aufklärung in ihre Schranken zurückwies und die durch sie aufgeworfenen Fragen mit der eigentümlichen deutschen Tiefe und Systematik durchdachte. Diese Gedanken eignete sich Feuerbach an; insbesondere beeindruckte ihn Kants Rechtsstaatslehre. Sie setzt sowohl dem Naturrecht wie der bisherigen Aufklärung ein Ende. In den metaphysischen

[1]) Grünhut, S. 1.
[2]) Wächter, Gem.R., S. 127.
[3]) Radbruch, Feuerbach, S. 41.
[4]) Baumgarten, Ger.Saal, Band 81, S. 106.
[5]) Dazu Eb. Schmidt, Einf., S. 196f.
[6]) Drost, S. 109f.
[7]) Siehe Anmerkung 4, S. 107.

Anfangsgründen der Rechtslehre[1]) entwickelt Kant die Idee des Rechtsstaats[2]). Dessen Funktion erschöpft sich in der Vereinigung aller zugleich unter dem Gesetz der Freiheit. Damit ist dem Wohlfahrts- und Polizeistaat sowohl formal wie material die Berechtigung entzogen[3]), und der Individualismus beginnt seitdem den Staatsbegriff zu bestimmen[4]). Die formale Bestimmung des Rechts führt zu seiner Trennung von dem Inhalt der Rechtssätze, was das Naturrecht allmählich paralysiert und allein seine Methode bestehen läßt. Damit wird zugleich die Scheidung von Recht und allen anderen sozialen Erscheinungen vorbereitet und dem Positivismus der Weg gezeigt.

Feuerbach knüpft hier an. Er verwarf die Naturrechtslehre, da sie ihren unklaren Ausgangspunkt aus dem gesunden Menschenverstand nahm. Er schied scharf — damit über Kant hinausgehend — die beiden Gebiete des Rechts und der Moral, wobei er jenes nicht aus dieser abgeleitet wissen wollte. Das Recht ergibt sich für ihn als Kategorie der praktischen Vernunft. Diese scheidet sich in Moral, den „Bereich des unbedingten Sollens“ und in Recht, den „Bereich des bedingten Dürfens oder der Berechtigung“[5]). Diese scharfe Begrenzung des Rechts ließ ihn in Übereinstimmung sein mit dem herrschenden Liberalismus, jener Staatsauffassung, die sich aus Reaktion gegen den Polizeistaat und Übernahme des Teils der naturrechtlichen Lehre, der den Eigenwert des Individuums aus angeborener Freiheit betonte, bildete. Dem einzelnen wurde eine staatsfreie Ebene zugewiesen, in dem der Staat nicht zu wirken hatte. Die Allmacht des Staates erfuhr eine ganz feste Begrenzung. Dies konnte aber nur durch die Garantie gewährleistet werden, daß das Gesetz eine absolute Sicherungsfunktion erhielt. An dieses Gesetz waren der Staat und der einzelne fest gebunden. War das bereits eine Forderung der Aufklärung gewesen, so erfuhr sie jetzt ihre geistige Vertiefung. Feuerbachs Grundsatz, „daß die Freiheit eines Jeden mit der Freiheit Aller bestehe, daß Jeder die freie Ausübung seines Rechts habe und keiner die Rechte der anderen beeinträchtige“, kennzeichnet Grenze und Funktion aller Staatsordnung[6]). Feuerbach beschäftigten diese Gedanken der Gesetzesbindung von Anfang an. Im „Antihobbes“, einem Frühwerk, ging er so weit, daß er das aus der Eigengesetzlichkeit des Rechts von Kant abgeleitete jus resistendi des Bürgers leugnete. Seine Promotion beschäftigte sich mit den Milderungsgründen im

[1]) Neu herausgegeben von Cassirer, Ernst, Berlin, 1916.
[2]) Dazu Drost, S. 108f.
[3]) Eb. Schmidt, Einf., S. 207ff.
[4]) Grünhut, S. 5f.
[5]) E. Wolf, Gr.Rechtsd., S. 515.
[6]) Feuerbach, Revision, I, 26.

Strafrecht, die sich allmählich durchgesetzt hatten. Er lehnte ihre Zulässigkeit ab, da die Philosophie nichts an dem Inhalt eines positiven Rechts ändern könne[1]). In seinem Lehrbuch des Jahres 1801 stellte er seine Forderung an das Strafrecht in prägnanter Gestalt auf, wobei für uns insbesondere die Bestimmung des Gesetzes als alleinigen Strafgrundes und die Trennung der Rechtsstrafe von allen außerrechtlichen Vergeltungsvorstellungen wesentlich ist[2]). Der gesetzgeberische Wille mußte ganz klar feststehen, um jede Willkür auszuschließen. Alle unscharfen Begriffe mußten dem Gesetz fernbleiben. Nur so konnte das Gesetz alleiniger Maßstab für das Strafrecht sein. Dann mußte jenes allerdings auch einziger Richtpunkt für dieses sein, und durfte keine Ergänzung aus Philosophie, Gewohnheit oder translegislativer Sphäre erfahren. Damit war der Zweck der Strafe im Gesetz beschlossen.

Nunmehr war der Positivismus in das Strafrecht mit zwingender logischer Begründung eingezogen und versetzte dem bisherigen naturrechtlichen und gemeinen Strafrecht den Todesstoß. Strafrecht hatte nur noch insoweit Bedeutung, als es in das Gesetz gefaßt war. Die Begründung dieses nur aus sich selbst trennt alle anderen Kulturbereiche von dem Recht. Das Gesetz hatte nur noch einen formalen Bestimmungsgrund und ruhte in sich. „Es thront in der abstrakten Würde einsamer, unzugänglicher Majestät“ [3]). Eine Verbindungslinie zu sozialen Werten gibt es nicht, Recht und Kultur stehen, nachdem sie einmal aus der praktischen Vernunft entlassen worden sind, beziehungslos zueinander da. Diese äußerste Schärfe in der Betonung der Autonomie des Rechtes läßt sich nur als radikale Reaktion gegen jahrhundertelange Ableitung des Rechts aus außerrechtlichen Mächten erklären. Den kategorischen Imperativ Kants überträgt Feuerbach in seiner formalen Geltung auf das Recht, indem er den Pflichtbegriff in den formallogischen Gesetzesbegriff transponiert.[4])

Die Herkunft des Gesetzes muß noch geklärt werden, denn sie könnte auf materiale Quellen verweisen. Selbstverständlich kann Feuerbach nicht leugnen, daß Gesetze historisch bedingt sind. Jedoch kennt er keine Wertung des Gesetzes, die der Volksgeist ihnen geben könnte. Es ist allein der Staat, der das Gesetz schafft, der wiederum „auf das abstrakte Naturrecht als maßgebenden Grundsatz“ zurückweist[5]). Dieses findet seinen Ausgangspunkt in dem kritischen allgemeinen Menschenverstand.

---

[1]) Radbruch, Feuerbach, S. 14.

[2]) Feuerbach, Lehrbuch, §§ 73ff., 142ff.

[3]) E. Wolf, Gr.Rechtsd., S. 521.

[4]) Grünhut, S. 91.

[5]) E. Wolf, Gr.Rechtsd., S. 526.

2. Feuerbachs Teleologik der Rechtsverletzungen

Feuerbachs Rechtsbegriff ist subjektiv. Das kommt besonders in seiner scharfen Trennung von Recht und Moral zum Ausdruck. Dort bedingtes Dürfen, hier unbedingte Pflicht, sittliches Müssen[1]). Das Recht ist das Recht des einzelnen Subjekts im Sinne einer Berechtigung. Die kategoriale Vorstellung überträgt er auf das Materiale des Rechts und der Moral, indem er aus beiden verschiedenartige Gebote mit unter Umständen sich widersprechenden Pflichten herleitet. Damit ist der Aufbau des Strafrechts nach dem naturrechtlichen Schaden oder der dem Gemeinwohl drohenden Gefahr gegenstandslos geworden. Was durch den Verbrecher verletzt wird, ist die Berechtigung des anderen, dessen subjektives Privatrecht[2]). Der Verbrecher unterschreitet die Grenze der rechtlichen Freiheit und begeht damit eine Rechtsverletzung[3]). Da aber der Staat den Zweck hat, „das Zusammenbestehen der Menschen nach dem Gestz"[4]) zu regeln und diesem die Norm innewohnt, die, weil sie eine rechtliche und ihre Übertretung eine mit Strafe bedrohte ist, eine Zwangsnorm ist[5]), kann der Zweck des Strafgesetzes allein die Verhinderung der Rechtsverletzung sein.

Diese scharfe Betonung der Rechtsverletzung führt Feuerbach zu einer Scheidung des Kriminalrechts von den Polizeivergehen. Diese sind „Handlungen oder Unterlassungen, welche zwar an und für sich selbst Rechte des Staates oder eines Untertans nicht verletzen, jedoch wegen der Gefahr für rechtliche Ordnung und Sicherheit unter Strafe verboten oder geboten sind"[6]). Sind sie auch keine Rechtsverletzungen, so sind sie dem Staat doch „wegen ihrer nachteiligen Folgen für die öffentliche Ordnung oder wegen ihres mittelbaren Einflusses auf Sicherheit, Sittlichkeit und Wohlstand" nicht gleichgültig[7]). Das bedeutet, daß die Polizeiübertretungen zwar nicht Rechte anderer verletzen, jedoch daß es einen Komplex von Gütern, nämlich Rechtsgüter, gibt, die dem Rechtsbereich so unmittelbar vorgelagert sind, daß dieser in Gefahr verletzt zu werden gerät. So hat sich die ganze Wohlfahrtsidee des Polizeistaates zugunsten des Schutzes der Rechtsordnung aufgelöst[8]).

---

[1]) Feuerbach, Kritik des natürlichen Rechts, 1796, S. 291; N. Rev., II, 118.

[2]) Feuerbach, Rev., S. 65.

[3]) Feuerbach, Lehrbuch, § 21.

[4]) Dazu Feuerbach, Lehrbuch, § 8.

[5]) Feuerbach, Lehrbuch, § 10;: die geforderten Anstalten (zur Verhinderung der Rechtsverletzungen) im Staate müssen notwendig Zwangsanstalten sein.

[6]) Bayerisches StGB., § 2, Absatz 4.

[7]) Offizielle Anmerkung zum Bayerischen StGB., I, S. 23.

[8]) Dazu näher Würtenberger, S. 219ff.

Feuerbach führt auf Grund seiner Teleologik eine schärfere Scheidung der Staats- und Privatverbrechen durch, als es alle Theorie bisher getan hat. Die Rechtsverletzung kann sowohl unmittelbar das Recht des Staates als Staatsverbrechen oder unmittelbar das Recht der Untertanen als Privatverbrechen treffen[1]. Auch hier verliert Feuerbach den formallogischen Charakter seiner Verbrechensauffassung nicht. Der Bezugspunkt des Verbrechens bleibt stets die Rechtsverletzung. Dabei ergab sich aber die Schwierigkeit, einen Ausgangspunkt für die Bewertung der Rechtsverletzungen untereinander zu finden, denn abstrakt sind sie alle gleich. Es wurden nicht Staat, Leben, Ehre, Vermögen, sondern das Recht an der Integrität, das Recht auf Ehre, das Eigentum geschützt. Die Rechtsgüter sind abstrakte Rechte. „An die Stelle von Rechtsgütern, die durch unmittelbare Beziehung von konkreten Lebensgütern auf Rechtswerte zustande gekommen sind, treten mehr und mehr Rechtsgüter zweiten Grades, ... die abstrakten Rechte, ... und ihr Schutz ersetzt den komplizierteren der bunt verwirrten Welt originärer Rechts- und Lebensbeziehungen"[2]. Es ist keine rechte Abgrenzung der Rechtsgüter in ihrer verschiedenen Wertigkeit zueinander möglich, weil diese auf eine Ebene gleichsam projiziert wird und damit eine völlige Nivellierung erfährt. Die abstrakte Rechtsverletzung als solche ist die Projektionswand, aus der sich der innere Gehalt des Verbrechens nicht mehr heraushebt. Eine rein vernunftsmäßige Abstufung der Schwere der Delikte erscheint hier ausgeschlossen. Das ist Feuerbach nicht entgangen. Zur Lösung der Frage muß er auf naturrechtliche Gesichtspunkte zurückgreifen[3] und die Beziehung des verletzten Rechts zum Staatsganzen einführen. Diese ermöglicht ihm eine objektive differenzierte Bewertung der einzelnen Verbrechen. Aus der Bedeutung, die das verletzte Recht für den Staat hat, ergibt sich eine materielle Abstufung der Rechtsverletzungen[4]. Dabei handelt es sich aber nicht um eine empirische Inbeziehungsetzung, sondern allein um eine apriorische Verhältnismäßigkeit.

3. Das Bayrische Strafgesetzbuch

Wir wollen nun den Aufbau des bayrischen Strafgesetzbuchs von 1813 uns darauf anschauen, wie die Feuerbachschen Gedanken sich in der Legalordnung ausdrücken, da das Gesetzbuch im wesentlichen

[1]) Feuerbach, Lehrbuch, §§ 22f.

[2]) E. Wolf, Verwaltungsdelikte, S. 537.

[3]) Loening, Zeitschrift für die gesamte Strafrechtswissenschaft, 3. Band, S. 304.

[4]) Grünhut, S. 105.

ein Werk dieses Mannes ist Er nimmt selbst zu dem Aufbau eines Gesetzbuchs in seiner Kritik[1]) ausführlich Stellung. Er meint, daß sich der Gesetzgeber nicht eng an ein System halten könne. „Aber, daß die Lehren in einer lichten, einfachen durch Zusammenhang und Verwandtschaft bestimmten Ordnung aneinanderreihen; daß nichts an einem unrechten Orte stehe; daß nicht Gesetze durch ihren Standort, durch die Rubrik, unter der sie geordnet sind, und durch den Zusammenhang, in den sie mit anderen Verordnungen gebracht wurden, dem Irrtum oder Mißverständnis ausgesetzt werden. Ist gleich sein Werk (des Gesetzgebers) kein Werk der Wissenschaft, so ist es doch für die Wissenschaft... für diese hat ein fehlerhaft angeordnetes Gesetzbuch den Keim des Verderbens in seinem Schoß".

Im ganzen ist die Anordnung des Strafgesetzbuches klar und scharf durchdacht. Die Verbrechen und Vergehen werden in 2 Bücher getrennt, in gleicher Reihenfolge untereinander behandelt und durch die Größe der Strafe geschieden, wobei unter die Vergehen neben vorsätzlichen alle unvorsätzlichen Rechtsverletzungen fallen. Die doktrinäre äußerliche Trennung der Verbrechen und Vergehen führt zu unnatürlicher Aufspaltung einer großen Anzahl von Delikten und zu unnötigen Wiederholungen, z. B. bei Körperverletzungen, Diebstahl, Aussetzung usw. Außerdem bestand entgegen dem französischen Recht keine strafprozessuale Notwendigkeit, da keine verschiedene Zuständigkeit der Gerichte gegeben war[2]). Die offiziellen Anmerkungen rechtfertigen die Einteilung in Verbrechen und Vergehen mit dem Hinweis, daß es auf das Volk nachteilig wirken würde, wenn die schweren Missetaten mit den geringen Vergehen in einer Klasse behandelt werden. Außerdem finde sich die Unterscheidung schon in unserer Sprache begründet[3]). Das bedeutet aber noch nicht, daß eine solche systematische Unterscheidung den größten Teil der Delikte in einem Gesetzbuch unnatürlich äußerlich zerreißen darf.

Hinzu kommt die Einteilung der Delikte in Privat- und Staatsverbrechen (vergehen), wobei jene voranstehen. So forderte es Feuerbach schon im Jahre 1804[4]), weil die Privatverbrechen die allgemeineren

[1]) Feuerbach, Kritik, 1. Teil, S. 29f.

[2]) Dazu Mittermaier in Feuerbachs Lehrbuch, § 22, Note III.

[3]) Anmerkungen, a. a. O., I, S. 26f.

[4]) Kritik, S. 31. Er bemängelt, daß Kleinschrod in seinem Entwurf die Staatsverbrechen obenan stelle und meint, daß „dasjenige, was alle angeht, was sich auf Handlungen bezieht, die von diesen allen am dringendsten zu besorgen sind und am häufigsten begangen werden, als das Wichtigere gleich voranzustellen sei. Ein Hochverrat, eine Majestätsbeleidigung, ein Aufruhr kann seiner Natur nach nur selten vorkommen. Eine Amtserschlei-

wären[1]). Auch in der Frage der Stellung der beiden Gruppen unterschiebt Feuerbach nicht etwa plötzlich ein materiales Prinzip oder verläßt seinen formallogischen Wertmaßstab der Inbeziehungsetzung des Verbrechens zum Staatszweck, sondern für ihn ist hier nur die Häufigkeit der Verbrechen für die Ordnung maßgebend. Hat das Bayrische Strafgesetzbuch folgerichtig versucht, die Unterscheidung von Staats- und Privatverbrechen durchzuführen, so ist trotzdem grundsätzlich dasselbe dagegen zu halten wie beim französischen Gesetzbuch[2]). Eine solche lehrhafte Einteilung ist in einem Gesetze unangebracht, da sie nicht scharf durchgeführt werden kann. Es sollen hier nur wenige Beispiele angeführt werden. Einerseits werden die Verbrechen wider Staats- und öffentliches Eigentum als Staatsdelikte (Art. 349ff., 432ff.), andererseits der Diebstahl an zum Gottesdienste bestimmten Sachen oder an Geldern und Gütern des Staates als Privatdelikte angesehen. Der Meineid (Art. 269) rechnet auch zu diesen, da er nur fremde Rechte durch Betrug angreift. Bigamie (Art. 217) und Ehebruch (Art. 401) sind Privatdelikte, während die Selbsthilfe zu den Staatsvergehen zählt.

Den Privatverbrechen liegt die Unterscheidung von ursprünglichen Rechten des Menschen und Bürgers, wie dem Leben, der Integrität der menschlichen Kräfte, der Freiheit, der Ehre und von erworbenen Rechten, wie dem Eigentum usw. zu Grunde. Unter diese fallen auch die gemeingefährlichen Rechtsverletzungen und die Verletzung der Verträge, wie des ehelichen Vertrages.

Das Gesetzbuch stuft demnach ab[3]): wider das Leben, Beschädigungen und Mißhandlungen an der Person, Beeinträchtigung des Eigentums durch Entwendung, Unterschlagung, Raub und Erpressung, Betrug, Untreue u. a.

chung, eine Überschreitung von Amtspflichten kann nur begangen werden von Wenigen. Stelle man also lieber diese zurück und hebe selbst durch ihre Stellung jene allgemeineren, und insoferne wichtigeren Verbrechen hervor".

[1]) Die Anmerkungen, a. a. O., I, S. 51, sagen dazu: Die Ordnung, in die das Strafgesetzbuch die Materien stellt, entscheide nicht über ihre Wichtigkeit. „Man mißkannte keineswegs, daß die Staatsverbrechen alles andere gleichgestellt, strafbarer sind, als die Privatverbrechen; allein einerseits sind die Privatverbrechen häufiger als die Staatsverbrechen, andererseits wird zur vollständigen Deutlichkeit des Begriffs der meisten Staatsverbrechen die Gesetzgebung über Privatverbrechen vorausgesetzt.

[2]) Dazu ausführlich Mittermaier in Feuerbachs Lehrbuch, § 23 mit Note; Über Neusten Zustand, S. 116f.

[3]) Dazu Anmerkungen, a. a. O., I, S. 50f.: Für beide Klassen (Privat- und Staatsverbrechen) wurde der Grund zur Unterabteilung aus den Gegenständen, an welchen die Rechtsverletzung begangen wird, entnommen und hierbei allemal von dem wichtigeren Gegenstande angefangen.

Im einzelnen umfassen die Angriffe auf die Person die Tötungsdelikte, die Abtreibung und die Aussetzung hilfloser Personen (Tit. I, 1. Kap.).

Infolge der scharfen Trennung von Recht und Moral erhalten die Sittlichkeitsdelikte keine besondere Gruppe[1]). Sie wurden auf private Rechtsverletzungen bezogen, dadurch selbstverständlich quantitativ stark beschränkt und unter die Beschädigungen und Mißhandlungen an der Person eingereiht (Tit. I, 2. Kap.). Der Strafschutz berührt nur noch die geschlechtliche Freiheit des einzelnen. Besonders scharf zeigt sich Feuerbachs streng strafrechtliche Bewertungsweise in der Behandlung der Bigamie und des Ehebruchs. Sie stellen eine Beeinträchtigung fremder Rechte durch Untreue dar und werden neben der Untreue von Vormündern, Bevollmächtigten und Rechtsanwälten aufgezählt (Art. 295ff., 398ff.). Sonstige Sittlichkeitsdelikte erscheinen unter dem Mißbrauch rechtlicher Privatgewalt zu persönlichen Mißhandlungen, wie z. B. die Verführung zur Unzucht, Blutschande und bestimmte Arten von Kuppelei. Damit ist der Charakter der Sittlichkeitsdelikte als solcher aufgehoben und die Bestrafung in den meisten Fällen durch den einengenden Oberbegriff ausgeschlossen.

Die Eigentumsverletzungen (Tit. I, 3. und 4. Kap.) folgen. Unter die Beschädigung von Eigentum fallen auch die gemeingefährlichen Verbrechen, wie u. a. Brandstiftung und Überschwemmung, die um so schwerer sind, als „eine große Menschenzahl der Beschädigungsgefahr ausgesetzt worden" ist[2]). Ganz stark tritt hier die individualistische Betrachtungsweise hervor. Der Raub erhält einen ausgesprochen individualistischen Charakter, wenn Feuerbach sagt, daß hierbei die Verletzung des Rechts an Sachen durch Verletzung der persönlichen Rechte begründet wird[3]). Immer wieder finden wir den Bezug auf den einzelnen Menschen.

Der Betrug (Art. 256ff.) stellt den oberen Sammelbegriff für zahlreiche Taten dar. Er wird als einfacher und ausgezeichneter Betrug, als Urkundenfälschung, Meineid in Zivilsachen, aber auch bezüglich der Ehe, am guten Namen (Verleumdung, falsches Zeugnis in Strafsachen), an der Person u. a. begangen. Überblickt man diese Gruppe,

---

[1]) Dazu sagen die offiziellen Anmerkungen, S. 25: Die älteren Gesetze haben oft das Unmoralische mit dem Rechtswidrigen verwechselt und die Immoralität der Handlung zum Maßstab genommen. Niemand wird Hexerei, Sodomie, Unzucht, Unglauben, Ketzerei, Blasphemie billigen; allein dergleichen Gegenstände liegen so lange . . damit keine Verletzung der Rechte des Staats oder eines Privaten verbunden ist, außer der Sphäre eines StGB.

[2]) Anmerkungen, zu Art. 248.

[3]) Feuerbach, Lehrbuch, § 353.

so ist ihre Zusammenfassung unter dem Betrug als wertlos ersichtlich[1]). Der Begriff, der erst im 18. Jahrhundert eine systematische Ausbildung erfahren hatte, war uferlos wie ehedem das falsum. Auch die Josephina und das ALR faßten unter den Betrug die Fälschungen, den Meineid, die falsche Anschuldigung. Der besondere Charakter des Meineids, der Eheerschleichung, der Verleumdung und der falschen Anschuldigung, die sich alle gegen ganz verschiedene Rechtsgüter richten, war dadurch verloren gegangen.

Unter den öffentlichen oder Staatsverbrechen nehmen „die Verbrechen wider das Dasein und die Sicherheit des Staates überhaupt — Hoch- und Landesverrat —" den ersten Platz ein. „Die Staatsverbrechen sind in der nämlichen Ordnung aufgestellt, welche bei den Privatverbrechen beobachtet wurde. Was bei den Privaten das Leben und die Sicherheit der Person ist, das ist bei dem Staate dessen politische Existenz, die Majestät des Staatsoberhauptes und die Ehre des Staates"[2]). In dieser Auffassung liegt die individualistische Tendenz, die sich mit der Säkularisierung des Staatsbegriffs allmählich durchsetzt. War der Staat als naturrechtlicher Wohlfahrtsstaat aller außerstaatlicher Bezugsfaktoren entkleidet und auf sich selbst gestellt worden, so nähert er sich am Ausgang des Zeitalters mehr einem individualistischen Sinngehalt. Der Staatsbegriff verengt sich immer mehr, da dessen Quellwert von Gott über mehrere Zwischenstufen zum einzelnen herabgestiegen ist. Selbst von einer volonté générale ist hier nichts mehr zu spüren, der Staat ist überhaupt nur noch in bezug auf den einzelnen existentwert. Das bedeutet der Vergleich mit dem Menschen.

Der erste Grad der Staatsverbrechen ist der Hochverrat. Er verletzt diejenigen Rechte, die die Existenz des Staates überhaupt erst bedingen, deshalb stellt er einen Angriff auf den Bestand selbst dar und gehört an die Spitze des Rechtsschutzes. Der Hochverrat umfaßt den Angriff auf die persönliche Sicherheit des Staatsoberhauptes, den Angriff auf die Selbständigkeit des Staates und auf die Verfassung.

Es folgen dann das Verbrechen der beleidigten Majestät und andere Beleidigungen der Ehre des Staates. Die Rationalisierung des Majestätsbegriffes sieht man aus den Worten Feuerbachs, daß der Oberherr, als ein Subjekt der höchsten Gewalt im Staat, die höchste bürgerliche Ehre habe. Diese sei seine Majestät[3]). Der Fürst erscheint als Individuum, als das er der Oberste eines Staates ist. Das Delikt der beleidigten Ma-

[1]) Die Anmerkungen a. a. O., I, S. 55, scheinen sich darüber klar zu sein, denn sie bezüglich des Ehebetruges (§ 281) anführen, daß die Gesetzgebung wie Ehe nicht „eines geringeren Schutzes würdigt ... als das Eigentum".

[2]) Anmerkungen, a. a. O., I, S. 56.

[3]) Feuerbach, Lehrbuch, § 171.

jestät hat mit den übrigen dieser Gruppe gemein, daß es sich gegen die Anerkennung der Würde des Staates richtet.

Unter die Verbrechen und Vergehen wider den öffentlichen Rechtfrieden im Staate (Tit. II, Kap. 4) fallen der Landfriedensbruch, die Selbsthilfe, die Störung des häuslichen Friedens und des Gottesdienstes. Feuerbach lehnt eine Bestrafung der Gotteslästerung mit den berühmten Worten ab: Daß die Gottheit injuriiert werde, ist unmöglich; daß sie wegen Ehrbeleidigung sich am Menschen räche, undenkbar; daß sie durch Strafen ihrer Beleidiger versöhnt werden müsse, Torheit[1]). Der Kirche gesteht er aber als moralischer Person ein Recht auf Ehre zu. Jedoch ist dieser Gedanke nicht in das StGB übergegangen. Hier erscheint nur die gottesdienstliche Störung und zeigt durch ihre Stellung die Richtung auf den Religionsfrieden in Gestalt des Rechtsfriedens[2]).

Den Beschluß bilden die Amtsverbrechen (Tit. II, Kap. 7) als besondere Verbrechen. Durch die Gestaltung der Staaten im Sinne der polizeistaatlichen Auffassung war überall eine straffe Zusammenfassung der Organisationen eingetreten. Der Staat stützte sich im wesentlichen auf sein Beamtentum, denn dieses gab ihm die Garantie einer sicheren Ausführung seiner Befehle. Wir sahen schon im ALR die zahlreichen Amtsdelikte und nehmen dieselbe Erscheinung im Bayrischen StGB wahr. Der Staat hält auf unbedingte Sauberkeit der Verwaltung, die er so mühsam in den Jahrzehnten vorher durchgesetzt hatte.

4. Gesamtwertung des Bayrischen Strafgesetzbuchs

Die Legalordnung ist überlegt, zeugt von symmetrischem Bau und erinnert in ihren ruhigen Maßen an den Weimarer Klassizismus. So wie dort die Form nach der ganzen Unruhe der Vergangenheit wieder zur beherrschenden Geltung erwächst, so steht das Gesetz bei Feuerbach als Rahmen seiner staatsphilosophischen Anschauung da. Niemals hat ein System — auch nicht unter Hegel — ein solch absolut geschlossenes Weltbild hinter sich gehabt wie der Kantische Idealismus. Sie wie in der Thomistik des christlichen Mittelalters Höhepunkt und Abschluß von Jahrhunderten geistiger Gestaltung lag, so erreichte die Neuzeit in ihrem Drängen nach rationaler Erkenntnis des Kosmos und seiner Gesetze ihre endgültige Formung und Begrenzung in dem kantischen System. Die an diesem geschulte Wissenschaft eines Feuerbach ist zugleich Ausdruck „einer Gesinnung, eines Lebensgefühls und einer Welt-

---

[1]) Feuerbach, Lehrbuch, § 303.

[2]) Dazu Grünhut, S. 187f.

anschauung"[1]), die, da sie auf ganz neuen Füßen steht, manches Scharfe und Kantige noch hat.

Im Bayrischen StGB tritt uns eine neuartige Bewertungsweise der Güter entgegen. Die bisher geschützten Rechtsgüter wie Moral, Religion und andere sind ihres geschichtlichen Charakters völlig entkleidet. Werte, auf denen der Staat bisher geruhte hatte, verloren ihren Inhalt. Übrig blieb allein das formale Gesetz. Dieses ist letzter Verknüpfungspunkt aller staatlichen Werte geworden, die nur noch als subjektive Rechte eines Schutzes fähig sind. Das Strafrecht ist endgültig nicht nur von jedem überstaatlichen Wert gesäubert, sondern trägt auch in sich keinen staatlichen Zweck mehr, sondern erschöpft sich in dem formalen Charakter einer Zwangsnorm. Hiermit ist nicht allein eine Säkularisierung, sondern eine vollkommene Rationalisierung des Strafrechts vorgenommen. Die Moral ist autonom geworden, die Religion entstaatlicht worden. Der Staat wurde individualisiert. Er erhielt seinen Sinngehalt vom einzelnen her. Damit war der liberale Rechtsstaat von der strafrechtlichen Seite her durchgebildet.

Das StGB ist als Ergebnis der Feuerbachschen Ideologie allzusehr Wissenschaft. Die Delikte sind ihres historischen Gehalts entäußert und, wenn sie solchen noch haben, so stimmen hier zufällig gesetzgeberische Überlegung und Geschichte überein. Feuerbach ließ sich nie von organisch im Volk gewachsenen Verbrechensbegriffen leiten, sondern konstruierte allein nach seinem System[2]). Das ergab zwar absolute Folgerichtigkeit, aber für das Gesetz starke Einseitigkeit. Dieses sollte auf Menschen täglich angewendet werden, die keine Produkte des Verstandes mehr waren. Wie fein das Empfinden dafür war, daß mit diesem Gesetz die Verbindung mit den Wurzeln des Volkes verloren war[3]), zeigen die bald diesbezüglich einsetzenden Reformbestrebungen[4]).

---

[1]) Radbruch, Feuerbach, S. 85f. Dazu noch Eb. Schmidt, Strafrechtsreform S. 9f.

[2]) Graf Reinsbergs Schilderung der Vorarbeiten des StGB. ist hierfür bezeichnend. Feuerbach hatte dem Grafen den Abschnitt über Diebstahl vorgelesen. „Ich prüfte und fand die Arbeit . . . theoretisch vortrefflich durchgeführt, juristisch fein erdacht und entwickelt, aber nur für einen vielleicht einmal später ins Leben tretenden Idealstaat passend". Radbruch, Feuerbach, S. 82.

[3]) Vgl. Berner, Strafgesetzgebung, S. 91; v. Bar, Geschichte, S. 188, Anmerkung 2; Mittermeier, Über neusten Zustand, S. 116ff., die alle den doktrinären Standpunkt mißbilligen.

[4]) Berner, Strafgesetzgebung, S. 324ff. Feuerbach war schon von der Abfassung der öffentlichen Anmerkungen ausgeschlossen worden. Landsberg, III, 2, S. 128.

13. Kapitel

Die Entwicklung der preußischen Legalordnung

1. Die geistigen Strömungen während der Reformarbeiten

Die preußischen Reformarbeiten, die gleich nach der Jahrhundertwende einsetzen, ziehen sich über die ganze erste Hälfte des 19. Jahrhunderts hin. Sie sind das Produkt einer gewaltigen Arbeit von zwei bis drei Generationen von Männern. Bei einer so langen Zeit kann man nicht erwarten, daß in allen Stadien derselbe Geist gewaltet habe. Denn hätten alle Redaktoren, die sich an dem Werk versuchten, diesen einheitlichen Geist gehabt, so wäre es rascher zum Ziele geführt worden. Im Gegenteil hat die Länge der Revision immer wieder neue Gegensätze zutage gefördert, die eine Beendigung schier unmöglich erscheinen ließen.

Die Vorarbeiten mit ihren etwa 12 Entwürfen seit 1804 sind nur auf dem ideengeschichtlichen Hintergrunde zu verstehen, so wie alle Gesetzgebung aus dem Lebensgefühl der Zeit erwächst. Die gewaltigen politischen Schwankungen dieser Zeit lösten immer wieder andersartige Richtungen in den regierenden Schichten aus. War der preußische Staat unter dem Einfluß eines Frh. v. Stein und von Hardenberg stärker den freiheitlichen Ideen zugänglich gemacht worden[1]), so setzte nach den Befreiungskriegen bald wieder eine Reaktion zugunsten des Polizeistaates ein. Trotz der Aufklärung entdeckte man wieder die vielfache Verbundenheit mit den früheren staatlichen Mächten und mit dem kirchlichen Geist. Es teilen sich allmählich die Menschen in zwei Lager, in denen nach Vergangenheit oder nach sogenanntem Fortschritt gerufen wird. Die scheinbar überwundenen Kräfte der Tradition, der Beharrlichkeit, des historisch Gewordenen sammeln sich zum Kampfe gegen politische Neuerungen, wie es die Feuerköpfe der Zeit nie geahnt hatten. Sie werden zunächst auf Schritt und Tritt langsam zurückgedrängt. Der Konservatismus bleibt nicht nur in der Gewalt stecken, sondern wird zur Weltanschauung und zur politischen Partei. Alles schart sich um diese Fahne, was die Ergebnisse der französischen Revolution ablehnt und in den organisch geschichtlich gewachsenen Mächten einen Wall gegen die Erschütterungen der Zeit sieht. Dagegen rennen immer wieder von neuem die sogenannt fortschrittlich Gesinnten an und zeichnen sich ein Idealbild der Zukunft auf dem Hintergrunde der Humanität und Freiheit, die sie von den jetzt Herrschenden ge-

[1]) Dazu ausführlich Wegner, Einf. 2. Aufl., S. 184f., insbesondere betreffend den Unterschied der beiden Männer.

knechtet und getreten sehen. Überall flackert der Kampf auf, sobald nur ein Zündfunke in die unruhige Zeit fällt. Der kleinbürgerliche und stille Lebenszuschnitt der Biedermeierzeit dämpfte die Hast des geistigen Streites und verlangsamte den Lauf der Ereignisse. So kommt es, daß die liberale Bewegung zunächst noch der Stoßkraft mangelt, bis sie dann seit den 40er Jahren des Jahrhunderts in offenem Kampfe mit dem Gegner auf der politischen Tribüne des Parlaments erscheint[1]). Die kleinen Geister, die, wie jede Bewegung, auch der preußische Konservatismus mit sich führt, sehen jede Äußerung der Idee der politischen Befreiung des Individuums als verdächtig an. Am liebsten möchten sie wieder den einzelnen ängstlich und fürsorgend unter die Tätigkeit des Staates stellen. Für sie erscheint der Zweck des Staates wieder im polizeistaatlichen Gewande. Die bürgerliche Revolution von 1848 brachte der liberalen Bewegung vorübergehend politische Erfolge, die aber durch die Verfassung von 1850 schnell wieder zunichte gemacht wurden.

Die Brennpunkte, an denen die Reibungen unter den verschiedenen Richtungen in den Entwürfen immer wieder auftreten, sind stets die gleichen. Die Staatsdelikte, die Religions- und Sittlichkeitsverbrechen, der Meineid und die prophylaktischen Vorschriften werden zu Kriterien der Gesinnung der Redaktoren.

Es sind aber nicht nur die politischen Anschauungen, die bestimmend werden, sondern darunter fließen tiefer die rechtsphilosophischen Strömungen, die die verantwortlichen Männer tragen. Die Kodifikation des ALR ließ zunächst einmal die Wissenschaft in Preußen stillstehen. Der gewaltige Anstoß, der in die deutsche Strafrechtslehre durch Feuerbach gekommen war, verlief allmählich in ruhigere Bahnen. Als Kern der philosophischen Bewegung im Strafrecht blieb Eines erhalten: der Positivismus, der sich vertiefte, und die Abkehr von naturrechtlichen Gedanken[2]). Die Methode, die Deduktion, das Absteigen vom Allgemeinen zum Besonderen und die Ausklammerung der allgemeinen Lehren wurden jedoch aus diesen herübergenommen. Mit dem Positivismus[3]) ging die Erweiterung der Rechtsstaatslehre parallel, die schärfer die beiden Bereiche des Staates und des einzelnen abgrenzte. Der Staat wurde mehr auf seine eigentliche Funktion beschränkt. Die Aufgabe des Staates wurde sehr schwer, da er mit einem Gesetzesbegriff belastet wurde, der höchste Verantwortung des Gesetzgebers verlangte.

---

[1]) Dazu Alfred Stern, Liberalismus und Nationalismus in Propyläen-Weltgeschichte, 8. Band, Berlin 1934, S. XXIf.

[2]) Thieme, Das Naturr., S. 44.

[3]) Zu stark das Negative daran betonend, Würtenberger, Gerichtss. a. a. O., S. 272ff.

Montesquieu hatte von dem Gesetz den Einklang mit der menschlichen Vernunft, Würde, Persönlichkeit und Freiheit verlangt. Feuerbach hatte nach der Scheidung von Moral und Recht dem Gesetz, das er dem Recht gleichstellte, einen gleichsam majestätischen Charakter von unbedingter Achtung verliehen. Dabei handelte es sich aber nicht um jede Kundgebung des Staatswillens, der in der Form des Gesetzes ausgedrückt wird, sondern der Gesetzesbegriff floß aus der Idee des Rechts und war deshalb mit ihr eins. Diese Hoheit wurde den Gesetzen verliehen, weil sie sich „durch den Inhalt, die ‚Wahrheit' ihrer Begriffe als endgültige Aussage des Naturrechts über den zu regelnden Gegenstand" auswiesen[1]). Aus diesem Wesen des Gesetzes schöpfte der Positivismus seine Berechtigung. Dem Gesetzgeber fiel damit eine gewaltige Aufgabe zu, wollte er rechtliches Sprachrohr der menschlichen Natur sein. Er mußte im wahrsten Sinne des Wortes um die Gerechtigkeit kämpfen, denn sie sprach ihn immer wieder von neuem mahnend an. Sie wollte errungen sein, denn sie ließ sich nicht ohne weiteres finden. Man mußte aus dem lauten Alltag in die Stille gehen, um den Anruf richtig zu vernehmen. So war das Amt des Gesetzgebers heilige Verpfichtung gegenüber der Gerechtigkeit und dem Menschen geworden. „So suchte man in den ‚Gesetzen' das Problem des Rechts zu lösen mit aller Verantwortung vor seiner Idee und seiner Heiligkeit"[2]).

Einen gewaltigen philosophischen Unterbau erhielt der Positivismus — nicht aber der Liberalismus — mit durch Hegel[3]). Sein Ausgangspunkt, daß alles Vernünftige wirklich und alles Wirkliche vernünftig sei, seine Überbetonung des Staates, als der höchsten Objektivation des Geistes und damit der Unterordnung aller sonstigen objektiven geistigen Phänomene unter den Staat, der Gedanke der Evolution, die in seiner Zeit den höchsten Zustand der Freiheit in der Geschichte erzeugt hatte, gab dem Positivismus das philosophische Rüstzeug, sich beweglich nach allen Seiten hin zu verteidigen. Vor allem widerfuhr ihm neben der Kantischen formalen Begründung eine materiale Rechtfertigung durch die Identitätsphilosophie.

Der Geist des 19. Jahrhunderts entwickelte sich allmählich immer gegensätzlicher. Die Aufklärung stieß auf die Entfaltung des Neuhumanismus und der Romantik, die dem Vordringen aufklärerischen Gedankengutes energischen Widerstand entgegensetzten. Dämmte jener die Mächte, die die französische Revolution geweckt hatte, nur ein, so wollte diese alles, was aus der Aufklärung an Verherrlichung der Ver-

[1]) Eb. Schmidt, Esprit, S. 195.
[2]) Eb. Schmidt, Esprit, S. 197.
[3]) Würtenberger, Gerichtssaal a. a. O,. S. 267f.

nunft und Vernichtung der organischen Einrichtungen des Staates und der Kirche erwachsen war, überwinden. In der Rechtswissenschaft war es die historische Schule, die diese Wendung zu den Mächten der Tradition vornahm. Dadurch wurde auch die Idee eines abstrakten Rechts, die bei Kant durchschimmerte, und eine Erbschaft der frühen Naturrechtslehre war, wirkungslos. Vielmehr sah die historische Schule, „alles Recht als Emanation der still wirkenden Kräfte des Volksgeistes" an[1]) und steuerte auf ein nationales Recht hin, das im Gange der Geschichte organisch gewachsen war[2]). Dabei dachte die historische Richtung aber nie daran, den Polizeistaat als geschichtliche Erscheinung verewigen zu wollen. Hatte die Romantik doch gerade die Demagogenhaltung in ihrer nationalen Einstellung mitgefördert. Vielmehr knüpfte die historische Schule an die Kraft des Rechts an, die in der Jugend des Volkes liegt, in einer Zeit also, „in der es über die ungebrochene Unbewußtheit verfügt"[3]). Nicht nur Savigny hatte als Minister mehrere Jahre die Gesetzgebungsarbeiten zu leiten, sondern Leute wie der hochkonservative Carl Ernst Jarcke[4]), Abegg und andere Männer der historischen Schule hatten zeitweise maßgebenden Einfluß auf die Gestaltung der Entwürfe.

Es darf nicht verkannt werden, daß die historische Schule der Ausbreitung des Positivismus auf die Dauer, d. h. seit etwa 1830 keinen Widerstand leisten konnte weil bei jener Systematik und Historie unkritisch vereint waren[5]). Die Mächte, die das Wirken des Volksgeistes herbeiführten, wurden zu unergründlichen Wesenheiten, denen keine wahre metaphysische Existenz zukam. Julius Stahl hatte das als echter Christ erkannt und ist deshalb der historischen Schule nicht ohne weiteres zuzuordnen[6]).

Die Eindeutigkeit der geistesgeschichtlichen Richtung der zweiten Hälfte des 18. Jahrhunderts war in eine ganz feine ineinanderverschlungene Vieldeutigkeit umgeschlagen. Förderte Hegel den Positivismus in gewisser Weise, so stützte er zugleich auch die konservative Anschauung und begründete die Verknüpfung von Thron und Altar von neuem philosophisch. Andererseits entstammte der positivistische

---

1) Thieme, D. Naturr. S. 45.

2) Dazu Würtenberger, Gerichtssaal, a. a. O., S. 262f.

3) Oskar Walzel, Klassizismus und Romantik in Propyl. Weltgesch., 7. Band, 1934, S. 304.

4) Dazu eingehend jetzt Wegner, Carl Ernst Jarcke in Festschrift für Rosenfeld, 1949, S. 65ff., 95, 99.

5) Würtenberger, Gerichtssaal, a. a. O., S. 265.

6) Schönfeld, S. 203, 226f., wenn auch zu einseitig die Schwächen der historischen Rechtsschule betonend.

Rechtsstaatsgedanke ganz liberaler Gesinnung und förderte diese weiterhin. Die historische Schule dagegen war konservativer ausgerichtet, schloß aber in ihrem Sinngehalt den Positivismus nicht aus. Jedenfalls wurde der polizeistaatliche Zug des Staates nach den Befreiungskriegen von keiner gleichzeitigen geistesgeschichtlichen Strömung gestützt.

Die Wirkung der verschiedenen Geisteshaltungen bedingte in den preußischen Reformarbeiten ein mehrfaches Auf und Ab. Überschattet wurde die Reform von der Haltung der preußischen Krone. Diese ließ in ihrer Traditionsgebundenheit und ihrem eindeutigen Konservatismus keine überstürzten Ergebnisse zu und gab die Gewähr dafür, daß liberales Geistesgut nur bis zu einem gewissen Grade vordringen konnte. Die ständischen Ausschüsse waren ein sicherer Bremsschuh für allzu weit vorwärtsgetriebene politische Gedanken.

2. *Die Entwürfe*

A. *Allgemeiner Geist der Entwürfe.*

Die ersten Entwürfe aus dem Jahre 1801 und 1819 ergaben gegenüber dem ALR keine wesentliche Änderung[1]). Mit dem Jahre 1826 beginnt eine neue Periode, die in sich geschlossen und fortlaufend durch zehn Entwürfe (je nach der Zählung) bis zur Schaffung des preußischen Strafgesetzbuchs führt. Durch die Länge der Vorbereitungsarbeiten können die Erfahrungen fast sämtlicher deutscher Partikulargesetzbücher berücksichtigt werden. Auf der anderen Seite zögerte sich die Reform immer länger hinaus, je stärker und kürzer die einzelnen politischen Schwankungen waren. Die Kabinettsordres[2]) vom 24. Jan. und 24. Juli 1826 genehmigten einen allgemeinen Plan des Justizministers von Dankelmann zur Revision der Gesetze und legten deren Grenzen fest. Es sollte nicht eine neue Gesetzgebung an die Stelle der gegenwärtigen treten, sondern vielmehr „die jetzt bestehende Gesetzgebung zugrunde gelegt und aufrecht erhalten" werden. Es sollte nicht bloß eingeschaltet, sondern vervollkommnet werden. Da diese eng gesteckte Umarbeitung für den strafrechtlichen Teil aber ungenügend gewesen wäre, hatte Dankelmann in einem Bericht ausgeführt, daß das Strafrecht des ALR „in den Grundzügen und in dem Systeme nach sich völlig unbrauchbar erwiesen" habe[3]). Darauf drückte die Kabinettsordre vom 14. Nov. desselben Jahres zwar starke Bedenken aus Sorge

---

[1]) Dazu Abegg, Geschichte der Strafgesetzgebung, S. 195f.; Banke, I, S. 19, 36, 38f. mit Wiedergabe der Inhaltsverzeichnisse.

[2]) Abgedruckt in Kamptz Aktenmäßiger Darstellung als Anlage I, S. 295ff.

[3]) Wie vorige Anmerkung, S. 229.

über die ungewisse Dauer einer gesamten Revision aus; sie schloß sie aber nicht aus. Die künftigen Entwürfe zeigen dann, daß man nur noch eine allgemeine Revision im Auge, der König aber gute Gründe für sein Zögern gehabt hatte.

Die ersten Entwürfe[1]) bis zum Jahre 1836 bilden in sich eine Einheit. Für den besonderen Teil ist dabei wichtig, daß an den Arbeiten nicht das Staatsministerium beteiligt war[2]). Dadurch waren im allgemeinen nur die Einflüsse juristischer Natur zur Geltung gekommen. Der besondere Teil wurde in vier Abschnitten in den Jahren 1828—1830 von dem Kammergerichtsrat Bode entworfen, außer den Vermögensdelikten, die OLG-Rat Schiller zugewiesen wurden[3]). Diese zeigen aber im allgemeinen das Bild des ALR und bedeuten keine besondere Leistung[4]). Aus der Beratung dieser einzelnen Abschnitte in der Gesetzesrevisionskommission ging der Entwurf 1830 hervor. Nach dem Tode Dankelmanns wurde der ganz polizeistaatlich gesinnte Freiherr von Kamptz Justizminister; er führte eine neue Revision herbei. Deren Ergebnis war der Entwurf 1833 mit Motiven und nach nochmaliger Umarbeitung der Entwurf 1836. Damit war die 1. Revision abgeschlossen.

Der Bodesche Entwurf stellt die Grundlage dar, auf der alle weiteren Arbeiten aufbauen. Er trägt in der Anordnung des besonderen Teiles die ihn auch sonst kennzeichnenden Züge der tadellosen Stoffdurcharbeitung und Angleichung an die bisherige Gesetzgebung und Wissenschaft. Er hält sich frei von den Vorbeugungsvorschriften des Landrechts und beschränkt sich auf das kriminelle Unrecht. Jene kommen in die Entwürfe 1833/36 durch die reaktionäre Einstellung v. Kamptz' wieder in unübersehbarem Maße, so daß die polizeilichen Bestimmungen das Kriminalrecht erdrücken. Vor allem hat Bode an bisherigen legislatorischen Werken das Bayrische Strafgesetzbuch, den Hannoverschen Entwurf von 1826 und sächsischen Entwurf von 1824, daneben auch den code pénal gründlich benutzt und ausgewertet[5]). Der aus diesen

[1]) Vgl. zu der äußeren Entwicklung der Entwürfe v. Hippel, I, S. 315f.; Berner, S. 219ff.; Goltdammer, I, S. VIIIf.; Hälschner, Geschichte, S. 264ff. Beseler, S. 3ff.; v. Kamptz a. a. O., S. 81.

[2]) v. Kamptz, a. a. O., S. 81; Berner, S. 218f.

[3]) Der besondere Teil ist in vier Abschnitten von 1828—1830 herausgekommen. Vgl. v. Hippel, I, S. 315; dazu Motive, Bd. II, 1828; Bd. III, Abt. 1, 1830; Abt. 2, 1829; Bd. IV, 1828 (Vermögensdelikte).

[4]) Beseler, S. 4.

[5]) Motive, 1. Bd., 1827, S. IV, S. VIf.; im 2. Band, 1828, Vorbemerkung S. 4, Ziffer 2, hält er die Ordnung des 20. Tit. ALR für natürlich, bedeutende Abänderungen derselben nur aus theoretischen Gründen für unnütz. Trotzdem läßt er eine Umstellung am Schluß noch offen.

Arbeiten hervorgegangene Entwurf von 1830 zeigt in der Stoffanordnung und in der Form bereits entfernt den Aufbau des späteren preußischen Gesetzbuchs. Der Entwurf läßt die Verbrechensgruppen in Titeln hintereinander folgen, ohne zusammenfassende Überschriften dazwischen zu schieben. Auch die Staats- und Privatverbrechen sind nicht besonders hervorgehoben[1]), außer in dem ganz polizeistaatlichen Entwurf 36, wo der Begriff der Staatsverbrechen wieder auftaucht. Das kennzeichnet den positivistischen Ausgangspunkt des Gesetzgebers, der übermäßige Wertgesichtspunkte aus dem Gesetz fernhalten wollte; denn sonst wäre ein Bezugspunkt für das Gesetz geschaffen worden, der außerhalb von ihm selbst sich befunden hätte. Gerade das wollte aber der Positivismus vermeiden, um den Zweck des Gesetzes in diesem selbst einzuschließen. „Der unbefangenen Würdigung der eigentlichen Strafsatzung" hätte der Gesetzgeber dann vorgegriffen[2]). Die Zerlegung des Gesetzes in fortlaufende Titel schloß nicht aus, daß diese zueinander in ein bestimmtes Wertverhältnis gestellt wurden. Die Unterscheidung von Verbrechen und Vergehen ist den Entwürfen bis 1847 unbekannt.

In der weiteren Entwicklung der Entwürfe können wir zwei Cäsuren wahrnehmen, eine liegt — unscheinbarer — bei dem Entwurf 1843[3]), die andere 1848. Durch die Entlassung v. Kamptz' im Jahre 1842 und die Ernnenung v. Savignys zum Justizminister verliert auch die Revision die eindeutige hochkonservative Richtung. In der Zeit von 1838—1843 lag die Revision in der Hand des Staatsrats. Späterhin von 1843—1847 kam sie unter die unmittelbare Leitung Savignys. Da die Entwürfe in dieser Zeit auch vom Staatsrat redigiert wurden, machte sich der rheinische Einfluß und damit eine stärkere liberale Richtung seit 1845 immer mehr geltend, konnte sich aber bis 1847 nur begrenzt durchsetzen. Die 3 Entwürfe 1843/45/47 des Ministeriums Savigny atmen im ganzen den einheitlichen Geist preußischer Überlieferung.

Aber dieser Geist ist von dem eines v. Kamptz grundverschieden. War dieser geradezu verbohrt in seinen polizeistaatlichen Gedankengängen und hatte er keinen Blick für die Bedürfnisse der Gegenwart, so überschaute Savigny von der Höhe seiner großen Persönlichkeit sowohl die Vorzüge als auch die Schwächen der Vergangenheit. Sein Mi-

1) Motive, II, 1828, S. 5: Die Definition von Staatsverbrechen entbehrt ebenso wie die . . . Einteilung der strafbaren Handlungen in „Staats- und Privatverbrechen" allen praktischen Wertes.

2) Beseler, S. 20.

3) Über die Entwürfe von 1843—1851 näher: Beseler, Kommentar, S. 9ff.; v. Hippel, I, S. 319ff.; Banke, II, S. 28ff.

nisterprogramm[1]) im Jahre 1842 ist von diesem maßvollen Geist. Er stellt eine allgemeine Unvollkommenheit des ALR fest, sowohl in Form wie in Darstellung. Es habe vor allem den großen wissenschaftlichen Zusammenhang zerstört. Das ist ein Irrtum Savignys, im Gegenteil sahen wir, daß das ALR sehr stark überall an die geschichtlichen Gegegebenheiten angeknüpft hatte. Savigny hat bei dieser Äußerung besonders das römische bürgerliche Recht gemeint, dem das ALR allerdings für Preußen eine Grenze für die Zukunft gesetzt hatte. Durch die Forderung, daß der Zusammenhang der Wissenschaft mit der allgemeinen Rechtswissenschaft allmählich wieder hergestellt werden müsse, wird die Reformrichtung seiner Ära gekennzeichnet. Es ist der historische Sinn Savignys, der nunmehr auf die Gestaltung des Strafgesetzbuches Einfluß nimmt[2]). Auf den Entwurf 1843 konnte Savigny allerdings erst gegen Schluß noch einwirken[3]). Dagegen verdiente er sich um die Arbeiten des Entwurfs 1845 in erheblichem Maße. Der Entwurf 1847 wurde anfangs des Jahres 1848 von den Ständen beraten[4]), wobei aber keine wesentlichen Änderungen, die die Legalordnung betrafen, herbeigeführt wurden. Die traditionsgebundene Haltung der abgelaufenen Gesetzgebungsperiode bot den überwiegend in ähnlicher Gesinnung zusammengesetzten Ständen wenig Anlaß im Gesamtbau etwas zu ändern.

Damit bricht die durchgehende Entwicklungslinie seit 1828 ab. Der allein im Justizministerium entstandene neue Entwurf des Jahres 1848 zeigt überraschend bereits im Aufbau und in der systematischen Anordnung wie auch im Geiste starke Verbindungslinien zum code pénal[5]) und zugleich stärkere aufgeklärte Einflüsse. Durch die Einschaltung der Stände wurde die Wirkung des rheinischen Geistes seit dem Jahre 1850 wieder etwas zurückgedrängt. Man wandte sich wieder mehr den Grundlinien der Revision vor 1848 zu, ohne die neuen Gedanken ganz zu negieren.

---

1) Abgedr. in Stölzel, Rechtsverwaltung, II, S. 733ff., insbesondere 734/6.

2) Dazu auch Wegner, Über Irrtum, S. 410. Insbesondere über die diesbezügliche Gemeinsamkeit von Savigny und Jarcke im Christlichen wie im Staatlichen, Wegner, C. E. Jarcke, S. 69.

3) Stölzel, Rechtsverwaltung, II, S. 562.

4) Niedergelegt in „Verhandlungen a. a. O.".

5) Banke, I, S. 25ff. (insbesondere über die Entwürfe 1848/49). Diese wurden von ihm erst 1912 wieder entdeckt und ermöglichen eine geschlossene Beurteilung der ganzen Entwicklung, da bis dahin der plötzliche Einfluß des französischen Rechtes ganz unvermittelt dastand. Leider sind zu beiden Entwürfen keinerlei Materialien oder Motive vorhanden.

B. Gestaltwandel der einzelnen Verbrechensgruppen

a) Die Verbrechen, die den Staat unmittelbar berühren

Bei der Betrachtung der einzelnen Verbrechensgruppen gehen wir nach der Anordnung des StGB von 1851 vor und beginnen mit den Verbrechen gegen die Sicherheit des Staates. Die ersten beiden Entwürfe unterscheiden nur Verbrechen wider die Sicherheit des Staates, wider die Majestät und Würde des Staates und wider die obrigkeitliche Gewalt des Staates. Dagegen zeigen die Entwürfe 1833/36 unter dem Einfluß vom Kamptz' eine starke Wendung zum Polizeistaat, indem die Staatsverbrechen einen großen Raum einzunehmen beginnen. Schon die Überschrift „Staatsverbrechen" im Entwurf 36 zeigt die besondere Betonung des staatlichen Güterkreises. Weiterhin kommt der Geist zum Ausdruck in der weiten Vorverlegung des Angriffs auf den Staat. Die Grenze der Versuchs- und Vorbereitungshandlungen wird immer mehr nach vorn gerückt, um so den Angriff möglichst zeitig abzufangen. Der Entwurf 1836 rechnet unter die sogenannten Staatsverbrechen den Hochverrat, die Majestätsbeleidigung und den Landesverrat. Die Tendenz der Entwürfe 1833/36 hält noch zunächst in der Gesetzesrevisions- und Immediatkommission von 1843 an, wo man zum Teil noch für den Begriff des Staatsverbrechens eintritt. Allmählich klingen aber die allzu sehr rückwärts gerichteten Einflüsse ab, und in den Entwürfen 1845/47/51 und im StGB werden Hoch- und Landesverrat aus Gründen der klareren Auffassung[1]) in einem Abschnitt nebeneinander gestellt. Der Hochverrat wird im Sinne einer konservativen Anschauung erweitert, als er sich nicht mehr nur auf die Angriffe von Leib und Leben, sondern auch auf die Gesundheit des Staatsoberhauptes bezieht. Damit sollte noch deutlicher gezeigt werden, daß jeder Angriff auf die Person des Königs, sowohl mit wie ohne hochverräterischen Zweck, unter den Hochverrat fiele, außer wenn die Absicht zu beleidigen vorhanden wäre[2]). Liegt diese vor, dann handelt es sich um Majestätsbeleidigung.

Der Revisor stellt im Jahre 1828 bewußt den Abschnitt über die Verbrechen wider die Majestät und die Würde des Staates an zweite Stelle[3]), da das Majestätsverbrechen seiner Schwere und seiner inneren Verwandtschaft wegen sich am besten an den Hoch- und Landesverrat anschließe. Der Entwurf 1836 weicht bereits von dieser Anordnung ab. Das Majestätsverbrechen wird gleich an den Hochverrat, der an erster Stelle steht, angeschlossen, weil es sich auch gegen die innere Sicherheit des

[1]) So Revision, 1845, II, S. 1.
[2]) Motive, II, 1828, S. 8f.
[3]) Im Gegensatz zum ALR.

Staates richte. Der Revisor wollte durch diese Stellung außer durch die Strafschärfung dem Verbrechen erneut einen besonderen Nachdruck verleihen[1]). Der Staat tritt in seiner Existenz ganz — im Gegensatz zum ALR — hinter den Monarchen zurück. Aber der polizeistaatliche Gedanke, der eine Neugeburt erfahren hatte, war nicht mehr von diesem fürsorglichen Geist des aufgeklärten Absolutismus erfüllt, sondern stellte sich in den Dienst einer dahingegangenen Idee, aus der der lebendige Geist gewichen war. Dadurch erstarrte der Polizeistaat und wurde lebensfremd. Hatte der aufgeklärte Absolutismus die Wohlfahrt der Bürger im Auge gehabt, so wurden nunmehr die polizeistaatlichen Mittel angewandt, um jede freiheitliche Regung der Untertanen zu unterdrücken. Die Macht hatte ihren Sinn nicht mehr in der Wohlfahrt des einzelnen, sondern in der Wiedererweckung einer überlebten Staatsanschauung. Deshalb war auch die feine monarchische Gesinnung eines Friedrich d. Gr., der sich als erster Diener des Staates betrachtete, dem Geist der epigonenhaften Eiferer fern. Von dem Entwurf 1843 an trat als Folge der Milderung des strengen Staatsbegriffs das Majestätsverbrechen selbständig hinter den Hoch- und Landesverrat. Dadurch, daß das Verbrechen in allen Entwürfen als Ehrverletzung ohne hochverräterische Absicht aufgefaßt wurde, wurde es auf die reine Beleidigung der Ehre des Oberhauptes beschränkt. Der Revisor 1828 lehnte ausdrücklich ab, eine Unterscheidung, wie sie in der Doktrin aufgekommen war, zwischen der Beleidigung des Regenten in seiner Eigenschaft als solcher und der des Privatmannes zu machen[2]).

b) Die Verbrechen bezüglich der staatsbürgerlichen Rechte

Seit dem Entwurf 1848 tauchen neu die Verbrechen in Beziehung auf die Ausübung staatsbürgerlicher Rechte auf. Hierfür hat der code den formellen Vorwurf gebildet[3]). Der innere Grund liegt in der staatsrechtlichen Umgestaltung Preußens[4]). Mit der Märzrevolution ziehen die liberalen Gedanken in breitem Strom in die Reihen der Gebildeten und bestimmen die Gesinnung und Lebenshaltung der Menschen. Damit setzte auch eine Umwertung der Güter ein. Hatte der Staat sich in den drei letzten Jahrzehnten ein Gebiet nach dem anderen, was ihm durch

[1]) Motive, 1833, S. 40f.

[2]) Motive, II, 1828, S. 49f., 57 wenden sich dabei gegen die Trennung bei Feuerbach und Tittmann; der Hannoversche Entwurf, Art. 151, war hier wohl Vorbild.

[3]) Art. 109ff., bezw. Art. 109 rhein. StGB.

[4]) Motive, 1851, S. 27 weisen auf die staatsrechtlichen Veränderungen hin.

die Aufklärung verloren gegangen war, wieder zurückgewonnen, so zeigte sich unmittelbar nach 1848 eine rückläufige Bewegung, die allerdings in dem 6. Jahrzehnt erneut stark begrenzt wurde. Zunächst aber sah sich der Staat gezwungen, seiner Macht eine äußerliche Grenze zu ziehen und so dem Bürger eine Sphäre einzuräumen, in der dieser Herr mit verbrieftem Recht war. Die Verfassung schaffte die staatsrechtliche Grundlage für die Weiterentwicklung des bürgerlichen Mitbestimmungsrechtes am Staate. Die Verleihung von Rechten hat aber nur Sinn, wenn diese zugleich auch vom Staate geschützt werden. Dieser Gedanke bedingte einen Einbruch in die bisherige Gütersystematik, da dieser nur Rechte des Staates oder Privatrechte des einzelnen bislang gekannt hatte. Schlagartig taucht der Schutz der Ausübung staatsbürgerlicher Rechte in Preußen nach 1848 auf und sprengt den Charakter der Deliktsgruppe, die den Staat bisher betraf. Nicht dieser wird allein mehr in allen Funktionen geschützt, sondern der einzelne erhält auch eine Garantie seiner öffentlichen Rechte gegen den Staat. Das Individuum tritt damit unmittelbar in den Güterkreis des Staates ein. Es findet somit ein Abbau der monarchischen Staatssphäre statt. Hatte der Staat bereits schon die früher in seinem Bereich gelegenen Güter der Religion und Sittlichkeit aufgegeben, so wird nunmehr ein Stück aus seiner bisherigen Machtsphäre herausgebrochen und dem Individuum zur Verwaltung übertragen. Die Säkularisation des Staates ist zu der Dekomposition seiner Macht vorgeschritten.

c) Die Verbrechen wider die innere Ruhe und Sicherheit

Der Entwurf 1836 reiht an die Staatsverbrechen die Verbrechen wider die innere Ruhe und Sicherheit, worunter er die Achtungsverletzungen gegen die Regierung, die unerlaubte Versammlung[1]), die Widersetzung gegen die Obrigkeit und die Verbrechen gegen die Hoheitsrechte stellt. Damit knüpft er stark an das ALR an, während die Zwischenentwürfe eine solche zusammengefaßte Gruppe vermieden haben. Es werden noch weitere Delikte dann in Beziehung zur Sicherheit des Staates gestellt, die aber hier gar nicht gefährdet ist, wie bei der Verspottung des Staates, der unerlaubten Selbsthilfe, der ungebührlichen Beschwerdeführung. In diesem Abschnitt kommt die polizeistaatliche Haltung von v. Kamptz am sinnfälligsten zum Ausdruck. Der bürgerliche Sinn, der die Burschenschaften bewegt hatte, sollte durch Polizeiverbote gedämpft, organisatorisch niedergehalten und

[1]) In den früheren Entwürfen standen sie nicht besonders hervorgehoben unter den Verbrechen wider die obrigkeitliche Gewalt; Motive 1833, S. 56, § 172.

damit geistig überwunden werden. Deshalb war die Aufrechterhaltung der Ruhe nicht mehr allein Zweck des Staates, sondern erhielt einen Selbstzweck. Der Staat versuchte durch weitestgehenden Einbau polizeilicher Vorschriften in das Kriminalrecht die innere Ruhe mit allen Mitteln zu gewährleisten. Ein besonderes Zeugnis ist die Gruppe der unerlaubten Versammlungen, die nunmehr selbständig und ausführlich herausgehoben werden. Das Requisit der Verbrechen gegen die Hoheitsrechte des Staates, das in der Gruppe noch vorkommt, stellt eine Anknüpfung an die absolutistische Zeit dar. Seit den Verhandlungen des ständischen Ausschusses im Jahre 1848 fällt diese Gruppe weg, weil es sich hier im wesentlichen um einen zivilrechtlichen Fragenkomplex handelt[1]).

Den Rest der in diesem Abschnitt verbleibenden Verbrechen ordnet der Entwurf 1848 in zwei Gruppen, in den Widerstand gegen die Staatsgewalt und in die Verbrechen wider die öffentliche Ordnung, wobei für die Überschriften und die Spitzenstellung des Widerstandes das französische Recht maßgebend wird.

Bei der Anordnung der einzelnen Abschnitte in dem 1. Teil können wir seit 1836 eine immer schärfere Trennung derjenigen Handlungen, die sich gegen den Staat selbst richten, von denen wahrnehmen, die die ausführende Gewalt hindern. So umfassen schließlich seit dem Entwurf 1851 die ersten vier Titel die Angriffe auf das Dasein des Staates und seine höchsten Organe, während der 5. Titel die Behinderung der Ausübung staatlicher Gewalt betrifft.

d) Die Verbrechen wider die öffentliche Ordnung

Der im preußischen STGB folgende Abschnitt Wider die öffentliche Ordnung tritt erstmalig seit 1848 auf. Der Begriff der Verbrechen gegen die öffentliche Ordnung kommt schon im Entwurf 1845 vor. Hierunter fallen, abgesehen von den Delikten, die später als Widerstand gegen die Staatsgewalt zusammengefaßt werden, nur die Schmähung der Einrichtungendes Staates, die Abreißung obrigkeitlicher Bekanntmachungen und Siegel und die die Auswanderung und Verletzung der die Militärpflicht betreffenden Delikte. Das bedeutete eine gewaltige Einengung der Gruppe gegenüber dem früheren ähnlichen Abschnitt, der ganz ausführlich und ängstlich geregelt war[2]). Seit dem Entwurf 1848

[1]) Motive 1833 S. 59; Verhandlungen, III, S. 314ff.

[2]) Die Entwürfe 28—33 hatten die Delikte teils unter die Verletzungen der Bürger, teils der obrigkeitlichen Gewalt des Staates gestellt. Der Entwurf 1836 faßte sie (außer den Auswanderungs- und Desertionsdelikten) neben anderen unter die Verletzung der Achtung und des Gehorsams gegen die Regierung zusammen, was wiederum die scharfe Bezugnahme auf den Staat zeigt.

hat die Gruppe im wesentlichen den Umfang des STGB[1]). Nur einige Delikte sind noch hinzugetreten. Ein Blick auf den Code zeigt, daß die völlige Umgestaltung und Neufassung des Abschnitts im Entwurf 1848 von jenem stark abhängig ist[2]).

Die ganze Gruppe trägt keinen geschlossenen Charakter, weil ihr überhaupt der einheitliche Begriff fehlt. Deshalb wechselte auch die Stellung der einzelnen Delikte in den Entwürfen sehr stark. Jedenfalls sollte für alle durch die Stellung das stark öffentliche Interesse betont werden. Die Gruppe wird im preußischen STGB mit dem unerlaubten Halten bewaffneter Haufen, einer Vorschrift, die aus dem Code stammt[3]), eröffnet. Die folgenden Bestimmungen über die unerlaubten Verbindungen waren bereits in dem ständischen Ausschuß 1847 stark umstritten[4]), so daß sie in den Entwürfen 48/49 verschwanden, weil sie besonderer Gesetzgebung vorbehalten waren. Ihre zurückgegangene Bedeutung infolge der liberalen Einwirkung ergibt sich bei der endgültigen Stellung aus der Koordinierung mit den übrigen Vergehen gegen die öffentliche Ordnung. Der sogenannte Haß- und Verachtungsparagraph über die gegenseitige Anreizung der Angehörigen des Staates zeigt die Spannung der späteren sozialen Kämpfe schon ganz fein an. Er beruht auf einer Verordnung von 1849[5]). Die folgende Verletzung der Amtsehre stand in den Entwürfen 1833 bis 1843 unter den Verletzungen der Majestät und Würde des Staates und schloß sich damit dem ALR an. Die gemilderte konservative Auffassung handelte dann in den Entwürfen 1845/47 das Vergehen unter der Beleidigung ab, weil es sich um einen qualifizierten Fall derselben handelte[6]). Die Entwürfe seit 1848 und das STGB weisen es schließlich der Störung der öffentlichen Ordnung zu. Eine ähnliche Entwicklung zur geringeren Bewertung macht die unbefugte Ausübung eines öffentlichen Amtes durch.

Der sich anschließende unbefugte Gebrauch von Titeln und fremden Wappen war allmählich von einem Betrugsfall bis zur Übertretung im

---

[1]) Entwürfe 48/49 rechneten auch die Religionsverbrechen dazu.

[2]) Résistance, désobéissance et autres manquements envers l'autorité publique (art. 209ff.) u. a. noch Rebellion, Beleidigungen gegen die öffentliche Gewalt, Siegelbruch und Wegnahme der in öffentlicher Verwahrung befindlichen Stücke, Titel- und Amtsanmaßung und Verhinderung der freien Ausübung der Religion. Diese hatte der Entwurf 1848, §§ 79ff, auch so eingegliedert.

[3]) Code, Art. 92.

[4]) Verhandlungen, III, S. 280ff.

[5]) Goltdammer, II, S. 157.

[6]) Revision, 1845, II, S. 36.

Entwurf 1848 gesunken, was seinen immer tieferen Wertgehalt infolge des Gedankens der Nivellierung der Menschen anzeigt. Jedoch verschärften die Motive 1851 wieder den Unrechtsgehalt und sahen für die schwereren Fälle den Charakter einer Übertretung nicht für angemessen an[1]). Damit wurde nur ein polizeilicher Strafgrund bejaht, dem aber die kriminelle Form gegeben wurde.

Die falsche Entschuldigung der Zeugen beruht auf einer Verordnung von 1849[2]) und ist dem Code, Art. 236, entnommen. Seine Stellung ist diesem auch entlehnt.

Die jetzt folgende unerlaubte Auswanderung, die Anwerbung zu fremdem Militärdienst, die Selbstverstümmelung, die Verleitung zur Auswanderung waren in den Entwürfen 1828 bis 33 den Verbrechen gegen die obrigkeitliche Gewalt angehängt worden; im Entwurf 1836 wurde sie in Anlehnung an merkantilistische Gedanken des Absolutismus unter die Beeinträchtigung der landesherrlichen Hoheitsrechte subsumiert und seit 1848 unter die Sammelgruppe gegen die öffentliche Ordnung gestellt[3]).

Den Schluß des Abschnitts bilden die Bestimmungen über die Landstreicherei usw. Sie beruhen auf einem Gesetz vom 6. Januar 1843[4]), sind aber erst seit dem Entwurf 1848 nach dem Vorwurf des Code pénal[5]) eingefügt worden.

e) Die ehemalige Gruppe der Verbrechen gegen öffentlich Treu und Glauben[6])

In den Entwürfen seit 1848 folgen plötzlich auf die Vergehen gegen die öffentliche Ordnung die Münzverbrechen und der Meineid, während in den bisherigen Entwürfen sich die Religionsdelikte angereiht hatten.[7])

[1]) Motive, 1851, S. 31.

[2]) Motive, 1851, S. 30.

[3]) Motive, III, 1, 1830, S. 131/7. Die Vorschriften über Verleitung zum Auswandern und die Anwerbung zu fremdem Militärdienst standen noch im ALR unter Landesverrat (besonders § 143). Dafür war einerseits die merkantilistische Auffassung vom Menschen, anderseits die geschichtliche Wurzel des plagium militare von Einfluß.

[4]) Gesetzessammlung, S. 19; Motive, 1851, S. 32.

[5]) Art. 265ff.

[6]) Trotz der grammatikalischen Unrichtigkeit wurde der Begriff so gebraucht.

[7]) Außer Entwurf 28/30, wo ungeschickt die Religionsdelikte noch vor den Verletzungen der Hoheitsrechte standen. Im Entwurf 1848 sind die Religionsdelikte ganz liberal unter die Vergehen gegen die öffentliche Ordnung subsumiert worden.

In dem preußischen STGB schiebt sich noch zwischen den Meineid und die Religionsvergehen die falsche Anschuldigung.

Die Anordnung hängt mit der schwankenden und umstrittenen Stellung derjenigen Delikte zusammen, die nach Feuerbachs Vorbild unter dem Begriff der Verbrechen gegen öffentliche Treue und Glauben in Wissenschaft und Gesetzgebung verstanden wurden. Die Entwürfe 1828/30 erfaßten darunter Münzverbrechen[1]), Fälschungen, Bankrott, falsche Anschuldigung und den Meineid und stellten den Abschnitt an den Schluß der Privatverbrechen. Die Motive[2]) erblickten das Objekt in dem „im gemeinen Leben und Staate als allgemeingültig angesehenen Zeichen der Wahrheit, welches als solches vom Gesetz sanktioniert ist"[3]). Der Begriff ist unbestimmt und schließt ganz heterogene Verbrechen in sich. Deshalb löste schon der Entwurf 1833 die Gruppe auf und verselbständigte die Verbrechen. Erst der Entwurf 1836[4]) kam zu einer klaren Einordnung. Der Meineid trat hinter die Religionsdelikte[5]), die falsche Anschuldigung mit der Verleumdung zu der Beleidigung, die Münzverbrechen blieben bei der Fälschung[6]).

Bei der Revision 1845 entstanden erhebliche Meinungsverschiedenheiten über die Einordnung der Münzverbrechen[7]). Aber erst seit dem Entwurf 48[8]) schlossen sie sich an die Delikte gegen die Staatseinrichtungen an[9]) und erhielten damit eine ausgesprochene Richtung gegen staatliche Belange.

Der Meineid wurde im Entwurf 1833 verselbständigt und mit dem Eidesbruch zusammengefügt; der Entwurf 1836 stellte beide Delikte

[1]) Im ALR waren sie unter die Staatsverbrechen gestellt. Es sah ihre Natur in der Anmaßung und Beeinträchtigung vorbehaltener Rechte des Staates (7. Abschnitt).

[2]) Motive, IV, 1828, S. 281.

[3]) Diese Gruppen kennen das Bayrische StGB. 1813, das das oldenburg., württ., hannov. und braunschweig. StGB. Der preußische Entwurf 1830 stellt auch die Fälschung von Privaturkunden darunter. Gegen den in einem Gesetzbuch gebrauchten Begriff der Verbrechen wider öffentliche Treu und Glauben Mittermaier, Über neusten Zustand, S. 132; er selbst hat den Begriff für die Wissenschaft begründet.

[4]) Schon Motive, 1833, S. 363 deuten das an.

[5]) Wegen des religiösen Charakters, Motive, 1833, S. 362.

[6]) Motive, 1833, sagen nichts darüber, warum die Münzdelikte zu den Fälschungen gestellt werden.

[7]) Revision 1845, II, S. 37f.

[8]) Die Verhandlungen des ständischen Ausschusses ergeben noch nichts über eine diesbz. Diskussion; 1848, IV, S. 278ff.; vgl. Temme, Critik, II, S. 354.

[9]) Der Code stellt sie mit den übrigen Fälschungen zu den Verbrechen contre la chose publique.

hinter die Religionsverbrechen. Durch die Stellung wurde nicht nur die öffentlichrechtliche Natur des Meineides betont, sondern es sollte an den religiösen Charakter des Delikts angeknüpft werden. Es sei allein die Heiligkeit, die dem Eid die hohe Glaubwürdigkeit gebe, infolgedessen sei der Charakter des Meineides auf dem religiösen Prinzip begründet[1]). Damit sollte er aber nicht zugleich als Angriff wider die Religion gewertet werden. Folgerichtig in jener Auffassung stellten die Entwürfe 1833/36 auch den Privateid unter Strafe[2]). Es käme nicht darauf an, ob der Eid von einer öffentlichen Behörde oder vor einer Privatperson geschworen werde; er wäre in jedem Falle an die Anrufung Gottes gebunden[3]) Damit hängt auch zusammen, daß die Entwürfe 33/36 den Eidesbruch wieder bestraften[4]), nachdem die vorhergehenden Entwürfe ihn gestrichen hatten[5]). In dieser Haltung des Gesetzgebers liegt eine Bejahung des christlichen Denkens, wie es sich mit der konservativen Richtung der damaligen Zeit oft verband. Wir werden bei den Religionsdelikten den geistesgeschichtlichen Hintergrund noch näher sehen. Im Entwurf 43 wurde bereits wieder der Privateid entfernt. Durch die Veränderung der Stellung der Religionsverbrechen seit dem Entwurf 1848 hatte der Meineid seinen religiösen Charakter verloren und hat ihn nach 1850 auch nicht mehr wiedergewonnen. Es ist aber durch den Anschluß an die Münzverbrechen seine öffentliche Natur, die jedoch nunmehr in dem Verstoß gegen die Rechtspflege gesehen wird, geblieben.

Auch die falsche Anschuldigung hatten die Entwürfe 1828/30 unter die Verbrechen wider öffentliche Treue und Glauben gestellt. In den Entwürfen 1836 bis 45 wurde der Angriff auf den Namen und die Achtung des Anderen besonders betont und infolgedessen die falsche Anschuldigung, wie im Code pénal, unter die Ehrenbeleidigungen gestellt. Der Entwurf 1848 behielt die Stellung bei. Erst im STGB selbst gab man der falschen Anschuldigung eine selbständige Stellung. Die endgültige systematische Stellung ist ein Zeichen dafür, daß in dem Verbrechen eine Kränkung öffentlicher Interessen in der Gestalt der Rechtspflege liegen soll.

f) Die Religionsdelikte

Hatte sich der Aufklärung im Protestantismus schon der Pietismus entgegengestellt, so gewann jetzt die Kirche aus sich neue Kräfte, die sie von den rationalistischen Ideen reinigen wollten. Mit der Wieder-

[1]) Motive, 1833, S. 362.
[2]) Entwurf 33, § 517; Entwurf 36, § 313.
[3]) Motive, S. 365.
[4]) Entwurf 1833, §§ 578ff.; Entwurf, 1836, §§ 314ff.
[5]) Motive, 1828, IV, S. 382.

erstarkung der theokratischen Staatsauffassnng — wie sie in der Heiligen Allianz sichtbaren Ausdruck gewonnen hatte — und der Rückkehr zum absoluten Staatsgedanken ging in der Kirche parallel eine starke orthodoxe Besinnung vor sich. Durch die Befreiungskriege erhielt in Deutschland der Protestantismus einen mächtigen Antrieb. Schleiermacher vertiefte den allzu verflachten religiösen Geist. Aber auch die katholische Kirche gewann einen neuen Aufschwung. Die Romantik kam ihr zu Hilfe, insbesondere die zahlreichen Konversionen stärkten ihre Haltung. Eine solch lebendige Kraft, wie Joseph Görres, war unermüdlich für die Wiedererweckung katholischer Geistesart tätig. Die kirchlicheReaktion stand der Entseelung der Welt durch die Aufklärung schroff entgegen. Die eine Art der Menschen sah in der Entwicklung zur weiteren geistigen Freiheit ein notwendiges Moment, die andere erschreckte vor der Möglichkeit des entfesselten Geistes, wie er sich in den Tagen der französischen Revolution gezeigt hatte, und floh in die alle Unzulänglichkeiten aufhebende Vorstellung des offenbarten Gottes[1]). Die preußischen Monarchen waren von dem ihnen von Gott übertragenen Amte wieder heilig überzeugt. Die Idee der Verbindung von Thron und Altar gewann eine gewaltige Vertiefung. Die Rechts- und Staatsphilosophie fand in Julius Stahl einen hervorragenden christlichen Verfechter. In ihm vereinigte sich konservativer Sinn mit protestantischem Glauben, der sich eng an Luther anschließen wollte. Staat und Recht wurden erst durch die religiös-sittliche Ordnung ausgewiesen. Die staatliche Organisation galt als göttliche Institution und in ihrem Bestande von Gottes Willen abhängig. Für Stahl war der Herrscher von Gott eingesetzt, wie es die theokratische Staatsidee katholischer und evangelischer Prägung schon immer im Anschluß an das Neue Testament verkündet hatte. So wie die Romantik in der Jugendblüte des Volksgeistes im Mittelalter die größte Kraftentfaltung sah, so glaubte die staatsphilosophische konservative Auffassung in dem Gehalt mittelalterlichen Königtums die tiefste und echt christliche Erfassung des regierenden Amtes zu finden. Die von Gott verliehene Autorität war zu einer Art rocher de bronce für die Souveränität erneut geworden. Ebenso auf katholischer Seite hat u. a. Jarcke zunächst als Professor für Strafrecht und später als Staatstheoretiker für die Idee der Theokratie sich unermüdlich eingesetzt[2]). Und schauen wir in die Lehrbücher von Abegg, Wächter, Roßhirt u. a., nirgends mehr finden wir diese aufklärerische Erfassung der Religion als Privatsache oder diese häßliche Konzeption als Mittel zum Staatszweck.

[1]) W. Goetz, Die geistige Bewegung im 19. Jahrhundert, in Propyläen-Weltgeschichte, 8. Bd., 1934, S. 484f.

[2]) Neuerdings ausführlich über diesen Wegner, a. a. O., S. 65ff.; auch Allg. deutsche Biographie, 19. Bd., Leipzig, 1881.

Überall tritt die Religion wenigstens als Grundlage der Moral und damit als Fundament der Staatsordnung[1]) wieder in Erscheinung[2]). Diese religiöse Besinnung, die in Europa ihren nachhaltigten und leidenschaftlichsten Ausdruck in dem Dänen Sören Kierkegaard, dem Begründer der modernen existentiellen Theologie fand, wirkte sich auch auf das Strafrecht aus. Nirgends hat die reformerische Bestrebung der Aufklärung so rasch ihr erobertes Feld wieder verloren und auch nie mehr zurückgewonnen, wie auf dem Gebiet der Religionsdelikte und den mit ihnen zusammenhängenden Sittlichkeitsverbrechen.

Die Entwürfe sind für die einzelnen Bestrebungen ein ganz feiner Registrator geworden, sowohl in der Stellung wie in der materiellen Auffassung der Delikte.

Schon die Überschriften des Abschnitts sind dafür symptomatisch. Der Entwurf 1828 überschrieb: Verbrechen gegen den Religionsfrieden[3]) ganz noch im Sinne des aufgeklärten Polizeistaats. Bereits der Entwurf 1830 setzte allgemein über den vierten Abschnitt: Verbrechen, welche sich auf die Religion beziehen. Sehr strittig war die Frage, was als Gotteslästerung anzusehen und wie sie überhaupt aufzufassen war. Davon hing auch die Schwere der Tat und die Einreihung ab. Gliederten die Entwürfe bis 1833 noch ähnlich wie das ALR, so stellte v. Kamptz in dem Entwurf 1836 die Gotteslästerung an die Spitze. Die Gotteslästerung überhaupt zu streichen, lehnte der Revisor schon 1828 ab[4]), ebenso sie nur nach dem Vorbild der sächsischen Entwürfe von Stübel und Tittmann in die Polizeivergehen zu stellen. Die grundsätzliche Frage, ob die Gotteslästerung als Beleidigung Gottes[5]) oder der kichlichen Gesellschaft aufgefaßt werden sollte, entschied der Revisor 1848 für beide Fälle negativ. Er sah in ihr vielmehr eine Beleidigung der bürgerlichen Gesellschaft, und die Lästerung war ihm gefährlich, weil sie leicht zum Unglauben verleiten könnte. Der Staat hätte deshalb, weil ihm „an der Schützung und Aufrechterhaltung dieses Glaubens an ein heiligstes und höchstes Wesen alles gelegen ist", jenen doppelten Grund für die Strafbarkeit[6]). Der Entwurf 33 sprach vorsichtig allgemein von Gotteslästerung. Er wollte sie nicht als eigentliche Beleidigung Gottes auffassen[7]). Der Entwurf 1836 schloß sich dann in der Fassung wieder dem ALR an, das da sagt, „wer durch Gotteslästerung zu einem ge-

[1]) So Revision, 1845, II, S. 73.
[2]) Kohlrausch, S. 33.
[3]) Motive II, 1828, S. 108.
[4]) Motive II, 1828, S. 115.
[5]) Wie die CCC., Art. 106; auch Jarcke, Handbuch, II, S. 40.
[6]) Motive, II, 1828, S. 116.
[7]) Motive, 1833, S. 64.

meinen Ärgernis Anlaß gibt." Der Entwurf erweiterte andererseits aber die Religionsdelikte erheblich unter wesentlicher Erhöhung der Strafen. Die zahlreichen Verbrechen wurden im Entwurf 43 wieder eingeschränkt. Die Revision 1845 zeigt die stärkste religiöse Haltung, indem sie betont, daß die Gotteslästerung gegen die heiligsten Gefühle der Menschheit sich richte, und weil die Religion und die Gottesverehrung das Fundament aller Staaten bilde, müsse jene als selbständiges Verbrechen behandelt werden[1]). Ein völliger Umschwung trat 1848 ein, wo sogar die Gotteslästerung gestrichen wurde und die übrigen Religionsverbrechen unter die Verbrechen gegen die öffentliche Ordnung eingereiht wurden. Wenn die Religionsvergehen auch 1849 wieder verselbständigt wurden, so erhielten sie eine eindeutig liberale Natur beigelegt; nämlich ihr Wesen sah man in der Kränkung der Religionsgesellschaften. Der Entwurf 1851 nahm dann auch die Gotteslästerung wieder auf. Die Stellung des ganzen Abschnitts hatte sich hinter die Delikte gegen die Rechtspflege seit 1849 verschoben. Da keine Motive zu dem Entwurf 1849 bestehen, ist der Grund der Verschiebung nur zu vermuten und zwar wohl in der Beschränkung der Delikte auf die Verletzung der Religionsgesellschaften. Dadurch bestand kein unmittelbarer Zusammenhang mehr mit den Delikten, die direkt den Staat oder seine Einrichtungen angingen.

g) Die Delikte gegen den Personenstand

Die sich seit dem Entwurf 1849 anreihenden Delikte gegen den Personenstand wechselten mehrfach ihren Charakter. Sie wurden in den Entwürfen 1828/30 als Verbrechen gegen die Standes- und Familienrechte behandelt, die im Entwurf 1828 hinter die Vermögensdelikte, im Entwurf 1830 hinter die Freiheitsdelikte traten, während sie 1833/36, wie im ALR, unter den Betrugsfällen abgehandelt wurden. Die Entwürfe 1843/47 gingen wieder auf den Stand von 1830 zurück, stellten sie aber hinter den Titel der Fälschung. Damit sollte der Zusammenhang mit ihr gekennzeichnet werden. Im Entwurf 1848 tauchen die Personenstandsdelikte plötzlich hinter den Vergehen gegen die Religion auf, wo sie auch bis zum StGB geblieben sind. Allerdings hatte der ständige Ausschuß 1848 schon unschlüssig ihre endgültige Stellung der Endredaktion vorbehalten[2]). Eigenartig ist, daß sich in den Partikulargesetzen keine Parallele befindet. Die Motive zum Entwurf 1851[3])

---

[1]) Revision, 1845, II, S. 73. Der rheinische Ausschuß beantragte, die Gotteslästerung zu streichen.

[2]) Verhandlungen, a. a. O., IV, S. 319.

[3]) S. 36.

erklären ausdrücklich die Bestimmungen über den Personenstand aus dem Interesse an der staatlichen Ordnung, sowie der Sicherung der Familien- und Personenrechte. Sie betonen damit eine Doppelnatur. Durch die Einschiebung der Personenstandsdelikte vor den Sittlichkeitsdelikten werden diese in ihrem Zusammenhang mit der Religion getrennt. Andererseits soll wohl ganz allgemein der gemeinsame Schutz der Familie durch die Aneinanderreihung von Personenstands- und Sittlichkeitsdelikten ausgedrückt werden.

h) Die Sittlichkeitsdelikte

In der Zusammenstellung und Ordnung der Sittlichkeitsdelikte brachte die rationalistische Scheidung von Recht und Moral und der Feuerbachsche Gedanke der bloßen Bestrafung von Rechtsverletzungen ein buntes Bild in der Gesetzgebung und der Wissenschaft hervor. Der Entwurf 1829 entschied sich für die Zusammenfassung aller fleischlichen Verbrechen, wie im ALR. Die Zusammenstellung gewährte die schnellste Übersicht über die Gattung der Verbrechen, die durch das gemeinsame Merkmal des Verstoßes gegen die Sittlichkeit zusammengehalten werden[1]). Der Grundcharakter aller dieser Delikte ruhte in der Verletzung der geschlechtlichen Sittlichkeit, wobei die Motive 1833 noch von gleicher Verletzung religiöser und innerster Familienverhältnisse sprachen[2]). Daraus ergäben sich ganz bestimmte allgemeine Grundsätze, die bei Zerstreuung der Delikte im Gesetz nicht wirksam werden könnten. Deshalb faßte der Entwurf 1833 alle Sittlichkeitsdelikte mit dem Ehebruch zusammen.

Standen die Sittlichkeitsverbrechen bis zum Entwurf 1843 in dem Teil der Verbrechen gegen die Person, so traten sie plötzlich im Entwurf 1845 hinter den Meineid vor die Verletzung der Ehre. Damit sollte mehr die ideelle, als die materielle Seite der Verbrechen betont werden. Zugleich sollte die Anordnung zeigen, daß die Verbrechen einen öffentlichen und keinen privaten Charakter tragen. Nach der Revision von 1845 betrifft die Verletzung wichtigste geistige Interessen des Staates, wie die öffentlichen Sitten, die Heiligkeit der Ehe und die Reinheit der Familienverhältnisse[3]). Die Stellung der Sittlichkeitsdelikte vor den Ehrverletzungen blieb bis in das StGB hinein. Die Motive 1851[4]) betonten noch einmal die Heiligkeit der Ehe als eine der Grundstützen des Staates, und sahen sowohl diese wie die Familie, als auch die öffent-

[1]) Motive, III, 2, 1829, S. 239.
[2]) Motive, 1833, S. 231.
[3]) Revision, 1845, II, S. 159; 169.
[4]) S. 36f.

liche Sittlichkeit, für verletzt an. Damit hatte die Aufklärung ihren Kampf um den Sinngehalt der Sittlichkeitsdelikte im großen und ganzen verloren, hier sogar noch mehr als bei den Religionsverbrechen, die einen liberalen Gehalt am Ende doch behalten haben. Die Stellung der Sittlichkeitsdelikte am Schluß desjenigen Teiles des StGB, der im wesentlichen die öffentlichen Interessen berührt, zeigt, daß der Gesetzgeber die Beziehung der Sittlichkeit zu den staatlichen Belangen keinesfalls preisgeben wollte. Zugleich bilden die Sittlichkeitsdelikte den Übergang zu den Verbrechen, die sich vornehmlich gegen die Person richten.

i) α. Die Stellung des einzelnen in der geistigen Struktur der ersten Hälfte des 19. Jahrhunderts.

Wenn wir uns jetzt den Rechtsgütern des einzelnen zuwenden, so besinnen wir uns auf die Stellung des einzelnen in der ersten Hälfte des 19. Jahrhunderts. Nicht nur die Aufklärung, sondern auch der Neuhumanismus hatten das Individuum in den Mittelpunkt der Betrachtung gestellt, wenn auch in verschiedener Art. Goethe und Schiller kämpften für die wenigen Auserwählten gegen alle Mittelmäßigen[1]), wenn sich auch am Schlusse des Lebens bei jenem in der Gestalt des Faust, II. Teil, die Ansicht von der sinnvollen Arbeit der Großen nur in der Gemeinschaft durchsetzte Die gewaltige Verkündung menschlicher Freiheit durch die deutschen Klassiker traf sich mit Gedanken des Liberalismus und wirkte weiterhin auch über die Befreiungskriege nach. Die Idee der Humanität wurde der Schlüssel zum Verständnis der Weltgeschichte und wenn hierbei auch im wesentlichen an das Auf und Ab der Völkerschicksale gedacht wurde, so blieb doch als Ausgangspunkt für die Geschichte der Mensch als Persönlichkeit im Goetheschen Sinne. Selbst die Romantik konnte sich nicht der Betonung des einzelnen Menschen entziehen; zum mindesten konnte sie ihr auf die Dauer keinen Widerstand entgegensetzen, denn sie knüpfte am Mittelalter an, in dem der einzelne Mensch vor Gott alleine stand — trotz aller unendlich vielen sozialen Bindungen — und somit eschatologisch eine theologische Einzelexistenz zugewiesen bekommen hatte. Und wenn wir Savignys System des heutigen Römischen Rechts[2]) anschauen, dann ist der Begriff der Gemeinschaft, der das Verständnis zum Volksgeist öffnen muß, doch recht stark zugunsten des Einzelmenschen aufgelöst. Es heißt hier auf Seite 2: „Alles Recht ist vorhanden, um der sittlichen, jedem

[1]) O. Walzel, Klassizismus und Romantik als europ. Ersch. in Propyl. Weltgesch., 7. Band, 1934, S. 251f.

[2]) Berlin 1480, 2. Band.

einzelnen Menschen innewohnenden Freiheit willen ... Jeder einzelne Mensch, und nur der einzelne Mensch, ist rechtsfähig". Und auf Seite 236 lesen wir weiter: „Die Rechtsfähigkeit wurde oben dargestellt als zusammenfallend mit dem Begriff des einzelnen Menschen. Wir betrachten sie jetzt als ausgedehnt auf künstliche, durch bloße Fiktion angenommene Subjekte. Ein solches Subjekt nennen wir eine juristische Person". Hier hat die Gemeinschaft keine Realität, und sie besteht neben dem Subjekt, ganz anders als in der sozialen Struktur des Mittelalters. Diese Anschauung konnte den liberalen Individualismus geistig nicht mattsetzen, denn sie ging ja selbst von der Freiheit des Einzelmenschen aus. Nur die konservative Ideologie vermochte den Individualismus in seine Schranken zurückzuweisen, wenn Stahl seinen monarchischen Gedanken auf der Autorität, nicht auf der Majorität, aufbaute; und wenn der Herrscher von Gottes Gnaden den Ausgangspunkt für den Bestand des Staatsganzen darstellte, so war dort für das abstrahierte Individuum kein Raum, sondern nur für den Menschen, der sich organisch in den ordo einfügte. Das schließt aber nicht die Hochachtung vor dem Menschsein aus. Der Konservativismus des vorigen Jahrhunderts denkt organisch, nicht kollektivistisch. Außerdem hat er vor dem Menschen, der Ebenbild Gottes ist, eine unbegrenzte Achtung. In des Menschen Würde liegt seine Berufung, Nächster im neutestamentlichen Sinne zu sein.

So strömen humanistisches Persönlichkeitsideal, christliche Wertschätzung des Menschen, romantisch-historisches Freiheitsbewußtsein und liberaler Individualismus in dem Bewußtsein menschlicher Würde und Unantastbarkeit ineinander. Im einzelnen ist es deshalb sehr schwer, die Wurzeln bei der Betonung individueller Lebensgüter zu finden. Nicht alles ist liberal, was den einzelnen schützt.

i) β. *Die Ehrdelikte*

In allen Entwürfen werden die sich mehr gegen die Einzelgüter richtenden Delikte — wie im ALR — mit den Beleidigungen der Ehre eröffnet. Mögen noch so viel Beweise über den Liberalismus und die Naturalistik des Strafgesetzbuchs geführt werden, an der Tatsache kann keine Kritik vorbeigehen, daß die ganze Güterwelt des einzelnen mit einem immateriellen Gut eröffnet wird, das noch dazu in der Überlieferung Preußens einen besonderen Sinngehalt erfahren hatte. Die Ehre hatte der Liberalismus gewiß nicht zuerst auf seine Fahnen geschrieben.

Seltsam ist die Entwicklung der Verleumdung. Kannte das ALR sie überhaupt nicht als selbständiges Verbrechen, so erweiterte der Entwurf 1828[1]) die Verleumdung auf betrügliche Rechtsverletzungen. Von dieser recht materiellen Auffassung ging der Entwurf 1833 ab, stellte Verleumdung und falsche Anschuldigung in einem Abschnitt zusammen, wobei beide Straftaten die Ehre und den guten Namen angriffen; daneben gehen sie noch auf die Vernichtung der bürgerlichen Existenz des anderen. Der Entwurf 1836 ließ in voller Abwendung von einer materiellen Erfassung diesen Gesichtspunkt des Schutzes der Vermögensrechte ganz fallen und betonte nur noch den Angriff auf Namen und Achtung. Er stellte beide Delikte deshalb mit der Ehrbeleidigung in einem Titel zusammen. Durch die Einwirkung des konservativen Geistes setzte die Wendung zum immateriellen Rechtsgut ein.

Eine ähnliche Entwicklung lesen wir an dem Zweikampf ab. Es waren die verschiedenartigsten Vorschläge eingegangen, die ihn in den Abschnitt von den Verbrechen gegen die Obrigkeit und von der unerlaubten Selbsthilfe oder in den von den körperlichen Verletzungen weisen wollten. Demgegenüber machte der Revisor 1829[2]) aufmerksam, daß das Duell stets in historischem Zusammenhange mit der Beleidigung gestanden hätte und logisch die für diese angedrohte Strafe Vorbedingung zur Bestrafung des Zweikampfes wäre. Er forderte, daß der Zweikampf wegen seiner Eigentümlichkeit als eigenes Verbrechen aufgeführt werde, stellte ihn jedoch mit den Beleidigungen zusammen. Der Entwurf 1830 trennte den Zweikampf in einem eigenen Abschnitt ab und stellte ihn hinter die Beleidigungen, was dann beibehalten wurde. Die liberalen Entwürfe 1848/49 zogen den Zweikampf sofort unter die Verbrechen wider das Leben. Die Zusammenstellung mit der Beleidigung ist echt konservativ. Hätte der Gesetzgeber den normalen Ehrenschutz in jedem Falle für ausreichend gehalten, hätte er das Duell als normales Tötungsdelikt ansehen müssen. Da er das Duell aber besonders hervorhob und noch zur Beleidigung stellte, zeigte er damit, daß er den üblichen Ehrenschutz nicht überall für ausreichend hielt. Das war aber nur in einem Staat mit ständischer Ehrauffassung möglich.

j) Die Verbrechen wider das Leben und die Körperverletzungen

Es folgen — wie schon im ALR — die Verbrechen wider das Leben und die Körperverletzungen. In allen Entwürfen bis 1847 werden beide Abschnitte zusammengezogen. Das ALR hatte den entsprechenden 10. Abschnitt aufsteigend aufgebaut, indem es mit der Körperverletzung begann und mit dem qualifizierten Mord endete. Der Entwurf 1828 lehnte es ab, derartig wie ein Lehrbuch induktiv vorzugehen, und fand

[1]) Motive, IV, 1828, S. 203.

[2]) Motive, III, 2, 1829, S. 67f.

es der Würde und dem Zweck eines Gesetzes entsprechender, mit dem wichtigsten Gegenstande zu beginnen. Das blieb bis zum StGB. Wir können beim Rechtsgut des Lebens im preußischen StGB keine übermäßige Bewertung des Individuums feststellen, da die Todesstrafe auch bei zahlreichen anderen Taten, z. B. Hoch- und Landesverrat, Majestätsbeleidigung, Vergiftung usw. angedroht ist[1]).

In dem Unterschied zwischen Mord und Totschlag[2]) knüpfen der Entwurf 1828/30 an das bayrische StGB von 1813 an und lösen sich damit vom gemeinrechtlichen System des ALR. Mord und Totschlag sind durch die vorherige Überlegung geschieden, während das Allgemeine Landrecht die Trennung an den Tötungs- und Beschädigungsvorsatz mit nachfolgendem Tod anschloß.

Die Stellung der Aussetzung hilfloser Personen beruht auf dem ALR.[3]). Dieses behandelte die Aussetzung im Zusammenhang mit dem Kindermord und folgte in der Beschränkung des Begriffs auf Kinder der CCC, Art. 132. Der Entwurf 1828 erweiterte bereits die Aussetzung auf hilflose Personen und mußte sie infolgedessen den übrigen besonderen Tötungsverbrechen koordinieren.

Bei der Körperverletzung ist in bezug auf die Legalordnung ihr Verhältnis zur Beleidigung wichtig. In den Entwürfen schwankte die Meinung mehrfach, ob die Realinjurie als Beleidigung oder Körperverletzung erscheinen sollte. Die Entwürfe bis 1843 folgten dem deutschrechtlichen Prinzip, das die Realinjurie als Ehrverletzung ansieht und dieser auch unterstellt. Dagegen ordnete der Entwurf 1845 sie der Körperletzung unter[4]). Zunächst hatten die Rheinischen Stände dies entsprechend dem französischen System beantragt. Das war aber nicht ausschlaggebend gewesen; vielmehr führte eine theoretische Überlegung schließlich dazu. Der animus injuriandi sei sowieso bei der Beleidigung nicht notwendig; der Vorsatz richte sich in jedem Falle nur auf die äußerliche Handlung. Deshalb erscheine die Realinjurie als körperliche Verletzung. Auf eine Absicht zu kränken komme nichts an. Jede Realinjurie stelle eine körperliche Mißhandlung und darin eine Mißachtung der Person dar. Der Begriff der Realinjurie sei im übrigen erst aus dem Römischen Recht ins Deutsche Recht gekommen. Bereits der Entwurf 1847 kehrte wieder zu dem Begriff der Realinjurie zurück[5]). Seit dem Entwurf 1848 ist dann das französische System durchgedrungen. Die

[1]) Vgl. dazu die Übersicht bei Goltdammer, I, S. 473.

[2]) Ähnlich Code pénal, Art. 295ff.: assassinat avec préméditation ou de guet-apens.

[3]) Art. 969ff.

[4]) Revision 1845, II, S. 93.

[5]) Motive 1847, S. 58; Verhandlungen a. a. O., III, S. 553.

Motive 1851 begründen den endgültigen Übergang zu diesem mit dem Hinweis, daß es dem Richter oft nicht möglich sei, den Unterschied zwischen Körperverletzung und Realinjurie zu bestimmen. Ein weiter Strafrahmen ermögliche, die Kränkungsabsicht gebührend zu berücksichtigen[1]).

k) Die Verbrechen wider die persönliche Freiheit

Der Entwurf 1829 behandelte darunter das widerrechtliche Gefangenhalten, den Menschenraub, die Entführung — gleich dem ALR — dann die Verletzung des Hausrechts, die Nötigung und die Drohung. Die Einordnung der Entführung wurde angegriffen, da sie nicht nur gegen die Freiheit, sondern wenn sie ohne Einwilligung der Entführten geschieht, gegen die Sittlichkeit verstoße. Findet die Entführung mit Einwilligung der Entführten statt, dann verletze sie höchstens dasErziehungsrecht und gehöre überhaupt nicht hierher. Jedoch ist der Revisor, wenn er trotzdem beide Abarten unter den Abschnitt der Verbrechen gegen die Freiheit einordnet, der Zweckmäßigkeit gefolgt. Bei der Entführung stehe der Verlust der Freiheit im Vordergrund. Außerdem gehöre die ganze Materie zusammen, um sie gemeinschaftlich übersehen und abhandeln zu können. Das gemeine Leben spreche im übrigen in allen diesen Fällen auch von Entführung[2]). Der Revisor 1833[3]) legte das Hauptgewicht bei der Entführung auf die Unmoralität der Handlung; der Einwilligung der Entführten maß er überhaupt keine Bedeutung zu. Es bleibt dann aber unerklärlich, warum er das ganze Verbrechen nicht unter die Sittlichkeitsdelikte gebracht hat, zumal er begrifflich zur Entführung die Absicht, die Wollust zu befriedigen, verlangt.

Das Verbrechen der Nötigung[4]) ist im Entwurf 1829 durch Ausscheidung aus dem landrechtlichen Tatbestand der Freiheitsentziehung und Gefangenhaltung gebildet. Dieser umfaßte sowohl den Fall, wenn jemand seiner Freiheit beraubt wurde, als auch, wenn er durch Gewalt oder Zwang zu einer Handlung oder Unterlassung genötigt wurde. Da beide Verbrechen innerlich verschieden sind, nimmt der Entwurf mit Recht die Trennung vor. Damit ist das alte crimen vis wieder selbständig erschienen, allerdings nur in beschränktem Rahmen. — In den Entwürfen schloß sich bis 1847 die Drohung an, mit der kein unerlaubter Nebenzweck verbunden ist. Das ALR hatte sie unter die Vorschriften über den Versuch gestellt[5]). Die Entwürfe

[1]) S. 39.
[2]) Motive III, 2, 1829, 287/9.
[3]) Motive 1833, S. 277.
[4]) Entwürfe 1833/36 nennen es Zwang.
[5]) ALR § 1077.

1833/36 verwiesen sie in die polizeilichen Vorschriften der Freiheitsberaubung. Auf die Abgrenzung zum Versuch und zu den Fällen, in denen die Drohung Mittel zur Verübung anderer Verbrechen, z. B. der Erpressung, ist, wurde besonderer Wert gelegt.

Damit hängt der Tatbestand des Landzwangs eng zusammen, der zuerst im Entwurf 1843 angedeutet, 1845[1]) schärfer gefaßt, unter gemeingefährlichen Verbrechen sich findet. Es ist die Drohung mit Überschwemmung, Brandstiftung, Raub oder Mord. Im ständischen Ausschuß 1847 zeigt sich eine Reaktion gegen die allzuweite Vorverlegung der Grenze der Strafbarkeit[2]). Der Entwurf 1848 kennt die Bestimmung auch nicht mehr. Dagegen wird der Landzwang endgültig an die Stelle der Drohung unter die Vergehen gegen die Freiheit gesetzt. Damit ist der Charakter des Landzwangs aber unrichtig erfaßt, denn er betrifft das öffentliche Interesse und kein privates Rechtsgut, wie die Freiheit. Auch war der geschichtliche Zusammenhang mit den übrigen Delikten, die den allgemeinen Frieden berührten, verlorengegangen[3]).

Ebenso verfehlt[4]) ist die Einordnung des folgenden Vergehens des Hausfriedensbruchs. Es bildet den Schluß der Verletzungen der Freiheit. Jener ist in den Entwürfen ganz verschieden untergeordnet worden. Der Entwurf 1828 stellte ihn geradezu unmöglich an den Anfang der Vermögensdelikte[5]). Er rechtfertigte das damit, daß er das Recht zum ruhigen Besitz der Wohnung als wesentlichen Teil des Vermögens ansieht. Nach dem Entwurf 1830 verstieß der Hausfriedensbruch gegen die persönliche Freiheit, was der Entwurf 1833 zwar beibehielt, aber er wies ihn wegen der Geringfügigkeit unter die polizeilichen Vorschriften[6]). Daneben schaffte der Entwurf 1833 den Tatbestand des sogenannten Landfriedensbruchs, im Sinne des Eindringens in fremde Wohnungen durch eine vereinte Menge. Der Entwurf 1843 stellte diesen Fall zum Aufruhr, den einfachen Hausfriedensbruch zu den Freiheitsverletzun-

[1]) § 342; Entwurf 47, § 366. ALR hatte schon eine Bestimmung in § 1509 über den Landzwang (unter gemeinschädlichen Verbrechen).

[2]) Verhandlungen, a. a. O. IV, S. 117ff.

[3]) Die CCC, Art. 128, stellt das bösliche Austreten zu den Delikten gegen den öffentlichen Frieden. Die Partikulargesetze reihen ganz verschieden ein: Braunschweig, Art. 103, unter Verbrechen gegen die öffentliche Ruhe; Baden, Art. 421, unter Erpressung; ebenso Hessen, Bayern, Württemberg.

[4]) Temme, Kritik, S. 290 wendet sich gegen die Unterstellung unter die Freiheitsdelikte.

[5]) Motive IV, 1828, S. 23.

[6]) § 318f.; ebenso Entwurf 1836.

gen[1]). Die Entwürfe 1848 bis zum Strafgesetzbuch zählten den Hausfriedensbruch durch Eindringen zusammengerotteter Personen zu den Vergehen gegen die Freiheit, den einfachen Hausfriedensbruch zu den Übertretungen gegen die Freiheit[2]). Die Verhandlungen über den Entwurf ergeben nichts über die Stellung. Die Einordnung ist verfehlt. Es ist niemals die Freiheit, sondern höchstens das Hausrecht des einzelnen oder bei Zusammenrottungen der öffentliche Frieden angegriffen.

l) Die Delikte gegen das Vermögen

Nachdem die persönlichen Güter des Menschen behandelt worden sind, geht das Strafgesetzbuch zum Vermögensschutz über. Dieser hat sich in seiner Struktur gegenüber dem Polizeistaat verschoben. Hatte man bis zur Aufklärung die Eigentumsdelikte außerordentlich hart bestraft, so schwand diese Tendenz bereits im ALR infolge der aufklärerischen Forderungen. Außerdem hatte der Polizeistaat die innere Sicherheit durch drakonische Maßnahmen hergestellt, so daß er die hohen Strafdrohungen nicht nötig hatte. Diese zogen allmählich wieder an und zwar nicht aus dem liberalen Gedanken, dem Bürger seine Sphäre möglichst zu sichern, denn dann hätten — entgegen der Wirklichkeit — die Entwürfe 1833 und folgende die Strafdrohungen sicher tief und die Entwürfe 1848/9 hochgesetzt, sondern aus der konservativen Achtung vor dem Menschen und seinem Gut. Deshalb waren auch in allen Entwürfen, außer in den Entwürfen 1848/9 die Strafen sehr hoch. Vor allem kam das Entehrende durch die Möglichkeit des Richters zum Ausdruck, die bürgerlichen Ehren bereits beim versuchten Diebstahl abzuerkennen. In dem ständischen Ausschuß von 1847/8, der liberalen Gedanken mehr zugänglich war, versuchte man vergeblich, eine gewisse Milderung herbeizuführen[3]). Der konservative Staat wollte aber unbedingt die Güter des Lebens wie des Eigentums geachtet wissen und versah sie deshalb mit einem hohen Wall von Strafdrohungen.

Die Vermögensverbrechen haben in allen Entwürfen zu großen Klassifikationsschwierigkeiten geführt. Kannte das ALR die drei Hauptgruppen der Entwendung, des strafbaren Eigennutzes und Betruges

[1]) §§ 206, 365.

[2]) Die gemeinrechtliche Wissenschaft faßte das Delikt nach Carpzovs Vorbild als vis publica auf; vgl. Abegg, Strafrecht, S. 515. ALR §§ 525ff. stellt den Hausfriedensbruch zu den Privatdelikten. Die meisten Partikulargesetze betonen den öffentlich rechtlichen Charakter des Hausfriedensbruchs. Der Code pénal drückt die deutsch-rechtliche Natur des Verbrechens dadurch aus, daß er die Gewalttaten des durch den Hausfriedensbruch Verletzten milder bestraft, Art. 322/9.

[3]) Goltdammer, II, S. 468f.

und der Vermögensbeschädigung aus Rache usw., so lehnt der Entwurf 1828 die Einteilung in drei Abschnitte ab, weil sich keine scharfe begriffliche Sonderung durchführen lasse, außerdem der Richter leicht durch eine Klassifikation falsche Schlüsse ziehen könnte[1]. So kennen die Entwürfe 1828/30 nur die Abschnitte der Verbrechen gegen das Vermögen und gegen Treu und Glauben. Die Zusammenfassung unter dem weiten ersten Oberbegriff war völlig untauglich. Der Entwurf 1833 verselbständigt dann die zahlreichen einzelnen Gattungen innerhalb der ersten Gruppe. Der Entwurf 1845 zieht die Hehlerei aus den einzelnen Straftaten heraus und reiht sie selbstständig hinter Raub und Erpressung ein. Ebenso wird die Untreue seit dem Entwurf 1847 vom Betruge getrennt.

Die Zusammenstellung von Diebstahl und Unterschlagung schließt sich an die enge deutschrechtliche Verbindung des eigentlichen und uneigentlichen Diebstahls an. Hatte zwar die CCC die Unterschlagung — die Veruntreuung „vertrauter und hinterlegter Habe"[2] — von dem Diebstahl geschieden, so war ihr die gemeinrechtliche Wissenschaft nicht immer gefolgt. Teils stellte diese die Unterschlagung neben den Diebstahl[3], teils zählt sie jene zu diesem[4].

Der Diebstahl ist seit dem Entwurf 1833 zum reinen Eigentumsdelikt geworden, während die Entwürfe 1828/30 noch die Besitzentwendung, das ALR sogar noch die Gebrauchsentwendung umfaßten. Die historische Unterscheidung von kleinem und großem Diebstahl behalten die Entwürfe bis 1836 bei[5]. Das ALR kannte noch keinen allgemeinen Begriff der Unterschlagung, sondern nur einzelne Fälle und unterstellte sie als Veruntreuung dem Betruge. Erst das bayrische Strafgesetzbuch hatte den Begriff der Unterschlagung gebildet und diese zwischen Diebstahl und Raub gestellt. Jedoch wurde sie darauf beschränkt, daß die Sache anvertraut sein mußte, im einzelnen waren dann wieder Untergruppen aufgezählt. Der Entwurf 1828 trennt die Unterschlagung[6] von dem Diebstahl und erweitert jenen Begriff. Er setzt allerdings auch ein Rechtsverhältnis bezüglich des Besitzes oder des Gewahrsams voraus. Diese Beschränkung enthalten alle Entwürfe seit 1843 auch. Damit ist man zu dem Prinzip der CCC zurückgekehrt, das die Unterschlagung auf die eigentliche Veruntreuung beschränkte.

---

[1]) Motive IV, 1828, S. III.

[2]) Dazu oben S. 67.

[3]) z. B. Carpzov, II, qu. 85, Nr. 66ff.; Kreß, Art. 170; Koch § 175.

[4]) z. B. Boehmer, Art. 170, § 2; auch Feuerbach, Lehrbuch, § 315, 315a; Theresiana, Art. 94, § 4.

[5]) Motive IV, 1828, S. 37.

[6]) Motive IV, 1828, S. 217.

Es ist im Gesetz zwar ein Allgemeinbegriff[1]) aufgestellt, der aber in Wirklichkeit nur die im ALR und im code pénal genannten Fälle unter generellen Gesichtspunkten zusammenfaßt. Deshalb kann in den folgenden Paragraphen die Fundunterschlagung der Unterschlagung nur gleich geachtet werden.

Ein wichtiges Erkenntnismoment für den Raub ist seine Stellung. Der code pénal[2]) sah in dem Raub eine Art erschwerten Diebstahl und unterstellte ihn diesem ohne weiteres. Die Entwürfe 1828/30 fassen, wie das Allgemeine Landrecht, den Raub als selbständiges Verbrechen auf, das sowohl Entwendung, als auch Gewaltanwendung in sich schließt. Dementsprechend ist zu seiner Vollendung auch die Wegnahme nötig. Ein Monitum des Kammergerichts[3]) verlangte bereits, ihn mit der Erpressung zusammenzustellen, weil die Gewalttätigkeit das Entscheidende wäre. Die Entwürfe 1833—43 schließen sich der Auffassung an, daß sich der Diebstahl gegen das Eigentum, der Raub aber gegen die persönliche Freiheit wende. Damit benötigt der Raub aber nicht mehr die Wegnahme, sondern nur die Gewalt am anderen, um vollendet zu sein. Die Motive erkennen, daß dann der Raub nicht unter die Vermögensdelikte, sondern unter die Freiheitsdelikte gestellt werden müsse[4]). Nur gemeinsame Vorschriften für Diebstahl und Raub rechtfertigen ihre Zusammenstellung. Dagegen geht die Revision 1845[5]) wieder auf den Standpunkt des ALR zurück. Erst der ständische Ausschuß[6]) spricht sich endgültig für die vollendete Aneignung beim Raub aus.

Aus dieser abweichenden Auffassung ergibt sich auch eine andere Stellung des räuberischen Diebstahls als in den Entwürfen 1828/30. Hier ist der Raub begrifflich Bemächtigungsdelikt, das mit der Wegnahme vollendet ist. Dann kann nach dieser aber kein Raub mehr stattfinden. Verletzt der Raub dagegen in erster Linie die Freiheit, dann bleibt es gleich, ob die Gewalttätigkeit vor oder nach dem Diebstahl stattfindet. Deshalb haben die Entwürfe 1833/36/43/47 folgerichtig in sich den räuberischen Diebstahl unter den Raub gestellt, während die Entwürfe 1845/51 und das StGB ihn systematisch richtig nur dem Raube gleichachten.

Der Betrug, die Untreue, die Urkundenfälschung werden getrennt behandelt. Daß es hier im Laufe der Zeit erst zu der selbständigen Stellung jedes dieser Delikte gekommen ist, ist aus dem unklaren Be-

[1]) Preuß. StGB., § 225.
[2]) Art. 381ff.
[3]) Motive IV, 1828, S. 129.
[4]) Motive 1833, S. 304ff.
[5]) Revision 1845, III, S. 25—27.
[6]) Verhandlungen IV, S. 240f.

griff des falsum zu erklären. Erst in den Entwürfen 1833/36 werden der Betrug und die Fälschung in einem Titel allein behandelt. Die Zusammenstellung beruht auf der engen Verbindung des Betruges mit dem ehemaligen falsum. Zu einer gegenseitigen Abgrenzung war die gemeinrechtliche Wissenschaft nicht gekommen[1]). Erst allmählich im Anfang des 19. Jahrhundsts schied man den Betrug klarer von der Fälschung, wobei allerdings der Umfang der beiden Verbrechen schwankend blieb[2]). Einen allgemeinen Begriff des Betrugs lehnt der Entwurf 1828 ab[3]), da jener nur die Art und Weise sei, einen andern zu täuschen. Es läge in ihm keine Rechtsverletzung, sondern er sei vielmehr nur eine Form, wie die Gewalt, in der ein Verbrechen erscheinen könne. Der Entwurf 1830 faßt den Betrug begrifflich bereits allgemein. Er geht davon aus, daß der Betrug im rechtlichen Sinne auf der Täuschung beruhe, die zur Verletzung äußerer Rechte geschehe. Werde sie nur verübt, um die Wahrheit zu entstellen, dann sei sie nicht strafbar, denn die Verletzung des Rechts auf Wahrheit sei noch kein Betrug; sei aber ein geschütztes Recht eines anderen verletzt, dann sei das Mittel, welches angewandt werde, von zweiter Bedeutung; entscheidend sei die Tatsache der Verletzung, und diese stelle die strafbare Handlung dar. Somit war überhaupt erst einmal die Eigenständigkeit des Betruges gesichert[4]). Er wird im Entwurf 1830, wie im ALR, auf Vermögensrechte beschränkt. In den Entwürfen 1833 und 36 hat man ihn wieder auf die Kränkung aller Rechte erweitert, wie es der Standpunkt des gemeinen Rechts war[5]). Wenn der Betrug trotzdem offensichtlich in dem Teil der Verletzung von Vermögensrechten behandelt wird, so hat der Revisor damit nur den grundsätzlichen Charakter des Betrugs betonen wollen. Seit dem Entwurf 1847 beschränkt sich dann der Betrug auf die Vermögensbeschädigung. Sind in dem Entwurf 1836 der Betrug und die Fälschung in einem Titel zusammengestellt, so findet sich in den Entwürfen 1843/45, wie im ALR, der Betrug mit der Untreue zusammen. Das beruht im wesentlichen auf dem gemeinen Recht. Da aber der Betrug seit dem Entwurf 1847 nur die Vermögensbschädigung umfaßt, wird die Untreue von ihm getrennt; sie folgt dem

[1]) Vgl. Klein, Grundsätze, § 468; Feuerbach, Lehrbuch, § 410; Tittmann II, § 487, 503.

[2]) Vor allem arbeitete Cucumus, Neues Arch. d. Krim. Rechts, X (1828), S. 513ff. und 681ff. die Unterscheidung von Betrug und Fälschung entsprechend dem Stellionat und falsum heraus. Mittermaier in Feuerbachs Lehrbuch, § 415, Noten I—V.

[3]) Motive 1828, IV, S. 178f.

[4]) Motive 1833, S. 320. Dazu Goltdammer, II, S. 535ff.

[5]) Tittmann, II, S. 480; Klein, Grunds. § 468.

Betrug. Unter dem Einfluß der franz. Anschauung[1]) wird in den Entwürfen 1848/49/51 der ganze Abschnitt der Untreue wieder gestrichen[2]). Erst die Kommission der 2. Kammer betont erneut den deutschrechtlichen Gedanken des Treubruchs. Hier sehen wir wieder das Zurückdrängen der westlichen Mentalität seit 1850. Die Verletzung eines auf besonderem Vertrauen beruhenden Verhältnisses sei strafrechtlich anders zu bewerten, als die damit zusammenhängenden ähnlichen Verbrechen[3]). Zugleich liegt in der Betonung der Untreue ein Stück Konservatismus, der an den jahrhundertealten Grundlagen der Staatsauffassung nicht vorbeigehen will.

Nach mehrfachen Trennungen erscheint seit dem Entwurf 1848 die Urkundenfälschung allein, während die Münzfälschung unter dem ersten Teil, der Verletzung der Staatsgüter, eingereiht ist. Obwohl die Urkundenfälschung offensichtlich unter den Privatverbrechen steht, fallen seit dem Entwurf 1833 private, wie öffentliche Urkunden, die Fälschung von Stempelpapier usw. darunter.

Der Bankrott folgt endgültig seit dem Entwurf 1849. Durch die Stellung wird jenem der Charakter des Privatverbrechens gegeben, während die Entwürfe 1828/30 ihn zu den Verletzungen von öffentlicher Treue und öffentlichem Glauben zählten. Die enge geschichtliche Verbindung des Betrugs und der Fälschung mag veranlaßt haben, daß der Bankrott gleich hinter der Urkundenfälschung steht. Auf der anderen Seite hat der Gesetzgeber den Bankrott in enge Zusammenstellung mit dem folgenden strafbaren Eigennutz gebracht. Beiden Gruppen ist gemein, daß sich ihre Strafwürdigkeit auf ganz besondere wirtschaftliche Verhältnisse und Voraussetzungen gründet.

Der strafbare Eigennutz ist ein Requisit des ALR. Der Entwurf 1828 hat die Gruppe des strafbaren Eigennutzes, wie diejenige, die auch durch das Motiv gekennzeichnet war — die Vermögensbeschädigung aus Rache usw. —, richtigerweise weggelassen. Es gehe nicht an, die Verbrechen ausschließlich nach dem Beweggrund zu bestimmen. Vor allem sei bei unerlaubtem Spiel, beim Nachdruck u. a. der Eigennutz gewiß nicht immer der entscheidende Grund. Aber auch die übrigen angeführten Verbrechen brauchen als Triebfeder nicht nur Eigennutz, sondern können auch Not, Sorge für einen anderen usw. haben. Damit treffe dann das eigentliche charakteristische Merkmal überhaupt nicht mehr zu[4]). Aus den Motiven des Entwurfs 1833 ist nicht zu ersehen, weswegen der

[1]) Revision 1845, III, S. 36.

[2]) Der ständische Ausschuß 1847, Verhandlungen, IV, S. 267, ist für Beibehaltung der Untreue als selbständiges Delikt.

[3]) Beseler, S. 468.

[4]) Motive, IV, 1828, S. 177.

Revisor die Gruppe des strafbaren Eigennutzes wiederhergestellt hat — wahrscheinlich nur aus dem Willen, alle Neuerungen zu vermeiden. Die Gruppe hält sich dann bis zum StGB.

Es ist nicht sicher, ob der Revisor unter der Überschrift des strafbaren Eigennutzes anzeigen wollte, daß dieser überall zugrunde liegen müsse, um die Tat strafbar zu machen[1]). Anscheinend beabsichtigte er das nicht, denn sonst hätte er bei einigen strafbaren Handlungen diesen nicht ausdrücklich betont. Der Abschnitt enthält verschiedenartigste Delikte, die im wesentlichen polizeilichen Charakter tragen. Sie wurden nur nicht wegen der Schwere unter die Übertretungen gestellt.

Die Zusammenfassung unter diesem formlosen Begriff des strafbaren Eigennutzes ist verfehlt. Daraus ergibt sich zugleich die systemwidrige Stellung des ganzen Abschnitts. Sonst ist der besondere Teil nach den geschützten Objekten, bzw. nach der damaligen Auffassung nach den verletzten Rechten geordnet, und hier bestimmt plötzlich das Motiv als ordnendes Prinzip eine ganze Gruppe.

Der letzte Abschnitt in der Reihe der Vermögensdelikte, die „Vermögensbeschädigung", ist nur geschichtlich zu verstehen. Die Entwürfe 1828/30 haben den Abschnitt des ALR der Vermögensbeschädigung aus Rache usw. aus demselben Grunde gestrichen, wie den vorhergehenden, nämlich weil sich die Straftaten nicht nach Beweggründen klassifizieren lassen[2]). Die Entwürfe 1833/36 schließen sich wieder dem ALR an[3]). Der Entwurf 1843 beseitigt dann endgültig die Beweggründe als Voraussetzung der Strafbarkeit der Vermögensbeschädigung. Damit wird die Vermögensbeschädigung, wie die sonstigen Straftaten, nach der objektiven Verletzung bestimmt. Ihre Stellung im System ist aber nunmehr ganz unglücklich durch die vorhergehende Gruppe der Eigennutzdelikte. Mit dieser hat sie überhaupt keine Verbindung mehr, nachdem für sie nicht mehr das Motiv den Grund für die Strafbarkeit bildet Es wäre noch zu verstehen gewesen, wenn die Delikte dann wenigstens in der Ordnung umgedreht worden wären.

Seltsam ist, daß seit dem Entwurf 1848 der Landfriedensbruch plötzlich bei der Vermögensbeschädigung auftaucht. Er kommt überhaupt erst seit 1833[4]) als neues Verbrechen aus dem bayrischen StGB hinzu. Im Entwurf 1833 ist er systematisch richtig unter die Delikte

[1]) ALR, § 1265, stellte für das Vorhandensein der Absicht des strafbaren Eigennutzes eine Vermutung auf.

[2]) Motive, IV, 1828, S. 256ff.

[3]) Motive 1833, S. 360, gehen auf den Grund zur Rückkehr zum ALR nicht ein.

[4]) Entwurf 33, § 164.

gegen die öffentliche Ordnung eingereiht und beschränkt sich dadurch auch nicht ausschließlich auf die Vermögensbeschädigung. Unter dem Einfluß des code pénal kommt ein Wechsel in der Stellung zustande, und das Delikt verliert völlig den deutschrechtlichen Charakter des Friedensbruchs, weil nunmehr die Vermögensbeschädigung im Vordergrund steht.

Der Teil des StGB, der die Delikte gegen die Rechtsgüter des einzelnen betrifft, ist somit abgeschlossen. Der liberale Geist konnte nach allem nur einen recht beschränkten Einfluß gewinnen, manchmal allerdings ganz überraschend. Aber in der großen Gliederung und Erfassung der Delikte gegen den einzelnen bleibt die konservative Hochschätzung der Güter des Menschen wirkungsvoll und zwar in der Gliederung Ehre — Leben — Vermögen. Der Liberalismus vermag nur einzelne Seitenhiebe der Gruppe der Individualgüter zu versetzen.

m) *Die gemeingefährlichen Verbrechen*

In allen Entwürfen folgt am Schluß der gemeinen Delikte — wie im ALR — der Schutz der Gemeinschafts- und Gesellschaftsgüter, die Gruppe der gemeingefährlichen Verbrechen, weil sich die meisten Tathandlungen gegen die Person wie auch das Vermögen mit unbestimmbarer Wirkung richten[1]). Infolgedessen passen sie weder unter die eine, noch die andere Gruppe. Bezüglich der Stellung dieser Gruppe wird oft das Strafgesetzbuch mit dem Vorwurf des Liberalismus angegriffen, da die Gemeinschaftsgüter hinter den Einzelgütern stehen. Jedoch ist der Vorwurf verfehlt. Historisch geht, wie wir sahen, die Ordnung auf das ALR zurück. Preußen behielt durch alle Entwürfe — ebenfalls durch die liberalen Entwürfe von 1848/9 — den Platz der Gruppe bei. Deshalb mußte hierzu ein entscheidender Grund vorliegen. Dem monarchischen Staat, sowohl polizeilicher wie konservativer Prägung, war der moderne Begriff der Gesellschaft unbekannt; er spielte erst im konstitutionellen Staat mit kollektivistischem Einschlag eine Rolle. Die Gesellschaft und damit deren Güter waren nicht Erzeugnis des liberalen Denkens der ersten Häfte des vorigen Jahrhunderts — dieses war ja individualistisch —, sondern sind erst in der kollektivistisch sich entwickelnden folgenden Zeit zu einem Begriff geworden. „Der Mensch im Recht ist fortan nicht mehr Robinson oder Adam, nicht mehr das isolierte Individuum, sondern der Kollektivmensch“[2]). Der Grund für diese Ände-

[1]) Das Bayr.StGB v. 1813 kennt die Gruppe nicht. Feuerbach, Lehrbuch, §§ 360ff., erwähnt die Gruppe bereits.

[2]) Radbruch, Der Mensch im Recht, S. 12. Dazu auch Eb. Schmidt, Strafrechtsreform, S. 13f.

rung in der Auffassung lag in der gewandelten soziologischen Struktur Deutschlands. Es bildeten sich allmählich Gesellschaftsgruppen auf wirtschaftlicher Basis und schoben sich zwischen Staat und Einzelnen. Für den Konservativismus gab es im Strafrecht nur den Staat und den gliedhaft eingeordneten Menschen, für den Liberalismus das atomistisch erfaßte Individuum und das notwendige Übel des Staates. Der Konservativismus sah Staat und Mensch als höchste Träger von Gütern an, hinter denen der Begriff der Gesellschaft nicht existierte, da dieser wesenhaft durch die beiden Antipoden Staat und Einzelnen ausgeschlossen war. Für den Liberalismus wäre eine weitere Überordnung über dem einzelnen außer dem Staat gar nicht denkbar gewesen. Erst die soziologisch und wirtschaftlich betonte Auffassung des kollektivistisch gedachten Menschen, die allmählich auch den Staatsbegriff berührte, vermochte eine scharfe Ausprägung des Gesellschaftsbegriffes herbeizuführen. So war es für den Gesetzgeber von 1851 seblstverständlich, daß er die Gesellschaftsgüter, gleichsam als Anhängsel hinter die Einzelgüter stellte.

Die Gruppe ist gegenüber dem ALR ungebührlich erweitert worden[1]; dagegen sind der landrechtliche Landzwang und die Landesbeschädigung verschwunden[2]), weil jener unter die Erpressung fällt, diese aber durch ihre Grenzenlosigkeit auf die Dauer sich als unbrauchbar erweist[3]). Dadurch verstößt die ganze Gruppe — auch nicht mehr wie im ALR — gegen die öffentliche Sicherheit und Ordnung, sondern nur noch gegen Leben, Gesundheit und Einzel- oder Gemeinschaftseigentum[4]). An der Spitze steht in den Entwürfen 1833/36 eine für damalige Zeit erstaunliche Vorschrift, nämlich das Verbot der Erzwingung geringeren oder höheren Arbeitslohnes. Es richtet sich gegen die Koalition der Fabrikherrn nnd der Arbeiter. Den Beschluß der Gruppe bilden Überschwemmung und Brandstiftung.

Die Ordnung, bei der die Verbrechen, die den geringsten kriminellen Gehalt haben, am Anfang stehen, während die schwersten sich am Schluß befinden, wird nur bis zum Entwurf 1847 beibehalten[5]). Erst

[1]) Manche Verbrechen, wie z. B. Beeinträchtigung öffentlicher Licitationen (Entwurf 1830, § 448), verbotene Spiele (§§ 449ff.) sind wieder 1833 ausgeschieden.

[2]) Unrichtig, Schütze, S. 506, Nr. 2, der behauptet, daß das preuß. StGB dem ALR folge.

[3]) Motive, 1833, S. 378.

[4]) Wenn Binding, Lehrb., II, 1, S. 2 nur Eigentum sagt, so kann leicht der Schluß auf nur individuelles Eigentum gezogen werden.

[5]) Vgl. Verhandlungen, IV, S. 396.

seit dem Entwurf 1848 kehrt sich die Anordnung um[1]). Die Brandstiftung eröffnet die Reihe. Sie ist geschichtlich das Verbrechen, das am frühesten als gemeingefährlich hervorgehoben ist und meistens eine todeswürdige Missetat darstellt[2]). Offensichtlich tritt auch bei der CCC der Brenner an die Spitze der Taten, die sich gegen die Ordnung des Gemeinwesens richten[3]). Abegg erwähnt hier mit Recht[4]), daß der Gesetzgeber nicht auf die Vorteile verzichten solle, die eine Berücksichtigung des Geschichtlichen und im Volke Anerkannten zu gewähren vermag. Der Brandstiftung am nächsten steht die Überschwemmung. Warum aber dann die Beschädigung von Eisenbahn und Telegraphenanstalt sich einschieben, die so gefährliche Auswirkung, wie die folgenden Zerstörungen von Wasserleitungen, Feuerzeichen und die Strandung von Schiffen usw. nicht haben, ist nicht recht erklärlich.

n) *Beamtendelikte*

Seit dem Entwurf 1830 stehen am Schluß die Beamtendelikte, da sie nicht nach dem verletzten Objekt, sondern nach dem Stand des Täters gekennzeichnet sind. Gerade, weil die Entwürfe die Unterscheidung von Staats- und Privatverbrechen ausdrücklich aufgegeben haben, konnte keine andere Stellung in Frage kommen[5]). Noch im Entwurf 1828 stehen sie hinter den Staatsverbrechen. Alle Entwürfe geben das System des ALR auf, nach allgemeinen Beamtenverbrechen die übrigen, jeweils nach Beamtenkategorien, aufzuzählen[6]). Die Reihenfolge der aufgeführten Verbrechen ist in den Entwürfen, von einigen wieder weggefallenen Unterabteilungen abgesehen, im wesentlichen gleich.

Der in den Entwürfen 1843/47 an die Amtsverbrechen angefügte Titel der Verbrechen der Geistlichen war im ständischen Ausschuß 1847 hart umstritten[7]). Der Staat schützte einerseits stark die Kirche und wollte dafür auch mehr Rechte znm Eingriff in die kirchliche Organisation haben. Vor allem wurde gegen die Regierung von katholischer Seite geltend gemacht, daß die Freiheit des Glaubens durch die Bestimmungen gefährdet wäre, da es allein Sache der Kirche wäre, über

---

[1]) Ähnlich schon Abegg, Kritische Bemerkungen, S. 518 vorgeschlagen. Ebenso beginnt der Code pénal mit der Brandstiftung (Art. 434) seinen Abschnitt der Zerstörungen.

[2]) His, II, S. 349, 352f.

[3]) CCC, Art. 124.

[4]) Abegg, Der Entwurf, S. 117.

[5]) Motive, III, 1, 1830, Vorbemerkung, sprechen von einer Art Singularstrafgesetz für die Beamten.

[6]) Siehe oben S. 121.

[7]) Verhandlungen, IV, S. 587ff.

die Entsetzung eines Geistlichen zu bestimmen[1]). Der Titel wurde jedoch im Ausschuß beibehalten. Im Entwurf 1848 ist er dann unter dem Einfluß liberaler Gedanken der schärferen Trennung von Staat und Kirche endgültig verschwunden.

In der Gesamtanordnung der Beamtenverbrechen ist zu bemerken, daß, obwohl das landrechtliche System der Verbrechenseinreihung in die Bedientengruppen aufgegeben ist, die Reihenfolge bis 1847 dem ALR entspricht.

o) *Die Übertretungen*

Die sich seit dem Entwurf 1845[2]) anschließenden Übertretungen sind in größere Abschnitte zusammengefaßt und erhalten schließlich im Entwurf 1849 folgende Gliederung: Übertretungen in bezug auf die Sicherheit des Staates und die öffentliche Ordnung, auf die persönliche Sicherheit, Ehre und Freiheit und in bezug auf das Vermögen. In dem zweiten angeführten Abschnitt eröffnet die einfache Beleidigung, die danach nur eine Übertretung bildet, die Reihe. Den Schluß der Vorschriften über die Sicherheit bildet die einfache Verletzung des Hausrechts. Später fällt diese Abschnittsgliederung wieder weg. Im ganzen handelt es sich bei den Übertretungen um Bagatellsachen, nicht um äußerlich abgeschiedenes Verwaltungsstrafrecht[3]).

3. Gesamtwertung der Legalordnung

Die Abstufung der Rechtsgüter im preußischen StGB ist das Produkt der verschiedenen Revisionsstufen. In den Entwürfen 1833/36 macht sich der polizeistaatliche Charakter des Revisors stark bemerkbar, der dann einer konservativen Geisteshaltung weicht, während seit dem Entwurf 1848 stark liberale Gedanken die Legalordnung umgestalten. Unter den Auswirkungen der Revolution wurden manche Abwandlungen beibehalten, aber am Ende doch nur in recht abgeschwächter Form. Seit dem Entwurf 1848 tritt zum erstenmal eine ganz klare Gliederung der Staatsdelikte nach der Gewaltenlehre auf. Obenan steht der Schutz des Staates. Sein Dasein wird bedroht durch Hoch- und Landesverrat, Majestätsbeleidigung und feindliche Handlungen gegen befreundete Staaten. Es folgt dann die gesetzgebende Gewalt, bedroht durch die Delikte in bezug auf staatsbürgerliche Rechte. Durch die Stellung dieser Delikte ist dabei der Schwerpunkt auf die Verletzung des Staates in seiner gesetzgebenden Gewalt und nicht auf die Rechte

---

[1]) Verhandlungen, IV, S. 602.

[2]) E. Wolf, Verwaltungsdelikte, S. 517.

[3]) Dazu ausführlich E. Wolf, Verwaltungsdelikte, a.a.O. S. 516ff.

des einzelnen gelegt[1]). Nunmehr wird die vollziehende Gewalt geschützt, die durch den Widerstand gegen die Staatsgewalt und die Vergehen wider die öffentliche Ordnung angegriffen wird. Der Schutz der Münzechtheit wird zwanglos angeschlossen. Als dritte Gewalt erscheint die Rechtspflege, auf die sich Meineid und falsche Anschuldigung beziehen[2]). Daß es sich hierbei um eine gewollte und nicht um eine zufällige Ordnung, die durch die Ausscheidung anderer Verbrechen entstanden ist, handelt, zeigt ein Blick auf die Entwürfe 1848/49. Die Materialien besagen nichts über die Anordnung. Die Religionsdelikte werden 1848 als selbständige Gruppe herausgenommen. Der Meineid, der bisher eng mit jenen verknüpft war, bleibt jedoch an seinem bisherigen Platz und stellt sich damit systematisch als Verbrechen gegen die richterliche Gewalt dar. Die Münzverbrechen werden an die Vergehen gegen die öffentliche Ordnung herangezogen, die Religionsdelikte stehen seit dem Entwurf 1849 hinter dem Meineid. Zu diesem tritt im preußischen StGB noch die falsche Anschuldigung. Dadurch ist eindeutig in der Gewaltenteilung das bewußte Prinzip der Anordnung zu sehen[3]). Der Theorie des neuzeitlichen Verfassungsstaates wurde damit entsprochen.

Hinter die besonderen Staatsgüter tritt gleich die Religion. Dies ist ein konservativer Zug, ganz im Gegensatz zur einzelnen Gestaltung und Ausdehnung der Religionsdelikte. Nämlich, daß einerseits Leichenwegnahme und Gräberzerstörung darunter fallen, andererseits der Meineid gar keine Beziehung mehr zur Religion hat, zeigt aufgeklärtes liberales Gedankengut.

Der Staat schützt weiter seine Existenzgrundlage, wenn er anschließend den Personenstand und den Familienstand in Gestalt der Bestrafung der Sittlichkeitsdelikte sichert. Es ist ungeschickt, daß er — wie im gemeinen Recht — den Delikten gegen die Familie keine selbständige Stellung zuweist, was im übrigen mit Liberalismus nicht das entfernteste zu tun hat. Im gemeinen Recht war es wegen der ursprünglichen Beziehung aller Unzuchtdelikte auf das adulterium nicht geschehen. Der Gesetzgeber des preuß. StGB stellt diese Gruppe bewußt vor die Delikte, die Einzel- oder Vermögensgüter betreffen. Damit erklärt er die Familie zu einer der tragenden Säulen des Staates und betont die sittliche Ordnung, auf der dieser ruht. Es ist schwer zu sagen, ob hierbei Hegels Betonung des sittlichen Geistes, der in Staat, Gesellschaft und Familie erscheint, bereits gewirkt hat. Sicher hat sich aber seine Anschauung von dem Staat und der Familie, als der Verwirk-

[1]) So auch Binding, Lehrb., II, 2, S. 816.

[2]) Systematisch richtig gehörten auch die Gefangenenbefreiung und einige andere Delikte noch zu dieser Gruppe.

[3]) Wegner, Einf., 2. Aufl., S. 160f.

lichung der sittlichen Idee, und von der Religion, die bis zum absoluten Geist vordringt, mit der konservativen Haltung des Staats getroffen. Dadurch hat sie einen Einfluß auf die Gesamtwertung mit ausgeübt. Es werden Staat, Religion, Familie hintereinander geschützt. Diese beiden erscheinen dabei als die Stützen des Staates. Eigenartig ist, daß gerade der Entwurf 1849, der einerseits viel französisches Denken hereinbringt, andererseits diesen recht konservativen Aufbau endgültig durchgeführt hat.

Die Eröffnung der Gruppe der Delikte, die gegen private Rechtsgüter verstoßen, mit der Ehrverletzung und dem Zweikampf, entspringt einer traditionsgebundenen Wertung. Für den Gesetzgeber steht noch vor dem Leben die Ehre, was allerdings in der Strafdrohung nicht erscheint, denn es handelt sich hier um keine allgemeine Anschauung, die der Staat jedem einzelnen aufzwingen will. Er deutet deshalb nur in der Stellung diese deutschrechtliche, dem damaligen monarchischen Gedanken naheliegende Sinnesrichtung an. Und dadurch, daß der Zweikampf als ein dem Tötungsdelikt gegenüber gemildertes und selbständiges Delikt, außerdem noch im Anschluß an die Beleidigung sich darstellt, billigt der Gesetzgeber ideell der Ehre des Menschen einen höheren Schutz als den übrigen Individualgütern zu. Hier zeigt sich ganz besonders die enge Verknüpfung des preußischen Gesetzbuchs mit den geschichtlichen Grundlagen des Preußentums.

Bei den sonstigen Einzelgütern treten die Vermögenswerte zurück, so daß die Einstufung der Güter des einzelnen von der Ehre zur körperlichen Integrität und zum Vermögen absteigt. Nach diesen Delikten erscheinen die, die sich auf besondere wirtschaftliche Verhältnisse beziehen, wie der Bankrott und der strafbare Eigennutz. Es liegt in dem Wesen der konservativen Staatsauffassung, daß die materiellen hinter den Persönlichkeitswerten stehen. Daß sich in der Stellung der gemeingefährlichen Delikte verschiedene Einflüsse zeigen, war schon oben dargelegt worden[1]).

So trägt die Legalordnung des preußischen STGB einen durchgreifenden konservativen Zug — im Gegensatz zu den meisten partikularen Gesetzbüchern, die sich den aufgeklärten Tendenzen mehr geöffnet haben —, der durch liberale Elemente abgewandelt ist[2]). Er gibt dem ganzen Bau des besonderen Teils das wesentliche Gepräge[3]).

[1]) Siehe oben S. 178.

[2]) Dazu auch Sauer, System, S. 252.

[3]) Wegner, in Einf., 1. Aufl., I, S. 51, 2. Aufl., S. 216 und in Deutsche Juristenzeitung, 1933, S. 598ff. hat diese Gedanken gebührend hervorgehoben. Auch Eb. Schmidt, Einf., S. 292 betont nur beschränkten Einfluß des französischen Rechts.

Es wäre auch verwunderlich gewesen, wenn ausgerechnet im preußischen Staat die französischen liberalen Ideen alles Konservative überschattet hätten[1]).

14. Kapitel

Die Entwicklung der Legalordnung bis zum Reichsstrafgesetzbuch

1. Der Übergang zum wirtschaftlich bestimmten Denken

In der Zeit der 50er und 60er Jahre vollzieht sich in Deutschland eine gewaltige Wandlung. Während noch der Nationalismus seinen beherrschenden Einfluß auf die Gestaltung des Völkerlebens ausübt, erhebt sich aus der Tiefe der Völker der soziale Gedanke. Geboren aus den Notständen, die die Zusammenballung des Kapitals und die Mechanisierung des Lebens herbeiführen, erhebt er die Forderung nach Gestaltung der Gesellschaft auf sozialistischer Grundlage. Neben dem liberalen Rufe nach Fortschritt und möglichst großer Staatsfreiheit des einzelnen stellt der Sozialismus ein Weltbild auf ökonomischer Basis mit einer klassenhaften Gesellschaft auf. Er berührt sich mit dem Liberalismus in der Perspektive, auf die hin sie beide das menschliche Leben sich entfalten sehen, nämlich der Wirtschaft. Nur die Frage nach der Freiheit der Wirtschaft wird von beiden Anschauungen verschieden beantwortet, gemeinsam dagegen ist die Überzeugung von der fundamentalen Bedeutung der Wirtschaftsinteressen für die Menschheit. Zunächst reicht die Kraft des Sozialismus nicht aus, um eine Entscheidung mit Gewalt herbeizuführen, aber es zeichnen sich in Umrissen bereits die Grenzen des liberalistischen Zeitalters ab. Von innen her wird es ausgehöhlt; an seinem eigenen optimistischen Fortschrittsglauben geht es dahin. Nirgends will sich die Pforte der Glückseligkeit öffnen, die die französische Revolution und die Aufklärung erträumt und geweissagt hatten. Die Welt wird mißtrauisch gegen ihre Ideen.

Wenn dabei gewisse Gegner des Liberalismus glaubten, die Welt in vorrevolutionärer Weise wieder aufrichten zu können, dann irrten sie und ließen sich anfangs nur durch die Macht der nationalen Frage täuschen, die sich trotz der Kindschaft der Aufklärung gleichbleibend lebendig erhielt. Die echt konservative Richtung, wie sie sich z. B. in Ludwig v. Gerlach[2]) zeigte, sah mit Bedenken, wie wenig die durch die Entwicklung zum größeren Deutschland sich gestaltende Strukturwandlung mit preußisch-konservativem Geist zu tun hatte.

[1]) Suess, S. 412f., steht der Legalordnung verständnislos infolge der unhistorischen Betrachtungsweise gegenüber.

[2]) Dazu Wegner, Einf., 2. Aufl., passim, insbes. S. 165ff.; C. E. Jarcke, S. 87ff.

Unaufhaltsam wandelte sich der liberale Mensch, der als Bezugspunkt eines „abstrakten Freiheits-, Eigennutz- und Klugheitsschemas“[1]) eine Fiktion dargestellt hatte, zu dem sozialen Typ um, der in die Gesellschaft oder in die Klasse gestellt war. Damit haftete ihm wieder eine Gliedschaft, aber nicht im standesmäßig-organischen, sondern im rein wirtschaftlichen Sinne an. Diese prägte ihn allmählich zum kollektivistischen Gesellschaftsmenschen um. Der Liberalismus ging in die Demokratie über.

2. Die Verschiebung der Wertung der Legalordnung und die Änderung der Strafdrohungen im Reichsstrafgesetzbuch

Unser Strafgesetzbuch zeigt sehr wenig in seiner Legalordnung von dieser Umwälzung der Werte. Sie geht gleichsam hinter ihm vor, und doch ist sie bereits bei aufmerksamer Beobachtung zu bemerken. Wir hatten gesehen, daß das preußische STGB im Kern seines Wesens konservativ ist, was aus der Rangordnung der Güter hervorgeht. Diese ist im RSTGB in ihrer ursprünglichen äußeren Folge fast ganz beibehalten. Einige Delikte ändern ihre Stellung und zwar so entscheidend daß das RSTGB ein weit stärkeres deutschrechtliches Antlitz als seine Vorlage trägt. Das könnte auf eine Zunahme konservativen Geistesinhalts hindeuten, wenn es sich nicht dabei mehr um Einflüsse des geistesgeschichtlich herrschenden Historismus handeln würde. Gerade, weil es nur einzelne Umstellungen zugunsten des deutschen Rechts sind, ist das anzunehmen. Der konservative Geist dagegen weicht in dem STGB zurück. Die gegnerischen Strömungen führen dadurch einen Wertumschwung herbei, daß sie die Strafen in ihren Proportionen völlig verschieben. Dabei sind Bismarcks beide berühmte Reden im Reichstag für die Beibehaltung der Todesstrafe bemerkenswert, die den mächtigen Kampf mit dem andringenden Liberalismus und Sozialismus anzeigen, und die verhinderten, daß diesem ein voller Sieg im Strafrecht zufiel. Waren im preußischen STGB der Hoch-, Landesverrat, die tätliche Majestätsbeleidigung, Mord, einige gemeingefährliche Verbrechen mit verursachter Tötung[2]) mit dem Tode bestraft worden, so ist es nunmehr nur noch der Mord, während der Hoch- und Landesverrat, mit lebenslangem Zuchthaus bedroht, in seiner Schwere zurücktritt[3]). Durch diese Hervorhebung des menschlichen Lebens als Einzelgut wird der Wert, der dem Staat bisher nach konservativer Anschauung zugekommen war,

[1]) Radbruch, Der Mensch im Recht, S. 12; Eb. Schmidt, Strafrechtsreform, S. 13f.

[2]) Übersicht bei Goltdammer, I, S. 473.

[3]) Vgl. E. Wolf, Die Justiz, a.a.O., S. 113f.

stark abgebaut. Die Umwertung ist die Folge der allmählichen Verschiebung des Staatsbegriffs, Hegels Auffassung von der souveränen Stellung des Staates, als der verwirklichten Sittlichkeit im Gesamtbewußtsein, war allmählich verblaßt. Seine einzigartige Verselbständigung des staatlichen Bereichs und dessen starke Abgrenzung gegenüber allen anderen Erscheinungen, hatten ihre Wirkung in dem Maße verloren, wie naturwissenschaftliches und soziologisches Denken in die Wissenschaften eingezogen waren. Hegel hatte noch am Ende seiner Grundlinien der Philosophie des Rechts mit Pathos von dem freien Verhältnis souveräner Staaten untereinander und ihrer wahren und vollen Verwirklichung in der Weltgeschichte gesprochen. Die Autorität des Staates dankte mit der Machtvergrößerung der gesellschaftlichen Gruppenbildungen ab.

Es verschiebt sich mit der quantitativen Änderung der Strafdrohungen auch ganz und gar der Gehalt der Legalordnung von 1851; jetzt hatte es keinen Sinn mehr, die Staatsdelikte obenan zu stellen, wenn sie den schwersten Delikten gegen den Einzelmenschen nicht mehr äquivalent waren. Die Stellung der gemeingefährlichen Delikte am Schluß wurde notwendig im Laufe der Zeit zum Ärgernis einer kollektivistischen Anschauung, da ja die höchste Strafdrohung nur noch dem Einzelmenschen zukam, während im preußischen STGB alle drei großen Gruppen durch gleichhohe Strafdrohungen in dem tatsächlichen Schutz ausgewogen waren. Andererseits hatten aber diese liberalen und sozialistischen Strömungen gerade die ungleiche Wertung herbeigeführt. So verschob der Gesetzgeber des RSTGB den Sinn der Legalordnung des preußischen STGB durch die andersartige Abstufung der Strafdrohungen, ohne daß jene geändert wurde. Damit erhielt das RSTGB einen ausgeprägten Januskopf, der nach der einen Seite ein recht konservatives Antlitz trägt, nach der anderen Seite dagegen liberal ausgerichtet ist. Hat sich der liberale Gehalt im Laufe des Bestehens des STGB wieder mehrmals geändert, so ist dessen konservative äußere Gestaltung doch geblieben.

3. Die Entwicklung der Legalordnung zum RSTGB im einzelnen

Im einzelnen sollen jetzt die Änderungen der Legalordnung im RSTGB gegenüber dem preußischen STGB verfolgt werden.

Der Reichstag des norddeutschen Bundes beschloß 1868 die Herstellung eines STGB. Man nahm das preußische STGB als Vorwurf aus der Erwägung, daß nach dem Gebote gesunder Gesetzgebungspolitik ein Werk an vorhandenes Gut anschließen müsse. Abgesehen von dem praktischen Gesichtspunkt, daß das preußische STGB bereits im größten Teile des Landes galt, wurde besonders seine systematische Anordnung im ganzen und seine treffliche Ökonomie in den einzelnen Abschnitten hervorgehoben[1]). Im Entwurf 1869 wurde hinter dem Widerstand gegen die Staatsgewalt als besonderer Abschnitt der Widerstand bei Forst- und Jagdfreveln eingeschoben. Seit dem Entwurf 1870 wurden diese Vorschriften dann jenem Abschnitt eingegliedert. Dazu betonen die Motive[2]), daß die strafbaren Handlungen, die bei Forst- und Jagdfreveln durch Widerstand gegen Beamte begangen werden, einen so schweren Charakter an sich tragen, daß sie mit peinlichen Strafen geahndet werden müssen[3]). Danach steht der Angriff auf Beamte im Vordergrund und bedingt die Einordnung unter den Widerstand gegen die Staatsgewalt. Die verschärften Strafen sollen die betroffenen Personen umso mehr schützen, als sie, weit mehr als die anderen Beamten, gefährlichen Angriffen ausgesetzt sind. Da die Bestimmung sowohl die Amtsautorität, als auch Privatrechte schützt — denn sie umfaßt auch den Angriff auf Waldeigentümer und Forst- und Jagdberechtigte — ist ihre Stellung dogmatisch nicht ganz folgerichtig[4]), aber historisch gerechtfertigt. Die Königsforsten des Mittelalters waren durch den königlichen Forstbann geschützt. Dadurch standen die aufsichtführenden Beamten, die forestarii, unter erhöhtem Schutz. Der König konnte aber auch Forsten, die im Privateigentum standen, den Forstbann leihen. Er bewirkte ihnen dadurch einen besonderen Frieden[5]). Dieses Übergreifen des öffentlichen Bannes auf private Forsten spiegelt sich im RSTGB in der Stellung und im Umfang des Forstwiderstandes wider. Dagegen haben die eigentlichen Jagd- und Forstfrevel ihren ursprünglich öffentlichen Charakter verloren.

In dem Abschnitt über die Verbrechen gegen die öffentliche Ordnung sind die meisten Umstellungen vorgenommen worden. Dadurch hat der Abschnitt auch den Charakter der nur schwer zu strafenden Polizeivergehen verloren, und hat einen richtig kriminellen Gehalt bekommen. Damit tritt der polizeistaatliche Gedanke immer mehr zugunsten des Rechtsstaates zurück. Der Entwurf 69 zog den einfachen Hausfriedensbruch, der im preußischen STGB als Übertretung nur bestraft worden war, zum schweren. Dieser stand unter den Freiheitsdelikten. Dagegen stellte der Entwurf 1870 den Hausfriedensbruch zu den Verbrechen

[1]) Motive, im Juli 1869, S. 1f.

[2]) Motive, 1869, S. 126; 1870, S. 61.

[3]) Die Bestimmungen sind dem preußischen Gesetz v. 13. 3. 1837 nachgebildet.

[4]) Schon Wächter, Beitrag, 1870, S. 38, kritisiert.

[5]) Brunner, DRG., II, S. 101.

und Vergehen gegen die öffentliche Ordnung wegen der großen Bedeutung, welche der Schutz des Hausfriedens für die öffentliche Sicherheit und Ordnung hat[1]). Außerdem nähme das Vergehen, wenn es von mehreren Personen begangen werde, den Charakter einer Verletzung der öffentlichen Ordnung an. Hatte das germanische Recht die Verletzung des Hausrechts schon erschwert bestraft, so verschärfte das gemeine Recht in Verfolg des erhöhten Schutzes des Hausfriedens jede Strafe für ein Verbrechen, bei dem jener zusätzlich gebrochen war[2]). Das RSTGB folgt den meisten deutschen Partikulargesetzbüchern in der öffentlichen Auffassung des Delikts und brachte dadurch den in Preußen ganz verschütteten deutschrechtlichen Charakter des Delikts wieder zum Vorschein.

Ebenso kommt im RSTGB die geschichtliche Natur des Landfriedensbruchs zu hervorragender Gestaltung, ähnlich wie in den meisten Partikulargesetzbüchern im Gegensatz zum bisherigen preußischen Recht. Der Entwurf 1870 unterstellt ihn bereits den Verbrechen und Vergehen gegen die öffentliche Ordnung. Es kommt hauptsächlich das Interesse an dieser in Betracht, so betonen die Motive[3]). Dadurch wird der Gedanke der deutschrechtlichen Friedensordnung, zu deren Wahrung der Staat berufen ist, und deren Bruch gegen alle verstößt, wieder ausgedrückt und der allmählich stärker gewordene individualistische Gehalt des Delikts zurückgedrängt. Desgleichen ändert der Landzwang seinen Charakter zugunsten der geschichtlichen Überlieferung. Der Tatbestand wird deshalb auch erweitert zur Störung des öffentlichen Friedens durch Androhung eines gemeingefährlichen Verbrechens und verliert damit ganz und gar die Ausrichtung auf die private Freiheit des einzelnen.

Warum der Verstrickungsbruch seit dem Entwurf 1870 auch unter die öffentliche Ordnung eingereiht ist, während er im preußischen STGB unter strafbarem Eigennutz stand, ist aus den Motiven nicht ersichtlich. Jedenfalls geschah es wohl, weil das Delikt sich in erster Linie gegen einen hoheitlichen Akt richtet, und Privatinteressen dabei nicht berührt zu werden brauchen, insbesondere, wenn die Beschlagnahme im staatlichen Interesse, wie im Strafverfahren, erfolgt.

Zu der Gotteslästerung führen die Motive aus[4]), daß diese eine Verletzung des Gefühls anderer enthalte. Der Staat habe ein Interesse an der Erhaltung des religiösen Gefühls des Volks und spreche es deshalb durch seinen Strafschutz besonders aus. Daraus erhellt ein im ganzen konservativer Geist, wenn auch im einzelnen liberal-theologische Auffassungen ausgedrückt werden.

---

[1]) Motive, 1870, S. 62; vgl. dazu Rosenfeld, S. 409.

[2]) Carpzov, QU. 40, 11; Abegg, Lehrb., S. 514 mit weiterer Literatur.

[3]) Motive, 1870, S. 62.

[4]) Motive, 1870, S. 65.

Während wir im allgemeinen im Entwurf 1870 eine größere Betonung der öffentlichen Interessen wahrnehmen können, indem mehrere Delikte ihren ursprünglichen öffentlichen Charakter wieder erhalten, ist das Vergehen der Beleidigung der Amtsehre aus dem Abschnitt der Vergehen gegen die öffentliche Ordnung als besonderes Vesgehen überhaupt gestrichen worden. Sie stellt sich nur noch als erschwerte Ehrverletzung dar[1]).

Sehr fraglich war es erneut geworden, wie der Zweikampf behandelt werden sollte. Der Gesetzgeber sagt dazu, daß der Versuch der Gesetzgebung, besondere harte Mandate zu erlassen, sich ebensowenig bewährt habe, wie das Duell als selbständiges Verbrechen überhaupt zu ignorieren. Er finde sich „gut oder übel mit der beschämenden Aufgabe“ ab, den Mittelweg zu gehen[2]). Damit erkennt der Gesetzgeber „die Bitte, oder wenn man lieber will, die Unsitte“ an und zeigt, daß er selbst den normalen Ehrenschutz nicht für ausreichend ansieht, sonst würde er nicht einen besonderen Ehrenschutz einem Stande durch Strafprivelegierung zukommen lassen. Gerade die erneute Zusammenstellung mit der Beleidigung zeigt, daß hier der Liberalismus die konservative Grundhaltung nicht zurückdrängen konnte.

Die bisher schon auffallende stärkere Hinneigung zum deutschen Recht erhellt auch aus der Trennung des Diebstahls und der Unterschlagung in zwei Abschnitte im Entwurf 1869. Dadurch sollte die deutschrechtliche Auffassung, nach welcher die Unterschlagung ein vom Diebstahl unterschiedliches Vergehen ist, ausdrücklich betont werden[3]). Der Entwurf 1870 fügt sie aber bereits wieder ohne Begründung zusammen. Sicher ist diese äußerliche Trennung nicht zum Ausdruck deutschrechtlicher Auffassung nötig. Aber sie spiegelt den historischen Geist wider, von dem der Gesetzgeber beseelt ist.

Die Zusammenziehung von Betrug und Untreue in einem Abschnitt begründen die Motive unklar damit, daß beide Vergehen gegen Treu und Glauben verstoßen[4]). Der deutschrechtliche Charakter der Untreue sollte durch die Zusammenstellung ebensowenig wie bei der Unterschlagung aufgegeben werden.

Die Gruppe des strafbaren Eigennutzes, die schon im preußischen STGB ein unglückliches Konglomerat darstellte, wird seit dem Entwurf 1869 noch um die Verletzung fremder Geheimnisse erweitert. Dadurch

---

[1]) Motive, 1870, S. 61, 69.

[2]) Motive, 1869, S. 156; 1870, S. 70. Binding, Der Entwurf, S. 32 gegen ein besonderes Delikt.

[3]) Motive, 1869, S. 166.

[4]) Motive, 1870, S. 78.

wurde der ganze Abschnitt erst recht ein Sammelpunkt aller Delikte, die man sonst nicht einordnen konnte.

15. Kapitel

Die deutschen Entwürfe bis zur Reichstagsvorlage

1. Das Vordringen naturwissenschaftlichen und gesellschaftlichen Denkens seit der Schaffung des RSTGB

Nach Schaffung des RSTGB wandelte sich die Zeit politisch und geistig in einem gewaltigen Tempo[1]). Der bürgerlichen Gesellschaft war ein kompromißloser Feind erwachsen. Er rief nach Umwälzungen im wirtschaftlichen, politischen und geistigen Leben. Der Liberalismus hatte den Weg durch die innere Zersetzung aller organischen Bindungen heraufbeschworen. Die Gegensätze zwischen der herrschenden Schicht und den Sozialisten vertieften sich, weil keiner bereit war, nachzugeben. Zur Lösung der Lebensfrage erwiesen sich beide für unfähig, da die einen zu bequem wahren, sich mit dem Problem auseinanderzusetzen, die anderen, um des Kampfes willen, kämpften. Jene Selbstzufriedenheit erhielt noch durch die geistige Strömung des Naturalismus einen mächtigen unbarmherzigen Angreifer, der überall auf die sozialen, kulturellen Schäden der Zeit den Finger legte. Der Naturalismus kam mit der Enträtselung der Welt durch die Naturwissenschaft hoch. Der erkenntnistheoretischen Frage stand man nunmehr verständnislos gegenüber, die allgemeine Richtung ging auf die exakte und kausale Forschung und die Erklärung der Welt, die in dem Entwicklungsgedanken ihre Methode gefunden hatte. Große Gebiete, die bisher der Philosophie gehörten, bearbeitete Wund mit Hilfe der experimentellen Psychologie und durchsetzte so die Geisteswissenschaften von der naturwissenschaftlichen Betrachtung her[2]).

Damit war auch der formale Rechtsstaat am Ende seiner Entwicklung angelangt, war er doch erkenntnistheoretischen Überlegungen entsprungen. Er war bereits geistig überwunden, ehe der politische Stoß gegen ihn einsetzte. Er stand als Requisit philosophischen Denkens da. Der Staat nach 1870 entfaltete sich in positiver Gestaltung des Lebens, in wirtschaftlicher, kultureller, politischer Hinsicht. Er war kein Objekt der Abstraktion aus dem Dasein mehr, sondern ein Konkretum, das wirken mußte, wollte es nicht einfach von dem Gegner überspült werden.

---

[1]) Dazu Eb. Schmidt Einf., S. 324f.

[2]) Dazu W. Goetz, Die geistige Entwickung um die Jahrhundertwende in Propyl. Weltgesch., 10. Bd., S. 24.

So glitt das Strafrecht, der Zeitströmung folgend, ganz aus der philosophischen Betrachtungsweise in die soziologische Forschungsweise über; es galt nicht mehr von einem konstruierten Verbrechens- und Gesetzesbegriff auszugehen und alles in ein wohlgeordnetes abstraktes System zu bringen, sondern das Verbrechen real als Wirklichkeit in der umgebenden Naturwelt kausal aufzufassen und das Gesetz danach anzupassen. Nicht der abstrakte freie und natürliche Mensch, sondern der soziale Mensch rückte in den Mittelpunkt des Denkens[1]). Das wurde in der Zeit nach dem ersten Weltkriege noch weiterhin verstärkt.

Sehen wir nun im großen, wie die Legalordnungen der zahlreichen Entwürfe bis zur Reichstagsvorlage diese Wandlung des Denkens seit der Verkündung des RSTGB widerspiegeln. Wir brauchen hier nicht auf die Einzelheiten zurückzugehen, da diese ganze Revisionsära zu keinem kodifikatorischen Erfolg geführt hat.

2. Die Verschiebung der Legalordnungen der Entwürfe gegenüber dem RSTGB

Ist das Gesamtsystem des RSTGB in den Entwürfen auch nicht grundlegend umgestürzt, so können wir doch eine innere Verschiebung der Wertbeschaffenheit der einzelnen Rechtsgüter feststellen. In allen Entwürfen steht der Staat obenan. Es folgen dann seine Einrichtungen, dann die höchstpersönlichen Güter und das Vermögen. Hatte der VE 1909 diese vier Gruppen noch in getrennten Büchern wegen der besseren Übersicht unter den entsprechenden Überschriften behandelt[2]), so waren die späteren Entwürfe wieder zur Anordnung unseres STGB zurückgekehrt, in fortlaufender Folge die Abschnitte, die im Amtlichen Entwurf 36 an Zahl umfaßten, aufzuzählen, Den Hintergrund der Staatsdelikte bildet nicht mehr die Gewaltenteilung, was aus dem Abstand der Zeit zum theoretischen Liberalismus zu verstehen ist. An deren Stelle ist die Scheidung der Straftaten gegen den Staat und seine Einrichtungen erfolgt, so daß der VE 1909 unter die Delikte gegen den Staat Abschnitte 1—7 unseres STGB zieht und dann im zweiten Buch unter den Delikten gegen die Einrichtungen des Staats u. a. die Vergehen gegen die Wehrmacht aufführt. Seit dem Entwurf 1913 folgen auf den Hoch- und Landesverrat die Angriffe auf die Staats-

[1]) Eb. Schmidt, Strafrechtsreform, S. 11ff.

[2]) Dagegen schon Gegenentwurf zum VE. eines deutschen StGB von Kahl, Lilienthal, Liszt, Goldschmidt; Begründung Berlin, 1911, S. 161. Auch Aschrott-Kohlrausch, S. 227.

form und die verfassungsmäßigen Körperschaften[1]), die Wahlvergehen, Störung auswärtiger Beziehungen, Angriffe gegen die Wehrmacht, Amtspflichtverletzungen[2]) und dann der Widerstand und die Störung der öffentlichen Ordnung[3]). Die sofortige Anreihung der Delikte, die die rechtsstaatlichen Garantien enthalten, an die Verbrechen, die den Staatsbestand angehen, ist eine Folge der konstitutionellen Staatsauffassung. Ganz unglücklich bleiben dabei die Stellung der Störung der Beziehungen zum Ausland und die Angriffe auf die Wehrmacht, weil beide Delikte offensichtlich hinter dem Staat und dessen besonderen Einrichtungen stehen. Welches hierbei der leitende Gedanke gewesen ist, kann man nicht erkennen. Die Wehrmacht stellte doch auch eine Staatsinstitution dar, während die Störung der ausländischen Beziehungen des Staats gewiß dessen Existenz berührte. Da beide Delikte den Staat in seiner Gesamtheit betreffen, hätten sie zwischen die erste und zweite Gruppe gehört[4]). Auch ist die Stellung der Amtspflichtsverletzungen sehr angreifbar. Ihre Schlußstellung im STGB hatte sie in einer Art Sonderstrafgesetzbuch erscheinen lassen, und dadurch wurde der systematische Aufbau nach Rechtsgütern oder rechtlich geschützten Interessen (außer dem strafrechtlichen Eigennutz) nicht gestört. Durch ihre Einordnung in den Entwürfen nach den Delikten, die den Staat und seine Einrichtungen betreffen, wird das Prinzip der Rangordnung erheblich durchbrochen. Man versuchte das durch Änderung der Überschrift in „Verletzung der Amtspflicht" zu verdecken, um hierin dann den Grundgedanken des Rechtsgüterschutzes doch festzuhalten. Abgesehen davon, daß die Worte den inneren Charakter der Verbrechen nicht ändern können, fielen aber durch die begriffliche Verengung die sogenannten unechten Beamtendelikte, die nur schwerer als normal bestraft werden, wenn sie ein Beamter begeht, heraus[5]). Aus der Aufgabe des bisherigen Gesichtspunkts des Singulargesetzes für Beamte ergibt sich die völlige Strukturverwandlung des Staates im Innern. War dieser früher ständisch gegliedert, so ist er jetzt der Exponent der gesellschaftlichen, wirtschaftlichen und politischen Interessengruppen und somit gesellschaftlich aufgebaut. Der VE 1909 betont nachdrücklich das

[1]) Im Entwurf 1913: Angriffe gegen gesetzgebende Versammlung.

[2]) Im Entwurf 1913 stehen diese hinter den Wahlvergehen.

[3]) Im Entwurf 1913: Friedensgefährdung.

[4]) Der Gegenentwurf, Begründung, S. 161, stellt sie zwischen die Amtspflichtverletzungen und die Störungen des Rechtsfriedens, um zu zeigen, daß alle vorhergehenden Abschnitte nur das Inland und seine Einrichtungen betreffen. In den folgenden Abschnitten besteht zwischen inländischen und ausländischen Rechtsgütern kein Unterschied.

[5]) Aschrott-Kohlrausch, S. 231.

Interesse des Staates an der Ausübung der Amtsgewalt. Das bedeutet, daß der Beamte nicht mehr gestraft wird, weil er einem besonderen Stande angehört, sondern weil er erhöht die Staats- und Gesellschaftsbelange verletzt[1]).

Es reiht sich nun in den Entwürfen seit 1909 die Gruppe der Religionsdelikte an, die damit eine weit betontere Stellung sogar als im STGB einnimmt[2]). Die Religionsgesellschaften werden dadurch als Einrichtungen des Staates gekennzeichnet[3]). Gerade die protestantische Kirche hatte in den letzten Jahrzehnten durch die enge Verbindung mit den kulturellen Schöpfungen des Volks — als Kulturprotestantismus — wieder engeren Anschluß an die führenden Schichten bekommen als in der Zeit des Liberalismus. In der bürgerlichen Zeit vor dem ersten Weltkrieg trat deshalb der Gedanke der Störung des Religionsfriedens zurück, dagegen der, daß die Religion dem Staat in seinen ganzen kulturellen und humanitären Bestrebungen diene, in den Vordergrund; aber nicht etwa im Sinne der Leitriementheorie. Die Religion erschien des Schutzes bedürftig, da der Staat nun einmal sie als Institution übernommen hatte.

Es schließen sich überall die Delikte gegen die Rechtspflege an, wie Meineid, Schädigung der Rechtspflege, Vorbereitung strafbarer Handlungen, Begünstigung und Strafvereitelung, seit 1913[4]) die Urkundenfälschung und Falschmünzerei. Die Denkschrift zum Entwurf 1919[5]) faßt ausdrücklich die Urkundenfälschung als eine Gefährdung des Rechtsverkehrs auf und stellt sie deshalb zwischen die Delikte gegen die Rechtspflege und die Münzdelikte. Wenn auch die Einreihung unter die Vermögensdelikte systematisch gewiß nicht erschöpfend ist[6]), so ist sie in dem Entwurf seit 1913 dogmatisch und rechtspolitisch abwegig.

[1]) VE 1909, S. 615, betont das letzte.

[2]) Vgl. Liszt-Schmidt, S. 573ff. und Binding, Lehrb., II, 1, S. 177ff.; dessen Zusammenstellung mit grobem Unfug (wie werfen von Unrat auf Menschen usw.) als Verbrechen wider das Glaubens- und Empfindungsleben ist eine der ganz späten Blüten des extremen Rationalismus.

[3]) Gegenentwurf, Begründung, S. 184 unterstellt die Religionsdelikte der Störung des Rechtsfriedens, da sie als Störung des Friedens zwischen den Religionsgesellschaften angesehen werden.

[4]) Schon der Gegenentwurf, Begründung, S. 212 (mit Literatur, die das RStGB. wegen seiner Einreihung der Urkundenfälschung unter die Vermögensdelikte tadelt) zieht die Urkundenfälschung hinter die Geldfälschung.

[5]) Entwürfe zu einem StGB, veröffentlicht auf Anordnung des Reichsjustizministeriums, 1. Teil, Entw. der Strafrechtskommission 1913; 2. Teil. Entwurf v. 1919; 3. Teil. Denkschrift zu dem Entwurf v. 1919, S. 183.

[6]) A. A. Schütze, S. 482.

Die Stellung der Fälschungs- und Eidesdelikte war sehr umstritten. Es standen sich zwei entgegengesetzte Meinungen, diejenige von Binding und Liszt gegenüber. Binding hielt im wesentlichen an dem Begriff des falsum fest, der sowohl die Urkundenfälschung, Geldfälschung, als auch den Meineid umfaßte. Er stellte sie unter die Verbrechen wider die Beweismittel und Beglaubigungszeichen [1]) und lehnte ab, in dem Meineid etwas anderes als die Falschheit der Beweisaussage zu sehen. Er meinte, daß durch die Benennung des Meineides der Schwerpunkt von dem Haupt- auf den Nebenteil gelegt werde, von dem Delikt auf seine Qualifikation oder auf das Moment, welches für sein Vorhandensein nur symptomatisch sei [2]). In der falschen Aussage liegt für Binding das Grunddelikt [3]). Damit verbindet den Meineid und die Urkundenfälschung der Beweis mit unechten Beweismitteln, und die Geld-, Maß-, Gewichts- usw. fälschung wird mit jenen Delikten dadurch verbunden, daß sie nicht Beweismittel, sondern Beweiszeichen gebraucht. Eine Unterstellung der ganzen Gruppe unter die Delikte gegen die Rechtspflege oder im allgemeinen unter die Staatsverbrechen lehnt er ausdrücklich ab. Dagegen wendet sich Liszt. Er sieht den Unterschied zwischen Meineid und Fälschung darin, daß bei jenem die Form echt, nur der Inhalt unecht, während bei der Fälschung beides falsch sei, und scheidet beide Gruppen voneinander. Da das StGB nur den Eid vor dem Richter oder einer zuständigen Behörde schützt, verstößt der Meineid gegen die Rechtspflege [4]). Die Fälschungen, wie Urkunden- und Geldfälschung, seien durch das Mittel gekennzeichnete Straftaten; die Urkundenfälschung durch das Beweismittel, die Geldverbrechen durch Mißbrauch des Geldzeichens [5]).

Die Einreihung der Urkundenfälschung unter die öffentlichen Delikte in den Entwürfen seit 1919 hat gar kein rechtes gesetzliches Vorbild, nur in der Zusammenstellung aller dieser Delikte folgt man Binding. Höchstens könnte die frühere Gruppe der Delikte gegen öffentliche Treue und Glauben eine gewisse Vorlage gebildet haben. Der darin aus-

---

[1]) Binding, Lehrbuch, II, 1., S. 108ff.

[2]) Wie vorige Anm., S. 129/132.

[3]) Wie vor. Anm., S. 109, Anm. 3. Binding weist auf das württemb. StGB, 1. Titel, 6. Kap. hin, das für ihn — richtig — diese Delikte — außer der Privaturkundenfälschung — zusammengefaßt hat unter „Handlungen wider öffentl. Treu und Glauben". Er erwähnt nicht die preuß. Entwürfe 1828/30, die dasselbe tun.

[4]) Liszt-Schmidt, S. 831.

[5]) Liszt-Schmidt, S. 733; siehe über die sonstigen etwas abgewandelten Meinungen Binding, Lehrbuch, II, S. 109, Anm. 2.

gedrückte Gedanke der Verletzung der Gesamtheit[1]) kann die Stellung unter die Gruppe, die die staatlichen Interessen berühren, bedingt haben. So steht die Urkundenfälschung als offensichtlich materiell-öffentliches Vergehen in den Entwürfen einerseits in Verbindung mit dem Meineid, andererseits mit der folgenden Falschmünzerei und den gemeingefährlichen Delikten, mit jenem durch den Gedanken der falschen Aussage im rechtlichen Verkehr — vox viva, vox mortua —, mit den Münzdelikten durch die beiden zugrundeliegende Fälschung von Beweismitteln oder Wertzeichen. Beide werden zugleich auch mit den folgenden gemeingefährlichen Verbrechen durch die Verletzung der Gseamtheit verbunden. Damit ist der Urkundenfälschung durch die Stellung eine völlig heterogene Natur beigelegt.

Die Zusammenfassung des Meineids mit den Fälschungs- und Münzverbrechen wendet sich gegen den geschichtlichen deutschen Charakter des Meineides. Das verkennt selbst Binding nicht[2]). Zur der von Liszt richtig entwickelten dogmatischen Notwendigkeit der Trennung tritt auch noch die allgemeine Wertung. Wenn der Staat die öffentliche Beglaubigungs- und Beteuerungsform, die er in wenigen Fällen nur vor seinen Organen zuläßt, einer belanglosen unterschriebenen Quittung, die einen Beweis erbringen soll, im Charakter gleichgestellt, dann kann daraus eine bedenkliche Entwertung der feierlichen Form entnommen werden. Vor allem schwindet dann dei in der Entgegennahme der Beteuerung der Wahrheit liegende Natur des staatlichen Hoheitsaktes.

Das StGB hat, indem es die Münzverbrechen richtig zu dem ersten Teil rechnet, bewußt die Verletzung des öffentlichen Interesses an der Sicherheit des Verkehrs und an der Münzhoheit des Staats[3]) herausgestellt. Bei dem Meineid betont es durch die Stellung den Charakter des Angriffs auf die Rechtspflege, das heißt auf einen Teil der Staatsgewalt[4]). Im Meineid will der Staat nicht die Fälschung bestrafen, sondern die von ihm zur Verfügung gestellte Beglaubigungsform schützen. Wenn das StGB die Urkundenfälschung nicht zu den Verbrechen, die die Interessen des Staats unmittelbar angehen, rechnet, dann tut es dies mit Recht. Jedenfalls hat das RStGB zumindest den Unterschied von Münzfälschung und Meineid besser als die Entwürfe gekennzeichnet. Die Urkundenfälschung betrifft den Glauben an die Beweismittel, der aber noch nicht zum Charakter eines Verbrechens

[1]) Vgl. v. Hippel, Lehrb., S. 341.
[2]) Lehrb., II, 1, S. 129.
[3]) Gegen Binding Liszt-Schmidt, S. 733.
[4]) Ebenso Liszt-Schmidt, S. 831 mit Anm. 2.

gegen die staatliche Gewalt ausreicht, da der Staat der privaten Urkunde ohne weiteres keine Beweiskraft beilegt.

Die Ausfüllung des Staatsbegriffs mit soziologischem Gehalt[1]) wirkte sich auch auf die Stellung der gemeingefährlichen Verbrechen und der Störung des öffentlichen Verkehrs aus. Das RStGB stellte sie an den Schluß, weil sie sich gegen eine unbestimmte Menge von Personen und Sachen richten. Schon der VE 1909 brachte sie unter die Verbrechen gegen die Einrichtung des Staates. Die folgenden Entwürfe hielten die Stellung unmittelbar vor den Delikten, die die Interessen des einzelnen verletzten, bei[2]). Der VE sieht das Wesen der Gruppe in der besonderen Gefährlichkeit, die namentlich in der Gefährdung eines größeren Kreises von Rechtsgütern liegt. Mit den Delikten sei häufig die Gefahr des Hinübergreifens der Verletzung über das Gebiet einer Anzahl von Sonderverletzungen verbunden. Häufig seien auch weitere Kreise der Bevölkerung mittelbar in Mitleidenschaft gezogen. Schärfer drückt Kitzinger[3]) den Gedanken aus. Bei den gemeingefährlichenDelikten erscheine mehr als bei den Delikten gegen Leib, Leben und Eigentum die Gesellschaft als solche mitbeteiligt mit ihren wirtschaftlichen, wie mit ihren ideellen Interessen. Der Schwerpunkt liegt mithin auf der Verletzung der gesellschaftlichen Belange. In dieser Bewertung der gemeingefährlichen Delikte zeigt sich, daß sowohl Konservativismus wie Liberalismus ihre beherrschende Kraft verloren hatten. Es ist auffällig, daß kein Gesetzbuch des vorigen Jahrhunderts diese Gruppe der gemeingefährlichen Delikte zwischen die Verbrechen gegen den Staat und den einzelnen gestellt hat. Das kam einerseits aus der konservativen Anschauung, die zwischen dem Staat und dem Untertan keinen Begriff der Gesellschaft kannte, andererseits aus dem Rechtsstaatsgedanken Feuerbachs, der nur Verletzungen von Rechten bestraft wissen wollte; zudem war der Blick des Liberalismus viel zu sehr durch die Antipoden Staat und Einzelnen gebannt, als daß begrifflich die Allgemeinheit für ihn einen Wertträger hätte darstellen können[4]). Die Stellung der gemeingefährlichen Delikte war auch für das liberale Denken nur hinter den Delikten gegen den Staat und gegen den einzelnen denkbar. Von einem Entwurf Anfang dieses Jahrhunderts war es kaum anders zu erwarten, als daß er unter dem Einfluß des soziologischen Denkens die gemeingefährlichen Delikte vor die Straftaten gegen den einzelnen stellte. Nicht mehr das isolierte Individuum ist der Mensch, dem die Betrachtung gilt, sondern der soziale Typ, der gesellschaftliche Mensch wird nunmehr vom Recht in

[1]) Vgl. Wegner, Deutsche Juristenzeitung, 1933, S. 601f.
[2]) VE, S. 600f.
[3]) Kitzinger, a.a.O., S. 8.
[4]) Siehe oben S. 178.

den Blickpunkt gezogen. Zuerst ergreift es ihn in der Gemeinschaft — wie im Arbeitsrecht —, um ihn desto sicherer im einzelnen schützen zu können. Zwischen den Staat und den Menschen schieben sich zahlreiche soziologische Erscheinungen, die alle Sicherungen auf dem Wege zur Gefährdung des einzelnen darstellen. Diese Auffassung vom Menschen in der Gesellschaft, im Kollektiv, bedingte auch die Umstellung der hier besprochenen Gruppe vor die Delikte gegen die bestimmte Person.

In der Gruppe der Verbrechen gegen die Person treten schon im VE 1909 die Beleidigung und der Zweikampf zurück. Jene rückt an den Schluß, dieser hinter die Körperverletzung. Die Anfangsstellung des Ehrenschutzes in der Gruppe der Delikte, die sich gegen den einzelnen richten, ergab sich im StGB aus dem traditionellen Ehrbegriff. Jedem Stande wurde seine besondere Ehre zugestanden; es gab eine Offiziersehre, eine studentische Ehre usw. Die Betonung der unantastbaren Ehre des Menschen fand ihren Ausdruck darin, daß der Zweikampf nicht als Mord oder als Körperverletzung gewertet, sondern vielmehr in der Strafe privilegiert und noch dazu zu der Beleidigung gestellt wurde[1]). In der Umstellung der beiden Delikte und in ihrem Auseinanderreißen liegt das Indiz, daß das Bewußtsein der ständischen Gliederung des Staates, aus der das erhöhte Ehrbewußtsein gekommen war, im Schwinden begriffen war.

Die Sittlichkeit und die Familie, damit der Personenstand, erscheinen bereits 1913 hinter der persönlichen Freiheit[2]). Das ist sehr bedenklich, denn die Ehe ist eine Einrichtung des Staates, was er noch einmal besonders im Personenstandsgesetz ausdrücken will. Die auf die Familie bezüglichen Delikte treten plötzlich in der Rechtsgütersphäre des einzelnen auf, was überraschend und widerspruchsvoll ist. Dies erinnert an Erscheinungen der Aufklärung, die oft recht geringfügiges Interesse des Staates an der Ehe und Sittlichkeit zeigte. Wenn die Literatur derartig klassifiziert, dann mag das eine private Meinung darstellen, tut es der Gesetzgeber, so entkleidet er sich der Autorität und des Verantwortungsbewußtseins und setzt sich zu seinem eigenen Verhalten — bezüglich der Betonung des staatl. Interesses an der Ehe im Personenstandsgesetz — in krassen Widerspruch. Einerseits werden die Urkundendelikte zu den Verbrechen gegen den Staat, andererseits Familien- und Sittlichkeitsdelikte zu der verletzten Privatsphäre des einzelnen gestellt; dies zeigt eine rücksichtslose Entwertung der den Staat tragenden

[1]) Vgl. dazu ob. S. 168.

[2]) Auch Binding, Lehrbuch, I, S. 193ff., 219ff. und Liszt-Schmidt, S. 536ff., 565ff. stellen beide Verbrechensgruppen zu den Rechtsgütern des einzelnen.

ethischen Grundlagen. Hier hat der Gesetzgeber selbst gefährlich begonnen, diese abzubauen[1]).

Eine weitere Besprechung der Entwürfe erübrigt sich, da die Vermögensdelikte keine wesentlichen Besonderheiten[2]) aufweisen und die Entwürfe überdies nie Gesetz geworden sind.

Aus dem bisher Dargelegten geht hervor, daß die Entwürfe nicht besser gegliedert haben als das RStGB; im Gegenteil finden sich in ihnen für einen Gesetzgeber unverständliche Fehlwertungen der Gütersphären. Bei der Rangordnung der Staatsdelikte gehen die Revisoren von der Gewaltenteilungslehre ab. Der Staat ist für jene das reale Gebilde — ganz naturwissenschaftlich gedacht —, das praktisch wirkend dasteht und mit seinen Einrichtungen die Aufgaben, die ihm zufallen, erfüllen muß[3]). Deshalb tritt auch die schlichte Gliederung der Delikte gegen den Staat und gegen seine Einrichtungen ein. Die Zeit nach dem Weltkriege hat grundsätzlich nichts an alledem geändert, da sie ja nur das Fazit der sich anfangs des Jahrhunderts ankündigenden Umwälzungen in der staatlichen und kulturellen Struktur Deutschlands gezogen hat. Der Staat wandelt sich allmählich zum modernen Wohlfahrtsstaat[4]), was sich äußerlich an dem Anziehen der Strafdrohungen bezüglich der Delikte gegen den Staat und die öffentliche Ordnung, innerlich an der immer weiteren Erfassung der Privatsphäre durch staatliche Maßnahmen zeigt. Dazu tritt eine weitere Vergesellschaftung des Menschen. Der Sozialtypus des Menschen erhält neuen Rückhalt durch die wissenschaftliche Vertiefung der Soziologie. Dies alles kann sich jedoch nur beschränkt auf die Strafrechtsreform auswirken infolge der gewaltigen Erschütterungen und Krisen, die die Nachkriegszeit immer wieder durchmacht. Die Verbrechensgruppen, die mehr die Allgemeinheit berühren, in Gestalt der gemeingefährlichen Delikte, rücken vor die Delikte gegen den einzelnen, womit sich allmählich die Gesellschaft, das Kollektiv, zwischen Staat und Einzelnen schiebt. Allein die Stellung dieser Gruppe ist ein untrügliches Indiz für das Sozialzeitalter, aus dem die Entwürfe hervorgingen. Das starke Aufrücken der Religionsdelikte in Richtung gegen die Delikte gegen den Staat ist eine

[1]) Zu dem Gesamtaufbau der Reichstagsvorlage sagt Aschrott-Kohlrausch, S. 228 „einen klaren logischen Gedanken für die Aufeinanderfolge der Abschnitte aber habe ich, außer, daß die Straftaten gegen den Staat und die staatl. Einrichtungen — ebenso wie im VE. 1909 voranstehen — — nicht entdecken können.

[2]) Bez. des Aufbaus ein Monitum bei Aschrott-Kohlrausch, S. 228.

[3]) Vgl. dazu Kohlrausch, Rede zur Reichsgründung d. Friedr. Wilhelm-Universität zu Berlin, 18. 1. 1927, Über Strafrechtsreform, S. 14f.

[4]) Dazu E. Wolf, Die Wertung, S. 116.

Erscheinung, die sich schwer mit der Unterstellung der Familien- und Sittlichkeitsdelikte unter den Teil der Straftaten gegen die Einzelgüter verträgt. Jenes ist wohl aus der Idee gekommen, daß der Staat gegen das mächtige Anbranden der antichristlichen Bewegung die Religion um so mehr unter seinen Schutz stellen muß, als sie ihn durch die sittliche Gewalt, die sie über die Gewissen hat, in seinem Bestande mit stützt. Im übrigen kommt das Krisenhafte der Zeit deutlich in der Verschiedenwertigkeit der Stellung der Religionsdelikte und der Sittlichkeitsdelikte zum Ausdruck. Die Stellung der Unzuchtsverbrechen entspringt einer noch ganz liberalen Anschauung, die eigentlich mit dem Weltkriege völlig überwunden war; dieses einzelne Requisit wurde aber weiter unbeachtet mit fortgeschleppt, da der Blick der Revisoren stark von den aktuellen politischen Fragen angezogen wurde. Der Übergangscharakter der Zeit der Entwürfe spiegelt sich an der Unausgeglichenheit der grundlegenden Ideen, die sich in der Legalordnung ausdrücken, wider.

16. Kapitel

Das sowjetrussische und schweizerische Strafgesetzbuch

Hier sollen noch kurz, gleichsam anhangsweise, das russische StGB von 1926 und das diesem Geist diametral entgegengesetzte schweizerische StGB von 1937 besprochen werden. Das italienische StGB von 1930 trägt allzusehr die Züge der vergangenen unglücklichen Epoche und mag deshalb hier ausscheiden. Das russische StGB[1]) gliedert den besonderen Teil in:

Verbrechen gegen den Staat;

Verbrechen gegen die Verwaltungsordnung, z. B. Nichterfüllung öffentlicher Pflichten, Fälschung öffentlicher Urkunden, Widerstand gegen Beamte, Delikte gegen den Personenstand, Siegelbruch, Delikte gegen die Rechtspflege, falsche Anschuldigung;

Amtsverbrechen;

Verletzung der Bestimmungen über die Trennung von Kirche und Staat; darunter werden auch die religiösen Kulthandlungen geschützt; Wirtschaftsverbrechen, z. B. öffentliche Veruntreuung, Nichterfüllung von öffentlichen Verträgen, Verletzung der Arbeiterschutzbestimmungen;

Verbrechen gegen das Leben, die Gesundheit und die Würde der Persönlichkeit; darunter erscheinen auch Beleidigung und Verleumdung; Verbrechen gegen das Vermögen;

[1]) Ausgabe des StGB der RSFSR vom 22. 11. 1926, übersetzt von Wilhelm Gallas in Sammlung außerdeutscher StGB, Bd. 49, Berlin-Leipzig, 1931.

Verletzungen der Bestimmungen zum Schutze der Volksgesundheit und der öffentlichen Sicherheit und Ordnung;

Militärverbrechen;

Verbrechen, die Überreste eines traditionellen Volksgebrauchs bilden.

Das Gesetzbuch ist bekanntlich stark von den Gedanken Ferris beeinflußt und aus bolschewistischer Wertanschauung hervorgegangen. Bezeichnend dafür ist in der Legalordnung der breite Raum, den die Verbrechen gegen die öffentlichen Belange gegenüber denen, die Einzelglieder betreffen, einnehmen. Die Staatsallmacht hat den Wert der Persönlichkeit verdrängt[1]). Deshalb hat der besondere Teil auch keine rechtsstaatliche Sicherungsaufgabe mehr[2]). Der Mensch ist Glied in einer Kette und hat den Zweck, das Staatswohl in jeder Beziehung zu fördern, auch unter Aufgabe seiner Individualexistenz. Unklar bleibt trotz allem, warum der Schutz der Volksgesundheit und der öffentlichen Sicherheit und Ordnung hinter den Gütern des einzelnen steht, nachdem vorher der Staat in allen seinen Funktionen, einschließlich der Wirtschaft, so stark betont worden ist. Wahrscheinlich ist der Grund darin zu suchen, daß es sich mehr um Verletzungen polizeilichen Charakters handelt. Deshalb mögen sie an das Ende gestellt worden sein, denn die beiden folgenden Gruppen sind entweder im Hinblick auf den Personenkreis oder das Landes-Gebiet (vgl. § 205) begrenzt.

Das neue schweizerische StGB von 1937 baut in aufsteigender Folge die Rechtsgüter auf, offensichtlich in den drei Gruppen der Delikte gegen die Interessen des einzelnen, gegen die Gesellschafts- oder Gemeinschaftinteressen (Kulturgüter) und gegen den Staat als solchen. Dabei bleibt die Einordnung der einzelnen Delikte fraglich, weil sie der Gattung nach hintereinander folgen, ohne daß die großen drei Gruppen äußerlich kenntlich gemacht sind. Das Gesetz scheint unter die erste Gruppe nacheinander zu rechnen: Die Verbrechen gegen Leib und Leben, Vermögen, Ehre, Freiheit, Sittlichkeit, unter die zweite Gruppe die Delikte gegen die Familie, die gemeingefährlichen Verbrechen, die Verbrechen gegen die öffentliche Gesundheit, den öffentlichen Verkehr, die Fälschung von Geld, Maß und so weiter, Urkundenfälschung und die Verbrechen gegen den öffentlichen Frieden. Unter die dritte Gruppe rechnen die Verbrechen gegen den Staat und die Rechtspflege. Der Schutz von Leib und Leben ist anscheinend mit dem Vermögen deshalb zusammengestellt worden, weil es sich in beiden Fällen um körperliche Rechtsgüter, handelt während die folgenden: Ehre, Freiheit und Sitt-

[1]) Eb. Schmidt, Strafrechtsreform, S. 16f.

[2]) Nach § 1 sind alle Verbrechen „gemeingefährliche Handlungen" und nach § 16 ist volle Analogie möglich.

lichkeit unkörperliche Güter bilden. Die Ordnung geht schon auf den v. Stooßschen Entwurf von 1894 zurück. Bereits ein kantonales StGB aus den 50er Jahren des vorigen Jahrhunderts zeigt die Eröffnung mit den einzelmenschlichen Gütern. Der Gesetzgeber hat offensichtlich stark an eine lehrbuchartige, übersichtliche Darstellung angeknüpft, wie sie z. B. in dem Lisztschen Lehrbuch ganz ähnlich aufgezeigt ist. Die Legalordnung hat allerdings andere Aufgaben als die Ordnung in einem Grundriß des Strafrechts. Die aufsteigende Abfolge hat wohl den rein lehrhaften Vorteil, daß die einfachen Delikte, wie Körperverletzung, Beleidigung, Totschlag u. a., vor den verwickelter gestalteten Delikten, die jene zum Teil enthalten, behandelt werden. Für ein Gesetz, das keine Einführung ist, sondern sofort als Ganzes erscheinen soll, ist eine induktive Einführung in den Stoff unnötig[1]).

Zugleich könnte aber der Aufbau des schweizerischen StGB ein Bekenntnis zum Individualismus sein, indem die einzelmenschlichen Güter vor denjenigen der Gesellschaft und des Staates erscheinen. Aus der besonderen politischen Lage des schweizerischen Staates und dem ausgeprägten individualistischen Empfinden des Volkes wäre die Betonung dieses einzelmenschlichen Wertsystems sogar seitens des Staates zu verstehen. Es braucht selbstverständlich in der aufsteigenden Reihenfolge der Rechtsgüter nicht unbedingt der Ausdruck individualistischer Weltanschauung zu liegen. Jedoch wird ein Gesetzgeber, der den Staat als Zwecksubjekt in seinem Wertsystem ansieht, aus dem Gedanken der Autorität und Würde des Staates dessen Güter voranstellen. So steht wohl meistens in einem Gesetze, das eine Güterhierarchie ausdrücken will, das vom Gesetzgeber als wichtigstes angesehene Rechtsgut an der Spitze. Das starke Zurücktreten der staatlichen Belange geht auch aus der Stellung der Familiendelikte hervor. Es ist unsicher, ob die Familie zu den unkörperlichen Rechtsgütern der ersten Gruppe — wie bei Liszt-Schmidt[2]) — oder zu der folgenden Gruppe der Gemeinschaftsinteressen — wie bei Hafter — schon rechnet[3]). In keinem Fall rückt die Familie in die Nähe der staatlichen Rechtsgüter. Die Sittlichkeitsdelikte gehören nach der Stellung offensichtlich zu den Verbrechen gegen den einzelnen.

In Deutschland hatte man sich allmählich von der allzustarken Einschränkung des staatlichen Interesses, wie der Liberalismus sie gefordert hatte, wieder entfernt, was die zahlreichen Entwürfe — allerdings

---

[1]) Darüber genauer unten S. 223.

[2]) Liszt-Schmidt, S. 566ff.

[3]) Hafter, Ernst, Schweizerisches Strafrecht, besonderer Teil, 2. Hälfte, S. 413.

nicht gerade in bezug auf die Sittlichkeitsdelikte — zeigen. In der außerordentlichen Beschränkung der Delikte gegen den Staat im schweizerischen StGB. und in der Erweiterung der Gruppen, die die Individualbzw. die Gesellschaftsinteressen berühren, liegt in Verbindung mit der Voranstellung der Delikte gegen den einzelnen der Ausdruck eines individualistischen Wertsystems.

Ergebnis: Der Wert der Legalordnung:

1. Kapitel

Inwieweit drücken die Legalordnungen ganze Wertsysteme aus?

Der Legalordnung hat man bisher wenig Aufmerksamkeit zugewandt. Zu den Zeiten der Gesetzgebungsreform war die Literatur im vorigen Jahrhundert reich an Ansichten über den zweckmäßigsten Aufbau eines Strafgesetzbuchs. Dann nahmen die grundlegenden Fragen des allgemeinen Teils die Wissenschaft so in Anspruch, daß die Durchforschung des besonderen Teils und seiner Tatbestände, außer bei Binding, in den Hintergrund trat.

Jeder Gesetzgeber geht bezüglich des Aufbaus von bestimmten Wertvorstellungen aus; tut er dies nicht, dann wird sein Werk nur eine Kompilation sein, die das Notwendige aus der Masse des vorliegenden Stoffes zusammenhanglos aneinanderreiht.

Die Wertvorstellungen existieren nicht real, sondern werden an das Leben und die Welt herangetragen, die dann wieder unter verschiedenen Wertsystemen erscheinen. Sie wirken beim Menschen bewußt und unbewußt mit. Sie bilden auch die Grundlage, aus der die Systematik eines Strafgesetzbuchs hervorgeht. Es ist nicht notwendig, daß diese äußerlich immer gleich in Erscheinung tritt, sie liegt oft ganz verborgen in der Zusammenstellung der Verbrechensgattungen. Es gibt keine Epoche, die nicht auf irgend einem Wertsystem aufbaut, und wir sahen, daß auch jede entwickelte Legalordnung nur auf dem Hintergrunde einer bestimmten Wertordnung zu verstehen ist. Einmal hielt der Gesetzgeber sich zäh an festgegründete Vorstellungen, ein andermal stürzte er sich rasch in vorrüberrauschende zeitgeistige Strömungen, um doch bald wieder in ruhigere Bahnen einzulenken. So schuf der Gesetzgeber mit Neuem nicht immer etwas Besseres, insbesondere dann nicht, wenn er sich allzu sehr von den geschichtlichen Wurzeln entfernte.

In der römischen Strafgesetzgebung herrschte kein ordnender Gedanke in unserem Sinne vor, da sie sich in der Anordnung nur von zufälligen Gedankenassoziationen leiten ließ. Die maßgebenden Gesichtspunkte für eine Ordnung des Stoffes, wie sie Aristoteles in seiner Topik entwickelt hatte, hatten die Römer für sich nicht verwandt. — Die frühen germanischen Rechte zeigten nur entfernt eine ordnende Hand, da weder den Germanen noch dem frühen Kulturzustand eine scharfe systematische begriffliche Erfassung der Rechtswelt möglich war. Erst die Carolina brachte recht klar das transpersonalistische Wertsystem mit Gott als oberstem Werte zum Ausdruck. Die Gott betreffenden Delikte wurden äußerlich an den Anfang gestellt, worauf dann die Werte, die Staat, Gemeinschaft und den einzelnen betreffen, folgten. Die Güterhierarchie des theokratischen Staates trat so augenfällig in Erscheinung. Der Gesetzgeber teilte schon bewußt die einzelnen Verbrechen je nach ihrem Gehalt dem jeweiligen Güterkreise zu, und bezeichnete dadurch ihren Inhalt und Umfang, wie z. B. beim Meineid, den Sittlichkeitsdelikten u. a. näher. Das Vorbild der Carolina wirkte noch lange auch in den Landesordnungen des evangelischen Preußen, infolge der herrschenden protestantischen Orthodoxie, bis ins 18. Jahrhundert fort.

Das transpersonalistische religiös beinhaltete Wertsystem wurde zunächst im absoluten Staat durch die übereinzelmenschliche Wertordordnung, deren Zwecksubjekt der Staat ist, abgelöst. Infolgedessen verschwanden die Religionsdelikte von der ersten Stelle der Legalordnungen, die nunmehr mit den Staatsverbrechen eröffnet wurden. Da die großen Gesetzesschöpfungen erst zur Zeit des aufgeklärten Absolutismus entstanden sind, trat hinter dem Staatszweck sogar die Gestalt des Monarchen zurück. Die Sphären des Staates und des einzelnen begannen sich schon genauer zu scheiden — die Wohlfahrt sollte dem einzelnen dienen —, was aus der scharfen Trennung der beiden Deliktsgruppen hervorgeht. Der Individualismus kündigte sich bereits im Gesetz vernehmlich an. Man hätte von einem Gesetzbuch der französischen Revolution die Verkörperung des transpersonalistischen Systems, das die Kultur der Menschheit als ihren höchsten Wert kennt, oder den hervorragenden Ausdruck individualistischer Wertordnung erwarten können, aber es ist nur wenig davon zu spüren. Auch hier eröffnen die Staatsdelikte den besonderen Teil und die Privatdelikte folgen erst an zweiter Stelle. Da das Gesetz sonst einen milden menschenfreundlichen Zug trägt, kann man wohl schwerlich annehmen, daß durch die Voranstellung der Staatsdelikte ein gewaltiges Übergewicht des Staates über den Bürger in der Wertbemessung ausgedrückt werden sollte. Gewiß bedurfte die Staatssicherheit gerade damals im Jahre 1791 einer besonderen Betonung. Auch hatte Rousseau, der die Geisteshaltung der französischen Revolution maßgebend bestimmt hat, in der volonté générale entschieden den Schwerpunkt seiner Gesellschaftslehre gesehen. Dazu scheint aber für das franz. Gesetzbuch von 1795 ein rein systematischer Gedanke des Naturrechts gekommen zu sein. Das Naturrecht hatte eine ganz bestimmte Methodik entwickelt, die unter anderem die systematische Forderung nach Deduktion eines Gedankens aus dem Obersatz, nach Fortschreiten vom Allgemeinen zum Besonderen erhoben hatte. Diese wissenschaftliche Arbeitsweise war zur herrschenden geworden und beeinflußte den Aufbau wissenschaftlicher Systeme[1]). Nachdem die naturrechtliche Systematik bestimmend geworden war, konnte ihre Methode dem französischen Gesetzgeber auch nicht entgehen. So hat er anscheinend die allgemein gebrauchte Methodik zur Ordnung wissenschaftlichen Stoffes sich zu eigen gemacht, obwohl sie auf seine Wertordnung gar nicht recht paßte. Das napoleonische STGB verkörpert sinnfällig den obersten Wert im Staate. Das Individuum tritt ganz zurück. Dadurch, daß das französische STGB des Revolutionszeitalters naturrechtlich-methodisch aufgebaut war, brauchte das Gewalt und Macht atmende napoleonische STGB den Rohbau seines humanen Vorgängers nicht einmal sehr umzugestalten.

Einen doktrinär wissenschaftlich-methodischen Zug trägt das bayrische STGB von 1813 in seinem Aufbau. Es war vom Privat- zum Staatsdelikt aufgestiegen, da dieses jenes oft begrifflich voraussetzt, wie z. B. beim Königsmord, bei der Majestätsbeleidigung u. a. Die Ordnung sollte nicht etwa eine individualistische Anschauung des Gesetzgebers andeuten, die weder mit der damaligen Staatsauffassung noch mit Feuerbachs Ideen sich gedeckt hätte. Hier wird die Gefahr offenbar, die sich aus der Übertragung der Methodik eines Einführungsbuches auf die Legalordnung ergibt. Ihr Gehalt erscheint nach außen wertsystematisch dann ganz anders, als die herrschende Wertordnung die Rechtsgüter eingereiht hat.

Das preußische STGB ist konservativen und liberalen Charakters, wobei jener in der Legalordnung erheblich überwiegt. Obwohl die ersten Entwürfe streng konservativen Geist atmen, treten die Religionsdelikte nie an die Spitze, wie es z. B. in Jarckes Handbuch geschieht. Und sicher sieht der konservative Staat sich selbst nicht als höchsten Zweck, sondern Gott als letzten Wert an. Denn von ihm empfängt er auch die Autorität. Aber es ist ein Unterschied zum mittelalterlichen theokratischen Staate vorhanden. Im vorigen Jahrhundert wurde der Staat philosophisch durch Hegel in seiner hohen Werthaftigkeit als Verwirklichung der sittlichen Idee betont. Stand auch Gott als absoluter Geist darüber, so reichte er durch Gnade und Zorn nicht mehr in den staat-

---

[1]) Thieme, Das Naturrecht, S. 46.

lichen Bereich herein, wie nach der Auffassung der Carolina oder der Reichspolizeiordnungen. Der konservative Staat betrachtete den Schutz von Religion und Kirche als Verteidigung seiner geistigen Grundlagen, der theokratische Staat tat es aus Gottes Berufung und Notwendigkeit, um sich die Güte Gottes zu erhalten. So bildete für den christlich-konservativen Staat der Staat das Zwecksubjekt des politischen Wertsystems, obwohl in der Gesamtbewertung Gott sich über allen Gütern erhob. Der Staat griff nur in seiner Stiftung auf Gott zurück und beschränkte sich auf den Schutz der Religion um der auf Gott gegründeten Staatsautorität willen. Die Religionsdelikte nehmen deshalb auch die zweite Stelle nach den sich auf den Staat beziehenden Verbrechen ein. Die enge Heranziehung der Sittlichkeitsverbrechen an die Gruppe, die die öffentlichen Güter betrifft, zeigt auch, daß der konservative Staat stets für die Steigerung der Macht und Einflußsphäre des Staates eintrat, da dadurch seine von Gott hergeleitete Autorität sich als verantwortlich erweisen konnte. Die Teilung der Staatsverbrechen nach der theoretischen Gewaltenteilungslehre Montesquieus[1]) hat den konservativen Charakter der Legalordnung abgeschwächt. Durch den Umfang, welcher dieser ganzen Gruppe der sich gegen öffentliche Güter richtenden Verbrechen gegeben ist, wird aber andererseits der Staatsgewalt ganz entscheidendes Gewicht wieder beigelegt — im Gegensatz zum neuen schweizerischen STGB. Die Voranstellung der unkörperlichen Rechtsgüter in der Gruppe der Verbrechen, die sich mehr gegen den einzelnen richten, deutet an, daß der Staat die physische Unversehrtheit des Menschen nicht als dessen vornehmstes Gut wertet.

Das RSTGB hat die Wertung der Güter gegenüber dem preußischen Vorbild verschoben. In diesem waren die Strafdrohungen mit der Legalordnung zusammen auf ein Wertsystem abgestimmt, dagegen änderte das RSTGB die Wertordnung insoweit, als es die Todesstrafe nur noch bei der überlegten Vernichtung menschlichen Lebens beibehielt und dadurch die Legalordnung wertmäßig isolierte. Hiermit wurde ein deutlicher Schritt zum Individualismus vollzogen. Vorher war durch die Gleichheit der Strafdrohung bei dem Angriff auf den Staat und bei der vorsätzlich überlegten Zerstörung des Lebens von Rechtsgenossen das hinter dem Gesetzbuch ursprünglich stehende Wertsystem gleichermaßen in der Legalordnung und den Strafdrohungen ausgedrückt worden. Diese Diskrepanz zwischen der Wertung der Rechtsgüter, wie sie in der Legalordnung und in der Abstufung der Strafdrohung erscheint, ergab sich aus der grundsätzlichen Übernahme des preußischen Gesetz-

[1]) Wegner, Einf., 2. Aufl., S. 159—161.

buchs auf das Reich, wo sich inzwischen die sozialen und politischen Wertungen erheblich gewandelt hatten. Die Legalordnung unseres STGB ist mithin weitestgehend von der überindividuellen Wertordnung beherrscht, deren letzter Wert im Staate liegt.

Die Entwürfe unseres Jahrhunderts bis zur Reichstagsvorlage stellen immer wieder den Staat in den Vordergrund, beschränken aber den Umfang der öffentlichen Rechtsgüter. Verwunderlich mag sein, daß auch nach 1918 der Staat an der Spitze der Güter steht. Aber das Reich betonte seine Autorität gegenüber allen auflösenden Tendenzen, was sich in der Legalordnung der Entwürfe niederschlug. Insoweit drückte die Legalordnung der Nachkriegsentwürfe keinen individualistischen Zug, wie das Schweizer STGB, aus. Allerdings entwickelte sich der deutsche Staat auch allmählich von einem liberalen zu einem modernen Wohlfahrtsstaat, in dem der Einzelmensch um seiner selbst willen immer mehr reglementiert wurde. Weil die Schweiz den Weg des Liberalismus nie richtig verlasen hat, konnte sie das individualistische Wertsystem ihrem Strafgesetzbuch auch berechtigter — als es in Deutschland geschehen wäre — zugrunde legen. Ein typisches Zeichen der Liberalisierung der Legalordnung sowohl in den deutschen Entwürfen wie auch im schweizerischen STGB ist die Zurückstellung der Ehre als unkörperliches Rechtsgut und die Zuteilung der Sittlichkeits- bzw. Familiendelikte zu den einzelmenschlichen Rechtsgütern. Gerade in der letzten Einordnung liegt eine Stärkung der individuellen Sphäre zu ungunsten des staatlichen Güterkreises.

Dagegen erscheint in dem sowjetrussischen STGB die absolute Betonung der Staatsmacht, als des höchsten Wertes, dem letztlich alle Gütergruppen zugeteilt sind. Die Sphäre des einzelnen hat keine Eigenberechtigung mehr. Damit gibt es nur noch einen Wert: den Staat. Alle Werte fallen in ihm, wie in einem Punkt, zusammen. Es hört jede Abstufung und jede dialektische Wechselwirkung von Werten auf. Die Vielfalt der Werte ist auf einen in sich selbst begründeten Wert, der keiner weiteren Zurückführung fähig ist, reduziert. Es ist an Stelle der Abstufung der Lebensgüter die Einwertigkeit alles Lebens getreten.

So stark eine Legalordnung eine Wertsystematik verkörpert, so sind ihr im Ausdruck doch Schranken gesetzt, die sich aus der Natur des Strafgesetzes ergeben. Dieses soll ja nicht eine wissenschaftliche doktrinäre Einteilung bringen, sondern vielmehr praktikabel sein. Dadurch zeigen sich im Gesetz überall Übergänge und Überschneidungen zwischen den einzelnen Verbrechensgruppen. Das Gesetz soll aus dem Erfordernis, die Vielfalt des Lebens rechtlich zu erfassen, eine schnelle Rechtsverwicklichung ermöglichen. Der Gesetzgeber darf nicht rechtsphilosophisch konstruieren, sonst „stellt er sich mit den Juristen auf eine Stufe"[1]). Er muß vielmehr souverän die Ordnung des Gesetzesstoffes im Rahmen einer grundsätzlichen Wertung der Güter den Rechtsbedürfnissen anpassen[2]).

2. Kapitel

Der systematische Wert der Stellung der Verbrechen

Schon aus der Anordnung der Verbrechen ergibt sich eine begriffliche Durcharbeitung aller Verbrechensgruppen. Diese Ordnung offenbart uns den systematischen Gestaltungswillen des Gesetzgebers. Die gesetzliche Einordnung in eine Gattung mitbestimmt zugleich den materiellen Gehalt der Norm. So kann eine falsche Stellung im Gesetz der Grund für eine irrige Erkenntnis des Norminhalts sein. Zugleich deutet jene auf ein mangelhaftes Durchdenken des Stoffes durch den Gesetzgeber hin. Die unrichtige Ortsanweisung kann für das Verbrechen die Quelle von Irrtümern und wissenschaftlichen Streitigkeiten werden. Der Aufbau eines Strafgesetzbuches greift somit auf die materielle systematische Erkenntnis der einzelnen Verbrechensgruppen über[3]). Es handelt sich genauer um die Beziehung der systematischen Stellung im Gesetz zum Tatbestand, aus der das Rechtsgut mitbestimmt wird. Allerdings ergibt sich auch manchmal die Erkenntnis des geschützten Rechtsguts gegen den legislatorischen Zusammenhang[4]), wenn der Gesetzgeber die richtige

---

[1]) Das betont besonders Jhering, 2. Teil, II. Abtlg., S. 371.

[2]) Dazu auch Sauer, Allg. Strafrechtslehre, S. 29; System S. 252f.

[3]) Gutherz, S. 59, unrichtig, wenn er davon spricht, daß eine Ordnungslosigkeit im Gesetz ohne Veränderung des Inhalts möglich sei. Für ihn betrifft die Ordnung nur das Volkstümliche, Übersichtliche, die Ersparung von Wort und Zeit. Ebenso für v. Wach, S. 18, hat das systematische Element nur die Bedeutung, Zusammengehöriges unter einheitlichem Gesichtspunkt zusammen zu stellen. Anders Sauer, Methodenlehre, System S. 252f.

[4]) Peters, S. 8. Die Wissenschaft des vorigen Jahrhunderts hat ganz besonders immer wieder die große Bedeutung der legalen Klassifizierung für die Auslegung betont. Feuerbach, siehe oben S. 140; Oerstedt, I, S. 38, Anm. 26; Trummer, in seiner und Hudtwalters Zeitschrift, III, S. 300; Abegg, Archiv f. Criminalr., N. F., 1835, S. 408; Hepp, Archiv für Criminalrecht, 1833, S. 3335; Mittermaier, Über neuesten Zustand, S. 9, Anm. 25 und S. 111ff.; die Anordnung sei auch für die Vorstellung des Volkes von der Größe der Verbrechen wichtig; Archiv für Criminalrecht; N.F., 1836, S. 611f.; Stübel, im Anhang zu Über neusten Zustand, S. 1ff., Bauer, Entw., S. 286; Häberlin, II, S. 1—3; Marezoll, S. 218/21; Temme Lehrb., S. 202: Die Anordnung muß so sein, daß der strafbare Charakter jedes einzelnen Verbrechens schon aus der Stellung erkannt werde. Mit Feuerbach sei ein Weg logischer Einteilung betreten, der in Beziehung auf

systematische Stellung verfehlt hat. Jedoch muß sich die Berichtigung solcher mangelhaften Einordnung auf die äußersten Ausnahmefälle beschränken. Denn die Rechtsgüterordnung des Gesetzes ist rechtspolitisch verpflichtend. Mag der allgemeine Teil in seiner Systematik Angelegenheit der Wissenschaft sein, da ja der Gesetzgeber sowieso auf die meisten dogmatischen Einzelregelungen verzichtet hat; im besonderen Teil dagegen hat der Gesetzgeber die Tatbestände positiv nach einer Wertrangordnung bestimmt, und sie so systematisiert[1]). Auch diese Wertabstufung wird von der rechtsstaatlichen Funktion des besonderen Teils erfaßt, da sie der Erkenntnis des gesetzlichen Verbrechenscharakters dient.

Die Eidesdelikte faßt das StGB als gegen die Rechtspflege und nicht gegen die Religion gerichtet auf. Daraus folgt, daß nicht der falsche Privateid oder der Bruch des Beamteneides strafbar sind, sondern nur die im Gesetz angeführten Tatbestände[2]). Der Forstwiderstand steht hinter dem Widerstand gegen die Staatsgewalt, deshalb kann er sich nur auf inländische Beamte und Eigentümer in Deutschland gelegener Wälder beziehen[3]). Der Hausfriedensbruch und der Forstwiderstand stehen unter den öffentlichen Rechtsgütern, und dürfen nicht, wie es häufig geschieht, bei der Gesetzeserklärung willkürlich unter die privaten Güter gezogen werden. Man verstößt gegen das Gesetz, wenn man ihren Charakter aus eigenem Gutdünken umdeutet, und kommt dadurch in Kollisionsfällen unter Umständen zu gesetzeswidrigen Entscheidungen. Der alte Erpressungstatbestand wurde von der Lehre wegen der Stellung auch als Vermögensdelikt aufgefaßt[4]). Sachhehlerei liegt nur bei Verletzung fremder Vermögensrechte vor, aber nicht, wenn die Sache aus einem Verstoß gegen öffentlich rechtliche Vorschriften herrührt, wie Bettel, Schmuggel usw. Die Einschränkung ergibt sich aus der gesetzlichen Stellung[5]). Im schweizerischen Recht liest Hafter[6]) aus der Trennung der Untertitel „Abtreibung" und „Tötung" heraus, daß die Abtreibung (Art. 118f.) weder einen Tötungserfolg noch eine Tötungsabsicht erfordere. Das bedeutet, daß schon eine Frühgeburt ohne Zer-

---

strafrechtliche Würdigung der verschiedenen Verbrechen zur Verwirrung führte; Berner, Lehrbuch S. 349; zum österreichischen Recht Stooß, Lehrbuch des österreichischen Rechts, 1910, S. 236/7, der die sachliche Bedeutung der systematischen Stellung besonders betont.

[1]) Wegner, Einf., 2. Aufl., S. 216.

[2]) Frank, S. 352.

[3]) Frank, S. 300, I; v. Liszt-Schmidt, S. 794, Anm. 1.

[4]) Frank, S 253, I.

[5]) v. Liszt-Schmidt, S. 700.

[6]) Bes. Teil, 1937, S. 76.

störung der Frucht den Tatbestand der Abtreibung erfüllen kann. — Die falsche gesetzliche Stellung konnte allerdings bei der Personenbegünstigung nicht hindern, hierin richtig ein Verbrechen gegen die Rechtspflege zusehen[1]). Die unrichtige Klassifizierung einiger Dilekte unter die Beamtenvergehen, die von Beamten gar nicht begangen werden können, hat für die Auslegung keine weitere Bedeutung.

Sauer[2]) betont mit Recht, daß das alte Gesetz oft lebensvoller und moderner anmute als manches neuere. Insbesondere in der Zusammenstellung von Betrug und Urkundenfälschung, und von Raub und Erpressung als Freiheitsdelikte wird die innere kriminalpolitische und soziologische Verwandtschaft der Verbrechen ausgedrückt. Wenn die modernen Entwürfe und die Theorie[3]) die Urkundenfälschung oft unter die übermenschlichen Güter — wie die Münzfälschung — ziehen, dann wird der soziologisch-kriminalpolitische Gehalt des Verbrechens durch die Stellung ganz verschoben, ebenso wenn der Meineid äußerlich zu der Urkundenfälschung gestellt wird.

Binding[4]) und v. Liszt-Schmidt[5]) sprechen der Legalordnung jeden systematischen Wert ab. Von Liszt fordert an anderer Stelle[6]) für den praktischen Aufbau eines StGB „eine Systematik strafrechtlich zu schützender Rechtsgüter, in der ein jedes genau bestimmt und an den richtigen Platz gestellt ist". Damit betont er wieder den Wert, der in der Legalordnung steckt. Binding dagegen hält überhaupt eine Systematik im Gesetz für unnötig[7]), da es nicht die Erkenntnis fördere, sondern das Leben. Bindings Meinung ist aus den Zielen des Positivismus zu verstehen, das Gesetz wertfrei zu gestalten. In jeder modernen Legalordnung prägt sich jedoch die politische und weltanschauliche Haltung des Gesetzgebers aus, wie unsere Darstellung versucht hat zu zeigen[8]).

[1]) Frank, S. 564; v. Liszt-Schmidt, S. 563. Über die systematische Stellung und den inneren Zusammenhang mit dem Rechtsgut vgl. ausführlich Schwinge, S. 52ff.; auch Sauer, Methodenlehre, S. 436; System, S. 252.

[2]) Sauer, Methodenlehre, S. 436.

[3]) Oben S. 194.

[4]) Binding, Lehrb., II, S. 4.

[5]) v. Liszt-Schmidt, S. 454, Anm. 2; vgl. auch Schwinge, S. 53.

[6]) Liszt, Strafrechtliche Aufsätze und Vorträge, 2. Bd., 1905, S. 424.

[7]) Ebenso halten v. Gierke, Der Entwurf des Bürgerlichen Gesetzbuches, Leipzig, 1889, S. 94; Burckhardt, S. 115; v. Wach, S. 18, eine Unordnung für ungefährlich. Vgl. auch Jhering, S. 330f.

[8]) Stammler sagt in Theorie d. Rechtswissenschaft, Halle, 1911, S. 415. „Es ist ohne weiteres möglich, daß die Legalordnung ein besseres System hat als ein Lehrbuch", ähnl. Thieme, Kodifikation, S. 394.

3. Kapitel

Das gesetzestechnische Element der Legalordnung

Die Legalordnung enthält neben dem Wert - und dem systematischen Element noch eines gesetzestechnischer Art, das für den äußeren Aufbau mitbestimmend ist. Jede Stoffmasse, die übersichtlich geordnet werden soll, verlangt ganz bestimmte Richtpunkte, unter denen die Ordnung vorgenommen wird. Jede Wissenschaft sucht diejenigen Merkmale heraus, die für sie speziell von Bedeutung sind und gruppiert dann die verschiedenen Erscheinungsbilder mit ihren in dem besonderen Falle wichtigen Merkmalen entweder absteigend vom Allgemeinen zum Einzelnen oder umgekehrt. Die Ausdrucksarten von Gesetz und Wissenschaft sind unterschiedlich, aber insoweit berühren sie sich formal, daß sie beide eine Ordnung haben müssen, die speziell dem Rechte entsprechend ist[1]).

Die Ordnung eines Gesetzes muß sich neben allen Wert- und systematischen Gesichtspunkten auch von praktischen leiten lassen, wie wir schon erwähnten. Man denke nur daran, daß die Römer das Sabinussystem und das Ediktsystem über Jahrhunderte mitgeschleppt haben, wahrscheinlich mit aus dem Grunde, um aus Mangel an Indices sich immer wieder in den neuen Werken zurechtzufinden[2]). Das Gesetz ist nicht für Juristen geschrieben, sondern vor allem für die Rechtsunterworfenen und muß infolgedessen auch diesen in einer Form mitgeteilt werden, die das Verständnis erleichtert. Daß sie dabei die Gesetze der Logik nicht verletzen soll, ist klar. Das Gesetz muß im Aufbau zweckmäßig sein[3]). Gegen diese Forderung verstößt ein Strafgesetz, das die Bestimmungen völlig durcheinanderwürfelt. Das sahen wir bei einigen germanischen Volksrechten, die in dieser Hinsicht aus dem frühen Kulturzustande erklärlich sind, in dem die Fähigkeit für systematische Anordnung noch nicht entwickelt ist. Dagegen merkten wir schon bei dem isländischen Recht eine größere Begabung zu einer abstrakteren Formulierung und Ordnung der Gedanken[4]). Erst allmählich zeigt sich, wie die verwandten Rechtssätze zusammengestellt und dann in immer größere Begriffsgruppen eingeordnet werden[5]). Die Gesetzessystematik bemüht sich mehr und mehr jede Norm an die Stelle zu setzen, an die sie nach dem verletzten Rechtsgut oder der verletzten Rechtspflicht gehört.

---

[1]) Gutherz, I, S. 60.
[2]) Vgl. oben S. 13.
[3]) Schläpfer, S. 80.
[4]) Auch Triepel, S. 96, Anm. 1.
[5]) Huber, S. 403.

Wir sahen, wie die Form den Inhalt mitbestimmt. Sie ist ein Mittel, den gewaltigen Stoff des Rechts größenmäßig zu beschränken und damit zu vereinfachen.

Im wesentlichen konnten wir technisch in bezug auf die Anordnung folgende Aufbautypen feststellen:

1. Die Verbrechensgruppen sind assoziativ zusammengestellt und geordnet (römisches System).

2. Die einzelnen Verbrechen sind durcheinander aufgeführt und nur manchmal nach ihrer Affinität aneinander gereiht (germanische Rechte).

3. Die Ordnung wird mit dem einfachsten Tatbestand des Mordes begonnen, an den die übrigen Gruppen angehängt werden. Dieser Typ zeigt sich mehr in den wissenschaftlichen Darstellungen der Oberitaliener und bei Carpzov.

4. Die Ordnung nach dem Dekalog (z. B. corpus juris canonici, Kursächs. Const., Carpzov).

5. Die Ordnung ist wertmäßig absteigend (Carolina und die meisten späteren Strafgesetzbücher).

6. Die Ordnung ist wertmäßig ansteigend (Bayrisches StGB von 1813, schweizerisches StGB und zahlreiche wissenschaftliche Darstellungen).

Innerhalb der Abschnitte nahmen wir sowohl eine absteigende, aufsteigende oder auch pyramidenartige Folge war, die oft durch Fassungsmöglichkeiten der Tatbestände, z. B. Vermeidung negativer Definitionen, beeinflußt waren.

Die beiden letzten Typen bedürfen gesetzestechnisch noch einiger Erläuterungen. Das Fortschreiten vom Höherwertigen zum geringerwertigen Gut liegt dem Gesetzgeber näher als dem Leser[1]). Dieser läßt sich lieber in den Stoff erst einführen. Dagegen ist das ganze Material vom Gesetzgeber in einem Zuge zu übersehen, er hat es nur noch zu verteilen. Da die Carolina sich der absteigenden Ordnung bedient hatte, mag sie bei den späteren Schöpfungen immer wieder unbewußt mitgewirkt haben — so wie bei einer technischen Überlegung etwa das Gesetz der Gravitation auch unbewußt wirksam ist —, zumal auch die naturrechtliche Methode der Entwicklung eines Gedankens vom Allgemeinen zum Besonderen bis in das vorige Jahrhundert hinein ihre Ausstrahlung gehabt hat. Da das Bedürfnis nach Anlehung an Bisheriges in Kommissionen oft größer ist als der Drang, ganz Neues zu schaffen, mag die bisherige Ordnung beibehalten worden sein, auch wenn sie wert-

[1]) Marezoll, S. 221; die Voranstellung der Staatsverbrechen ist das Natürlichste, da grundsätzlich ideenmäßig alle Verbrechen mittelbar oder unmittelbar den Staat treffen. Die Methode passe zu dem geschichtlichen Entwicklungsgang des römischen und deutschen Rechts.

mäßig durch die individualistischen Vorstellungen nicht bedingt war. Bei der aufsteigenden Ordnung ist die Vorstellung von dem Aufbau wissenschaftlicher Einführungsbücher nicht unwirksam gewesen, wie das Bayrische StGB von 1813, das grundsätzlich nicht individualistisch gesinnt ist, zeigt. Der Gesetzgeber soll aber nicht demonstrieren, wie er in seinem Gedankengang fortgeschritten ist, sondern soll nur das Ergebnis in imperativer Form liefern[1]).

Die Wissenschaft betonte oft, daß ihre Systematik nicht die des Gesetzes sein könnte[2]). Durch die Erkenntnis, daß das Gesetz in seinem Aufbau andere Wege gehen müsse als die Wissenschaft[3]), fielen technisch die doktrinären Oberbegriffe, wie Staatsverbrechen und Privatverbrechen, und die starken Zusammenfassungen von Deliktsgattungen in weitere Abteilungen. Dadurch wurde die ganze Legalordnung einfacher[4]), was sich in Preußen seit den Entwürfen 1828/30 zeigte. Der Sinn, der in der Teilung der Staats- und Privatdelikte lag, lebte aber in der allgemeinen Stellung der Delikte weiter und war ein hervorragendes Kriterium für für die geschichtliche Wertung der einzelnen Delikte. Der preußische Gesetzgeber revidierte unermüdlich die Legalordnung durch Auflösung von Verbrechensgruppen, wie der wider Treu und Glauben und durch Umstellungen und Schaffung neuer Gattungen. Starke Sorgfalt wurde dabei auf die richtige Anordnung verwendet. Daraus geht hervor, daß

---

[1]) v. Jhering, S. 371; auch Sauer, Methodenlehre, S. 435; vgl. Triepel, S. 95. Motive zum preußischen Entwurf, 1829, III, 2, sagen ausdrücklich: die aufsteigende Ordnung entspricht einem Lehrbuch. Es entspricht dem Zweck und der Würde des Gesetzes mit dem wichtigsten Gegenstande anzufangen. Bei der Abfassung der Gesetzbücher muß man sich erst über die Bestrafung der schwersten Straftaten im klaren sein, um die anderen abstufen zu können. Für das Gesetzbuch ist diejenige systematische Anordnung die beste, die die einfachste u. schnellste Übersicht gewährt. Der Gesetzgeber muß von gewissen allgemeinen Prinzipien ausgehen.

[2]) Scharf angegriffen wurde die Übertragung der wissenschaftl. Systematik auf die Gesetzgebung von Oerstedt, II, S. 75. Kitka, Über das Verfahren bei Abfassung der Gesetzbücher überhaupt und des StGB. insbesondere, Wien, 1841, führt schon eine allerhöchste Entschließung Maria Theresias an: Sollen das Gesetzbuch und Lehrbuch nicht miteinander vermengt werden, dann muß alles was ad cathedram gehöre, aus dem codice weggelassen werden (S. 41). Abegg, Archiv des Criminalrechts, N. F., 1835, S. 407; Mittermaier, Über den neusten Zustand, S. 112f.; Archiv des Criminalrechts, N. F., 1835, S. 417ff.; S. 432f.; in Feuerbachs Lehrbuch, S. 266; v. Jhering, S. 371; Hälschner, II, 1, S. 15.

[3]) Über die zahlreichen wissensch. Systeme Philipsborn, S. 86ff.; Jarcke, II, Vorrede; vgl. auch Schwinge, S. 53.

[4]) Mittermaier, Archiv des Criminalrechts, 1836, S. 611f.

sich in Preußen, aber auch in den meisten anderen Ländern der Gesetzgeber schon im Anfang darüber klar gewesen ist, daß er mit seiner Ordnung zugleich ein Bekenntnis des Staates zu einer Wertordnung und eine rechtspolitische Verpflichtung herbeiführt.

Schluß

Wir fassen den Wert der Legalordnung des RStGB zusammen. In ihr bekennt sich der Staat zu einer Wertung der Güter. Dabei geht er grundsätzlich von einer objektiven Größe der Verbrechen, wie sie sich in den geschützten Rechtsgütern zeigt, aus. Die Legalordnung betont die Werte, die den Staat und das Volk ausmachen, gegenüber der sonstigen damaligen Strömung zum Individualismus. Die Wissenschaft hat im großen und ganzen nicht sinnvoller gewertet. Sie versuchte immer wieder Güter, die den Staat und das Volk in seinem Bestand berühren, zu der Privatsphäre zu ziehen, erweiterte andererseits das Gebiet der Staatsverbrechen in mancher Beziehung ungebührlich. Damit verlor sie oft die feine Grenze zwischen Staat und Einzelnem, die im StGB zu erkennen ist.

Das StGB zeigt zugleich die tiefe geschichtliche Verwurzelung des Gesetzgebers. Er war sich bewußt, daß das Werk von größerem Wert ist, wenn es sich in die historische Kontinuität eingliedert und alle politisch überstürzten Gedanken fernhält. Der Gesetzgeber offenbarte in der Legalordnung seine politische Haltung und Gesinnung.

Jedenfalls hat kein deutscher Entwurf die Würde des Staates einerseits, aber auch die Rechte des einzelnen andererseits wertmäßig in der Legalordnung sicherer und besser abgewogen als das StGB. Sind auch in der Stellung mancher Delikte Fehlgriffe vorgekommen, oder hat sich unsere Anschauung in manchen Beziehungen gewandelt, so bleibt für uns das Werk, das vor etwa 100 Jahren geschaffen wurde, im ganzen Bau als Bekenntnis des Staates zu einer konservativen Wertordnung von rechtspolitischer Verpflichtung.

Anhang

Übersicht der Legalordnungen der preußischen Entwürfe von 1828—1851

Entwurf 1828

1. Verbrechen wider die Sicherheit des Staates.
2. Verbrechen wider die Majestät und die Würde des Staates.
3. Verbrechen wider die obrigkeitliche Gewalt des Staates.
4. Verbrechen gegen den Religionsfrieden.
5. Verbrechen gegen die Hoheitsrechte und Regalien des Staates.
6. Von den Verbrechen der Beamten.
7. Von den Beleidigungen der Ehre und vom Zweikampf.
8. Verbrechen wider das Leben u. die Gesundheit.
9. Verbrechen gegen die Sittlichkeit.
10. Verbrechen gegen die persönliche Freiheit.
11. Verbrechen gegen das Vermögen
12. Verbrechen wider öffentlich Treu und Glauben.
13. Verbrechen gegen die Standes- u. Familienrechte.
14. Gemeinschädliche Verbrechen.

Entwurf 1830

1. Verbrechen wider die Sicherheit des Staates.
2. Majestätsverbrechen und Verletzungen der Würde des Staates
3. Verbrechen gegen die obrigkeitl. Gewalt des Staates.
4. Verbrechen, die sich auf die Religion beziehen.
5. Verbrechen gegen die Hoheitsrechte und Regalien des Staates.
6. Von den Beleidigungen der Ehre.
7. Zweikampf.
8. Verbrechen wider das Leben u. die Gesundheit.
9. Verbrechen gegen die Sittlichkeit.
10. Verbrechen gegen die persönl. Freiheit.
11. Verbrechen gegen Standes- und Familienrechte.
12. Verbrechen gegen das Vermögen
13. Verbrechen gegen öffentlich Treu und Glauben.
14. Gemeingefährliche Verbrechen.
15. Verbrechen der Beamten.

Entwurf 1833

1. Verbrechen wider die Sicherheit des Staates.
2. Majestätsverbrechen u. Verletzungen der Ehrfurcht gegen den Staat.
3. Verbrechen gegen obrigkeitliche Gewalt.
4. Verbrechen gegen die Hoheitsrechte des Staats.
5. Verbrechen welche sich auf die Religion beziehen.
6. Von den Beleidigungen der Ehre.
7. Vom Zweikampf.
8. Verbrechen wider das Leben u. die Gesundheit.
9. Verbrechen der Unzucht.
10. Verbrechen wider die persönl. Sicherheit.
11. Diebstahl und Raub.
12. Erpressung.
13. Unterschlagung.
14. Betrug und Fälschung.
15. Bankerut.
16. Strafbarer Eigennutz.
17. Vermögensbeschädigung aus Mutwillen oder Bosheit.

18. Meineid und Eidesbruch.
19. Verleumdung u. falsche Anschuldigung.
20. Gemeingefährliche Verbrechen.
21. Verbrechen der Beamten.

Entwurf 1836

1. Staatsverbrechen.
2. Verbrechen wider die innere Ruhe und Sicherheit im Staate.
3. Verbrechen, welche sich auf die Religion beziehen.
4. Meineid und Eidesbruch.
5. Ehrenbeleidigung, Verleumdung und falsche Anschuldigung.
6. Zweikampf.
7. Verbrechen wider das Leben u. die Gesundheit.
8. Verbrechen der Unzucht.
9. Verbrechen wider die persönl. Freiheit.
10. Diebstahl und Raub.
11. Erpressung.
12. Unterschlagung.
13. Betrug und Fälschung.
14. Bankerut.
15. Strafbarer Eigennutz.
16. Vermögensbeschädigung aus Mutwillen oder Bosheit.
17. Gemeingefährliche Verbrechen.
18. Verbrechen der Beamten.

Entwurf 1843

1. Hochverrat.
2. Landesverrat.
3. Beleidigungen der Majestät u. der Mitglieder des königl. Hauses
4. Gefährdung des preuß. Staats in seinen Verhältnissen zu anderen Staaten.
5. Verletzung der Achtung gegen die Regierung u. die Obrigkeit.
6. Verbrechen gegen die obrigkeitliche Gewalt.
7. Unerlaubte Verbindungen.
8. Verbrechen gegen die Hoheitsrechte u. Regalien.
9. Verbrechen, welche sich auf die Religion beziehen.
10. Meineid und Eidesbruch.
11. Verletzungen der Ehre.
12. Zweikampf.
13. Verbrechen wider das Leben u. die Gesundheit.
14. Verbrechen wider die persönl. Freiheit.
15. Überschreitung und Mißbrauch des Rechts der Zucht.
16. Verbrechen wider die Sittlichkeit.
17. Diebstahl und Unterschlagung.
18. Raub und Erpressung.
19. Betrug und Untreue.
20. Fälschung.
21. Verbrechen wider Standes- und Familienrechte.
22. Bankerut.
23. Strafbarer Eigennutz.
24. Eigentumsbeschädigung.
25. Gemeingefährliche Verbrechen.
26. Verbrechen der Gewerbetreibenden.
27. Anmaßung, Erschleichung oder gesetzwidrige Übertragung eines Amtes.
28. Verbrechen der Beamten.
29. Verbrechen der Geistlichen.

Entwurf 1845.

1. Hochverrat und Landesverrat.
2. Beleidigungen der Majestät und der Mitglieder des königl. Hauses.
3. Von den Verbrechen gegen die öffentliche Ordnung und das obrigkeitl. Ansehen.
4. Unerlaubte Verbindungen oder Versammlungen.
5. Verbrechen, welche sich auf Hoheitsrechte und Regalien beziehen.
6. Verbrechen, welche sich auf die Religion beziehen.
7. Meineid und Eidesbruch.

8. Verbrechen wider die Sittlichkeit.
9. Verletzungen der Ehre und falsche Anklage.
10. Zweikampf.
11. Verbrechen wider das Leben oder die Gesundheit.
12. Verbrechen wider die persönl. Freiheit.
13. Diebstahl und Unterschlagung.
14. Raub und Erpressung.
15. Hehlerei.
16. Betrug und Untreue.
17. Münzverbrechen und Fälschung.
18. Verbrechen in Beziehung auf Standesrechte oder Familienrechte.
19. Bankerut.
20. Strafbarer Eigennutz.
21. Eigentumsbeschädigung.
22. Gemeingefährliche Verbrechen.
23. Verbrechen der Gewerbetreibenden.
24. Anmaßung, Erschleichung oder gesetzwidrige Übertragung eines Amtes.
25. Verbrechen der Beamten.
26. Verbrechen der Geistlichen.

Entwurf 1847

1. Hoch- und Landesverrat.
2. Beleidigungen der Majestät und der Mitglieder des königlichen Hauses.
3. Verbrechen gegen die öffentl. Ordnung und das obrigkeitliche Ansehen.
4. Unerlaubte Verbindungen.
5. Verbrechen welche sich auf Hoheitsrechte und Regalien beziehen.
6. Verbrechen, welche sich auf die Religion beziehen.
7. Meineid und Eidesbruch.
8. Falsche Anschuldigungen.
9. Verbrechen wider die Sittlichkeit.
10. Verletzungen der Ehre.
11. Zweikampf.
12. Verbrechen wider das Leben oder die Gesundheit.
13. Verbrechen wider die persönl. Freiheit.
14. Diebstahl und Unterschlagung.
15. Raub und Erpressung.
16. Hehlerei.
17. Betrug.
18. Untreue.
19. Münzverbrechen und Fälschung
20. Verbrechen in Beziehung auf Standesrechte oder Familienrechte.
21. Bankerut.
22. Strafbarer Eigennutz.
23. Vermögensbeschädigung.
24. Gemeingefährliche Verbrechen.
25. Anmaßung, Erschleichung oder gesetzwidrige Übertragung eines Amtes.
26. Verbrechen der Beamten.
27. Verbrechen der Geistlichen.

Entwurf 1848.

1. Verbrechen gegen die innere Sicherheit des Staates.
2. Verbr. gegen die äußere Sicherheit des Staates.
3. Verbrechen in Beziehung auf die Ausübung der staatsbürgerlichen Rechte.
4. Widerstand gegen die Staatsgewalt.
5. Verbrechen gegen die öffentliche Ordnung.
6. Münzverbrechen.
7. Meineid.
8. Verbrechen gegen die Sittlichkeit.
9. Verletzungen der Ehre.
10. Verbrechen wider das Leben.
11. Körperverletzung.
12. Verbrechen wider die persönl. Freiheit.
13. Diebstahl und Unterschlagung.
14. Raub und Erpressung.

15. Betrug.
16. Urkundenfälschung.
17. Verbrechen und Vergehen in Beziehung auf den Personenstand.
18. Bankerut.
19. Strafbarer Eigennutz.
20. Vermögensbeschädigung.
21. Gemeingefährliche Verbrechen.
22. Verbrechen und Vergehen der Beamten.

Entwurf 1849.

1. Verbrechen und Vergehen gegen die innere Sicherheit des Staats.
2. Verbrechen gegen die äußere Sicherheit des Staats.
3. Verbrechen und Vergehen in Beziehung auf die Ausübung der staatsbürgerlichen Rechte.
4. Widerstand gegen die Staatsgewalt.
5. Verbrechen wider die öffentl. Ordnung.
6. Münzverbrechen und Münzvergehen.
7. Meineid.
8. Vergehen, welche sich auf die Religion beziehen.
9. Verbrechen und Vergehen in Beziehung auf den Personenstand.
10. Verbrechen und Vergehen gegen die Sittlichkeit.
11. Verletzungen der Ehre.
12. Verbrechen und Vergehen widas Leben.
13. Körperverletzung.
14. Verbrechen und Vergehen wider die persönl. Freiheit.
15. Diebstahl und Unterschlagung.
16. Raub und Erpressung.
17. Betrug.
18. Urkundenfälschung.
19. Bankerut.
20. Strafbarer Eigennutz.
21. Vermögensbeschädigung.
22. Gemeingefährliche Verbrechen und Vergehen.
23. Verbrechen und Vergehen im Amt.

Entwurf 1851.

1. Hochverrat und Landesverrat.
2. Beleidigungen der Majestät und der Mitglieder des königlichen Hauses.
3. Feindliche Handlungen gegen befreundete Staaten.
4. Verbrechen und Vergehen in Beziehung auf die Ausübung der staatsbürgerlichen Rechte.
5. Widerstand gegen die Staatsgewalt.
6. Vergehen wider die öffentliche Ordnung.
7. Münzverbrechen und Münzvergehen.
8. Meineid.
9. Vergehen, welche sich auf die Religion beziehen.
10. Verbrechen und Vergehen in Beziehung auf den Personenstand.
11. Verbrechen und Vergehen gegen die Sittlichkeit.
12. Verletzungen der Ehre.
13. Zweikampf.
14. Verbrechen und Vergehen wider das Leben.
15. Körperverletzung.
16. Verbrechen und Vergehen wider die persönliche Freiheit.
17. Diebstahl und Unterschlagung.
18. Raub und Erpressung.
19. Betrug.
20. Urkundenfälschung.
21. Bankerut.
22. Strafbarer Eigennutz.
23. Vermögensbeschädigung.
24. Gemeingefährliche Verbrechen und Vergehen.
25. Verbrechen und Vergehen im Amt.

FSC
www.fsc.org
MIX
Papier | Fördert gute Waldnutzung
FSC® C083411

Kolibri 360 GmbH
Ferdinand-Jühlke-Straße 7
99095 Erfurt, Deutschland
produktsicherheit@kolibri360.de